AF167953

Mahala + Menachem **Sanchez**

WIR WOLLTEN GUTE MENSCHEN SEIN UND ALLES KAM GANZ ANDERS

novum pro

Dieses Buch ist auch als
e-book
erhältlich.

www.novumverlag.com

Bibliografische Information
der Deutschen Nationalbibliothek:

Die Deutsche Nationalbibliothek
verzeichnet diese Publikation in
der Deutschen Nationalbibliografie.
Detaillierte bibliografische Daten
sind im Internet über
http://www.d-nb.de abrufbar.

Gedruckt in der Europäischen Union
auf umweltfreundlichem, chlor- und
säurefrei gebleichtem Papier.

© 2024 novum Verlag

ISBN 978-3-99131-971-9
Lektorat: Dr. Michaela Schirnhofer
Umschlagfotos: Victoria Shibut,
Sarayut Thaneerat | Dreamstime.com
Umschlaggestaltung, Layout & Satz:
novum Verlag

www.novumverlag.com

Druckprodukt mit finanziellem
Klimabeitrag
ClimatePartner.com/16547-2311-1001

Das neue Jahr ...

und dieses Jahr wollen wir alles gut machen für uns und unsere Umwelt, das heißt ganz generell für die Umwelt und besonders für das, was uns nährt und ernährt, also das Feld und die Tiere, und wir wollen unser Inneres ordnen.

Und so ist es gedacht: Wenn man jeden Tag nur ein Thema liest und dieses überdenkt, so kann man es langsam umsetzen, und manches braucht eben seine Zeit und es ist nicht immer einfach und einen kleinen Beitrag können wir doch alle dazu leisten.

Wir wollen gesund und wohl leben und alles vermeiden, was Schaden macht. Ein insgesamt besserer Mensch werden kann man nur, wenn man einen gesunden Beitrag leistet.

Mögen gute Gedanken Sie durch das Jahr begleiten und das Bewusstsein, dass wir nicht alleine auf der Welt sind. Ein jeder lebt so, dass es dem anderen auch noch möglich ist zu leben, dass ein jeder seinen eigenen Raum hat und die natürlichen Lebensräume erhalten bleiben. Und die natürlichen Lebensräume sind nicht nur Worte, es ist das Allerwichtigste auf der Welt, denn könnten wir leben, wenn es keine natürlichen Lebensräume mehr gibt? Das bedeutet zum einen natürlich, also gewachsen, wo sich das richtige angepasste Leben einstellen kann und erhalten bleiben soll – das sind die Tiere und Pflanzen. Und Lebensräume bedeutet zum anderen auch eine gewisse Größe, die erhalten bleiben soll. Oder könnten wir leben ohne einen Lebensraum, ohne etwas Natürliches? Wäre nicht der Lebensraum und nicht das Natürliche, wo wären wir dann?

Wir sind dem Fortschritt der ganzen technischen Entwicklung anheimgefallen und das ist oft auf kleinem Raum möglich, die Geräte sind so klein geworden und handlich, dass man sie kaum noch sieht und auch nur dann bedienen kann, wenn man wirklich sehr gute Augen hat. Die Räume, die uns zur Verfügung stehen, sind voll von allem, was es gibt, und wir wollen immer noch mehr, noch moderner und fortschrittlicher sein, so weit, bis die Geräte schon fast allein und selbstständig denken und zum Teil schon sprechen, wir können uns mit ihnen unterhalten und sie geben uns Anleitungen und Informationen, wie alles richtig zu bedienen ist, wir schalten an und folgen den Durchsagen und sie weisen uns auf unsere Fehler hin und so können wir uns rein technisch durch den Wirrwarr von Drähten und Kabeln durcharbeiten, bis wir richtig eingestellt sind.

Wir können nicht sagen, wir erfinden nichts Neues mehr, das wird es nicht geben, weil das Denken immer etwas hervorbringt und so jede Erfindung das Verhalten im Sinne von Anwendung und Verbreitung, von Vermarktung und Gewinnstreben und Konkurrenz und mit all den gewollten und ungewollten Folgen verändert. Und jede Erfindung passt sich der Zeit an, in der wir uns bewegen mit den vorhandenen Rohstoffen – ob es uns damit wirklich besser geht? Je mehr es gibt, desto anfälliger kann man werden und desto höher ist die Wahrscheinlichkeit der Unverträglichkeit und Krankheit.

JANUAR

- 1 -

Heute ist der erste Tag und alles fängt heute fließend von einem Jahr ins andere neu an, ohne Unterbrechung, unmerklich, nur wir wissen, dass es so ist, denn es ist heute in der Zeit der technischen Errungenschaften möglich, eine genaue minutiöse nachvollziehbare Zeitorientierung zu haben, das, was gestern noch unter großem Feuerwerk gefeiert wurde, das alte Jahr, ist also abgeschlossen und nun liegt nur noch der Rauch und eine unbestimmte unerklärliche Ruhe in der Luft, alles wurde in den Farben und Formen der Feuerwerksentzündung in den Himmel geschossen und hell erleuchteten bizarre Formationen den nachtblauen Himmel zum letzten Mal im alten Jahr und so, als wäre alles zu Ende, und doch fängt alles wieder neu von vorne an und so, als wäre es ein Tag der Ruhe, das uns denken lässt, und fließend geht es weiter mit ... alles Gute im Neuen Jahr, und dass es noch besser wird ...

Nun scheint sich alles zu verändern und doch sind es gerade mal einige Minuten oder Stunden später, eine Fortsetzung des Vergangenen, wir wissen noch, was gestern war und dass wir gefeiert haben. Nicht alle mögen den Rauch und den Zunder und die Millionen von Geld, die sich in der Luft quasi in ein Nichts aufgelöst haben, um das neue Jahr zu begrüßen – so sollte es nicht sein, es ist wie eine Münze mit zwei Seiten, bei der man sich etwas wünscht.

Die Zeit, die Zeiten sind vergangen, wo Explosives die Wende bestimmt, was ein Ende sein kann oder ein neuer Anfang, es kann ein Sieg oder eine Niederlage sein.

Wir wollen nur den Anfang sehen, wo wir uns etwas wünschen, wo wir vielleicht mit der letzten Feier und etwas Traurigkeit ein gutes oder schlechtes Jahr verlassen haben und nun noch froher werden wollen, weil das in Erfüllung gehen soll, was wir uns vorgenommen haben.

Lasst uns gute Gedanken haben und diese auch umsetzen und alles, was mir oder uns hilft, und somit kann auch den anderen geholfen werden, vieles kann auch verbessert werden, wir sehen es in einer Verbesserung der Zustände, denn es ist immer etwas Positives, es ist eine Veränderung, es gilt einen angenehmen Zustand zu schaffen, ein Wohlbefinden in allen Lagen.

Wir versuchen, das Gute zu erhalten, denn da wissen wir, was wir haben, und das müssen wir festhalten und daran arbeiten.

Der Tag, der neue Tag in der Ruhe und der Erholung, leitet das Jahr ein mit einem guten Beitrag zu helfen, zu ordnen, die innere Ruhe und Frieden zu finden in einer herausfordernden Zeit, wo wir manchmal zerrissen und desorientiert sind, dass wir Lösungen finden für einen erbauenden Weg durch das ganze Jahr mit Gott und der Welt.

In dieser, unserer Welt.

– 2 –

Und so sind die Dinge und ist der erste Tag ein guter Tag, so lass uns fröhlich sein und alles, was kommt, annehmen, dass wir das erträglich lösen können, denn gestern war ein guter Tag und heute ist ein guter Tag und nur Gutes soll weiterhin kommen. Und wenn wir noch hinausschauen und einen blauen Himmel und eine aufgehende Sonne am Morgen sehen, so wird es eine bessere Zeit. Die Zeiten der langen kalten, strengen Winter sind bald vorbei und so wird vieles leichter, ja man ist geradezu beschwingt, fröhlich und heiter und eilt zur Arbeit mit guten Bestrebungen und mit den Zielen und Vorstellungen in diesem Jahr. Man denkt und wir hoffen, ja wir setzen voraus, dass wir gesund bleiben und auf geradem Wege alles gut erreichen.

Wir hoffen, dass das Wetter, was sich täglich ändern kann, uns nicht allzu sehr winterliche Hürden schafft und wir nicht von so viel unvorhergesehenem Chaos überrascht werden.

Wir setzen einfach voraus, dass sich alles so einstellt, wie wir es planen und wie wir uns das ausdenken, aber es geht doch manchmal nicht immer so und so müssen wir uns dem fügen, es entweder akzeptieren, uns damit abfinden oder eine neue Möglichkeit suchen, so viel Bewegungsraum hat der Mensch für sich selbst, oder letztendlich ist die optimale Lösung die Aufgabe in jedem Leben, jeder für sich alleine.

Lasst uns im Leben immer das Wichtigste erkennen, das uns und unser Inneres leitet, dass wir gut durch das Leben gehen mit den Mitmenschen, mit allem, was lebt, dass wir uns in unsere Umwelt einbinden und diese erträglich sich gestaltet und uns wiederum die Kraft verleiht, Gutes und Hilfreiches in die Welt zu bringen, und das ist nicht immer einfach und auch nicht immer möglich, aber wir bemühen uns trotzdem stets darum.

Lass uns in allen Dingen die Welt im Ganzen sehen, die Welt als Schöpfung, die lebt und leben will, und das Leben ist zu schützen, die Erde und die Natur sind zu erhalten und zu pflegen, alles, was lebt, und wir eben als Leben in einem immer funktionierenden Kreislauf, wo wir uns bewegen, wie wir wollen, in dem eine gewisse Ordnung herrscht, so wie es geschaffen wurde.

Wir werden lernen, die Gesetze der Natur zu erkennen, den Willen der Schöpfung und die von Menschen gemachten Vorschriften und Empfehlungen zu achten, und dieses ergibt eine Ordnung.

Kein Jahr wird leichter und einfacher sein als das vorherige und so nehmen wir vieles mit und doch ist es gut, wenn alles richtig verarbeitet wurde, und man daraus gelernt hat. Wir werden mit jedem Tag neu beginnen und uns von Altem befreien. Wir selbst schaffen die Last, die so hoffnungslos sein kann und dann doch wieder uns froh stimmen kann, wenn brisante und zugespitzte Lagen sich entspannen und unser eigenes beladenes Leben sich erleichtert.

Heute wird alles besser – und so wird die Zeit.

Noch eine ganze Zeit lang ist es Winter, mehr oder weniger
kalt, rau und trübe, manchmal ist es grün, aber dann auch wieder weiß mit viel oder sogar mit sehr viel Schnee, der uns beschert wird, und dann ist man etwas oder doch ziemlich einge-
grenzt in seiner Bewegungsfreiheit, obwohl es in unserer Zeit
diese Hürden immer seltener gibt, und doch bringt es die winterliche Ruhe mit sich, dass sich mit zunehmender Dunkelheit
auch die Lichtintensität verändert, der gesamte Stoffwechsel
sich anpasst, manche sich zurückziehen und manchmal traurig sind und leicht depressiv werden können aus verschiedenen Gründen. Wir ziehen uns einfach zurück, weil der Winter
lebensfeindlich sein kann, und wir haben doch keinen Mangel
in unserer heutigen Zeit, wo wir alle vernetzt sind und mit der
ganzen Welt kommunizieren können. Wir brauchen doch nir-
gends mehr hinzugehen und können von zu Hause aus alles erledigen, wir können lesen und Gutes hineinschreiben und wir
können einkaufen und von zu Hause aus Geld ausgeben.

Wir leben mit unseren fast unersetzlichen Geräten, mit all
der fortschrittlichen Technik und können uns so in Netzwerke
einschleusen, völlig isoliert und anonym, wir müssen mit den
Entwicklungen dieser Zeit leben, ob wir wollen oder nicht, es
wird alles besser, einfacher und alles geht schneller und vielleicht ist das für viele eine Möglichkeit, sich an das weltweite
Unterhaltungssystem anzuschließen – die Zeit der hoch entwickelten Technik, die alleine schon mit Denken funktioniert, eine
Technik, die mitdenkt. Wir können uns so unabhängig oder auch
abhängig machen, dass wir abgeschirmt und isoliert sind und
die Technik, die ganzen Geräte schon personifizieren – denn so
intelligent sind sie schon fast. – Wohin soll das noch führen? –

Wir sind so weit fortgeschritten, dass wir selbst ohne diese
gar nicht mehr richtig funktionieren, ohne die kann man sich
das Leben gar nicht mehr vorstellen. Seit etwa 25–30 Jahren ist
es so, das Zeitalter dieser Technik, des Computers, den jeder hat,
dass alles sich so schnell verändert. Innerhalb dieser Zeit hat

sich nicht nur die ganze Arbeitswelt verändert, auch das ganze Klima weltweit, schnell wurde es wärmer, innerhalb kurzer Zeit erhöhte sich die Temperatur um etwa 1,5 Grad im Durchschnitt, was bedeutet, dass die Winter kürzer und milder sind, dass nicht mehr so viel Schnee fällt oder dass sich dieser schnell wieder in Wasser auflöst. Und so nehmen die hohen Schneeberge ab und das Jahr um Jahr, die Gletscher schmelzen und massive Wasserströme rauschen in die Täler, die Schnee- und Eiskontinente werden messbar kleiner, so geht viel Lebensraum verloren und wir fragen uns, wie das weitergehen soll.

Mit dem sich zurückziehenden Winter gibt es immer weniger Skigebiete und diese müssen in Zukunft mit Kunstschnee hergestellt werden. Das sind gravierende Veränderungen mit Folgen, die langsam und ganz unmerklich auf uns zukommen.

Die Zukunft.

- 4 -

Wer macht sich schon Gedanken über die Zukunft?

Jeder ist froh, wenn es einem gerade gut geht und wenn man alles hat, was man braucht, wenn man überall hinfahren kann, wo man hinwill, und wenn man tun und lassen kann, was einem beliebt – und solange man in der Lage ist, im körperlichen und geistigen Sinn –, will man alles genießen, was möglich ist und was gefällt. Was brauchen wir zu denken, was morgen ist oder in der Zukunft?

Wir wissen, was gestern und vorgestern war. Wir wissen vielleicht noch, was wir gestern oder vorgestern nicht ganz richtig gemacht haben, oder auch nicht, denn manchmal stellen sich die Folgen erst später ein, und dann fragen wir vielleicht wieso und warum?

Wir wollen einfach nur leben und alles erreichen, im Fluss der Zeit leben, mit den Strömungen gehen, im Einzelnen und im Kollektiven denken, uns in Gemeinschaften einfügen oder uns alleine auf die Suche machen nach irgendetwas Bestimmten oder Unbestimmten, alles ist möglich, und selbst wenn viele das Gleiche tun, ist es doch bei jedem anders. Die Zeit zeigt oft ihr raues Gesicht und manchmal die inneren Bewegungen der Menschen, wenn sie sich äußern, es ist eigentlich eine dunkle Zeit und manchmal ist es eine finstere Zeit, undurchdringlich wird es, manchmal beängstigend, dem Ende entgegenzusehen. Und trotzdem gehen wir unausweichlich unseren Weg unserem eigenen Ziel entgegen, unaufhaltsam.

Vielleicht unterliegen wir all jenen ewig kalten frostigen Zeiten, die aus der Tiefe der Vergangenheit kommen oder die uns durch universale Einflüsse gegeben sind oder die durch Menschen verändert sind und neu sind, durch diese neu geschaffenen Zeitabschnitte, die sehr kraftvoll sein können und sich manchmal furchteinflößend auswirken. Die Definition des Frostigen, der Kälte und der Rauheit, des Dunklen und Finsteren schafft Gestalten, die sich aus den inneren bewussten oder unbewussten Ebenen des Menschen herausbilden und sich äußern, sich ausdrücken in Formen und Farben, in Worten und Taten, die manchmal ihr eigenes Ich bezeugen oder eine Wunsch- oder Wahnvorstellung oder sich in Übergröße identifizieren.

Dunkle Zeiten und helle Zeiten bewegen die Menschen nicht nur durch mangelndes Tageslicht und vielleicht ist es doch gerade das, was so Gegensätzliches hervorbringt, denn nur das sind auslösende Momente der Unstimmigkeit und Verschiedenheit, und wir wollen nicht diesen Tendenzen Raum geben.

Mögen wir in dunklen trüben Stunden nachdenken und uns noch mehr verhangen, oder in einer zeitweisen frohen Stunde, wo doch ideenreiche Einfälle uns beflügeln. Wir sind uns selbst ausgeliefert und so abhängig von allem, auch wenn wir unabhängig sind. Und manchmal bestimmt das Wetter unsere Stimmung.

Wer wir sind?

Es ist noch nicht allzu lange her, da saßen die Menschen noch am knisternden Kaminfeuer und bei Kerzenlicht und wärmten sich und erzählten Geschichten aus ihrem Leben und von ihren Vorfahren, von Ereignissen aus der Umgebung und manchmal auch Märchenhaftes. Sie nahmen die Natur des kalten, rauen und unbarmherzigen Winters als gegeben und waren froh, genug Vorräte zu Hause für den Winter zu haben. Es gab Zeiten, da waren die großen Flüsse und Seen regelmäßig zugefroren, im Jahr 1949 und auch in den vielen darauffolgenden Jahren bis etwa 1980 waren die Eiswasser-Winter langanhaltend, meterhoch lag der Schnee und es gab viele Stellen, die einfach unerreichbar waren, man war isoliert und todbringende eisige, sibirische Kältestürme fegten durch das Land und ließen alles erstarren. Langsam setzte ein klimatischer und politischer Wandel ein, die Zeiten der Kälte und des Kalten Krieges waren vorbei und von nun an wurden die Jahreszeiten milder, entspannter, angenehmer und sicherer und man brauchte die Winter-Toten nicht mehr so sehr fürchten, nur von fern noch heulte zuweilen der Wolfsziegel und die Menschen verschlossen die Türen und gingen in der Dunkelheit nicht mehr nach draußen. Gut, dass man um diese Zeit noch tröstlich von der angenehmen Wärme und gemütlichen Atmosphäre der nachweihnachtlichen Zeit eingenommen wird und sich so bei einem Gläschen Glühwein und den restlichen Lebkuchen die langen Wintertage so angenehm machen kann, wie es nur geht. Jedoch nehmen wir schaurige Berichte von den Toten auf, die gerade um die Weihnachtszeit im Eis und Schnee ums Leben gekommen sind und die auf alle möglichen und unmöglichen Arten nicht mehr nach Hause kamen, vielleicht ist es so, dass man noch mehr als sonst leidet in der doch so frohen rettenden Zeit, wo doch noch in vielen der jahrtausendealte Urgedanke an die Geburt Jesu ist. Das mag deshalb so sein, weil eine Religion sich in einem jeden Menschen verankert, es eine Orientierung sein soll und deshalb gerade in dieser Zeit an das Innerste, an das Gefühl appelliert, an das der Mitmenschlichkeit.

Ja, viele wollen immer eine weiße Pracht, was sie mit Weihnachten assoziieren, obwohl es zur damaligen Zeit zu Weihnachten tatsächlich grün war, vielleicht war es auch etwas kälter und Kälte wie diese hält eben noch an und es war seit meiner Kindheit so, dass wir oft bis März und April eine fast durchgehende, geschlossene Schneedecke auf den Straßen hatten, es wurde ein festgefahrener Belag und erst zum Frühling hin fing das Tauwetter an und das Wasser rauschte erst unter den Schneefurchen, die sich auf der unebenen Straße am Bürgersteig entlang gebildet hatten, und mit dem Tauwetter entstanden überall riesige Wasserflächen, weil der Boden tiefgefroren war, und das Oberflächenwasser, das geschmolzen war, konnte nicht versickern und nicht abfließen.

Wir singen Lieder von der Seele.

– 6 –

Die Menschen sind immer froh, wenn es besser wird und wenn der Winter vorbeigeht oder vorbei ist, und mit dem hörbaren manchmal laut gluckernden Rauschen auf den Straßen kommen nun die erwartungsvollen Gedanken auf, auf ein baldiges Ende zu hoffen oder zu wissen, es ist noch lange nicht vorbei, es kann bis in den Frühling dauern, die immer wiederkehrenden trüben grauen Schneetage, die nur mit viel Arbeit verbunden sind, nun darauf hat man sich eingestellt. Solange noch die erwärmenden Zeiten des Weihnachtsfestes gelebt werden, erwärmt sich auch das Herz und die Seele, denn die Zeit und die darauffolgenden Zeiten vom 24. Dezember an haben sich bis in unsere heutige Zeit kaum geändert, wollen wir in diesem Gedanken verweilen … das Kind ist geboren … und es ist so zu sehen, was daraus geworden ist, etwas Grundlegendes, Richtungsweisendes, Orientierendes, ein neuer Zeitgeist gibt dem Lauf der Geschichte ein neues Denken, eine neue Religion ist im Kommen, die sich ausgebreitet hat und sich stabilisierte.

Es ist etwas Aufbauendes, Aufstrebendes, Sich-entwickelndes über zweitausend Jahre hinweg, der Erlöserweg ist etwas, wovon wir uns lösen können und wodurch wir uns neu orientieren können, von dieser Zeit an kann es keinen Zweifel mehr geben an Gott, dem Allmächtigen, der seinen Sohn zur Erde gesandt hat, um uns zu retten, und so können wir das auch verstehen, wir wollen uns retten von dem, was uns verfolgt und schadet, und unser Heil finden wir, was ein Werdegang eines Lebens sein kann, so wollen wir das sehen und annehmen, dass unser Leben von Geburt an bis zum Tode ein Bewährungsleben ist. Wir lernen uns dort zu verbessern, wo wir Fehler gemacht haben, wir lernen die Menschen zu verstehen und uns selbst als Individuum zu sehen, das den Weg zu Gott suchen soll oder kann, und man mag die Worte verstehen.

Nun kommen drei Könige aus dem Morgenland und bringen die Gaben Gold, Weihrauch und Myrrhe und wollen eine Interpretation, die vielleicht so lautet: Reich soll dein Leben werden, sodass man vielen Armen helfen kann, Weihrauch soll deine Sinne öffnen, um zum Tor der Weisheit zu gelangen, und Myrrhe soll die Krankheiten heilen und uns vor Unheil bewahren, die einem auf dem Wege entgegenkommen können. Und in diesem Sinne ziehen die drei Könige durch das Land von Haus zu Haus und beschriften diese mit ihren Initialen.

Man mag sich wundern, wie es möglich war, dass sie von weit her einem Stern folgten, der sie an den Stall brachte und warum? Sie kehrten nicht zum König Herodes zurück, der wissen wollte, wo er war, vielleicht mag dieses doch manchmal unsere zweifelhaften Gedanken anregen.

Gute Gaben.

Haben wir heute oder in der letzten Zeit etwas Gutes getan? Wir wollen unser Leben von guten Einflüssen leiten lassen, das was einem selbst guttut, und manchmal etwas für andere tun, helfen und unterstützen, einen Beitrag leisten, wo es angebracht ist, natürlich können auch gute Worte helfen, verständliche, die einen wieder auf den Weg bringen, ebenso sollten wir ab und zu eine finanzielle Hilfe leisten, wozu die Kirchen manchmal aufrufen dürfen, denn es gibt sehr viele Not leidende Menschen in der Welt, und wenn man jemanden kennt, vielleicht in der näheren Umgebung, so darf man auch da etwas großzügig sein. Es ist schon gut, wenn man etwas gibt, etwas genauer hinzusehen, wo das Geld hinfließt, ob es auch dort ankommt, wo man es hingibt, denn wie überall gibt es nicht nur seriöse Stellen, und das Geld verschwindet zum größten Teil in dunklen, nicht mehr nachvollziehbaren Netzwerken.

In der Kirche wird oft die vorgesehene Zuweisung mitgeteilt und manchmal wird es auch für die Restaurierung der Gebäude dringend gebraucht.

Etwas Gutes tun in sozialen und freiwilligen Bereichen, in der Wohltätigkeit oder im Tier- und Umweltschutz, es tut gut, wenn wir uns überzeugt einsetzen, und wir erfahren auch manchmal ein Frohsein, wenn wir geben. So mögen wir es in diesem Jahr halten. Natürlich ist Nehmen einfacher als Geben, aber gerade darin liegt eine menschliche Haltung zum Leben, zur Welt und zu Gott.

Wer hilft, dem kann auch geholfen werden. Denn wer weiß, ob man nicht selbst einmal in Not gerät oder in eine unausweichliche Situation, so mögen gute Taten einem auch immer selbst helfen. Es gibt viele soziale Einrichtungen und Tafeln, die von freiwilligen einsatzbereiten Menschen organisiert worden sind und weitergeführt werden, und man glaubt es kaum, denn schon vor Christus gab es die Speisung der armen Bevölkerung in der Stadt Rom. Regelmäßig wurde dazu Getreide aus den Mittelmeerländern eingeführt, weil es in und um Rom nicht in ausreichender Menge gewachsen war, diese war eine staatliche Einrichtung, die von Cäsar ins Leben gerufen wurde und von Oktavian weitergeführt wurde, über 200.000 Menschen bekamen kostenlos ihre Nahrung zugestellt.

Wir können froh sein, wenn wir uns in der gesicherten Lebenslage befinden, dass wir eher etwas geben können, als von den Umständen abhängig zu sein, auf die Gaben oder Spenden von anderen angewiesen zu sein, so sehen wir uns glücklich und „reich" genug, für das Existenzielle alles zu haben, und sind noch froher, wenn es etwas mehr ist.

Auch der sicherste Weg und Zustand kann sich von einem auf den anderen Tag ändern. Natürlich können wir nicht alle Millionäre sein, diese aber könnten auch etwas mehr geben.

Geben, Helfen, Unterstützen sollte ein Bestandteil im Leben sein, für Mensch und Tier und für die „Erde".

Die Welt lebt vom Geben.

– 8 –

Reich beschenkt sind wir geworden zum Weihnachtsfest mit den vielen Geschenken, reichhaltig war das Essen und reich kann man werden nicht nur mit inneren Werten, der Seele und dem Geist und so mit der Miteinbezogenheit in die christliche Tradition des Festes der heiligen drei Könige, die diese Gaben brachten, Gold, Weihrauch und Myrrhe, und so wollen wir weiter fortleben in diesem Sinne und Rechtes tun, dass auch wir mit den Gaben beschenkt werden und unser Leben ein reiches wird. Mühsam und weit war ihr Weg gewesen, sie folgten lange einem Stern, der sie nach Bethlehem brachte, und auch wir folgen nun diesem Stern durch die Jahrtausende und manchmal ist auch unser Weg schwer und mühsam, er heißt ja auch der Retter- und Erlöserweg. Das Leben wird nicht immer vom Glück eingeholt, durch all die schweren Zeiten mussten wir gehen und auch in jenen Tagen gibt es viele, die am Rande des Existenzminimums leben, und trotzdem hoffen wir alle auf bessere Zeiten und besseres Wetter, dass wir lebend und gesund durch den Winter kommen und mit der Frühjahrsbelebung uns wieder zu neuen Horizonten aufschwingen, dass eine Tür sich öffnet und wir wieder eine neue erbauende Perspektive haben. Es tut gut, auch in unseren schlechten, schwierigen Zeiten abgesichert zu sein, sodass wir nicht stets bangen müssen, wir wollen lebensbejahend und zielorientiert unser Leben und unsere Arbeit verrichten und so innerlich zur Ruhe kommen.

Nun, die Zeiten und das Klima ändern sich rasant und ab dem Jahr 2000 gab es kaum noch Winter und die Schneefallgrenze erhöhte sich von Jahr zu Jahr und man kann nun wetten, ob es eine grüne oder weiße Weihnachts-Winterzeit wird, und wer auf grün setzte, gewann immer die Wette. Durch das Fortgehen des Winters haben wir seit 20–25 Jahren ganz extreme Wetterlagen zu bewältigen, die durch den jahreszeitlich bestimmten Kälteeinfluss bedingt sind, der nun nicht mehr als Schnee kommt, sondern jetzt mehr als Regen niedergeht, und durch das Einziehen der wärmeren Luft kommt es öfters weltweit zu hohen Turbulenzen, die extreme Unwetter mit gewaltigem ungeahntem Ausmaß verursachen.

Was mag den Winter aus dem Land vertreiben?

Oder mag er sich nur verlagern?

Wir wissen nicht, ist es von nun eine fortan dauerhafte Entwicklung oder nur eine passagere?

Es ist eindeutig die Tendenz zu einer globalen Erwärmung gegeben, doch wie lange und in welchem Umfang sich alles tatsächlich erwärmt, bleibt abzuwarten. Auch dieser Zustand kann sich schnell wieder ändern und in die andere Richtung gehen.

Vielleicht merken noch mehr Menschen, dass sich „Kaltes" löst und es einem insgesamt besser geht.

Der Mensch ist wie das Wetter.

Gute Zeiten.

Der Winterhimmel ist durchgehend grau in grau bis weiß, er scheint undurchdringlich, trübe und ohne Sonnenlicht zu sein, fahl sind die Farben, die im Grau und Schwarz verloren gehen. Alles, was mit dem einnehmenden Winter zu tun hat, ist düster und ebenso die Kleider, alles in dunklen Farben, so huschen die Leute schnell irgendwo hin und wundern sich, warum sie so aschfahl aussehen und manchmal bleich wie der Tod sind. Noch wird eine Zeit lang das Grau und das Grauen des Winters über uns liegen, in den Feldern und Wäldern, im Boden und im Universum, in den Häusern und Behausungen der Menschen, in ihrem Gemüt, in ihren Seelen, und manchmal sind es noch die Grauen der Vorzeit, die zuweilen dann ans Tageslicht kommen können, wenn bestimmte Konstellationen sich ergeben, so erkennt man oft das wahre Gesicht mancher Menschen und mancher Gestalten, von denen man das nicht erwartet hätte, und manchmal kann sich daraus das ganze Leben ändern, verändern. Die Zeit scheint zwei Gesichter zu haben, wie ein Tag und wie eine Nacht, und die Tendenz des Auslebens ist bedingt gegeben durch die Kürze des Tages und der lang anhaltenden Dunkelheit. Alles, was gewesen ist, liegt in unserem Unbewussten verborgen und jeder kann alles durchleben, es ist unausweichlich, nur gut, dass wir nicht wissen, was vor uns, vor unserem Leben einmal war. Und fühlen wir uns nicht wie angesprochen, lesen wir Vergangenes und rufen in uns unser eigenes Ich hervor.

Seit der letzten Eiszeit vor 25.000–30.000 Jahren haben die Menschen nur Winter gehabt, wo sie in der klirrenden Kälte ausharrten und ausgestorben sind.

Nun kam der neue Mensch, der in die Zeiten des zurückgehenden Eises geboren wurde und die Schneegrenzen zogen sich zurück, es wurde milder und immer mehr Grünland entstand, durch die angenehmeren lebensmöglichen Zonen konnte der Mensch sich gut entwickeln und ausbreiten. Dem Menschen Homo sapiens war es gelungen, erst noch wie seine Vorfahren auf der Suche nach Nahrung herumzuziehen, bis er begann das nomadische

Leben aufzugeben und er sich erst als Sammler dann als Jäger in Höhlen oder in selbstgebauten Behausungen niederließ. Den Wandel jener Zeit hinterließen diese Menschen oft in Felsenhöhlen, wo sie die Tiere und Verschiedenes, was sie sahen, malten.

Sie malten Bilder von der Seele und vieles können wir nicht verstehen, kreativ und ideenreich waren sie, ausdrucksvoll und bunt ihre Bilder und schon in Feinheiten übermittelten sie ihre Informationen. Für wen malten sie?

Die Anfänge ihrer Veränderungen und ihre geistigen Eroberungen erzählen uns ihr Leben und ob es wirklich der Überlieferung gilt, das wissen wir nicht.

Was sie wirklich dachten, empfanden und erlebten, bleibt im Dunkeln verborgen.

Und sie malen – Figuren und Farben.

– 10 –

Grau ist der Tag, wenn man am Morgen aus dem Fenster sieht, und unverändert ist es den ganzen Tag, stumm sind die Felder, die manchmal unsichtbar im Nebel verhangen sind, und kahl sind die Wälder, die geisterhaft wie braunes Gewirr von Weitem sichtbar sind, still und ruhig ruht der See, wo das Dunstige emporsteigt, und an manchen Tagen ist alles verändert, von nicht sichtbaren zu dichten undurchdringlichen weißen Bodenwolken, die einem den Anschein geben, sie greifen zu können, lange und schwer bleiben sie liegen und man weiß nicht, kommen sie vom Himmel oder steigen sie vom Boden auf.

Niemand spricht zu einem und man schaut lange schon alleine in die ewige Winterlandschaft hinaus, die einem so vorkommt, als würde sie nie enden. Diese grauweiße Dichte verdeckt den ganzen Tag und man sieht kaum, ob es schon wieder dunkel wird oder ob es noch Tag ist.

Die unendlichen Weiten des Nichts, wohin man sieht, eine verschleierte unsichere Gegend, wo einem alles passieren kann, man geht, geht hinein und verschwindet in einem unerklärlichen Etwas, das kommt und verschwindet und manchmal sich in ein Nichts auflöst. Es gibt Orte, die stets etwas verhangen sind, die Seltsames umgibt, die wie abgeschieden von dieser Welt erscheinen, die eine permanente Aura umgibt, und dringt man ein, wird man verschlungen. Dies sind mysteriöse Orte und seltsame Menschen, die sich nur in der Dämmerung bewegen können oder wollen, wohl um unerkannt zu bleiben. Und geht es nicht vielen Menschen so, dass sie des Winters müde sind und vor sich hindenken, die Umgebung schafft Gedanken und man lässt sich einfangen und einnehmen, ob man will oder nicht, in diesen irritierenden Umständen, doch wenn die Winter lang sind und das Wetter einen zwingt, nur zu Hause zu verweilen, wo man nichts sieht und nichts hört, gerät man ins Grübeln. Leicht geschieht es, dass man sich auf Ab- und Irrwege begibt, gerät man auf diesen Gratwanderweg, scheint man alles oder vieles anzuzweifeln und vielleicht zu hadern mit sich und dem Schicksal, scheint man konfrontiert, und wenn man es ändern will, fühlt man sich herausgefordert und erkennt die eigene Ohnmacht.

Es gibt Tage, da geht nichts im Leben, jeder Tag scheint schon so zu sein wie der letzte.

Es gibt kaum Trost und kaum kann man diese Wolkengebilde durchbrechen und unendlich scheint der Tag zu sein und unendlich der Winter und unentrinnbar die gefühlte Kälte.

Das Warten auf bessere Zeiten und das Ende des Tages können zur Tortur werden und trübe ist das Gemüt und schwer die Seelenlast, man ist beladen und scheint immer zur falschen Zeit am falschen Ort zu sein.

Lass die grauen undurchdringlichen Nebel und Gedanken von uns nehmen, auch wenn es Winter ist, kann der Tag hell sein.

Und morgen ist ein neuer Tag.

Viele hat der Alltag wieder eingeholt und man eilt zur täglichen Arbeit in der Frühe unabhängig von Wind und Wetter, es ist Winter, weiß und streng ist die Temperatur, nun ist man mit der Winterausrüstung gut beraten, so war es immer, doch in den letzten Jahren braucht man morgens früh nicht einmal mehr aufstehen und Schnee räumen, der Tag ist wie jeder andere, lang und anstrengend kann er sein oder auch entspannend und fördernd, abwechslungsreich und unterhaltsam, die meisten sind zufrieden mit sich und ihrer Tätigkeit, mit ihrem Schaffen an sich und dem Umfeld, und man verdient genug, dass es reicht zum Leben, oder eben wesentlich mehr.

Die Kinder sind noch eine ganze Zeit lang mit den neuen Spielsachen vom Fest beschäftigt, die neugierig untersucht und eingesetzt werden, einige sind stabil und überdauern eine längere Zeit, andere sind recht kurzlebig und werden bald aussortiert, die Freude hält meistens bis zum Osterfest, denn dann gibt es wieder etwas anderes.

Die meisten kommen nach einem langen arbeitsreichen Tag abends nach Hause und dann beginnen die freizeitlichen Beschäftigungen, dabei kann es sich um Arbeiten am oder im Haus oder um sportliche Aktivitäten im Einzelnen oder irgendwo in gemeinschaftlicher Unterhaltung handeln, und so ist es Tag für Tag, Woche für Woche, Monate und Jahre hindurch, ohne über irgendetwas nachzudenken, eine Gewohnheit, ein geordneter Tagesrhythmus.

Die allermeisten Menschen haben einen ausgefüllten Tag von morgens früh bis abends spät in die Nacht hinein und keine Zeit zum Nachdenken der zur Muse, einige lesen vielleicht noch ein Buch oder interessieren sich für das gegenwärtige Zeitgeschehen, solange es einen nicht selbst betrifft.

Ein jeder geht seinen Weg, den er begonnen hat von Anfang an bis zum Ende, er möge geradlinig und bequem sein und man möge seine Vorstellungen im Leben erreichen und so hat man Glück. Ist er nicht so geradlinig, ist es schwer oder schwerer und man ist beladen von der Alltagslast und trägt es mit Fassung, vielleicht hat man irgendetwas nicht ganz richtig gemacht oder das Leben meint es nicht so gut. Doch noch kann man leben, wenn einen auch manchmal Leid und Schmerzen plagen. Es ist natürlich leicht zu sagen, man gibt sich zufrieden, wenn man nichts hat, was einen belastet. Den Betroffenen ist oft schwer zu helfen, wenn man die Ursachen nicht kennt, und doch ist es möglich, dass die Last sich lösen kann, von heute auf morgen ist und fühlt man sich befreit, es kann auch sein, dass man einen gewissen geistigen Beitrag leisten muss, um die Ursachen der Beschwerden zu erkennen, nur so können diese erleichtert werden.

Wir mögen die Kraft aufbringen, das Leben zu erleichtern.

- 12 -

Wir gehen durch die Straßen der Stadt und sehen tausende Gesichter, die um diese Jahreszeit teils verdeckt sind mit Mützen und Schals, Menschen sind mit warmen Mänteln bekleidet und es ist nicht allzu viel vom Gesicht zu erkennen, einige zeigen die Farben des Winters, bleich und aschfahl, andere scheinen in ihren bunten Schals genauso auszusehen wie ihre Kleider. Und ist es besonders windig, sind oft noch Nase und Mund bedeckt und wir sehen nur noch Augen, die dunklen und tiefen, die trüben und traurigen, die ausdruckslosen erstarrten, die vom Schicksal gezeichneten, suchende und verzweifelte, die anstrengenden, die langsam und doch eilend sein können, winterliche sichtbare Augen, die meistens geradeaus schauen, weil alle etwas in der Stadt zu erledigen haben, und noch bevor es dunkel wird, will man wieder zu Hause sein, beruhigend und sicher.

Der Stadttag ist manchmal schaurig, denn wortlos eilen die Leute in alle Richtungen, alle haben etwas zu tun, zu erledigen, alles ist wichtig und man schaut weder rechts noch links, aber zuweilen doch, weil man von einer Schaufensterattraktion abgelenkt wird, ja geradezu angezogen wird, und dann geht es fließend und ohne weitere Unterbrechung weiter bis zum Abend, bis alles erledigt ist. Ungeachtet dessen ist man inzwischen wieder beladen mit unzähligen schweren Tüten und Taschen, ob da wirklich alles wichtig ist, zumindest war es das beim Sehen und wir sind doch erst einmal etwas froh.

Viele tausend Gesichter sprechen eine Sprache, tausend Gesichter erzählen ihr Leben, die meisten tragen es wortlos mit sich herum, tragen es mit Fassung, ertragen es, ohne nachzudenken, man findet sich mit den gegebenen, geschaffenen Zuständen ab und man denkt nicht einmal nach, wie lange noch. So wie die Jahreszeit kann man schwer aus seiner Situation ausbrechen, manchmal, ja meistens muss man es alleine schaffen und manchmal kommt eine helfende Hand, man trifft zufällig jemanden oder wird aufmerksam auf etwas, was einem weiterhilft, man sieht vielleicht etwas Geschriebenes, das wie ein auslösendes Moment sein kann, um einen Ausweg aus einer bisher scheinbar unlösbaren Situation zu finden, und man kann nun alles ändern, man kann verändern, man wird nun offen und gelöster und sieht und findet den Ausweg, das Leben ändert sich und man weiß gar nicht, warum man nicht schon früher darauf gekommen ist.

Wie lange schon geht man immer denselben Weg und nichts hat sich geändert, immer und immer wieder, und man sieht etwas, was mit Sicherheit vorher schon da war, nur selbst hat man es nicht beachtet, in der Eile übersehen oder man geht ausgerechnet heute, warum auch immer, einen anderen Weg und entdeckt hier das auslösende Moment und so denkt man: „Doch gut, dass ich heute dahin gegangen bin." Die Schwere des Winters und die Anstrengung, nach Lösungen zu suche, belastet den Menschen und alle eilen vorüber.

Wer sucht – der findet.

- 13 -

Ist der Mensch nicht stets auf der Suche?

Ist es bewusst, so fehlt etwas, man sucht etwas, was man verloren oder verlegt hat, solange bis man es gefunden hat. Man ist auf der Suche nach einer neuen Arbeit, nach einer besseren Wohnung, man sucht Menschen, mit denen man kommunizieren kann oder eine bestimmte Tätigkeit verrichten möchte, man ist auf der Suche, sein Leben mit den bestmöglichen Bedingungen einzurichten.

Diese Suche setzt meistens eine vorherige Vorstellung voraus, also eine Zielsetzung, etwas Konkretes, worauf man hinarbeiten will und womit man sich intensiv beschäftigt, und meistens wird es einem auch gelingen, das alles zu erreichen. Manchmal findet man innerhalb kurzer Zeit alles, es kann sich jedoch auch über Jahre hinwegziehen und trotzdem ist man froh, wenn man etwas dazu findet, was man sich vorgenommen hat, wenn man es erreicht hat, auch wenn es einen Mühe kostet.

Dieses ist ein rechtes, gutes, menschliches Handeln, es ist im Grunde der Weg des Lebens, den man geht, man hat den Weg gefunden, den man gesucht hat. Und das ist meistens gut, denn man hat ihn selbst gewählt. Es kann ein erfolgreiches, ausgefülltes Leben werden und so soll es auch sein. Es ist gut, wenn man am Ende sagen kann ... es war gut so ... es hat sich gelohnt.

Vielleicht noch die Möglichkeit ... ich hätte noch etwas besser machen können und das wäre auch erreichbar gewesen, doch das Wichtigste ist, man ist zufrieden.

Ist die Suche jedoch etwas undefiniert, man sucht also etwas, was man nicht weiß, so geht es erst einmal unbestimmt und ziellos durch den Tag, durch das Leben in der Hoffnung eben, zufällig etwas zu finden, was das Leben verändert, ... das Leben dem Zufall überlassen und doch von den Gedanken getragen sein, dass sich irgendwann, irgendwo das Richtige einstellen wird, einfach offen sein für alles, die Dinge richtig sehen und alles verstehen und sich richtig bewegen. Wer sucht, muss sich bewegen in einem kleineren oder größeren Radius, muss sich bewegen im Denken, um die unbestimmten Dinge zu erkennen, nach denen man vielleicht suchen könnte. Das Leben dem Zufall zu überlassen, ist vielleicht auch eine Aussage für das Unbestimmte, weil kein Mensch weiß, wann, wo und wie einem etwas geschieht, denn jeder der sucht, kann etwas anderes finden, was sein Leben entscheidend ändern kann. Auf der Suche – das hat oft etwas mit dem Lebensinhalt zu tun mit dem Innersten der Unausgewogenheit, dem Ungleichgewicht und der inneren Überzeugung, dass das Leben es doch vielleicht nicht so gut meint, es ist oft eine Suche nach Auswegen des Alleinganges, dass man mit sich und seinem Inneren im Unklaren ist, es ist so, dass man mit seiner Umwelt, mit seinem Umfeld unsicher ist, und hier liegt vielleicht die Unverständlichkeit.

Wer nie etwas in einem anstrengenden Leben der Suche findet, bleibt traurig und hoffnungslos.

Woher wir kommen.

- 14 -

Vielleicht ist es so ...

dass tief im Inneren unseres Seins, tief verborgen im Unbewussten, der Grund der Seele liegt, was unser Leben ist, tief und unergründlich ist das menschliche Dasein vom Inneren seines Wesens zu all den sichtbaren Äußerungen und den ewigen inneren Kämpfen mit sich selbst, so betrifft das die Schwere des Lebens, bis wir vielleicht vorstoßen vom Unbewussten zum Bewussten, das erst beim Aufsteigen bewusst werden kann, das unser Denken erreicht, und wir kombinieren können und definieren, was unsere Vergangenheit ist, im universellen Sinn, und was die Seele prägte, und dieses gilt es zu erlernen, um so das Leben mit all seinen Höhen und Tiefen zu verstehen, das wir leben und erleben müssen, solange wir uns weiter entwickeln.

Wir lernen das Leben anzunehmen und alles, was kommen mag, können wir überdenken, und so setzen wir uns mit den Umständen des Lebens auseinander, was im Äußeren und im Inneren sein kann, beides ist eine Findung zu sich selbst, wenn das Leben dahin geführt wird, dass man sich verbessert.

So mag dieses für jeden eine Aufgabe im Leben sein, stets das Beste in allen Dingen zu finden, stets eine Verständigung der Menschen herbeiführen, sodass auch diese die Möglichkeit haben, sich zu entwickeln, sich zu äußern, sich zu beweisen, und man möge immer jede Situation schlichtend beenden, sodass ein jeder weiterhin seinen Weg weitergehen kann, das ist eine Verbesserung.

Doch oft müssen wir im beladenen Leben ausharren, solange die Zeit es erlaubt, all die Dinge, die da kommen, müssen wir ertragen und wir schätzen den Tag, an dem die Schwere etwas nachlässt.

Die Schwere des Lebens mag viele Ursachen haben und es ist oft schwierig, so weit zu diesen Zeiten vorzudringen, wo Schwere entstanden ist. Und so tragen wir die Last der Welt mit, so scheint es zuweilen zu sein, und fragen uns in unserem Inneren warum?

Warum muss das Leben so sein?

Hat man im Leben etwas nicht richtig gemacht?

Und kann man es noch selbst ändern?

Hat der Mensch der Umwelt oder dem Leben geschadet?

Hat man so im Inneren Grabenkämpfe zu überstehen?

Hat man eine bejahende Lebenseinstellung zur Schöpfung?

Ob eine Besserung der Einstellung möglich ist, muss jeder für sich selbst entscheiden.

Wenn die Fragen zum Ursprung des menschlichen Seins richtig beantwortet werden, wenn wir wissen, woher wir kommen, so ist eine Besserung im Leben möglich.

Wenn man ein schicksalbeladenes Leben hat, so mag man sich oft verschließen und mag manche Fragen nicht beantworten, weil man eben eine nicht sehr gute Erfahrung gemacht hat und weil doch vieles ganz anders ist als das, was man zeitlebens in sich getragen hat.

So möge sich das Leben wieder zu meinen Gunsten wenden.

Sag, du Mensch in den ewigen Weiten des Universums, wohin willst du noch gehen?

Hast du dich nicht auf den Weg gemacht, auf die Suche etwas zu finden, was nicht möglich ist?

Hast du die Grenzen des Unmöglichen überschritten und befindest du dich in den Verwirrungen des Unmöglichen?

Wie weit schon bist du gegangen und wie lange schon?

Bist du dem irdischen Leben entflohen und hast du dich in Sphären begeben, wo nur Unsichtbares kämpft?

Bist du hinaufgestiegen, um über allem zu stehen, oder hinab ins Reich der Toten, die dich rufen?

Sag, Mensch, hast du dich hinausgewagt und findest nicht mehr zurück?

Hast du dich bemächtigt, den Dingen und den Menschen eine Richtung zu weisen?

Hast du die unsichtbaren Dinge zu deinen Gunsten gestellt?

Bist du nicht einer falschen Meinung gefolgt?

Bist du vielleicht schon etwas irritiert, um den Dingen noch die richtige Bedeutung zukommen zu lassen?

Hast du dich bewusst und selbst emporgeschwungen oder wurdest du hineingezogen?

Und willst du dich aus diesem fast unlösbaren Alleingang lösen und dich von üblen Menschen befreien?

Wird das noch möglich sein?

Und der Mensch, der den Geist hat …

Dieser Mensch kann sich vielleicht wieder lösen, befreien, zurückkommen, das irdische Leben wiederfinden, sich wieder zurechtfinden. Der Weg hinaus ist weit und lang und zurück muss man ihn gehen! Sich von den Anstrengungen lösen zu wollen, sich über alles hinwegzusetzen und über allem stehen zu wollen, ist schwierig. Wer so hoch hinausgegangen ist, der muss viel Zeit haben, wieder seinen angeborenen Platz im Leben einzunehmen.

Und hier ist es eine Gratwanderung, der Weg, wo sich Gutes und Böses trennt und sich so die Welt entzweit.

Die Fragen muss ein jeder sich selbst beantworten.

Ist man jemand, der alleine auf der Welt lebt und sich die Welt unterordnet, so braucht man diese Frage nicht beantworten. Allen, die sich auf verirrten Wegen befinden, wo ein Zurück möglich ist, und die Ja sagen zur Besserung, wird auch so Hilfe zuteil, die sie im Denken erfahren, und diese müssen eine innere Kraft aufbringen, von der Besserung nicht mehr abzuweichen, denn man ist so anfällig und angreifbar.

Nun hat das Jahr gerade begonnen und das, was man sich vorgenommen hat, wird sich ins Positive wenden.

Wenn man ein gutes Denken hat, müssen sich die Dinge und das Leben zugunsten wenden.

Wie ist das möglich?

– 16 –

Um diese Zeit beginnt meistens die Auf- und Abräumung der weihnachtlichen Accessoires, der herrlich grünen geschmückten Bäume, die schon leichte Trockenmerkmale erkennen lassen, die ersten Nadeln fallen im warmen Raum zu Boden und neue Kerzen aufzustecken, lohnt sich auch nicht mehr, da der Baum, jetzt leicht entzündbar geworden, seinem Ende entgegengeht. Das Wieder-Einräumen erscheint einem mehr etwas „lästig" als freudig zu sein, aber langsam fängt man trotzdem an, die vorgesehenen Schachteln zu richten, und das, was einem nicht mehr gefällt, kann man entsorgen. Und doch hören wir ein letztes Mal noch die Klänge des Weihnachtsorchesters und die alten Weihnachtslieder, jene, die man in der Kindheit schon selbst gesungen hat, jene mit Tradition und kirchlichem Charakter, und eigentlich kann man jetzt noch einmal mitsingen, auch wenn die Stimme zuweilen etwas versagt, wer singt schon gerne alleine?

Zum letzten Mal denken wir, es war doch wieder ein schönes Fest, trotz all der vielen Arbeit und der Vorbereitungen, es war ein schöner Weihnachtsgottesdienst, es war ein besonders gutes und gelungenes Essen, es war Unterhaltung und viele Geschenke, eigentlich ein nachdenkliches Fest und einen Sinn hat es auch noch. Es war so wie jedes Jahr, eigentlich wissen wir gar nicht mehr, wie es im letzten oder vorletzten war, das Einzige, was wir wissen, es macht Arbeit und man hat einige Tage arbeitsfrei, die sinnvoll mit Familie und Bekannten genutzt werden.

Ob das nun wahr ist oder nicht, was überliefert wird, wissen wir nicht ganz genau, aber alleine die Weihnachtsgeschichte zu erzählen, hat einen geistigen Inhalt, und wenn wir uns nur einige Textstellen aus der Heiligen Schrift zu Herzen nehmen, hat man schon viel erreicht. Die Tatsache ist, wir haben seit dieser Zeit eine neue Religion, die es vorher nicht gab, die uns eine Orientierung und einen Halt gibt, wir sind in diese Glaubensrichtung hineingeboren und mit dieser sind wir verwurzelt, wir stehen fest im Leben und zuweilen erinnern wir uns an das, was in der Schule gelehrt wird oder was uns die Heilige Schrift wirklich sagen will. Wir können uns auch zum Ursprung rückverbinden, was die Bedeutung einer Religion heißt, also Gott hat gegeben, Gott hat erschaffen und dann wissen wir auch, woher wir kommen und vielleicht wohin wir gehen.

Also für dieses Jahr haben wir das einmal wieder überstanden und sicher stehen wir auch im Leben bis zum nächsten Fest.

Jetzt wird alles ordentlich eingepackt und verstaut, gezählt und beschriftet und anstrengend werden die Kartons und Kisten irgendwo auf dem Dachboden verstaut. Die Musiklieder können wir vielleicht doch noch einmal anhören, ansonsten werden sie mit eingepackt.

Ob wir zu den nächsten Weihnachten dies alles wieder hervorholen? Aber das sagen wir auch jedes Jahr.

So geht es jedem.

... Und wie jedes Jahr haben wir wieder zu viel Gebäck gebacken und Lebkuchen gekauft und das können wir jetzt alles aufessen, denn bis zu Ostern schmeckt es auch nicht mehr. Zu all dem Überfluss von Speisen und Getränken, die wir in letzter Zeit reichlich genossen haben, kommt es einem so langsam, dass man sich wundert, warum die Kleider nicht mehr richtig passen, und so steht man vor der Frage „Will ich jetzt etwas abnehmen?", weil man sowieso zu viel Übergewicht hat, oder kauft man sich jetzt eine neue Garderobe, natürlich kann man beides tun, denn wer will nicht, sobald es Frühjahr wird, das Neueste im Schrank haben, in anderen Farben, und das Gewicht zu reduzieren ist auch nicht verkehrt. Entweder man ist zu Hause und sitzt in der Wintergemütlichkeit im Warmen und bewegt sich wenig oder man geht täglich zur Arbeit, dabei reduziert sich das Gewicht auch nicht von selbst. Wir können uns damit abfinden und warten, bis die Kleidergröße wieder passt, denn ganz so üppig und so viel essen wir jetzt nicht mehr jeden Tag.

Am besten erst einmal Ruhe bewahren, denn das Gewicht kam auch nicht von heute auf morgen, und vielleicht findet man sich auch damit ab.

Natürlich können wir im Frühtau vor der Arbeit einige Kilometer laufen, aber das ist doch zu anstrengend, außerdem ist es stockdunkel um diese Jahreszeit und die Straßenverhältnisse sind auch nicht sicher.

Also das einfachste wird sein: Der Mensch braucht neue Kleider. Und am Abend ist es genauso, der Arbeitstag ist lang und anstrengend und zusätzlich will man nichts tun, bequem und unbeschwert will man es haben, wenn man müde und geschafft nach Hause kommt, man will sich um nichts anderes mehr kümmern, als sich nur noch gemütlich in den Fernsehsessel zu setzen und seine Chio-Chips zu knabbern. So ist der Alltagslauf der meisten Menschen und warum soll man etwas ändern? ... essen und trinken und es bequem und angenehm haben, warm und gemütlich und eben neue Kleider kaufen, wenn es nötig ist oder wenn es einem so gefällt.

Eigentlich hat man doch ein gutes Leben und Millionen Bürger im Land tun das Gleiche. Wir sind froh über diesen Alltagsverlauf und wem es nicht gefällt, der kann sich verändern.

Am besten ist, man denkt über gar nichts nach, tagein und tagaus immer dasselbe. Manchmal fällt es uns noch auf, dass in der Öffentlichkeit noch alles weihnachtlich steht, und hin und wieder kommt einem ein wehmütiger Gedanke und man weiß nicht warum, vielleicht hat es mit dem Fest zu tun oder es kommt wirklich von einem selbst aus dem Inneren, denn es hat auch viele traurige Aspekte oder es ist eine tiefe unbewusste dramatische Erinnerung, was auf der Seele festgeschrieben steht, wir es aber nicht mehr wissen können, als nur noch die undefinierbaren Emotionen erleben, traurig sein ohne erkennbaren Grund.

Wann kommt das nächste Fest?

- 18 -

Gut hat es der Mensch in unserem Land.

Wir haben die Freiheit, alles zu tun, was uns im Leben gefällt, unser Leben selbst zu gestalten und selbst verantwortlich zu sein, unabhängig können wir über uns selbst bestimmen.

Unser Land ist nicht nur ein schönes in allem, abwechslungsreiche Landschaften mit Bergen, Seen, Flüssen, Tälern und Meer, eine gute Infrastruktur und die besten sozialen Leistungen und Versorgungen, wir haben eine gut aufwärtsstrebende Wirtschaft, sodass jeder Arbeit finden kann, ein hohes Bildungsniveau und vorzeigbare Forschung, eine stabile Währung bietet Sicherheit und Wohlergehen, gutes Einkommen ist Wohlstand, einfach alles, dass es sich sehr gut leben lässt.

Viele Menschen sind engagiert in Vereinen und Gemeinschaften, es gibt Freiwillige und Wohltätige, die sich in vielen Bereichen einsetzen und so zu vielem beitragen, damit verschiedenes möglich wird. Dieses Engagement bezieht sich nicht nur auf die Freizeitgestaltungen und Festlichkeiten, viele sind in sozialen Bereichen tätig sowie im Umwelt- und Tierschutz.

Unser Land besteht nicht nur aus einem fast unendlichen Straßennetz und modernen Bauten, wir haben auch noch Wälder und Parks und Naturreservate, die es zu schützen gilt, die zu pflegen und zu erhalten sind, damit wir in der freien Zeit zur Erholung im Grünen spazieren gehen können, davon gibt es leider immer noch zu wenig.

Durch die immer größer werdenden Städte geht viel Grün- und Umland verloren und Grünes reduziert sich auf einzelne Bäume oder Blumenkreisel. Es ist einfach nicht möglich, dass alle ein Haus mit einem Garten auf dem Land haben, um die Natur zu genießen, diese haben immer einen höheren Erholungswert, während sich jene in der Stadt an eine grünlose Stein- und Betonlandschaft gewöhnen.

Natürlich können wir auch woanders hinfahren, in die Ferne schweifen und dann, wenn man zurückkommt, stellt man fest: Zu Hause hat man es doch am besten, also die Freiheit haben wir schon, uns überall hinzubewegen. Und das ist nicht überall selbstverständlich und so sind wir froh über diesen Zustand.

Seit der Industrialisierung wurde in unserem Land sehr viel für die Bürger getan, vor allem im sozialen Bereich, was bedeutet, man ist doch etwas abgesichert im Krankheitsfalle oder bei Wegfall des Arbeitsplatzes.

Frieden, Wohlstand und Freiheit, das sind die Stützpfeiler unseres Landes und die Aufschrift auf dem Münzgeld, das bis ins Jahr 2000 das Land zu dem machte, was wir heute sind, und wir hoffen, dass dieses noch lange anhält.

Wir tragen in unserer Gesinnung dazu bei, dass wir demokratisch und sozial eingestellt sind, unsere Umwelt schützen und alles Mögliche für die Tiere tun.

So wird man ein guter und aufrichtiger Mensch.

Freiheit, die ich meine …

Diese Freiheit ist keine Selbstverständlichkeit, es gibt einige Länder, da sind die Menschen nicht so frei, Freiheit, die uns gegeben ist, das heißt, wir leben nicht unter einem Joch der Obrigkeit oder in Versklavung oder in Frondiensten und wir sind auch nicht auf ein bestimmtes Gebiet angewiesen oder beschränkt.

Natürlich sind diese Menschen noch freier als die, die in einem Gefängnis sitzen, aber das hat andere Ursachen.

Nun unfrei kann auch wie ein unsichtbares Gefängnis sein, ein kaum weit zu bewegender Raum, der von dritten kontrolliert wird, kann schlimmer sein, als in Haft zu verweilen, denn das Leben ist unsicher, gefährlich und unberechenbar, man lebt in ständiger Bedrohung und selbst eine Flucht ist da nicht mehr möglich. Der Mensch ist natürlich nicht so frei, dass er fliegen kann oder entfliehen kann, dazu sind ihm noch keine Flügel gewachsen.

Es gibt Menschen, die in aller Freiheit doch unfrei sind, weil äußere Einflüsse wie aus einer unsichtbaren Hand sie nicht allzu sehr bewegen lassen, sie sich vielleicht selbst gezwungenermaßen unterwerfen oder einen falschen Weg gehen und so etwa innere unerklärliche Abhängigkeiten schaffen und diese kaum mehr lösbar scheinen.

All jene Abhängigkeiten, seien es finanzielle Einschränkungen, seien es Krankheiten oder auch die Raumbegrenzung, dass man aus unerklärlichen Gründen eingesperrt ist und sich nicht fortbewegen kann. Jede Abhängigkeit mindert die Freiheit.

Wir haben die Freiheit im geistigen Denken, denn unsere Gedanken sind ohne Einschränkungen, ich denke selbst oder verarbeite das Gesehene, das Gehörte und Gesprochene und mache mir meine eigenen Gedanken, oder man stellt Assoziationen her, die sich eher bilden, oder man erdenkt sich eine Zielsetzung. Natürlich hat man die Freiheit, mit seinen Gedanken auch abzuschweifen und in unfreie Räume einzudringen, bei denen man sich selbst nun wiederum eingrenzt, weil in allem was

aus diesen Bereichen kommt, es irgendwo tatsächlich gedankliche Barrieren gibt oder Grenzen, die unser geistiges Bewusstsein nicht überschreiten kann, weil dann Unverständnis, Ver-
wirrtheit eintritt, Irritationen und Veränderungen sind dann
die Folgen, es sind so universale Gesetzmäßigkeiten, die nicht
verständlich, nicht nachvollziehbar sind, und so schafft man
die eigene Unfreiheit.

In der Freiheit geboren ist eine Voraussetzung für eine gesunde aufstrebende Entwicklung, unfrei ist eher ein Stillstand,
es kann auch ein Rückschritt sein, weil man sich den gegebenen
Umständen nicht anpassen kann.

Freiheit kann natürlich auch ein subjektives Empfinden sein,
dann vielleicht, wenn man diesen Begriff nicht seiner Definition nach richtig interpretiert.

Wir leben in einem freien Land, in dem alles möglich ist.

– 20 –

Ja, wir wollen frei sein …

frei leben und so frei sein wie der Wind und dass wir gehen
können, wohin wir wollen, und warum tun wir das nicht?

Wer könnte diese Freiheit verändert haben?

Sind der Mensch und das Tier nicht frei geboren, in der Freiheit, was das bedeutet. Wie das Wort schon sagt, draußen unter
freiem Himmel wurden und werden sie in die Welt hineingesetzt
und das mitgegebene Leben funktioniert, es findet sich zurecht.

Das Wetter, Wind und Wolken der grauen Vorzeit tun keinen Schaden all dem Leben auf Erden, das Wesen Leben sucht
instinktiv etwas Schützendes, einen Felsen, eine Erdvertiefung,
Dickicht oder Laub bis das Wetter nachlässt.

Die Nahrung wächst überall und instinktiv findet jedes Leben das Richtige in seiner Form, Farbe und Geschmack und vor
allem in seiner Verträglichkeit, das Wesen des Lebens ist also

bewusst darauf hin gemacht worden, in Adaption zur Nahrung, dass das Gehirn diese beim Sehen erkennt, denn wie soll ein nicht denkendes Wesen ohne eine Sprache wissen, was genießbar ist und was nicht?

Millionen von Jahren gibt es Tiere und all diese wissen weltweit, was richtig gegessen wird. Seit Millionen von Jahren, etwa 2,5–3 Millionen, gibt es das Leben bzw. das Wesen Mensch, das instinktiv genauso wie diese aß, was es sah, nicht mehr und nicht weniger, hat es gedacht – und alle waren ohne Sprache.

Dieses Leben lebt frei vom ersten Tag der Erschaffung bis zum heutigen Tag und sie essen oder fressen, was sie sehen, instinktiv das Richtige oder denkend das Veränderte.

Frei und unbeschwert, wenn man nicht denken muss, was morgen ist, und so schafft man sich auch keine gedanklichen Belastungen.

Das Wesen lebt mit den universalen Strömungen, mit den lebenserbauenden Einflüssen so, dass der Fortbestand und die Vermehrung der Art gewährleistet werden, und es gibt nichts, was diesem schaden kann. Man weiß nicht, was es alles geben könnte und was es noch nicht gibt.

Frei und völlig unbeschwert über Millionen von Jahren entwickelte sich das Leben und keine Art nimmt überhand, alles ist geregelt und bestimmt, die Anzahl einer Herde oder im Einzelnen und das Alter und alles ist ein geordnetes aufbauendes System, alles eine gefügte Ordnung.

Das Wesen Mensch entwickelte sich in kleinen Gruppen und breitete sich in Richtung Norden aus.

Und die Wesen Mensch und Tier entstanden, entwickelten sich und einige starben auch wieder aus.

Und wieder neue entstanden und man glaubt, es sei eine Fortsetzung von dem, was nicht mehr ist.

Noch ist alles gut und noch leben alle in Freiheit.

Frei wie der Wind …

Das Leben ist wunderbar auf Erden, in dem Land gibt es verschiedene Arten, die entstanden sind, sich vermehrt und an das Landesklima und an die Nahrung angepasst haben. Doch im Laufe von Millionen von Jahren entstanden sehr viele Arten am Boden, in der Luft und im Meer, einige lebten kurze Zeit und einige haben Millionen von Jahren bis heute überlebt. Es gibt unerklärliche Gründe und auch die Definition „Klimaveränderung", es gab Meteoriteneinschläge oder sehr starke vulkanische Aktivitäten, die das Klima auf der ganzen Erde drastisch veränderten, und das ist schon einige Male geschehen, durch die letzten großen Ereignisse eines Meteoriten vor 75.000 Jahren und 63.000 Jahren wurde fast alles Leben vollständig ausgelöscht, dieser rief durch den Einschlag auf Yukon (Mexiko) einen arktischen Winter hervor.

Was überlebte, erholte sich wieder, und auch neue Arten entstanden. Manchmal löscht sich das Leben eben durch katastrophale Ereignisse aus und man kann nicht fragen oder sagen, ob das jetzt einen Sinn macht oder nicht, vielleicht ist die Zeit der Art beendet, denn es wird so sein, dass alles eine bestimmte Zeit an Leben hat, so wie das Lebensalter gibt es wohl auch ein Artenalter. Wir können dieses entweder mit einer nicht zu beeinflussenden Katastrophe erklären oder aufgrund von Zufall oder auch damit, dass es noch andere nachvollziehbare Gründe gibt, oder wir können es dem zuordnen, was ein Erdenkarma ist, mit dem was und wer es geschaffen hat, und unser Leben dahin denken, dass alles an den richtigen Ort gestellt wird, was das ganze Leben beinhaltet und so in Gottes Willen lebt. Gott, das ist der Schöpfer aller Dinge und sonst gibt es nichts, was ein derart vielfältiges, kompliziertes Leben ermöglicht und diese Ordnung schaffen kann, was diese Stabilität und Konsequenz stärkt und verfolgt und einen bestimmten Lebensraum beansprucht. Dass eine Art sich bildet, diese sich immer wieder vervielfältigt im äußeren Erscheinen und doch jedes Individuum so verschieden ist, so verschieden sein kann. Menschen sehen aus wie Menschen weltweit und doch gibt es viele Arten, nicht nur nach Nationalität und Farbe, jeder ist anders im Inneren seines Wesens, in seinem Denken, in seinen Emotionen und Empfindungen, in seinen Äußerungen.

Und doch, es sind alles Menschen oder alles Tiere.

Und doch findet der Mensch auch eine Erklärung im naturwissenschaftlichen Sinne, indem er alles in eine Formel zu kleiden versucht, verständlich und genauso schwierig und kompliziert, die ganze Welt zu verstehen und der Schöpfung nahezukommen, ergeben sich ungeahnte Rechnungen, selbst Formen und Gebilde werden mit Zeichen versehen und man wundert sich über all das Geschaffene und dafür gibt es keine Kombination.

Ein faszinierendes Wunderwerk, die Erde und das ganze Universum und mit allem, was lebt, und der Mensch mit seinen Zahlen und Formeln.

Wer zählt die Millionen und Milliarden von Leben?

- 22 -

Wir können das oder unser Leben und alles dem Zufall überlassen und dann irgendwann sagen: „ ... ich habe Glück gehabt ...“, oder man ist stets am falschen Tag am falschen Ort, also kein Glück gehabt. Gehen wir davon aus, dass die allermeisten Menschen sich fließend in die universalen Strömungen einfügen und ungeahnt dessen den Alltag bewältigen mit den täglichen Ereignissen und Interpretationen, die es gilt zu erlernen oder abzuarbeiten, das heißt, das Leben ist, so gut es geht, in allen Dingen zum Besten zu gestalten, ein Miteinander mit den Menschen und eine gute gesunde und lebensfördernde Einstellung zu haben, zur Natur und allem, was in dieser Welt lebt, die Welt der Tiere als einen lebenden Kreislauf zu sehen und ein jedes an seinem Platz, die Pflanzen und die ganze Vegetation, zu erhalten, das, was uns alle ernährt in seiner geschaffenen Form, wir schützen das Wasser, die Luft und nutzen mehr oder minder gut alle Ressourcen und alles, was wir tun, soll mit den geringsten Schäden getan werden, eigentlich dürfen gar keine Schäden entstehen beim Umgang zum Leben, mit dem Leben und alles Leben zu erhalten, ist unsere Pflicht.

Wir sind abhängig von Wind und Wetter und von den sonstigen universalen Einflüssen, die einer Katastrophe ähnlich auftreten können und die sich auch zuweilen ereignen, und so müssen wir nicht noch dazu beitragen, dass das Leben noch unerträglicher wird und Unheil über uns kommt und wir noch unter Menschen gemachten Einflüssen zu leiden haben.

Und so hat ein jeder diese Verantwortung zu tragen, sich nach den Gesetzen zu richten und die Vorschriften und Empfehlungen zu achten, sowie nach dem menschlichen Ermessen, nach den innermenschlichen seelischen Befugnissen, die ein richtiges Denken voraussetzen, gesund im Geiste ist und in der Interaktion sich bewährt.

Ein einzelnes beladenes Schicksal kann nicht zum Kollektiv werden, sodass man seine Grenzen überschreitet und zu nicht Zulässigem greift und sich dadurch strafbar macht, doch diese sind dann wiederum wirklich schwer belastet.

Es geht viel besser, wenn man sich in Ruhe seiner Lage bewusst wird und sich nicht hinauf- oder hinabschwingt in die fast unausweichlichen Abgründe der Verlorenheit. Sind wir doch behaftet und belastet und so prädestiniert für hohe Belastungen und Anfälligkeiten, ist das Denken umso mehr angebracht und um sich und dem Umfeld zu helfen, sollte man sich helfen lassen. Man kann doch nicht immer alles dem Zufall überlassen, denn wir müssen uns auch manchmal bewegen und selbst nach Lösungen suchen. Vielleicht muss man doch etwas mehr tun, um Glück im Leben zu haben, ein aufrechter Mensch zu sein und sein Leben fest in der Hand zu haben oder auch zuweilen wirklich einmal am richtigen Tag am richtigen Ort zu sein und das kann wirklich auch einmal zum Segen werden, einmal das Richtige zu finden oder zu gewinnen!

Wenn man das wüsste, wann das ist!

Ein Zufall kann oft etwas schicksalbehaftet sein in jede Richtung und gut, wenn man nur von Glück sprechen kann, was ja auch meistens zutrifft. Wir wollen auch nicht schicksalbehaftet sein und überhaupt behaftet, was eher etwas mit beladen oder belastet sein ausgedrückt werden kann oder auch ein schweres oder schwerstbelastetes Leben bedeutet, und wir wollen uns auch nicht an Dingen festmachen, die wir nicht begreifen können und von denen wir uns nicht mehr loslösen können, die oft im Geiste entstehen, sodass wir an die Grenzen der Unmöglichkeit stoßen. Dann ist man behaftet und womöglich mit dem Schicksal konfrontiert, man fordert das regelrecht heraus, was vielleicht gar nicht kommen würde, würden wir uns nur auf der menschlichen Ebene bewegen und das, was uns zuteilgeworden ist, wie im Denken so im Handeln, denn mit dem Denken hat es zu tun. Hat man sich einmal mit dem Schicksal behaftet, ruft man eine Herausforderung an, eine Konfrontation mit sich selbst und den universalen Gesetzen und das kann eine unvorhergesehene Wendung im Leben herbeiführen mit traurigen, dramatischen Folgen, die oft mit einer schweren Erkrankung, Leid und Tod einhergehen. Und dafür ist nun jeder für sich selbst verantwortlich und es gibt einen Gedanken, der heißt, ... fordere dein Schicksal niemals heraus ..., mit all dem und vielem mehr können wir im Leben in Berührung kommen, alles ist grenzwertig, es ist nichts zufällig bei Selbstverschulden, manchmal trägt man es mit sich herum, weil man vorbelastet ist, aber es muss nicht so sein, es muss nicht so weit kommen, es kann so kommen, wenn bestimmte Konstellationen zusammentreffen, und dann steht man unter keinem günstigen Stern, da gibt es solche Konstellationen, man kann es nicht beeinflussen in dem Sinne, wenn es im Kommen ist, es kommt, wenn wir uns und unser Denken verändern und uns auf Abwegen befinden. Es sind oft unmerkliche fließende Übergänge, die wir nicht erkennen können, doch unser rechtes Denken kann doch Gratwanderungen unterscheiden und zumindest ein erwachsener

Mensch lernt, was dem rechten Denken zuzuordnen ist. Also nichts dem Zufall überlassen, nicht schicksalbehaftet sein und es nicht schwer haben im Leben und selbst für sich entscheiden und verantwortlich sein, das ist natürlich das Beste und so mögen wir uns im guten Denken bemühen, zielstrebig und ohne Abschweifungen unsere Arbeit zu verrichten, uns nicht ablenken und irritieren zu lassen und uns auch nicht auf Abwege zu begeben und uns erst gar nicht einer gefährlichen Gratwanderung auszusetzen. Diese Abschweifungen haben manchmal die Tendenzen, dass wir in Tiefen hineingezogen werden, wo wir beginnen, uns vom Ursprung zu entfernen, dies hat die Tendenz, dass man alles infrage stellt und so das Göttliche anzweifelt. Man muss nicht „Ja" sagen und sollte auch nicht „Nein" sagen, um es gut zu wissen und in dem Gedanken zu leben, dass die Schöpfung göttlich ist und wir nicht alles verstehen können.

Mögen wir immer auf gesundem Wege denken und bleiben.

- 24 -

Und es war so ...

Bevor der Mensch das Denken lernte, gab es keine Verhaltens- und Machtkämpfe, durch ein instinktives Verhalten ist er mit der täglichen Nahrungssuche aus dem Grunde beschäftigt, weil dies ein angeborener Erhaltungsreflex ist, der über nervale Leitbahnen den Hunger zum Gehirn meldet, solange bis dieser eben gestillt ist, Essen und Trinken sind angeborene Reflexe und somit unbeeinflussbare Verhaltensweisen, die dem Leben eigen sind, und so macht das Lebewesen sich auf und sucht Nahrung und danach findet es seine Ruhe.

Ebenso angeboren ist die Vermehrung einer Art, bis eben eine gewisse Anzahl erreicht ist auf Erden, sowie das Aussterben, sofern es nicht von Menschen gemacht ist.

Wir wissen natürlich nicht, was wäre, wenn wir das Denken niemals erlernt hätten oder diese Veränderung niemals eingetreten wäre. Wir wissen, dass die Menschen vor 2,5–3 Millionen Jahren ohne das über sich hinausgehende Denken gut und bequem, sorglos und ohne Ängste im warmen Land lebten, wo alles gewachsen ist an den Flüssen und Seen.

Wir wissen, viele verschiedene Arten sind entstanden und haben einige Hunderttausende von Jahren gelebt und sind wieder ausgestorben, jede Art war etwas leicht verändert in ihrem äußeren Erscheinungsbild, jene waren vielleicht etwas größer oder hatten ein mehr oder weniger ausgebildetes Gebiss, ein etwas größeres Gehirn oder gingen immer etwas aufrechter, manche wurden robuster und manche entwickelten sich zu recht kräftigen Gestalten, die Proportionen veränderten sich verschieden.

Wer weiß schon, wie viele urzeitliche Tier- und Menschenarten es gegeben hat und wie viele ausgestorben sind?

Das Leben war ruhig und friedlich Millionen von Jahren, es gab keine Überbevölkerung und keine Umweltprobleme. Auch mit Krankheiten wurden diese Lebewesen nicht konfrontiert, gestorben sind sie alle – am Ende des Lebens, die Zeit, die ihnen gegeben wurde, überhaupt das ganze Leben, war gesund und stabil, sonst hätten sie nicht so lange existiert, es war anpassungsfähig, aber in seiner angeborenen Umgebung braucht man sich nicht zu verändern.

Warum sollte es so viele menschenähnliche Verzweigungen geben, die wohl immer etwas höher entwickelt waren, zumindest nach außen hin, vielleicht musste sich wirklich erst die Gesamtkonstitution verändern, vergrößern, um diese Bewegungen zu ermöglichen. Mit dem Gedankengut wäre heute noch alles wie einst.

Alles war gut.

- 25 -

Noch immer ist es Winter, das Wetter grau und trist ... ach, was für ein herrlicher Zustand wäre es jetzt, im Urlaub zu sein und am Strand in der warmen Sonne zu liegen und weit hinaus auf das Meer zu schauen und an nichts denken zu müssen, an nichts denken zu wollen, nur sich zu erholen, es ist eine wahre Erholung, alles vom Alltag zu vergessen, entfliehen wir einfach und sehen hinaus in die Ferne, in den klaren wolkenlosen blauen Himmel, der fließend übergeht ins etwas dunklere Blau, des sich immer und ewig bewegenden Meeres, das in kleinen Wellen das etwas salzige Wasser an den feuchten Strand bewegt und es wieder fortnimmt, eine sich ständig bewegende Oberfläche, das die Kraft hat, uns von den unnötigen belastenden Gedanken des Alltags zu befreien, die Stress abbauend sein können, wenn man die richtige Wellenlänge findet, und so das gesamte Nervengebilde etwas zur Ruhe kommen lassen, und manche Menschen können ganz aufhören mit dem Denken, das oft äußerst anstrengend sein kann.

Der ganze Kopf ist schwer, weil wir eine anspruchsvolle Arbeit haben oder uns unnötig Gedanken machen, und beides kann in einer anderen Umgebung etwas zur Ruhe gebracht werden.

Und so liegen wir am Strand und sehen hinaus auf das nie enden wollende Meer, unendlich weit, und alleine schon in dieser Weite verliert sich der Gedanke.

Das ist so wunderbar, es ist so erholsam, es ist so angenehm und man wünscht sich, diese Zeit möge nie enden, so kann man es ausschalten und so könnte man immer liegen und an nichts denken und ewig bewegt sich der Himmel und ewig rauscht das Meer von Anbeginn an, nicht einmal daran denkt man in dieser Erholungsphase, dass es die Urgewalten des Meeres gibt, als dieses nur zu spüren, bis die ewige Ruhe und die Kraft des inneren Friedens in einem erwacht und alles Störende aus einem herausfließt, die Kraft des fließenden Meeres nimmt fort die Last und befreit die Seele von etwas, es wird einem spürbar leichter im Kopf und im ganzen Körper löst es sich, losgelöst und entspannter kann man den Alltag hinter sich lassen und an nichts denken als nur das Rauschen zu hören und das Wogen der kleinen und größeren Wellen zu sehen, das einen zu reinigen scheint, es ist die Kraft der fließenden Bewegungen und der aufsteigenden Frische. Es ist warm, nicht zu heiß, angenehm, erholsam für den Geist und die Seele, für den Körper lösend, loslösend, es kann wie eine Erlösung sein, Aufatmen und Einatmen, es ist frisch, es ist erfrischend und man kann sich wie neugeboren fühlen, losgelöst von allem mit der Kraft des ewigen fließenden Meeres von Anbeginn an.

Und solange es geht, verweilen wir in dieser unendlichen Ruhe und hören nur noch das leise Rauschen der kleinen Wellen, es klingt wie Musik in den Ohren, eine leise sanfte Melodie dringt in den Kopf und löst uns von dem Denken-Müssen, es erreicht die Seele und das Unbewusste und kann die Anstrengung lösen. Das Land und das Meer.

- 26 -

Vielleicht haben wir Zeit, etwas länger zu bleiben am ewigen Meer, das alles Land, alle Erdteile umfließt, umspült von einem Ende zum anderen. Wir sehen die kleinen sich immer wieder bildenden Wellen, die vorwärts fließen und wieder zurückgehen, sie kommen und nehmen unsere Überlastung fort, sie verfließt im Meer der Ewigkeit.

Wir sehen nicht, was die unendlichen Wogen und Wellen schon alles weggeschafft haben, als nur das feine sanfte Geplätscher allein, das schon einen Wohlklang in unserem Gehör erzeugt und eine unsichtbare Schwingung in uns auslöst. Es sind die Klänge von den Urgewalten, die alles Leben in die richtige Stimmung bringen, und Klänge und Rhythmen, also bestimmte Tonlagen, lösen nervale Reaktionen aus und können so Störungen beeinflussen, sie können die ganzen chemischen Sequenzen einer Nervenbahn wieder regulieren, die Klänge schwingen durch die Luft und durch die stete feine Verdampfung des Wassers steigt das Salzige mit einem Gehalt von 3–5 % empor, das können wir einatmen, die salzige Luft ist NaCl, also Kochsalz, es sind Natrium- und Chloridmoleküle, das, was der Körper braucht und das, was am meisten zu finden ist, diese sind neben Kalium, Magnesium, Calcium und Chlorid lebenswichtige Elemente für alle Funktionen, die für alle nervalen und muskulären Aktionen zuständig sind.

Diese herrliche frische Luft atmen wir in Aerosolen ein und fein verteilt sie sich in den Atemwegen und diese kann viel Positives bewirken, es erleichtert die Atmung und hat eine reinigende Wirkung und steigert so das Wohlbefinden.

Wenn diese Elemente im Körper immer im Gleichgewicht fließen können, haben wir viele Erkrankungen schon nicht mehr. Die Luft am Meer und das kraftvolle Fließen des Meeres ändert nicht die Menge der Elemente, als nur die veränderten Fließmöglichkeiten, also alles sollte im Fluss bleiben, diese müssen sich immer im Körper mit einer bestimmten Geschwindigkeit so bewegen, dass das semipermeable Gewebe und die Gefäße stets auf –70 mV gehalten werden, das entspricht dem Normwert.

Das kann einem am Meer in der Erholung zuteilwerden, deshalb erholen wir uns im Geiste mit Leib und Seele und das Fließen und Rauschen erfüllt die Luft und die Welt mit den ewigen Klängen, die wie sanfte Musik um die Erde ziehen, und wenn wir so immer noch am Strand liegen, spüren wir irgendwann, dass das Rauschen leiser wird, und es wird ruhiger und noch leiser, und bald ist es so, dass das Meer aufhört zu rauschen und wir nur noch unendliche Ruhe wahrnehmen und in dieser Ruhe lassen wir uns tragen und sanft wiegen, bis wir auch das nicht mehr hören. Es gibt so viel Meer, zweimal so viel Meer wie Land, und diese unendliche Ruhe und Erholung, wir wollen uns immer erholen in dieser frischen Luft und sanft sind wir eingeschlafen am Strand, am Meer.

Und ewig rauscht das Meer.

Unendlich ist es …

Das Meer ist wie der Mensch und alles, was lebt, ein komplexes Gebilde, es ist nicht nur das sichtbare Wasser, das es in verschiedenen Blau- und Grüntönen gibt, es ist das feine Geplätscher, es sind die wellenförmigen Bewegungen, die Wellen und Wogen und Gestaden und manchmal die unvorstellbaren Riesenwellen, die alles verändern können, wie alles sich bewegt und doch unsichtbar unverändert bleibt.

Wir können an verschiedene Meere reisen und uns erholen und all diese haben unterschiedliche Temperaturen, so wie die uns umgebende Luft, die immer in Bewegung ist. Und weil es so angenehm warmes Wasser gibt, um die 20–24 Grad, und so fröstelndes, kaltes, das um die Eiskontinente, entstehen bestimmte Druckverhältnisse, die des ausdehnenden und des zusammenziehenden Meeres, und es bewegt sich hin und her und fließt, und hat der ewige Strom des Meeresfließens erst einmal begonnen, ist er unaufhaltsam, das Fließen des Wassers und das Vermischen von kalt zu warm und von warm zu kalt wird bewegt und gebildet von dem Golfstrom, der sich von einem Ende der Erde ans andere fortbewegt, alles gleichmäßig und regelmäßig, und bewegt sich dieser zu schnell oder zu langsam, verändert er die Luft, es verdampft zu viel, das als Wolkenbildendes, Temperaturtreibendes aufziehen kann und sich unkontrolliert verwirbelt und sich so zu katastrophalen Unwetter bildet, sich bewegt und über dem Land sich entladet.

Es gibt Menschen, die vorzeitig die sich bildenden Großwetterlagen verspüren und wetterfühlig sind, Personen, die sehr empfindlich sind, neigen zu vegetativen Belastungen, das sind dann Biowetter-Symptome. Diese gibt es aber überall, ob zu Hause, im Gebirge oder an der See, diese können jedoch auch zustandsspezifisch sein. Da es auch verschiedene Meere gibt, muss jeder für sich das richtige finden, was bei allen dasselbe ist, ist das ewige und unaufhörliche Fließen und Rauschen.

Das Wasser, das sich bewegt, verdampft und steigt in die Luft auf, Luft, die sich bewegt, bringt warme oder kalte Luft und das ist das Wetter, das dann zu allen Jahreszeiten entsteht, und die Luft, die bringt die Wolken ans Land.

Wir verbleiben nur bei schönen und guten Wetterlagen in einer angenehmen erholsamen Zeit am Strand und genießen den Urlaub, der uns entspannt und erholt und alle guten und schönen Erinnerungen in uns lässt, und so verbleiben wir im ewigen gesunden Fließen am unendlichen Meer mit all seiner Kraft zum Leben.

Wenn wir sehr belastet und gestresst sind, dauert es einige Tage, bis eine spürbare, bleibende, entspannende Veränderung den Körper beruhigt und man wirklich abschalten kann, und so bleiben wir noch einige Tage lang, bis wir vollständig gelöst und genesen sind und wir gestärkt und erholt mit neuer Kraft und Freude wieder in den Alltag können.

Und ewig fließt das Meer.

– 28 –

Und noch immer bis in alle Ewigkeit…

wird das Meer von einem Ende zum anderen, von Anfang an bis in alle Ewigkeit fließen, eben solange es unseren Planeten gibt.

Es kommt und geht und manchmal merkt man es nicht, doch zuweilen können wir an verschiedenen Meeren Ebbe und Flut beobachten. Es umflutet alle Kontinente, es fließt über Berge und Täler, die es im Meer gibt, es kann seicht sein und unvorstellbar tief, es ist lichtdurchlässig oder auch völlig dunkel, es ist bewohnt von einer nicht zählbaren Menge an Tieren und Arten in allen Ebenen, jeweils in 1.000-Meter-Stufen gemessen, und es kann 11 000 oder 12 000 Meter tief sein.

Und überall war Wasser auf Erden und aus dem Meer kam es, es stieg auf das Land aus dem Inneren der Tiefe der Erde und mit der Beweglichkeit der äußeren Umhüllung entstanden hohe

Berge und tiefe Täler auf dem Land, fast dem Meer gleich, und es brachen die Kontinente auseinander, solange bis die heutige Anzahl erreicht war.

Es veränderte sich das Klima, Eiszeiten überzogen den ganzen Erdenball und nach der Erwärmung stieg das Wasser und trennte einige Inseln von dem Land ab und einige versanken und es dauerte Millionen von Jahren, bis alles so war, erst dann war auf diesem Planeten Leben möglich, inzwischen hat sich eine gute Luft, eine gute Atmosphäre gebildet, die etwa dem entsprach, wie sie heute ist, noch war alles Wasser und Gestein.

Die Erde fing an sich zu begrünen, es entstanden flache, kriechende Gewächse, Moose und Farne und langsam entstanden Gräser, Sträucher und Bäume, bis eine unendliche Vielfalt auf jedem Kontinent entstanden war, angepasst an die Bodenverhältnisse und Temperaturen. Blau war das Meer wie der Himmel und grün wurden die Kontinente, Tiere und Menschen konnten jetzt richtig leben, alles war gut und wohlgeordnet.

Der Himmel schickt Regen und lässt die Sonne scheinen, die die Erde erwärmt, und alles gedeiht, was zum Leben notwendig ist, ein wunderbarer Kreislauf hat begonnen, ein einmal in Gang gesetzter, sich immer wiederholender Prozess des Lebens, der funktioniert und das Leben in seiner Art erhält.

Und bis heute ist dieser für die Menschen kaum nachvollziehbare Vorgang, der alles in seiner Funktion erhält, kompliziert und das ist unerforschbar und vieles wissen wir nicht und werden es auch nie erfahren und das, was wir wissen, scheint noch nicht das Ende zu sein.

Und es gibt noch mehr als etwas, was aus dem Universum kommt, das noch unendlicher und noch unverständlicher ist als das Erdenleben ohnehin, wie das alles funktioniert in seiner Komplexität in den ewigen Kreisläufen, und wir verstehen nur das, was für uns und unser Leben wichtig ist.

Was wissen vom Meer und vom Himmel.

Jeder Tag ist wie ein Wunderwerk, alleine schon, dass es jeden Tag regelmäßig hell wird, das kann kein Mensch geschaffen haben, die Sonne und die Erde und all die Planeten in ihren geordneten Bahnen, und weiter schauen die Menschen normalerweise nicht, sie sehen den Mond und die Sterne in der Nacht und viel weiter kann die Faszination mit bloßem Auge nicht gehen, sie erkunden alles, was man auf Erden sieht, oder auch in den Tiefen der Meere, und je weiter sie in Räume außerhalb vorstoßen und je mehr sie alles wissenschaftlich errechnen wollen, umso schwieriger und komplizierter wird es.

Wer kann so viel geschaffen haben?

Von alleine geht das nicht!

Wir Menschen kennen nicht einmal alle Elemente, also alle chemischen Stoffe, die es gibt, die organischen und anorganischen und auch nicht die Reaktionen.

Wie ist das möglich, dass alles immer ohne Unterbrechung funktioniert? Fragen sich die Menschen?

Die Erde dreht sich immer weiter, die Sonne geht immer im Osten auf und im Westen unter, es wird jeden Tag hell und es wird dann wieder Nacht, es wird warm und es wird kalt, unaufhörlich, und die Menschen kommen und gehen, die, die vor uns und die nach uns kommen, und so geht es immer weiter, unaufhörlich.

Was wird dann noch kommen?

Auch das weiß niemand!

Vielleicht werden wir so alt wie unsere Vorfahren?

Inzwischen sind wir schon viel älter.

Diese Vorfahren, vor etwa 120.000–35.000 Jahren, veränderten sich langsam in ihrem Verhalten, in ihrem Denken und in ihrem ganzen Leben bis heute. Mit dem Denken kam langsam der Austausch von Lauten, dann das Sprechen, es entstanden Wortbildungen, die neue Gedanken entstehen ließen, und so formten und veränderten sie sich und auch ihre Gegenstände veränderten sich und was man bisher gesehen hat, bekam nun eine andere Bedeutung und ein anderes Verständnis. Sprache ist Denken, erst muss man etwas denken, bevor man etwas sagt, man kann es in Worte ausdrücken oder auch in Zeichen, in Bilder oder Schrift und so, und deshalb fingen die Menschen an sich auszudrücken, was sie in ihren Gedanken bewegte, was sie dachten und empfanden und das, was sie sahen, und in diesem neuen Ausdruck entstanden neue Möglichkeiten und sie fingen an das aufzuzeichnen, wie sie jagten.

Sie zeichneten Wesen auf Felswände in oft sehr kunstvollen Formen und Farben und sie hinterließen Hände, die in den Himmel reichen, so als wollten sie etwas haben oder erbitten?

Sie haben also etwas geschaffen, was ihren Zeitgeist überlieferte. Es muss also etwas Höheres geben, das alles bewegt, die Tiere und die Menschen in jener Zeit, in ihrem Inneren.

Was uns bewegt?

- 30 -

Und wie das alles so kam ...

Das war also ein schon sehr menschliches Denken, diese Bilder in solch einer Präzision und in den passenden Farben, die erst einmal hergestellt werden mussten, zu malen. Wenn man ein Bild zeichnet, so denkt man sich dabei etwas, und meistens bleibt es verborgen, das weiß nur derjenige, der es herstellt, weil Bilder meistens schriftlos sind und nicht jeder erkennt, was man sagen will, man sieht und kann etwas hineininterpretieren. Es gibt auch genau beobachtende aufmerksame Menschen, die jedes Detail analysieren und dann etwas herauslesen können.

Wann genau das Menschliche begann, das, was uns vom Tier unterscheidet, ist noch nicht allzu lange her, ganz langsam hat es sich entwickelt, man muss über den Instinkt des Horden- oder Herdenverhaltens, der Gruppen- oder Rudelbildung hinaus einen Bezug zur Person haben, also zu seiner eigenen Art als Individuum einen sozialen Bezug herstellen, einen persönlichen, so wie das Ichbezogensein, man muss sich als etwas Selbstdenkendes unterscheiden, dem Bezug zum Leben und Tod bewusst werden. Wenn man anfängt Tote zu begraben, ist das ein Bezug, ist das ein Unterschied, ein totes Tier verwest dahin und bisher war die Art Mensch gleich. Als sie anfingen, den toten Menschen mit Erde zu bedecken, war das ein Denkvorgang und daraus erfolgten auch viele verschiedene Begräbnismöglichkeiten und Totenkulte.

Der Mensch fing an zu denken, und ob das nun gut war? Das ist es, was nicht mehr rückgängig gemacht werden kann, wir können nicht mehr so frei und völlig sorglos durch die Natur ziehen und essen und trinken, wenn man Hunger oder Durst hat. Das Denken hat Abhängigkeiten geschaffen und je mehr man denkt, desto mehr kann man sich verstricken, die Möglichkeit des Denkens schafft neue Kombinationen und dieses erweitert sich stets so, dass ungeahnte Neubildungen um sich greifen, das Denken kann sich erweitern durch Denken, es ist möglich, dass es weitere Schaltfunktionen wie von selbst auslöst und so andere zum Mitdenken anregt und so Handlungen in Gang setzt. Wie es nun geschah, ob ein einzelner Mensch einen Laut von sich gab und andere dadurch erschrocken ebenfalls Laute von sich gaben, bleibt ungeklärt. Dass sie Laute von sich gaben, ist sicher, ähnlich wie bei den Tieren war es möglich, Laute in verschiedenen Tonlagen je nach Empfinden auszurufen. Es muss also irgendein auslösendes Moment gegeben haben, wodurch sich aus den Lauten vielleicht einzelne Empfindungsrufe gebildet haben wie etwa „ach", „aaaah" oder „ooh", es konnten sich nur einzelne Buchstaben langsam bilden, denn das Gehirn kannte bis dahin keine Sprachkombinationen, und mit den erweiternden Empfindungslauten-Buchstaben schaltete das Gehirn die Kombination so, dass immer wieder neue Buchstaben hinzukamen.

Also denken wir stets das Gute, das unser Leben fördert, es schützt und erhält, es beruhigt, das Wohlergehen stabilisiert. Und der Mensch begann zu denken.

- 31 -

Vielleicht sollte es so sein ...?

Und das Denken kam in die Welt und wie in einem Funken der Erhellung sprang es über von Mensch zu Mensch und von dieser Zeit an entwickelten sich die Menschen schneller, sie konnten den Tod vom Leben unterscheiden, bewusst erfassen und wurden abhängiger. Wenn man nicht spricht, weiß man nicht, ob oder was der Mensch denkt, wer viel spricht, hat viele Interaktionen.

Natürlich sind wir heute froh, dass alle richtig sprechen können, denn was wäre eine Welt ohne eine Sprache?

Zumindest bräuchte sich niemand zu ärgern oder beleidigt zu sein, denn dann wird auch nichts Unpassendes gesagt, es gäbe keine Beschimpfungen, keine Denunzierungen und keine Provokationen, die Wortlosen sind sehr viel friedlicher und ausgeglichener und unkomplizierter, sich in einem unbesprochenen Raum zu bewegen, in dem die Ruhe die Kraft ist, ändert sich lange nichts, was das Verhalten beeinträchtigen könnte.

Natürlich wurde alles besser, aber auch nur, um diesen gesprochenen Wörtern einen Ausdruck zu verleihen, über die Dinge, die sich dadurch gebildet haben oder die ungewollt entstanden sind.

Nun wir leben im Jetzt und sind froh über viele Sprachen und über die hohe Bildung, denn nur so können wir erforschen, um die Dinge zu erfahren aus der Vergangenheit, die wir noch nicht kennen. Und es gibt vieles, was wir nicht wissen, und deshalb erweitern sich stetig die Sprachen der Kommunikation und die der Fachsprachen, wir sind immer wieder gefordert und bei der täglichen Arbeit damit beschäftigt, um die immer neuen Worte zu den Erfindungen zu verstehen, und wir sehen, wie lange es dauert, bis neue Wortkombinationen sich durchsetzen, wie lange man lernen muss, um alles zu verstehen.

Damit gestalten wir unsere meiste freie Zeit und unser ganzes Leben mit dem Lernen, um stets auf dem laufenden zu sein, um mitzukommen in unserer Zeit, alles scheint grenzenlos zu sein und man kann nicht aufhören. Wir verstehen, wie alles aus dem Nichts kam, einfach da war und funktioniert bis zum heutigen Tag.

Jene Menschen lernten die Natur kennen und ordneten ihnen bestimmte Kräfte zu, sie erfanden ihre Naturgötter, die für alles, was sie sahen und was sie verstanden, zuständig waren, sie riefen diese an und stimmten sie gut und dann konnten diese ihnen helfen. Und so sah man schon, dass sie bestimmten Zwängen unterlagen und wohl auch Ängste hatten, dass sich ihr Leben schon dahin gehend verändert hatte, dass sie Hilfe in Anspruch nehmen wollten und konnten. Und vielleicht und mit Sicherheit haben sie auch diese Erfahrung gemacht, wenn man diese gut stimmt, so widerfährt einem auch Gutes.

Mit den letzten Jahrtausenden reduzierten sich die vielen Götter immer mehr bis heute, wo wir nur noch einen Gott haben. Das ist viel einfacher, einer alleine, der hilft und alles zum Guten lenkt.

Gott alleine alles.

FEBRUAR

- 1 -

Und wieder ist ein neuer Morgen und meistens ist es noch dunkel, wenn um diese Zeit der arbeitende Mensch frühmorgens aufstehen und sein tägliches Brot verdienen muss. Und wie an jedem Morgen ist es vielleicht ein anstrengender Anfang, doch was nützt es viel nachzudenken, der Tag wird vergehen bis zum Abend und manchmal, ja meistens ist es auch schon wieder dunkel, wenn man von der Arbeit zurückkommt, obwohl es bereits um eine Stunde schon heller geworden ist.

Ist man von Freude erfüllt, so mag und soll es sein, dass man seine Arbeit erhalten kann, solange es geht oder solange es nötig ist, dass man diese stets pflichtbewusst und gewissenhaft verrichten kann und mit den Menschen ein gutes Auskommen hat. Es ist gut, auch wenn es für die Menschen eher eine Belastung ist, weil die Arbeit zu schwer ist, weil sie unter belastenden Umständen verrichtet werden muss, bedingt durch Wind und Wetter oder durch hohe Materialbelastungen leiden, dass auch dieser Tag so angenehm vergeht als möglich.

Gib ihnen die Kraft, dass auch sie ihre Arbeit schaffen und sie vielleicht doch eine Möglichkeit finden, einen anderen Platz zu bekommen, und sie etwas erleichtert sind. Denn die meiste Zeit des Tages muss man mit der täglichen Arbeit beschäftigt sein und wenn diese unerträglich, schwer, belastend oder noch zermürbend ist, so möge man versuchen, sich neu zu orientieren und dort eine bessere Position zu finden.

Gib uns einen guten Tag und eine gute Woche, denn an diesem Morgen weiß man nicht, was einem alles passieren kann, der Tag kann lang sein, der Tag kann kurz sein und so vieles kann bei der Arbeit geschehen und auch der Weg zur Arbeit und zurück kann weit sein und jeder ist froh, wenn er am Abend wieder gesund nach Hause kommt.

Und wenn es nicht die körperlichen Anstrengungen der Tätigkeit sind, so können es Menschen sein, die man überall trifft und die einem seelisch oder nervlich zusetzen können.

Und wenn das alles zutrifft, geht es einem nicht so gut. Erhalte uns die Gesundheit und somit die Arbeitskraft, lass uns sicher und zuversichtlich sein, dass wir in allem, was auf uns zukommt, einen guten annehmbaren Weg finden, lass uns erkennen, ob es vielleicht in unserem Leben selbst etwas gibt, was zu verbessern wäre, und so wieder ganz neue Einfälle und andere Perspektiven sehen, dass wir wieder das Richtige denken können, dass wir die richtigen Worte finden und dann auch wieder richtig handeln können. Und manchmal sind es so Kleinigkeiten, die eine große Tragweite haben, und die Folgen sieht man erst hinterher.

Der Tag möge immer gut beginnen und meistens geht er am Morgen so weiter, wie er am Abend geendet hat.

Lass uns in jeder Belastung eine neue Lösung finden, sodass die Arbeit immer Freude bereitet.

Gott möge uns leiten auf diesen Wegen.

- 2 -

Einige fahren um diese Zeit irgendwohin in die Berge zum Skifahren oder auch nur in den Winterurlaub zum Erholen und in beiden erleben wir eine glitzernde, weiße, gefrorene Schneelandschaft, die in allen Farben sich brechendes Sonnenlicht reflektiert, und wir erholen uns erst einmal auf einem warmen Liegestuhl liegend, wärmen uns in einer windgeschützten Ecke und lassen uns schon bräunen, entspannen uns herrlich in flauschig dick gefütterten Winteranzügen die frische Luft genießend und wir sehen hinaus in die Ferne und manchmal durch die Sonnenbrille, die die Farben und die UV-Strahlung etwas abschirmt und leicht verändert. Ohne Brille ist es strahlend weiß und silbern, soweit man sehen kann, und dieses Weiß geht dann fließend in den eisblauen und hellblauen Himmel über und ab und zu ziehen einige weiße Wolken vorüber und alles scheint eins zu sein. Die die Temperaturen sind schon kalt, doch wir empfinden nur die gefühlte Wärme in der windgeschützten Ecke, hier an diesem Ort könnte man lange liegen und entspannen und wenn die Nächte nicht so eisig werden würden, könnte man nachts noch draußen verbleiben und schlafen, doch diese sind so kalt und überall sieht man lange Eiszapfen, die einem noch mehr kühle Kälte übermitteln, es sind einige Minusgrade und alles ist fest gefroren, selbst in der milden Ecke wird es kaum Plusgrade geben, sonst würde alles schmelzen.

Auch hier fließen die Gedanken des Geistes, hier bewegt sich der Geist in schwindelnder Höhe, denn mit jedem Höhengrad pro 1.000 Meter verändert sich der Luftdruck und der Stoffwechsel, wir fühlen uns wohl und verbleiben in der noch physiologisch gesunden Zone, wo all die Schwere der Arbeit und das unnötige Denken in der etwas dünneren Luft entweicht. Ein angenehmer Spaziergang tut dem Kreislauf gut, weil die Luft gereinigt ist, alleine durch das Herabfallen des Schnees, dann durch die wärmenden Sonnenstrahlen des Tages verdampft es fein und frisch und so ist es die kühle Frische, die den gesamten Stoffwechsel anregt, und man ist einfach besser durchlüftet, man atmet den Berg-Sauerstoff ein und das regt den Appetit an.

Man kann sich auch sportlich aktiv sein, ein jeder kann das machen, was ihm gefällt und was ihm guttut, und Urlaub soll eine Erholung sein und immer in guter Erinnerung bleiben und das hält dann auch eine ganze Zeit lang an, auch wenn wir schon wieder zu Hause sind.

Winterlandschaften sind natürlich nur für den Urlaub wirklich schön und erholsam, denn wir sitzen im Warmen und brauchen uns um nichts zu kümmern. Aber in Wirklichkeit ist es so, dass das mit dem Wintereinbruch eher mit Stress und Panik verbunden ist, mit Verspätungen und allerlei Zwischenfällen und Ausfällen. Wir brauchen keinen Winter mehr, dieses ständige Schneeschaufeln und die damit verbundene Gefahr, nein, das muss wirklich nicht sein. Wir fahren in den Urlaub und liegen in der Sonne und genießen das – ach wie fein rieselt der Schnee.

Und zu Hause ist das alles nicht mehr.

– 3 –

Für alle Daheimgebliebenen denken wir meditativ, ... ach wie schön ist es doch in der Höhensonne, die doch recht intensiv bräunt, zu liegen, spürbar die 1.000 Meter und mehr, also noch höher, so ist man der Sonne näher, die Luft ist dünner und das UV-Licht kommt besser durch und wir wandern durch schneebedeckte Landschaften, die wesentlich größer aussehen, weil alles einheitlich eine gewisse geschlossene Schneedecke hat, und ab und zu entdecken wir Spuren von Menschen oder Tieren, wenn wir uns abseits der festgefahrenen Straße befinden, aber meistens ist man alleine in den weiten Ebenen, in der ansteigenden Landschaft, der Schnee knistert, wenn man die etwas eisige Oberfläche durchtritt oder es macht auch knirschende Geräusche, wenn tagsüber die Sonne intensiv wärmend darauf scheint und sie schmelzen will, und über Nacht ist sie wieder fest gefroren, deshalb hat es eine hohe Luftfeuchtigkeit, wenn es windig ist, richtig eisig wird, hier oben kommt man sich wie ein einsamer Wanderer in einer verlassenen Gegend vor und man kann schnell die Orientierung verlieren. Hier ist Erholung und Bewegung, hier ist Entspannung und manchmal Anspannung, wenn man untrainiert ist, kann dies auch anstrengend sein, aber wir gehen immer bequem, sicher und gemütlich, dann ist es ein Abschalten vom Alltag und von dem Stress, loslassen und tief einatmen, hier kann man sich richtig bewegen und mit jedem Wintertag rückt das Frühjahr näher und man muss dann höher hinauf, wenn man eine Schneelandschaft erleben will oder den Sport liebt, aber Sport ist Anstrengung und keine Erholung.

Es dauert einige Tage oder es kann Wochen dauern, bis man sich vom Stress gelöst hat, und man fühlt das Ausfließen von dem Angestauten und es wäre manchmal so, als höre man Geräusche, pochend rauscht das Blut durch die Adern.

Der Geist in den Bergen kann sich verändern, so wie die Seele am Meer das fließende Wasser liebt, so ist es hier die Höhenluft, diese kühle und erfrischende dünne Luft, in der man sich leichter fühlt, und leicht kann sich alles entspannen und loslösen, sodass uns unsere Wahrnehmung leitet, und wir hören die Stimme der Berge und bewundern diese majestätisch erhabenen weißen Gipfel, die bis in den Himmel ragen und die manche herausfordern, diese zu erklimmen und die mit den höchsten Gefahren verbunden sind, doch wenn die Berge rufen, gibt es kein Zurück mehr.

Der Geist steigt auf und will in die Höhe, ein Geist will immer wachsen und sich entwickeln und ausdehnen, will neue Einflüsse und Strömungen finden, doch alles kann zu einer Gratwanderung werden, zu hoch hinaus kann nicht immer das Ziel sein, wir erklimmen nur die Höhen, die wir bewältigen können.

Wir verbleiben mit einer wunderbaren Erholung, mit einer frischen Durchblutung und Durchlüftung gesund und wohlbehalten, gesonnt und gebräunt mit abwechslungsreicher schöner Urlaubserinnerung.

Frisch geht es im Alltag weiter.

- 4 -

Was kann das wohl gewesen sein ...?

Kein Mensch weiß, warum mit einem Male jene Menschen in der Lage waren, etwas derart Kunstvolles in tiefen Felsenhöhlen zu hinterlassen, und deshalb kann man schon von einem relativ hohen Geist ausgehen, entsprechend der Zeit, denn es ist nicht nur die Vorstellung eines Bildes, das zum Ausdruck gebracht werden soll, es ist auch die Herstellung der Farben und muss schon ein Denken voraussetzen, wer von uns könnte schon solche lang anhaltende Farben herstellen, das war vorher und mit der Farbe konnten sie sich auch selbst bemalen. Vielleicht saßen sie am wärmenden Feuer, das erloschen war, und wischten die Asche zusammen und ihre Hände waren schwarz und vielleicht stießen sie an weiße Felsen und leise rieselte der Kalk von den Wänden und schon konnten sie weiße und schwarze Zeichen machen, vielleicht wurden einige Pflanzen, die beim Einweichen in Wasser schon Farbe von sich gaben, gegessen und fanden sie noch Ocker- und Rot-Töne an weichen Gesteinen.

Vielleicht lachten sie zuerst, als sie sich mit der Asche beschmutzten, und man sah so verändert aus, so als wäre man jemand anderes, vielleicht änderte schon die Farbe die Gesinnung. Natürlich musste dem vorausgehen, dass sie lernten Feuer zu machen, vielleicht so: Sie saßen ruhig in der Sonne und beschäftigten sich, vielleicht waren sie doch nicht ruhig und wollten sich etwas Luft verschaffen und schlugen zwei geeignete Steine solange aufeinander, bis sie Funken schlugen, und mit Sicherheit sind sie bei dem ersten Funkenschlagen noch davon gerannt und erst mit der Zeit lernten sie, wenn es nicht auch Zufall war, dass in der Nähe etwas wirklich trockenes kleines Gehölz lag und sich dieses schon selbst entzündete. Und was sollten sie damit anfangen?

Sie saßen vorher ohne dieses in der Sonne und wärmten sich und nachts wurde es kühl, das war Jahrtausende lang so, ja Millionen von Jahren war es so. Natürlich lebten diese nur in überlebensmöglichen klimatischen Zonen, wo dies eigentlich nicht notwendig war. Nun irgendwann haben sie dieses erfunden und es immer wieder hergestellt und abends konnte man sich drum herumsetzen und es wärmte etwas und es war hell. Je größer man es werden ließ, umso heller und bizarrer wurden die züngelnden Flammen, und wenn man dieses in der Höhle, in der es dunkel war, anzündete, entstanden sichtbare Gestalten, sie saßen abends in den dunklen Unterschlüpfen und hell leuchteten die Flammen, diese erzeugten Gesichter an den Wänden, die sich bewegten, und eine tanzende unheimliche Schattenwelt entstand und die Menschen sahen das und lachten oder fürchteten sich?

Sie lachten und beobachteten die Schatten, die entstanden, und merkten bald auch ihre eigenen Schatten.

Und nun waren sie nicht mehr alleine in den Höhlen, denn sie warfen Gedanken in die Gestalten.

Das zweite Gesicht.

- 5 -

Und in den Nächten entstanden tanzende Gebilde und langsam standen sie auf und versuchten sie zu greifen, unsichtbare Personen an den Wänden, und nachts sahen die Menschen anders aus als am Tag, ein Licht- und Schattenspiel, eine Licht- und Schattenwelt, und vielleicht hörten sie noch Geräusche, vielleicht bewegte sich ihr Unterbewusstsein und wenn man Schatten sieht und Geräusche hört und dies nicht allzu sehr greifbar ist, kann man es mit der Angst zu tun bekommen. Man kann schlecht nachvollziehen, was die Menschen vor tausenden Jahren dachten, zumindest die Anwandlungen der Angst und Furcht waren gesetzt und das kannten sie wohl schon vorher, denn es gab wilde große Tiere, vor denen man derweilen flüchten musste oder von denen man gefressen wurde, also eine Furchtemotion war vorhanden, die das Leben retten konnte, also ein Verhaltensmuster wurde geprägt, eigentlich war es eher die Emotion der Angst, die Furcht ist eher etwas Undefinierbares, in der Definition, ... wenn man sich fürchtet, geht man da nicht hin ... Vielleicht wurde die anfängliche Angst gemildert, als sie den Zusammenhang erkannten, dass, je größer das Helle in der Höhle wurde, was die Gestalten wachsen ließ und sie taten das Gleiche, sie bewegten sich hin und her und mit ihnen die Bewegungen und die Tanztendenzen in warmer, heller Umgebung und sie lachten, sie vertrieben ihre eigenen Schatten.

Und so nahmen sie Farben aus Asche und Gestein und sie bemalten sich, sie tanzten und lachten und selbst am Tag konnte man bemalt durch das Dickicht schleichen, bunte Gesichter mit dicken und dünnen Zeichen und verschiedenen Punkten, und nachts rief man die Schattengebilde, die Schattengeister an und tanzte mit ihnen die Tänze und diese konnten richtig zu Ritualen werden. Jetzt konnte man farbige Gestalten zeichnen oder auch nur schwarz-weiße, das, was man sah, das, was man sich wünschte, und man verlieh dem Gedanken eine Möglichkeit, nach außen hin sein Inneres zu verfestigen, und gleichzeitig entstanden die Möglichkeiten, den wilden Tieren näher zu kommen, die Angst und Furcht zu verstehen und sich deren zu bemächtigen, und sie konstruierten immer bessere tödliche Gegenstände und lernten diese einzusetzen und vielleicht änderten sich die Farben und die Muster auf den Menschengesichtern, als sie lernten zu töten, vielleicht waren es furchteinflößende Gemälde oder kraftvolle Musterungen.

Und sie malten die Geschichten ihrer Ermächtigung und die kraftvollen Bewegungen der Tiere und sie bewegten sich in derselben Wildheit und Ausgelassenheit, sie veränderten sich, sie wurden roher und manchmal zogen böse Geister ein, sie lebten in ihren Schatten und lachten und fingen an, sich selbst zu bekämpfen, denn diese Schatten bekamen ein Eigenleben.

Und sie hatten das Feuer und Farben und hatten das Töten gelernt und das stets in den Höhlen gemalt. Und so verbreiteten sich jene mit den tanzenden Gestalten neue Möglichkeiten.

Das Licht der Farben.

- 6 -

Ein Bild spricht tausend Bände in allen Sprachen und andere herumziehende Wesen bestaunten diese bunte lebendige Farbenvielfalt und nahmen diese Gedanken auf, sie interpretierten und lernten und sie konnten in kurzer Zeit das Gleiche tun, nachts im Dunkel der Höhlen entfachten sie ein Feuer zum Wärmen und sie erkannten die Schattengebilde an den Wänden, tanzende Figuren und Menschen, und die Tiere bewegten sich wie in Zeitlupe und manchmal schnell, es reflektierten die Farben und bewegten Bilder, sie übernahmen diese fortschrittlichen Gedanken von denen, die das hinterlassen hatten und konnten das Gleiche tun, sie lernten die Farben und ihre Bedeutung und machten sich bestimmte Muster auf den Körper, die sich von denen vorher unterschieden, und auch diese huschten durch das Dickicht, sodass niemand sie sah und niemand sie erkannte, sie passten sich der Umgebung an und was vorher unauffällig war, wurde auffällig, menschliche Gestalten in Streifen und Punkten, die versteckt und unmerklich durchs Unterholz schlichen, die sich an gleichfarbige wilde Tiere heranschlichen. Wenn man so bemalt ist, wird man eine andere Person, es ist eine neue Identifizierung mit dem anderen Aussehen, wodurch man sich neue Kräfte verleiht. Durch Farben und Formen verstärkt sich die Wesensart der Menschen vom frohen Lachen bis zur Verfolgung und Töten, das alles war schon gegeben und wurde ausgelebt, sie durchstreiften die Wälder und konnten sich so erkennen oder sich auch erschrecken.

Vielleicht wollten sie auch etwas bezwingen und alles begann mit einem Lachen, also mit den lachenden Gesichtern kam der schleichende Tod, vielleicht bemalten sie sich wie ein Tier, um getarnt heranzuschleichen.

Jede Tarnung birgt Gefahr, denn wenn man sich tarnt, will man nicht erkannt werden, also führt man etwas im Schilde, sich anzuschleichen, sich einzuschleichen und das hat sich bis heute kaum geändert, jemanden überlisten, in die Irre führen oder hereinlegen, so heißt das heute.

Die Musterung einer jeden Sippe ist verschieden und zeigt nun die Zugehörigkeit an, sie unterschied sich zu bestimmten Anlässen und Feiern und sie zeigte die Farbe der Aggressionen und so prägten sich immer mehr die Verhaltensweisen und förderten den Informationsfluss, auch bei noch nicht ausgeprägter Sprache konnte man verstehen und unterscheiden.

Ein Bemalen, um zu tarnen oder nicht erkannt zu werden, ist meistens nichts sehr Gutes. Es kann auch und wird bedeuten, etwas zu wissen, was der andere nicht weiß.

Und mit den Farben begann man auch andere Persönlichkeiten zu enttarnen, ... was mag dieser im Schilde führen ..., es geht also nicht nur, um zu jagen und mit den Schattengebilden in der Nacht am wärmenden Feuer zu tanzen, es geht nun auch ... was könnte man über andere erkunden.

Es unterscheiden sich die Geister.

- 7 -

Und sie tanzten einen Tanz, der anfing und der nie zu enden schien, sie lernten, sich mit den sich bewegenden hohen Schattenbildern regelmäßig zu schwingen, sich rhythmisch zu bewegen, was anders war, als würden sie durch die Wälder streifen, sie wankten hin und her synchron oder unregelmäßig und sie fanden Gefallen daran, es erzeugte im Kopf ein Frohsein, ein Lachen und deshalb bewegten und schwanken sie immer mehr – bis das Lachen eine eigene Kraft bildete.

Ich weiß nicht, ob diese Menschen vorher gelacht haben, über was auch. Tiere lachen auch nicht.

Bisher wurde jeden Tag nur Nahrung gesammelt und gegessen, so viel als möglich war, und danach ruhte das Wesen aus, meistens über die Nacht bis zum nächsten Morgen, lachen musste man da nicht, diese Emotion gab es bestimmt nicht, es gab vielleicht einmal etwas Angsteinflößendes oder Furchterregendes, wenn ein wildes Tier auftauchte, solche Zwischenfälle könnten möglich gewesen sein, oder dass man vielleicht von einem umstürzenden Baum erschlagen wurde. Also die Furcht oder Angst gab es etwa früher schon sowie das natürliche Fluchtverhalten oder das ruhige Stillhalten und Verstecken, diese sind eher ausgeprägte angeborene instinktive Verhaltensweisen. Es gab ein Sich-Wohlfühlen oder ein Sich-Unwohlfühlen, nur sagen brauchte das niemand, weil die Sprache der Laute keine Wörter hatte. Diese beiden Fühlarten können die Tendenzen des traurigen und depressiven Wesens hervorbringen oder eben auch die der starken und stabilen Wesenheiten, auch das sind instinktive Verhaltensweisen, die sich bildeten, die unbewusst waren, die sich prägten, die nicht bewusst wurden, weil sie nicht dachten, also waren sie geistig nicht zu erfassen, doch auch diese sind veränderlich, variabel.

Die Wesen Mensch und Tier lachten nicht.

Nun war schon eine Zeit vergangen, als sie die Schattenbilder sahen und sie versuchten sie nachzuahmen, und sie wankten hin und her und die Bewegungen wurden vielfältiger und ausgeprägter. Die tanzenden Bewegungen hatten eine entspannende Wirkung, es lösten sich viele angestaute Fließstörungen und man fühlte sich befreiter und bald erzeugten sie noch mit Stöcken und Steinen und anderen Gegenständen Geräusche dazu, was einem Klang ähnlicher wurde, und so erhöhten sich die rhythmischen Bewegungen des Tanzes, es erhöhte sich das Gelöst-Sein, das Losgelöst-Sein, das Lachen und Frohsein und man tat es immer wieder, es wurde einem wärmer, sie wurden ausgelassener durch die Töne, den Klang, die Rhythmen und das Lachen, das erzeugte Bewegungen im Kopf.

Es ist schwer zu sagen, in welcher Stimmung sie sich wirklich befanden, als sie jagten, töteten und Fleisch aßen, das sie kalt essen konnten, was sie eine lange Zeit taten, und nun auch warm zubereiten konnten, in welcher Verfassung sie lebten, wenn fleischlose Wesen nun Fleisch aßen.

Und es klang durch die Welt.

– 8 –

Die erzeugten Töne, das stete Aufeinanderschlagen bestimmter Gegenstände lässt einen Rhythmus entstehen und nach einer bestimmten Zeit fließen die erzeugten Wellen in die Höhle und so fängt diese an zu schwingen, man erzeugt Schwingungen im Körper, die nicht nur den gesamten Kreislauf und Stoffwechsel in Gang setzen, das gesamte Gehirn reagiert auf synchrone

Schwingungen und diese erhöhen sich in die Aura und darüber hinaus, erhöhen sich mit den Schwingungen der Höhle und darüber hinaus, die ganze Umgebung erlebt einen Rhythmus, die ersten Klangwellen erweitern sich und erfassen alles Schwingende gleicher Wellenlänge und es trägt sich fort, der dumpfe Klang und das tönende Geklopfe. Nun befinden sich die Wesen in einem schwingenden Umfeld, das durch die Erde geht und das die Emotionen verändert, und es trägt sich wie vom Winde fort, der es an alle Orte bringt, die Schwingungen und Wellen von den Menschen zu anderen Menschen und zu anderen Höhlen, und nun können auch sie mit den Schattenbildern tanzen und Rhythmen herstellen und sie kommunizieren. Sie lernten die Wirkungen der Geräusche und Klänge und der erzeugten Töne richtig einzusetzen, sie konnten sie variieren und angsteinflößend wirken lassen, und aufscheuchend konnten sie sein und genauso wie ein Wohl-erzeugendes-Fließen-Lassen.

Vielleicht übernahmen sie auch die Schwingungen ihrer Vorfahren, diese waren es, die anfingen zu jagen und kaltes Fleisch zu essen und die nahezu ausgestorben waren.

Nun hat man das wärmende Lagerfeuer, die entstandene Schattenwelt, die im Rhythmus dazu schwingenden Menschen, die sich mit Farbe bemalen konnten, und aus diesem „musikalischen Erleben" kann man Muster malen. Weil sich das In-sich-zu-Verarbeitende löst, kann man die Farben je nach Stimmung einsetzen, und diese Kombination erzeugt immer wieder neue Ideen, neue Muster und Ausdrucksweisen, die Maltechnik verfeinert sich, sie wird richtig naturgetreu und kunstvoll und lebendig, die Menschen können Feinheiten in der Technik herstellen und bestimmte Perspektiven anfertigen und eine Präzision der Wirklichkeit nahe. Es fördert das geistige Denken und auch die Sprache wird verbessert und neue Worte kommen hinzu, es sind Bilder von den Tieren, die sie sahen, die sie zu erjagen und zu erbeuten suchten, und manchmal zeigt es auch eine Umgebung, es zeigt die Größe und die Mächtigkeit, die Schnelligkeit und es zeigt den Menschen in seiner Kleinheit und Unterlegenheit vielleicht die Wege der Tiergeister und vielleicht auch die

Möglichkeiten der Erzwingbarkeit. Es erfordert ein Denken, sie zu erjagen.

Und sie tanzten und malten und lachten und die Gemeinschaft erhöhte die Schwingungen, diese steigerten sich bis zur Ekstase, es schieden sich die Geister, die der Schattenwelt und die des Lichts. Und sie trafen sich des Nachts, sie aßen und tranken.

Und sie tanzten einen Traum.

– 9 –

Kein Mensch kann wissen, was wirklich in den Köpfen von Menschen und Tieren vorgeht, was sie empfinden und fühlen und denken und was an Information vorhanden ist und wie man reagiert, denn jeder ist verschieden. Die ganze Chemie des Kopfes ist undurchschaubar und jeder reagiert anders, auch wenn man das Gleiche sieht, es ist wie eine Bilderbeschreibung, die jeder verschieden interpretiert, und man kann sagen, jeder sieht etwas anderes, denn es können sich bei jedem verschiedene Reaktionen auslösen, so die Worte und Handlungen; es sind die Farbe und die Formen jeder einzelnen Kombination, die eine Stimmung erzeugen und eine Denkweise, natürlich kann jeder den gesehenen Gegenstand als solchen erkennen und benennen, das ist eine erlernte Information, das Erkennen der Gegenstände, das bei allen Menschen das gleiche ist und auch bei Tieren, das ist nicht Instinktives und schon Intuitives. Es sagt aber nicht aus, ob es einem gefällt oder nicht, ob man es schön findet oder nicht oder ob man dieses verträgt, mit all den Gegenständen oder dem Gesehenen macht man eine Erfahrung, die gesprochenen Worte geben dann eine persönliche Interpretation, ein subjektives Empfinden und Aussagen über einen bestimmten Gegenstand, und das ist es, was jeder selber erlebt, die Erfahrung, die man gemacht hat, was man empfindet oder gedacht hat, und manchmal kann man auch etwas hineininterpretieren beziehungsweise herauslesen. Und so war es vielleicht bei diesen nun, die mit bunten Gesichtern und bemalten Körpern des Nachts am wärmenden Feuer saßen und sich gegenseitig nun anders sahen als am Tag, dass ihre Gedanken angeregt wurden und sie sich besser äußern konnten, nun konnte man vielleicht auch über andere lachen, weil diese komisch oder seltsam aussahen, und das gedankliche Getuschel fing an, die Überlegenheit des Gesehenen und darüber zu lachen schaffte Trennwelten und die Schwingungen konnten sich verändern, ein Auf und Ab, und es entstanden Turbulenzen – man versuchte, jemanden in seinem äußeren Erscheinungsbild zu bezwingen, lachte man nun wegen des Komischen oder wegen dem, das sich in eine Rolle veränderte, ist es nun wirklich eine gewollte Lächerlichkeit oder eine intruierte veränderte Persönlichkeit. Diese Bezwingungen schaffte Gratwanderungen und manche überschritten die Grenzen, sie forderten die Persönlichkeit heraus, vielleicht versuchten diese auch Tiere zu bezwingen, vielleicht sogar die Naturgötter zu bezwingen, aber die Natur ließ sich nicht beeinflussen. Das Denken ist schon lange und hat sich auf einmal ausgelöst und es geht auch nicht mehr zurück, so wie es vorher war, als keiner über den anderen lachte, als niemand sich über jemanden lustig machte und als niemand jemanden bezwingen konnte. Und so blieb es lange, weil sie nicht wussten, was in den Köpfen der Wesen vorging, die geistig immer mehr erwachten, und es gab niemanden, … der etwas im Schilde führte …

Die Menschen hatten alle zwei Gesichter.

Aber welches lachte?

– 10 –

Diese sich entwickelnden Menschen konnten am Feuer des Abends essen und sich wärmen, und sie haben die rhythmischen Bewegungen gelernt, die Sprache wurde verständlicher und um ein Vielfaches erweitert seit der Erfindung der todbringenden

einfachen und gefährlichen Konstruktionen, die schon Tiere erjagen und töten konnten, sie erfanden die Farben und konnten
sich je nach Situation und Anlass bemalen, mit den Naturge-
genständen konnten sie Geräusche verursachen und so in sich
selbst und in der Umgebung Schwingungen erzeugen. Sie tanzten abends mit den Geistern der Höhlen und mit den Schatten-
gestalten, mit sich selbst, und daraus konnten sich neue Emotionen und Gedanken bilden und somit auch neue Worte, die
dem Erlebten Ausdruck verliehen.

Sie lachten über sich und über andere, über das neue Gesicht und das komische Aussehen der Veränderung, sie versuchten und bezwangen die Natur und sie wuchsen über ihre eigene Kraft hinaus. Sie aßen zu dem toten Fleisch auch wie bisher
ihre pflanzliche Nahrung und sie lernten neue Pflanzen zu genießen, die über ihr instinktives Verhalten hinaus hinzukamen
und so auch, dass bestimmte Pflanzen bestimmte Wirkungen
erzeugen konnten, und sie nahmen schon die Pflanzen und Dro-
gen ein, die sie berauschten, und sie schienen erleichtert zu sein,
sie halluzinierten und in diesem sich anbahnenden Zustand der
Weltentfremdung begann eine Irritation und Verwirrung und
vielleicht beschimpften sie die Naturgötter für alles Mögliche,
das ihnen widerfahren war.

Ob wir wissen, was die Menschen für Einzelschicksale hatten und was ihnen alles geschehen war, die aus einem bequemen
Leben sich erhoben und alles verbesserten, sie erfanden so vieles, was wir heute noch haben, und was wären wir heute ohne
sie, hätten sie nicht die richtungsweisende oder richtungsändernde Idee gehabt, vom vegetarischen Wesen zum Karnivoren
zu werden, so säßen wir vielleicht heute noch in der warmen
Sonne an der Südspitze Afrikas und würden heute noch unsere
Nahrung sammeln, die gewachsen ist, wenn wir Hunger haben.

Nun hat der Mensch zwei Gesichter und steht ständig im
Wechselspiel mit sich selbst, denn jede Veränderung ist auch
eine Herausforderung und je nachdem wie man sich entscheidet, kann es zum Ausgleich kommen oder zur Konfrontation, es
kann sich zum Guten und zum Bösen wenden und die Schick-

sale können zunehmen, was eher durch eine negative Schwingung aktiviert wird. Menschen, die schwingen und alles bewegen, finden ihre Wellenlänge, die richtige Schwingung wird auch der richtige Weg sein.

Wir wollen auch nicht alles bewegen, denn jeder entwickelt sich in der Ruhe am besten, es ist schwer und ein Zurück geht nicht mehr und wir tragen die Information unserer Vorfahren fort und diese wieder von ihren Vorfahren bis dahin, wo alles sich veränderte.

Nun müssen die Menschen lernen sich selbst zu erkennen. Und das ist das Schwierigste.

- 11 -

Ob das die Menschen inzwischen gelernt haben?

Manchmal steht man vor einer schwierigen Aufgabe, jener, die man sich selbst stellt, weil man durch eine Gratwanderung an einen Punkt angekommen ist, wo es nicht mehr weiterzugehen scheint und man nach Auswegen sucht und diese Schuld erst auf das Umfeld mit Personen bezieht, bis man wieder in die bessere Lage kommt und man erkennt, dass man es selbst ist und auch selbst verschuldet hat, sich hineinziehen hat lassen oder selbst zielstrebig dahin gegangen ist, und ist man diesen Weg erst einmal gegangen, ist es ein Schweres, sich wieder davon zu befreien, sich davon wieder zu lösen.

Das noch Überschaubare zu erkennen und sich selbst zu erkennen, ist schon ein Weg der Besserung, denn von allem ist das das Schwierigste, denn wer gibt schon gerne zu, dass man einen Fehler gemacht hat, nun es ist ja ein Sich-selbst-Erkennen und nicht, dass es der Öffentlichkeit zugetragen werden muss.

Und in einer stillen Stunde des Tages oder in der Nacht fällt es einem ein, es wird klar und übersichtlicher und man weiß, warum es so gekommen ist, warum sich solch fast Unlösbares aufgebaut hat und warum man sich in solch eine Situation hineinmanövriert hat. Man gibt selber zu, ... ja deshalb ist es so gekommen ... und was kann besser sein?

Von nun an kann ein ganz anderer Weg genommen werden, eine ganz andere Richtung eingeschlagen werden, eine ganz andere Strategie, eine ganz andere Denkweise muss an den Tag gelegt werden, um aus dieser Misere zu entkommen, und es dauert seine Zeit von dem Denken an bis das alles wieder so ist, wie es sein soll.

Sich selbst zu erkennen, ist das Schwierigste, aber es hilft einem auf einem schweren Weg, der vielleicht weiterhin fortan kommt, doch es kann es erleichtern, ist man den Dingen wieder etwas aufgeschlossener und positiver eingestellt, denn manchmal muss man etwas tun, um das „Verstrickte" zu lösen und um das sich gebildete Undurchsichtige nun durchsichtig zu machen. Denn nur so kann man den Weg wiederfinden und man löst sich von dem, was verworren ist in einer manchmal ausweglosen Situation, die wie ein Labyrinth zu sein scheint. Es ist nicht immer einfach und man ist selbst ziemlich schwierig und schränkt sich selbst ein.

Wieder auf den richtigen Weg zu kommen, an nichts anderes soll man denken als nur an das alles, was noch möglich ist, wieder in Ordnung zu bringen, und wenn man in eine hartnäckige Situation geraten ist, hilft manchmal die Ruhe und etwas Abstand zu nehmen von aufwühlenden und provozierenden Herausforderungen.

Man kann froh sein, wenn einem die Möglichkeit des Sichselbst-Erkennens gegeben wird, das entweder von Traurigkeit getragen wird oder durch eine erstarkende Kraft gefördert wird, und wenn man sich lösen kann und einen Ausweg findet. Langsam und unmerklich hat sich das Undurchsichtige aufgebaut und langsam wird es sich lösen. Sich selbst zu finden.

Ist es nicht so, dass man sich zuweilen fragt, warum gerade ich? Warum muss mich das treffen?

Und man könnte sagen, dass man sich zur falschen Zeit am falschen Ort befunden hat oder vielleicht auch untätig war oder zu tätig, und genau noch dann findet man tausend Gründe und Begründungen, die alle infrage kommen können, und Genaues weiß man nicht.

Natürlich gibt es wirklich unglückliche und folgenschwere Verkettungen, die nicht mehr zu regulieren sind, hat jemand anderes oder man selbst einen irreversiblen Schaden erlitten, ist man ein Leben lang geplagt, und es bleibt nur die Möglichkeit der Erleichterung der Erlittenen.

Geht man von den Möglichkeiten der Verbesserung aus, so ist das immer etwas Positives und kann auch oft erreicht werden.

Manchmal ist es auch gut, sich mit einer Situation abzufinden, wenn das Innere einem nicht plagt und es nicht zur Krankheit wird. Was man nicht weiß, darüber denkt man nicht nach, der Horizont ist manchmal eingeschränkt, die Sichtweise, sodass der Raum der freien Bewegung kleiner wird, und um darüber wieder hinauszukommen, ist es eben dieses zu erkennen, sich dieses bewusst werden lassen, und deshalb vielleicht verbleibt man in einem eingeschränkten Raum. Es kann auch ein fast unendlicher Raum werden, so groß wie die Welt, dass man sich darin verläuft, man eilt von einem Ende zum anderen, beladen und von einem inneren Drang getrieben und von unlösbaren Aufgaben, die einem ununterbrochen beschäftigen und vom Leben abhalten, man sucht und findet sie und sie scheinen einem jedes Mal das Leben zu erleichtern, oft dauert es nicht lange, aber oft auch etwas länger, und denkt man gerade, es sei gut, stellen sich neue Aufgaben, die zu bewältigen sind, das Leben zu erleichtern, ist erst dann gegeben, wenn das schier Unlösbare gelöst wird, wenn es aufhört und etwas Fast-nicht-Vorhandenes gefunden ist, vielleicht ist das noch schlimmer.

Natürlich kann man im Leben etwas erleben und wenn es nur das Denken ist, doch aus dem Denken wird das Handeln, und ob wir vorher Denken oder nicht, jeder muss in seinem Leben seine Aufgaben erfüllen, ob dieses nun uns bewusst oder unbewusst ist, entscheidet die Schwere des Lebens und jene Erleichterung.

Das Uns-selbst-Erkennen, die Bedeutung, ... erkenne dich selbst ... beschäftigt sich mit der Frage: Warum?

Warum ist alles so gekommen?

Und mit dem Zugeständnis zu sich selbst finden wir vielleicht die Antwort, dass man etwas im Leben übersehen hat.

Vielleicht ist es gerade das, was mit der Schöpfung zu tun hat?

Vielleicht hat man sich etwas davon entfernt oder etwas nicht richtig verstanden.

Das Leben der Seele der Unglücklichen ist ein langer Weg durch die Weite des unendlichen Universums zur Erde.

Lasst uns wieder froh werden und frei.

- 13 -

Ware jene Art von menschlichem Leben nicht froh und frei, als sie erfanden, die Tiere zu töten?

Sie haben den Tod erfunden und das fließende Blut.

Und diese Rasse wurde roh, wild und bösartig und gewalttätig. Und nun ist diese Rasse von Wesen aus unerklärlichen Gründen ausgestorben sowie einige Tierarten, Wesen, die der letzten großen Eiszeit folgten, sind verschwunden.

Und waren die Wesen bzw. Menschen, die nach ihnen kamen, froh, als sie die Errungenschaften übernahmen und sich schnell fortschrittlich entwickeln konnten?

Sie konnten nun warmes Essen und Farbe herstellen, sie malten, tanzten und konnten die Nahrung unterscheiden, sie lachten und dachten die Natur der Götter, sie konnten Töne und Geräusche herstellen und durch die erzeugte Schwingung erhöhte sich das Denken und der Wind trug es fort, sie konnten sich erheben und bezwingen, und die Welt stand ihnen schon für viel Neues offen, es stellten sich Fortschritt ein und verschiedene Aufgaben, die es zu lösen galt. Und tanzend nahm die Bevölkerung zu, berauscht waren sie manchmal.

Je mehr Menschen sich ansiedelten, als sie sesshaft wurden, desto besser wurde das Leben, die Herausforderungen, die sich stellten, waren eine gute Organisation zur Arbeitsbewältigung und zur Ernährung der zunehmenden Menschen. Mit Hilfe der Götter fanden sie alles, was man zum Leben brauchte, kleine und große Gottheiten wurden aufgestellt und Menschen, die zu Gottheiten wurden.

Ausgesetzt war man der Natur, dem Wetter, dem Wechsel der Jahreszeiten und den entstehenden Erkrankungen durch die Vielfältigkeit der Ernährung und durch die Domestizierung der essbaren Tiere, alles Herausforderungen, denen der Mensch Herr werden musste. Doch es zürnten auch die Menschen, wenn Unglück und Unheil sie ereilte und es in der Gemeinschaft durch heraufkommende Konfrontationen manchmal Mord und Totschlag gab.

Der Weg der steten Verbesserung und Weiterentwicklung kann natürlich ein guter sein, doch alles, was von Menschenhand geschaffen wird, muss sich in die Umgebung einfügen und schafft so eine turbulente Bewegung und ein Weiterfließen von Informationen und Neuentwicklungen, durch einmal in Gang gesetzte Schwingungen bewegt und entwickelt sich die Welt fortan.

Und niemand weiß, ob die Menschen wirklich froh waren.

Und niemand weiß, ob man die Freiheit und Unabhängigkeit aufgab.

All jene Veränderungen, die ganze Entwicklung und alles, was sich zum Besseren veränderte, schaffte neue Möglichkeiten der Abhängigkeit und manchmal der Unfreiheit.

Immer besser, immer mehr, immer höher und immer weiter.

Durch die Zeiten entstanden die ersten Zentren an den großen Flüssen am Nil, am Euphrat und Tigris und am Indus, diese wurden Orte der Weltbewegung und der Gottheiten und den Erfindungen.

Orte der Erfindungen und Verbesserungen.

So war es überall ...

Orte und Zentren, die gewachsen waren, hatten ihre Gottheiten, die durch Personen sprachen, die zur Vermittlung für die Menschen geeignet waren, die für bestimmte Bereiche zugeordnet waren, und manchmal war es gut, wenn man selbst gut gestimmt war und dieser Gott und diese Götter einem gut gesonnen waren.

Es wurden Heiligtümer gebaut, also Häuser für die Götter, und es wurden Gaben gebracht, um sie wohl zu stimmen. Manche brachten Gaben vom Feld und einige opferten für die Götter, um Wohlwollen zu erlangen, das konnten Tier- und Menschenopfer sein, und dazu gab es verschiedene Tänze und unter bestimmten Ritualen wurden diese noch bekräftigt. Meistens verlief ein Prozessionsweg von den Heiligtümern zum Palast, der bei vielen Festlichkeiten regelmäßig genutzt wurde, und die Feiern dauerten oft tagelang.

Die Menschen in den gebildeten und geistig wachsenden Zentren ab der Zeit um 3.500 v. Chr. lebten mit diesen Stadtgöttern, jede Stadt hatte ihre eigene so auch jene Ordnung der Lebensweise für die jeweilige Stadt. Es entstanden Führungspersonen von einer immer größer werdenden Sippe, bis es in der Stadt ein König war, der meistens wie ein Gott die Menschen regierte, die Gesetze und Verurteilungen schafften eine zentrale Ordnung für die Stadt durch Arbeitsteilung für die Ernährung, Herstellung von Handwerkzeug und zur Verteidigung des Landes.

Es gab die Tempel für die Bevölkerung der Stadt und auch besondere „heilige Plätze", an denen nur bestimmte Personen die Götter befragten. Die Götterwelt, die eine vom Verständnis her gewachsene war, sowie die fortschreitende geistige Entwicklung waren dasselbe wie die innere Einstellung zu sich selbst, zu den Gottheiten, zu den Menschen und der Umwelt heute, und hatte man diese erzürnt, erfolgten Auseinandersetzungen und Konfrontationen, es konnte zu Unglück und Unheil kommen und alles Dramatische, insgesamt das Schicksal und der Tod, und so entwickelten sich regelrechte Kulte.

Und vielleicht suchten manche Menschen Auswege aus dieser Götterwelt zu finden und suchten nach Weissagungen und Vorausschauendem und manchmal konnte man etwas erfahren und ob dieses etwas Gutes war, das stand in den Sternen, die von dieser Zeit an auch beobachtet wurden. Von 4.000 bis 3.500 v. Chr. musste es noch andere Einflüsse geben haben, nach denen sich der Mensch orientieren konnte, als nur durch das Wetter und die Sonne, den Mond und die Nacht.

Vielleicht durchschaute man die Götter, wenn man wusste, was am oder im Himmel vorging!

Es war so, dass man viele Tongefäße und Krüge für die Lebensmittel hatte, die an die Bevölkerung ausgegeben wurden oder mit denen auch schon Handel betrieben wurde.

Und man sah die vielen Sterne am Himmel, die sich bewegten, und für alles brauchte man eine Ordnung.

Woher das Neue?

- 15 -

Wir könnten ja auch ...

Was immer die Menschen bewogen hat, die bisher nur auf den Boden schauten und nun in den Himmel sahen ... alles Gute kommt von oben. Am Himmel ist alles geordnet und es können sich neue Horizonte öffnen und man ist mit der Beobachtung des Nachthimmels beschäftigt. Groß und hell leuchten die immer wiederkehrenden Sterne und man sagte, es seien die Götter, die des Nachts im goldenen Wagen über den Himmel fuhren, diese haben sich erhoben und man entdeckte seltsame Formen, die sich bewegten, man sah Figuren, die aussahen wie Tiere, und man nannte sie Tierkreise, sie kamen und zogen über den Nachthimmel und wieder fort und nach einem Jahr kamen sie wieder. Die Menschen mit den Göttern erforschten dieses und erfuhren ihre Geschichte, es sind die unendlichen Geschichten des Universums vom Anfang bis zum Ende und von der Erforschung der über Grenzen hinausgehenden Menschen, sie erzählen vom Schicksal der Götter, die auf Erden lebten, davon, wie sie ins Jenseits gehen und dort leben, und von denen im Diesseits, wie sie jene begleiten oder folgen und manchmal von der Wiederkehr und von dem ewigen Kreislauf der Verhängnisse.

Sie berichten vom schicksalhaften Leben und von den vielen ungelösten und gelösten Aufgaben im Leben, von den Befragungen und deren Lösungen, sie berichten von heroischen Taten und von den vielen Alleingängen und von aufstrebenden Mächten.

In den Sternen, die über Krieg und Frieden entscheiden können, steht das Leben und man weiß, wann man geboren ist und wohin der Weg führen könnte.

Menschen wie Götter, Gottmenschen mit hoher Verantwortung, Menschen, die da ordnen und befehlen, die sich einschwingen in die hohen Sphären und über allem stehen im Universum, die in den unendlichen Raum vordringen, um den Beweger der Sterne zu finden ... es muss also darüber hinaus noch jemanden geben, der diese Bewegungen schafft. Nun mit einem Male entstanden astronomische Einflüsse und Kenntnisse und deshalb musste man diese aufzeichnen und wenn man am Himmel kleine Punkte sieht, kann man sie auch auf die Erde machen, also ein Punkte-Strich-System.

Universale Einflüsse sind wohl vor den Gedanken vorhanden und sie bilden sich, der Mensch entwickelt sich und fließt mit den geistigen Strömungen. Die Schriftgrundlage hat sich eingeflossen, weil man inzwischen viele Lebensmittel in den tönernen Gefäßen aufbewahrte und tauschte, und auch die Tempelabgaben mussten irgendwie vermerkt werden und deshalb wurden jetzt verschiedene Zeichen daraufgesetzt und einfach fing es an, ein Zählsystem mit einem Punkt oder Strich konnte man zuordnen. Zeitgleich entstanden in Mesopotamien und in Ägypten die Keilschrift und die Hieroglyphen und von nun an konnte man Gesehenes oder Gesagtes dokumentieren und war nicht mehr nur auf Überliefertes angewiesen, natürlich vergingen noch einige tausend Jahre bis das Überlieferte tatsächlich den Tatsachen entsprach, die sich ereignet hatten.

Götter vom Himmel zeigen neue Wege ...

Und ist man einmal im Himmel, geht alles ganz schnell, die gesamte Entwicklung wird noch fortschrittlicher, wer den Himmel erobert, dem gehört die ganze Welt. Welche Erfahrungen die Menschen tatsächlich gemacht haben, wissen wir nicht genau, weil die Überlieferungen von jedem Einzelnen nicht möglich ist, Menschen, die nicht lesen und nicht schreiben können, hinterlassen nichts als nur die Geschichten, die sie erzählen von Generation zu Generation, doch diese interessierte sich nicht für die vergangenen Geschichten als vielmehr, wie das Leben zu bewerkstelligen war, und das, was wir heute an Überlieferungen haben, sind oft Legenden.

Die Menschen stiegen in den Himmel und die Götter zur Erde und sie erlebten vielleicht Tausende von den Geschichten, die in den Sternen stehen, und das sind die Mythen und Legenden und vielleicht auch die Märchen. Dieses mag alles einen wahren Inhalt haben, der jedoch bedingt durch die Überlieferung von den städtischen Ansiedelungen und über die Grenzen hinaus mitgeteilt wurde, und am anderen Ende der Welt hat sich die Geschichte verändert. Genaues weiß man nicht, als es nur noch von Mysteriösem umkleidet wurde, von Unerklärlichem ausgeschmückt und zum Unverständlichen und Fragwürdigen wurde es erst bei näherer Betrachtung und manches endete in einen undurchdringlichen Nebel, der sich zuweilen auflöste und dann wieder vorhanden war.

Man hat sich also zu den Himmelsgöttern der großen Sterne hinaufgeschwungen, die wie lebende Figuren und Gebilde die Menschen anzogen, ebenso zu den großen Planeten, und so entstanden die Zwiesprachen, Götter und Geschichten, und die Menschen sprachen mit ihnen und folgten ihren Anweisungen

Doch je weniger Götter man anrief und zuordnete, desto besser wurden das Leben, die Orientierung und die Zunahme nur eines Gottes anstelle der Vielheit, erleichterte auch die Frage des Sichselbst-Erkennens, doch dieses Denken änderte sich erst viel später.

Vielleicht ist oder war es so, dass man sich irgendwann selbst hörte und lernte, dass dieses nicht das Richtige sein konnte. Die Entwicklung von den schwingenden Höhlen zu den Naturgöttern war vielleicht ein nicht immer einfacher Weg, denn das Denken-Lernen hat etwas mit Erfahrungen-Machen zu tun, der Mensch ist vom vegetarischen Wesen aufgestiegen und wurde durch das Töten zum fleischfressenden, fleischessenden Wesen, es durchläuft die gedanklichen Veränderungen mit all ihren Auswüchsen von Emotionen und der Entstehung von bisher nicht da gewesenen Erkrankungen.

Die Welt vor Tausenden von Jahren ab 10.000 war also von den Naturgöttern geleitet und es dauerte bis zur Jahrtausendwende um die Zeit 0 bis der julianische Kalender erstellt wurde. Die lokalen Gottheiten haben abgenommen und man huldigte fast nur noch den hohen planetarischen Göttern, bis es zu einem einzigen universalen Gott über alles wurde.

Der Mensch zum Himmel.

- 17 -

Je mehr der Mensch erfunden hatte, desto schwieriger und anstrengender wurde es, den Überblick zu bewahren, und unaufhörlich ging es so weiter. Wie einst und bis heute schien es in den Menschen zu sein, hatte man etwas erfunden, um auf unsichtbaren Wegen den anderen zu durchforsten, bediente man sich vielerlei Möglichkeiten. Farben waren wie ein zweites Gesicht und man schaute hindurch, hinein oder heraus, ohne dass der andere es merkte. Längst ging es nicht mehr um Farben und Asche und Höhlenmalerei, die Zeiten um 4.000 v. Chr. änderten sich und inzwischen ging es um politische und wirtschaftliche Einflüsse und Interessen und auch hier musste man die Personen, die besondere Möglichkeiten und Fähigkeiten hatten, um Persönliches und Zukünftiges zu berichten, als Mittler oder Medium bezeichnen, wodurch wegweisende, prophezeiende Hinweise zu erwarten waren, und die zuweilen um Rat gefragt wurden oder auch um eine persönliche Bevorteilung zu erlangen. Diese mythischen und heroischen Beeinflussungen änderten sich allmählich, nachdem verschiedene „Heiligtümer" verbannt oder zerstört wurden. Es gab Menschen, deren Leben erst möglich war, nachdem sie Schlangen und Ungeheuer besiegt hatten, und deren Wege oft an prophezeiende Orte gelangten. Das alles sind und waren Gratwanderungen auf dem Wege des Sich-gerade-noch-Zurechtfindens ermöglichte den auch von solchen Menschen, die das erlebten, und von den Personen, von denen man diese deutenden Hinweise erhalten konnte, und war es nur ein Wort, was eine ungeahnte richtungsweisende Änderung hervorbrachte, und das einen dadurch bewahrte, mit Schlangen und Ungeheuern kämpfen zu müssen. So war der Ort in den heiligen Hainen in Delphi, wo es hieß, … erkenne dich selbst … wo eine Priesterin prophezeite.

Er war einst der Sohn von Zeus und Leto, der als Jugendlicher schon mit Schlagen kämpfte und Ungeheuer besiegte, der in den heiligen Hainen war und harte Prüfungen in seinem Leben durchlaufen musste, der durch die Priesterin Phytia sprach, bis er selbst das Orakel übernahm, und das war eine noch schwerere Aufgabe, denn man musste mit dem Himmel, mit dem Universum gut in Verbindung stehen, um richtig zu orakeln, man war schließlich zu einem Gott auf Erden geworden und Gott sagte immer das Richtige, nur dieser Gott sowie die anderen hatten Namen und gab es damals noch eine größere Gottheit, als es Apoll war?

Dieses Heiligtum wurde 379 v. Chr. zerstört.

So erfanden diese, die einst am Höhlenfeuer saßen und Getötetes aßen und sich mit Farben, Asche und Blut bemalten und tanzten, ihre Gottheiten und zusammen mit den Naturkräften oder Naturgöttern mussten sie ihren Platz behaupten und das Schicksal und der Tod stellte sich ein, weil sie es herausforderten, und so entstanden tausende Geschichten, die bis heute erzählt werden.

Sie erhoben sich und starben mit oder ohne Schwingungen, einfach oder schwer, wir wissen es nicht. Wer weiß, was morgen sein wird?

Menschen lernten die Natur zu fürchten und zu achten, sie lernten eine Gemeinschaft aufzubauen und sich darin zurechtzufinden, um auf einem guten Weg durch das Leben zu gehen. Menschen lernten sich zu fürchten, wenn die Natur sich in ihren Gewalten zeigte und die Kräfte zum Ausdruck brachte, und Menschen, die diese zu erzwingen versuchten, kämpften stets mit ihren Gottheiten, weil sie diese personifizierten.

Und überall haben sich aus den einst herumziehenden Nomaden sesshafte Menschen entwickelt, die in wachsenden Zentren seit 10.000 v. Chr. ihr Dasein durch den Fortschritt der Zeit verbesserten und seit der Vereinigung von Ober- und Unterägypten durch Menes um 3.500 gab es nun auch bewaffnete Auseinandersetzungen, was bedeutet, diese waren die Anfänge einer organisierten militärischen Landesverteidigung, denn von nun an musste man mit allem rechnen. Unberechenbar waren die landbeanspruchenden Völker, die aus dem Nichts kamen, wilde Horden oder Seevölker um 1.725 v. Chr., die heranstürmten und mit allen möglichen Masken eine tiefe Furcht auslösten, Angst und Schrecken über das ganze Land brachten und unter grausamen Bedingungen die Bevölkerung dezimierte oder deren habhaft wurden, sie kamen herangebraust mit Hörnern und Totenköpfen, mit brüllendem Gedonner, mit klirrenden Schwertern und mit dumpfen Getrommel, sie waren von furchterregender Grausamkeit, bei deren Anblick allein man schon sterben konnte.

Wo das Land noch so sehr besiedelt war, kamen mit der indogermanischen Völkerwanderung um dieselbe Zeit solche bis dahin noch herumziehenden Nomaden, diese wurden die Bewohner, die dann lange das römische Reich in Atem hielten und Kriege und Eroberungszüge auslösten. Jene Menschen verteilten sich im ganzen Reich, was die ganzen Mittelmeerländer umfasste und den Nahen Osten, also Italien, Frankreich, Spanien und Griechenland.

Jahrhundertelang etablierten sich die Völker in den einzelnen Ländern und verbreiteten sich und waren eben die Ureinwohner des Gebietes und mit den unerwarteten von Zeit zu Zeit kommenden Überfällen musste die Bevölkerung leben.

In der cäsarischen Zeit bis 44 v. Chr. stand Rom unter hellenistischem Einfluss und dem Einfluss der Naturgötter, was jene Konfrontationen auslöste, und es siegten doch die planetarischen-universalen Gottheiten über die lokalen personifizierten mit besonderen Ritualen behafteten Gottheiten, denen man mit Masken huldigte und denen man Opfer brachte, was bedeutet, ein etwas Getötetes darzubringen. Mit den ständigen Eroberungszügen und der Unbeeinflussbarkeit des charismatischen Feldherrn entstand das Römische Reich und die Unbezwingbaren wurden eingefriedet.

Wenn Reiche entstehen, erobert man nicht nur diese, das Land und die Bevölkerung, es ist auch der Kult, den die Menschen ausüben und mit dem diese verwachsen sind, und dieser kann sich nicht von heute auf morgen ändern.

Noch ist es Kult ...

– 19 –

Die Zeiten änderten sich ...

Sterne am Himmel konnte man ohne Masken erkennen und folgen und überall im ganzen Reich wurden prunkvolle Bauten geschaffen, die den planetarischen Aspekt beinhalteten, wie Jupitertempel und die Marsfelder. Rom zeigte Klarheit, Ordnung und Zielstrebigkeit, der Kaiser war Pax maximus, also von Gott eingesetzt, und in absehbarer Zeit gab es die Päpste, die von Gott eingesetzt wurden.

Die Zeiten, in denen man maskiert mit den Gottheiten lebte, nahmen ab, nur wenige Gebiete verblieben in ihrem alten Glauben verhangen, jene, die versuchten die Kälte, die Rauheit und den Winter auszutreiben, und jene, bei denen alles anders war als bei dem Rest der Bevölkerung, die sich in die neuen römischen Ordnungen einfügte und weiterhin ihre unsichtbaren Masken trug und es ist nicht nur das, bis heute verblieben noch einige Bräuche und Festlichkeiten, denen wir frönen und es kommen Zeiten, wo diese wieder erneut aufblühten ...

Die Einfriedung in das Römische Reich war eine permanente Provokation und diese Zeiten werden sich wohl kaum ändern, kriegerische bewaffnete Auseinandersetzungen in einem immer größer werdenden Ausmaß mit immer besser werdenden Waffen und einer zunehmend zerstörerischen Maschinerie werden in sinnlosen Kriegen tausende Menschenleben fordern, ein ungehindertes Wettrüsten wird in Gang gesetzt bis zur totalen Vernichtung.

Die Zeiten ...

Es scheint Winter zu sein, Kälte, Eis und Schnee, Stürme und Orkane, steigende Flüsse und reißende Fluten der Meere zeigen ihr wahres Gesicht und die Machtlosigkeit der Menschen, die Ohnmacht und die Niederlagen werden einem bewusst. Es ist rau, widrig und allein schon die Kälte fordert ihre Opfer.

An prädisponierten Orten wohnen Menschen und sie gehen nicht weg, sie sind den immer wiederkehrenden Gefahren ausgeliefert, man ist hier einfach festgewachsen und muss mit dem Unerwarteten leben. Und die meisten Orte sind auch sehr schöne, wo sich ein Leben lohnt und es so todbringend sein kann, die Naturgewalten, die mit Wasser zu tun haben, nehmen alles fort, das Land und den Menschen, seit der letzten Eiszeit ist der Meeresspiegel um etwa 150 Meter angestiegen.

Während des 14. und 15. Jahrhunderts kam es noch einmal zu einer kleinen Eiszeit, in ganz Europa fielen die Temperaturen, was die Menschen gnadenlos dahinraffte, diese starben an Kälte, Hunger und Krankheiten, aufgrund von Epidemien, die sich durch das Mittelalter, die dunklen Zeiten zogen, in der keine gute Versorgung der Bevölkerung möglich war. Diese Zeit war geprägt durch Amtsmissbrauch, Intrigen, Korruption und ständige Zwistigkeiten von Kaiser und Papst um die Vorherrschaft der ständig sich zerklüftenden Reiche, diese brachten nur Elend, Armut, eine sterbende schrumpfende Bevölkerung, und die ständig wechselnden Begrenzungen ließ den Menschen nichts mehr zum Leben.

– Ausweglos –

Das Land war in Angst und Not und in Bedrängnis geraten, die Menschen mussten alles abgeben als Steuern für das Land und viele wussten keinen Ausweg mehr, diese finstere Zeit ließ den Aberglauben wachsen und das alles geschah hinter einer verdeckten Fassade.

Nun erzählt man sich schaurige Geschichten wie bei allen Jahrtausendwenden, denn wenn 1.000 Jahre vergangen sind, kommt es häufig zu richtungsweisenden Konfrontationen mit dem Staat und dem Klerus, jeder sorgt für die Bevölkerung und lebt von den Abgaben, die wiederum gemeinnützig eingesetzt werden.

Man kann nicht sagen, dass Führungspersonen im öffentlichen Leben von Gott eingesetzt werden, wohl aber Personen, die eine Qualifikation dafür haben, an die Spitze des Landes zu kommen und so eine große Verantwortung für Leib und Seele zu übernehmen, die Aufgaben müssen für das Land und die Welt zufriedenstellend ausgeführt werden. Es muss für die Bevölkerung gesorgt werden, was wir sozial nennen und eine allgemeine Ruhe und Ordnung muss gewährleistet werden, dazu gibt es die Gesetze des Landes.

Es ist nicht einfach, es jedem recht zu machen, denn es gibt so viele Meinungen, wie es Menschen gibt. Froh können wir sein, wenn das Land in einem guten wirtschaftlichen Zustand ist und die Abgaben und Einnahmen auf lange Zeit gesichert sind.

Es gab Zeiten, wo der Himmel dunkel erschien, finstere Gegenden, wo man gegen alles war oder mit den zeitgenössischen Zuständen nicht einer Meinung sein konnte, Gegenden, die ihre eigenen Vorstellungen vom Staat und vom Himmel vertraten und die nur mit vorgehaltener Hand redeten. Zeiten, in denen jene Menschen versuchten, das Land zu untergraben, die nach Auswegen suchten oder sich verschiedene Glaubenstendenzen aneigneten. Diese griffen zu außergewöhnlichen Methoden, um sie zu heilen, sie versuchten, sie zu beeinflussen und das mit besonderen Formeln, sie in ihren Bann zu ziehen, oder ahnungslose Personen hinters Licht zu führen, sie sprachen von Gutem und manchmal von Unverständlichem und man wurde abhängig. In manche Gegenden frönte man den Heilungsgeistern, tanzte und lachte, man aß und trank ein seltsames Kräuterlein und manchmal setzte man auch eine Maske auf oder bemalte sich. Unterschwelliges Auftreten dieser abergläubigen Gestalten gab es schon im 11. Jahrhundert und besonders zunehmend im 14. und 15. Jahrhundert, die dann durch die heilige Inquisition dezimiert wurden.

Auch diese kamen in erkennbarer Verkleidung und brachten das Schwert und das Todesurteil mit. Nun wurde nicht mehr Gott infrage gestellt, orakelt oder Zukünftiges gesagt, die Menschen wurden jetzt vor Unheil und Krankheiten verschont.

Es wurden strenge und klare Richtlinien für ein geordnetes soziales gut organisiertes Kirchenwesen erstellt und es trat Besserung ein.

Die Reinigung.

- 21 -

Nun wird richtig gelacht und auf geht es zum großen Festumzug durch die Städte des Landes und mit lautem Zurufen werden die Menschen angelockt, um mitzujubeln, und hat man erst einmal die mitreißenden Festtagslaute gesagt, so ist man in dem strömenden Fluss des Lachens und in den uralten Worten, was die Kraft des alten Germanenlandes birgt. Und es rollen die Wagen, die fantastischen, ideenreichen mit skurrilen, bunten, witzigen, ironischen und manchmal ernstwerdenden Figuren, manchmal ist eine Person zu erkennen, manchmal hat diese nur eine Ähnlichkeit, manchmal entstehen Assoziationen. In den Wagen sitzen die Frauen und Kinder und werfen die süßen Bonbons aus und manchmal gibt es ein Glas Wein oder Bier zum Trinken. Mit lautem Getöse, mit Trommelschlägen, mit Pauken und Trompeten, mit tanzenden Gruppen, mit unerkenntlichen

Masken und manchmal auch mit schönen Anzügen oder Trachten begleiten Menschen diesen Zug singend und schwingend, lachend und jubelnd, und auch seltsame akrobatische Künste sind abwechslungsreiche nachdenkliche Übungen.

Nur, wem jubeln sie zu und über wen lachen sie?

Das ganze Fest ist ein Lachfest, dazu werden zeitig die Krönungspaare gewählt und die Ansprachen gehalten und das örtliche Geschehen in besondere Worte gefasst, so weiß jeder, was in dem Jahr alles geschehen ist.

Der Zug bewegt sich durch die Stadt und Menschen stehen entlang der Straßen oder folgen ihm, es wird getanzt und getrunken bis in die Nacht und oft ist man betrunken und berauscht und sich selbst und den Sinnen nicht mehr mächtig, man kann leicht aus der Bahn geraten und Folgen stellen sich dann erst später ein. Es wird tagelang nur gelacht und geredet, ja es wird laut geredet, es wird über das öffentliche Leben vorgetragen, über alles genau, über Ereignisse und Personen wird gelacht und gespottet und manchmal wird auch durch die Blume ein Fünkchen Wahrheit verbreitet. Die Betroffenen sind dann frustriert und verärgert, denn zuweilen wird es auch denunzierend. Dieses Gerede geht manchmal zu weit, über alle Themen wird sich ausgelassen, die Inhalte werden situativ etwas verändert und auch vor dem Himmel und vor Gott wird nicht Halt gemacht. Es ist ja ein Fest der Maskerade und wer weiß, ob Gott einen sieht, hört oder erkennt?

Und das alles beginnt schon am 11.11., eine seltsame Zahl und eine so formelhafte Schattierung, und ab dieser Zeit muss man eine Maske aufsetzen, um nicht erkannt zu werden, zu welcher Gruppierung man sich angeschlossen hat, denn ab jetzt werden hinter unsichtbarer Fassade die Tänze eingeübt und die Reden erstellt und dazu trifft man sich im Dunkel der Nacht, denn die Zeit ist schon düster, und heimlich soll es sein und manchmal wird es einem unheimlich.

Es ist finster und kalt, eisig und stürmisch und man hüte sich vor Erkrankungen und Unheil.

Wo diese wohl herkommt?

Und noch einmal wird heute gefeiert und gelacht, die letzte an-
gefangene Nacht wird fertig durchgemacht und der Tag noch,
bis in der Nacht um 24 Uhr alle Lokale und Veranstaltungen
schlagartig schließen und schlagartig verlassen die meisten
Menschen die ausgelassenen, ausgelebten Feierlichkeiten mit
all den Ausschweifungen und Folgen und durch die Nacht verschwinden sie und am nächsten Morgen ist man entweder erschöpft und nicht ausgeschlafen, weil man zuvor tage- und näch-
telang schon durchgefeiert hat, oder man geht unauffällig wie
gewohnt zur Arbeit.

Und man ahnt nicht, was sich hinter dieser Zeit der Maskerade alles entwickeln kann, und meistens innerhalb kurzer Zeit
erkennt man das Verborgene ...

Nun ab morgen ist schon der erste Bußtag angesagt, ab dann
beginnt die Fastenzeit und das kann heißen, wir verzichten auf
diese Ausgelassenheit und wollen wieder ganz gediegen den folgenden Werdegang beginnen.

Es ist schon wie die Zeit besagt eine ausschweifende Zeit, in
Anbetracht wie lange man sich beschäftigt, es ist wie eine Ab-
kommende – vom gewohnten guten geregelten Weg im Geistigen, und wenn wir nicht so gehandelt hätten, so mögen wir
die jetzt kommende Zeit als eine wieder normalisierende reinigende Zeit betrachten, wo sich Geist und Körper umstellen
und wir uns von den winterlichen Belastungen und Eskapaden
seit Beginn der Ausrufung lösen, nicht alle sind so narrenhaft
orientiert.

Diese folgende Zeit kann man unter verschiedenen Aspekten sehen. Ist es die Ansicht der Büßenden, so mag man sich
von den Verfehlungen der abgöttischen Zeit reinigen, was man
hier so überschwänglich gelebt hat, von dem soll man nun etwas asketisch wieder Abstand gewinnen. Die Welt hat einen
göttlichen Aspekt und soll nicht unter einer Maskerade in die
Irre geführt werden, denn wozu braucht man jene Verkleidung,
wenn man Gutes und Wahres spricht, und das ist alles andere?

Ist es nicht so, dass man in allerlei Reden und Aussprüchen über jeden lacht und spottet, auch wenn es nur Ironie ist oder ein schlechter Witz, wird nicht oft das Gute verlacht oder auch der Himmel mit einbezogen?

Ist es jene Zeit von den Ursprüngen her, wo Abergläubisches geschaffen wurde, um die Menschen in dessen Bann zu ziehen, wo die Menschen durch fragwürdige zweifelhafte Göttergestalten irritiert wurden und sie vom Ursprünglichen abgebracht wurden, sie davon trennte, ganz unmerklich davon entfernte, alles, was in Verkleidung und mit furchteinflößenden Masken kam, mit Hörnern und Totenköpfen, ist im Laufe der Geschichte fragwürdigen Ursprungs, dies reißt alles mit.

Eine Zeit, die es eigentlich gar nicht gibt – es gibt nur vier Jahreszeiten und nicht eine fünfte.

Nun wollen wir alles konsequent wieder in Ordnung bringen, das Denken, das Handeln, und uns reinigen im geistigen Sinne.

Wir wollen uns absagen …

– 23 –

Dieser Wieder-Anfang des geordneten Alltags dauert oft einige Tage, sofern man nicht von den Folgen eingeholt wird, und diese stellen sich oft kurze Zeit danach ein und fast immer, eigentlich alljährlich werden die Menschen von einer Erkältungswelle mit verschiedenen Schweregraden heimgesucht und das zieht sich über mehrere Wochen lang dahin. Meistens gibt es um diese Zeit oft raues und kaltes Wetter, manche frieren oder schitzen erheblich und der Wind oder der Sturm trägt das Lachen fort, die großen Menschenmengen haben sich aufgelöst, doch die frohen und gelachten Schwingungen, die die Menschen noch lange verbinden, bleiben zurück, und viele kurieren sich innerhalb kurzer Zeit. Manchmal empfiehlt es sich bei Erkrankungen etwas diätisch zu leben, um den Heilungsprozess zu unterstützen, sodass die prädisponierten Anflutungen abklingen, denn nicht alles ist mit Medikamenten zu heilen und nicht jeder verträgt dies alles. Zum anderen entschließen sich viele mit dem kommenden Frühjahr, eine Verjüngungskur oder Entschlackungskur durchzuführen, was auch diätisch sein kann, zumindest ist es ein festgelegter Ernährungsplan, der Erfolg verspricht, wenn er richtig durchgeführt wird, und wir denken nach …

Das alles heißt, Verzicht oder Fasten, so ab jetzt ist es festgelegt, etwa 40 Tage lang kann man mehr oder weniger streng den Vorschriften folgen. Wird man sich damit beschäftigen, wird es ein neuer Ansatz sein zu einem reinigenden Essverhalten für den Geist und den Körper. Es besagt, man solle auf Verschiedenes verzichten, und wenn man bewusst verzichtet, heißt das: … ich darf das nicht essen, so ist es beglichen im Sinne des Glaubens, ich tue Buße … ich habe gebüßt, also Buße getan für etwas Bestimmtes. Wir müssen es aber nicht so sehen, sondern weitaus im positiveren Sinne, denn wenn ich von jetzt an bis zur Osterzeit auf einige Essgewohnheiten verzichte, so reinige ich mich und nehme dabei oft an Gewicht ab, was für die meisten etwas Gutes und Wünschenswertes ist. Das Fasten entspricht so den kirchlichen Aspekten und wenn man dieses umsetzen kann, so mag es ganz dem Geistigen entsprechen, dem Glauben nach, wie wir geboren sind, dem Glauben nach, der uns durch das ganze Leben leitet, den ganzen Weg bis zum Tod.

So sind und werden wir gläubige Menschen, die auch die Inhalte kennen und danach leben wollen, wir wollen uns so wieder neu besinnen und orientieren, dass, bis die kirchlichen Hochfeiertage des Jahres kommen, wir wieder gereinigt sind und uns mit den christlichen Traditionen vertraut gemacht haben, und in diesem Sinne wollen wir auch leben, danach, was uns überliefert wurde, was in der Heiligen Schrift steht, die uns bis heute erhalten ist, und nach den Lehren der Kirche, die auf Konzilen Richtlinien für den richtigen Glauben erstellte, sowohl für den katholischen und als auch für den evangelischen.

Wir mögen einmal nachdenken.

Und wir wollen uns mit den Lehren des Fastens beschäftigen. Das heißt, manchmal müssen wir verzichten.

Das Fasten ist immer ein Vorgang der Reinigung des Körpers und des Geistes und manchmal ist es eine Ausdrucksweise für diätische Vorschriften.

Die Zeit ist gut, denn bald wird es Frühjahr und das ist die Zeit der Erneuerung, also etwas Geistiges und bedeutet, mit dem Frühjahr fängt alles von vorne an, neu erwacht das Leben, die Natur bringt alles Neue zum Leben hervor, ein neuer Kreislauf des Jahres beginnt und wie neu geboren zu sein, ist der Zustand, wenn man sich gereinigt hat, erholt ist oder eine Kur gemacht hat.

Also wir erneuern uns und versuchen uns von der Last und dem Ballast zu lösen, das was wir geschaffen haben oder uns auferlegt wurde, und manchmal kann diese Last so schwer werden, dass wir darunter zusammenbrechen, wir sind beladen mit seelischen, karmischen Dingen und oft sind es auch die kürzlich geschaffenen Überforderungen, die gelöst werden müssen, damit es einem wieder besser geht, gesundheitlich sowie seelisch und moralisch, sodass man am nächsten Morgen wohl und frisch in den Tag sehen kann.

Hat man vieles zu tragen und ist es manchmal schwer im Leben, sodass dieses zuweilen unerträglich erscheint, so vermögen wir einmal in uns hineinzuhorchen, ob es eine Lösung gibt, denn kein Leben mag so aussichtslos zu sein, dass wir nicht wissen, wie es weitergeht, dass nicht eine kleine Linderung möglich wäre.

Diese Zeit mag gut sein, um sich von Altem zu lösen, und mit dem kommenden Frühjahr mag die Belastung abnehmen und wir mögen uns wieder besser fühlen, wohler im Sinne von Gesundheit und Ausgeglichenheit, im Sinne vom klaren Denken.

Das winterliche Grau liegt noch tief und auf uns und in dieser Zeit ist der Stoffwechsel etwas verlangsamt und wir haben etwas Mangel an dem warmen hellen Sonnenlicht, vielleicht auch zu wenig Bewegung an frischer Luft, trotz allem ist es die Zeit der winterlichen Ruhe für alles Leben. Wir können und wollen, wenn das Wetter es zulässt, einen Spaziergang machen, denn im Freien schafft es ein anderes Denken als im Raum, die Einflüsse des Himmels und auch des Wetters gehören zum Leben wie warm und kalt, das Wechselspiel, das immer wieder alles ins Gleichgewicht bringt, bis man ausgewogen ist. Noch haben wir gar nichts verändert, noch haben wir auf gar nichts verzichtet, als uns nur mit dem Gedanken befasst, dass es Fastenzeit ist und wir vielleicht ab und zu einmal auf etwas verzichten können – ein fleischloser Tag, meistens ist es der Freitag, oder etwas weniger Süßes.

Das ganze Leben hat einen viel tieferen Sinn und in der Zeit des Fastens kommen einem die Gedanken.

Wir wollen ruhig und besonnen durch den Tag schreiten, wir versuchen das Gleichgewicht zu finden, die Ausgeglichenheit, die Harmonie, wo Geist, Seele und Körper im Einklang sind.

Und das können wir lernen.

– 25 –

Gibt es nicht Tage, wo man denkt, es geht nicht mehr weiter?

Tage, wo alles über einem hereinbricht, wo man kein Ende und keinen Anfang mehr sieht, wo kein Ausweg und keine Lösung in Sicht ist, für das alles, was sich über einem zusammengebraut hat.

Es ist kalt und der Wind bläst aus allen Richtungen, es ist geradezu stürmisch und der Himmel öffnet seine Schleusen, kein Lebewesen ist zu sehen, alles scheint wie ausgestorben zu sein und man steht ganz allein in der weiten Welt, man ist verloren, vergessen und allein.

Haben wir nicht alle einmal schwere Zeiten zu durchleben, wo Sorgen und Krankheiten uns plagen und der Tag und die Nacht so endlos lang erscheinen, sie nie enden wollen, und wir des Nachts kein Auge zu tun können, weil Beschwerden und Unbehagen und der seelisch-psychische Stress uns nervlich aufreiben, wo unnötige Gedanken uns quälen und wo kein Ausweg ist, bald die Hoffnungslosigkeit kommt, sind wir nicht über alles frustriert, enttäuscht und schon leicht depressiv?

Manchmal erinnert man sich an die Worte, ... gib mir neuen Mut ..., gib mir etwas Hoffnung noch ..., lass neue Wege mich finden ... eine Lösung ... einen Ausweg, ... vielleicht eine neue Perspektive ..., lass mich wieder gesund werden und wenn man wieder arbeiten kann, wird alles wieder viel besser ... und oder ... lass eine gute Arbeit uns haben ...

Menschen haben die Hoffnung auf das Wieder-gesund-Werden, Menschen haben die Hoffnung, wieder richtig und zielstrebig denken zu können, sie haben die Hoffnung, das Leben zu ordnen und vielleicht etwas Neues zu gestalten.

Lass erst einmal die Hoffnung sich stärken, denn daraus erwächst das Gute im Menschen. Wenn man auf etwas hofft, das heißt, man wartet auf etwas, vergeht eine bestimmte Zeit, in der sich die inneren Kräfte sammeln, und solange die Hoffnung besteht, ist es noch nicht zu spät, und daran wollen wir festhalten.

Die Hoffnung ist immer etwas Positives, weil das etwas mit dem Leben zu tun hat.

Wir stärken die Hoffnung in uns, wir haben wieder Hoffnung, dass sich Unheil, Last und Ballast abwendet, dass das Leben wieder froher und besser wird und wir aus dieser erdrückenden Situation herauskommen, uns befreien können.

Gib niemals auf, lass die Hoffnung nicht sterben.

Wir hoffen, dass es bald besser wird, und wenn es nur ganz kleine Dinge sind und morgen das Wetter wieder besser ist, bin ich wieder froher, es sind die Kleinigkeiten, die man erlernen kann. Und manchmal sind es wirklich nur Kleinigkeiten, die sich zu einer Unübersichtlichkeit aufgebaut haben.

Auch ein tief belastetes Leben kann durch die Hoffnung getragen werden. Die Hoffnung im Geiste hat den Menschen oft durch schwere Zeiten getragen.

Die Hoffnung mag etwas Gutes sein.

Für alle Menschen, denen es so geht, dass man an Grenzen kommt und nicht mehr weiterweiß und man sich, sooft man nachdenkt, im Kreise dreht, das ist, dass man keinen Weg mehr nach außen findet. Für alle Menschen, die allein sind und sich so auch fühlen, die keine Menschen haben, mit denen man etwas besprechen kann und die man rufen kann, wenn man Hilfe braucht, und auch das ist sehr schwierig, die Tür nach außen zu finden, man ist isoliert oder auch nur zurückgezogen.

Für alle Menschen, die ein körperliches und seelisches Leid plagt, die Schmerzen haben und sich nicht bewegen können, manche wollen allein sein und manche sind deswegen allein, ein körperliches Leid ist ein seelisches Leid und ein geistiges mit sich selbst beschäftigt.

Für alle Menschen, die durch schicksalhafte Wendungen auf sich allein gestellt sind, die sich von der Gesellschaft und dem kommunikativen Leben abgewandt haben, die durch langsame schleichende Entwicklungen in jene Situation gebracht wurden und für jene, für die das Zurückkommen in das Umfeld schwerfällt. Für alle Menschen, die alt sind und vergessen von der Umgebung und von der Welt, denen es nicht mehr möglich ist, an Treffen und Veranstaltungen teilzunehmen, die sich nicht mehr ins örtliche Geschehen einbinden können und wollen und denen selbst die einfachsten Dinge im Leben schwerfallen, und sei es auch nur das Einkaufen.

Für alle Menschen, die verfolgt werden und sich dadurch gezwungen fühlen fortzugehen und vielleicht ziellos in der Welt herumirren, die haltlos und orientierungslos werden können, die Schlechtem ausgesetzt sind und denunziert werden und so ein schweres Leben haben und innerlich nicht zur Ruhe kommen können.

Für alle Menschen, die vor Krieg, Leid, Not und Katastrophen geflüchtet sind, weit entfernt ihrer Heimat durch unwegsame unsichere Wege ins Ungewisse gezogen sind, um eine neue Bleibe zu finden, sie haben schwere Zeiten der Entbehrung mitgemacht und alles zurückgelassen, was sie hatten, und sie bewegen sich in eine Zukunft, wo man nicht wissen kann, was kommen wird.

Es gibt Personen, auf die das zutrifft oder auch anderes noch, so vieles kann es geben, wo man traurig ist, niedergeschlagen und davon krank wird und so die Hoffnung schwindet, und das ist so, als hätte man alles auf einmal.

Das kann man nicht einfach wegdenken, denn es ist doch real und gegenwärtig.

Das alles hat oft einen bestimmten Schweregrad erreicht, dass man so schwer belastet durch den Tag geht und sich nicht vorstellen kann, dass es jemals wieder besser werden wird.

Und wenn es ein Zustand ist, der längere Zeit schon anhält, so kann man auch nicht erwarten, dass sich die Gedanken schnell ändern. – Und doch kann es möglich sein. –

Gott auf allen Wegen bei jedem Menschen.

- 27 -

Das Leid ist nun mal in der Welt und man kann es auch nicht fortdenken und wenn man hinsieht, ist es weltweit überall, vielleicht in jedem Ort, in jeder Stadt und in vielen Häusern, und vielleicht betrifft es einen selbst und wenn es so ist, so spürt man, dass das Leid noch viel schlimmer ist, als wenn man nur darüber liest oder davon hört. Das Leid existiert nun einmal und dadurch wird die Welt erlöst, mag das auch nur eine Aussage sein, weil wir die Lebens- und Leidensgeschichte Jesu kennen und das so im Glauben und in der Religion überliefert wird.

Wenn man ein Leid hat, ist man nicht froh, vierzig Tage lang durch die Wüste zu schreiten. Dass man da fastet, ist nicht gewollt, man hat da nicht viel zu essen und zu trinken und kann froh sein, lebend wieder in eine bewohnte Gegend zu kommen.

Es mag auch eine Zeit sein, die man sich selbst wählt, um allein zu sein und in dieser Einsamkeit nachdenken zu können, und dass man wenig isst – fasten muss, kommt hinzu, einfach zu leben, so einfach, dass man irgendwann an Grenzen des noch Lebenden stößt, man soll nicht in den Tod gehen und auch nicht unbedingt ein unnötiges Leid auf sich ziehen.

Und hat man dieses wirklich durchlebt, so lernt man auch das zu schätzen, was man wirklich hat.

Man kann asketisch leben, einfach und von allem sich entsagen, wenn man sich dazu entscheidet, doch es besteht nicht unbedingt die Notwendigkeit.

Man kann in verschiedenen Stufen fasten, man soll nicht abmagern oder verhungern, was ein Sich-das-Leben-Nehmen bedeutet.

Ein großes Leid ist es, wenn man sich das alles selbst geschaffen hat, man muss es nicht erfahren, wenn es nicht nötig ist, die Welt erlöst dadurch nicht. Es ist immer etwas von Schicksal getragen, mit dem wir leben müssen, das unser Leben und Denken bestimmt, und wir lernen einen Weg zu finden, um uns von dieser Schwere und den Belastungen zu lösen, um uns selbst davon zu erlösen. Fasten ist also nicht immer ein Nichts-Essen, eine gedankliche Symbolik, um gewisse Ausschweifungen zu vermeiden, und trotzdem ist es gut, dieses bewusst zu tun, damit sich die Gedanken üben und wir ein christliches Leben führen, denn wir leben in einer wirklich schwer belastenden Welt und ein gutes Denken macht uns zu guten Menschen.

So mag das in dieser Zeit eine nachdenkliche Zeit sein, eine Zeit des Nachdenkens über sich und des Fragens nach dem Warum?

Es mag etwas Geistiges sein und oft gelingt es uns richtig, sich mit dem Warum zu beschäftigen, und danach wissen wir, wie es gelöst werden kann, und erfahren wir in unserem Leid und in unseren Schmerzen nur eine Linderung der Erträglichkeit, so sind wir etwas froher als gestern, und vielleicht kommt wieder die Hoffnung auf vollständige Genesung oder eine Lösung – Loslösung von den Lasten, sodass das Leben wieder lebenswerter und erträglicher wird.

Gott in allen Dingen, sieh unsere Not.

Wo Hoffnung noch ist, da ist Rettung noch möglich.

Ein Mensch ohne Hoffnung ist schon ein verlorenes Leben.

Und so siecht man dahin und die Lebenskräfte verlassen einen, die Verlorenheit ist ein fast unüberwindbarer steiniger Weg, der wie eine Krankheit bis hin zum Tod ist.

Aber wir wollen nicht in den Tod gehen, erst wenn die Zeit gekommen ist und Gott allein weiß den Tag und die Stunde und Gott lässt niemanden sterben, wenn die Zeit noch nicht bestimmt ist, und so lange besteht hoffnungsvoll das Leben, dass man von dem steinigen, schwerstbeladenen Abweg wieder auf den etwas erträglichen Weg zurückfindet, bis der richtige gute Weg gefunden wird. Die Welt wird von der Hoffnung getragen auf bessere Zeiten, auf besseres Leben. Und all diese Hoffnung stärkt den Glauben. Im Glauben daran, dass es besser werden wird.

Wir verbinden Hoffnung und Glauben mit Gott und der Welt, mit Gott, der alles erschaffen hat und den Menschen die Möglichkeit auf ein besseres Leben gibt, nach seinem Willen gut für die Welt zu leben, und wir verstehen das.

Das Wesen Mensch kann nach seinen Vorstellungen leben, nach seinen Gedanken und Ideen, der Mensch kann tun und lassen, was er für richtig hält. Und befindet man sich auf dem richtigen Weg durch das Leben, wird man auch das Richtige tun.

Wir leben nicht allein auf der Welt und ein jeder ist für sich verantwortlich und auch für jeden im Großen gesehen und so mögen wir uns den Dingen zuwenden, die dazu beitragen, dass die Welt richtig leben kann.

Wir beschäftigen uns nur mit der Hoffnung, wenn wir ein Leid haben oder das Leben ganz anders verläuft, wie wir es uns erhofften, wie wir es uns vorstellten, und somit ist ein Erhoffen ein Wollen. Wir wollen ein besseres Leben, wir wollen ein gutes Leben und das alles ist damit gemeint, wenn man gesund ist und richtig arbeiten kann, wenn man in der Lage ist, sein Leben selbst zu bestimmen, wenn man ein klares vernünftiges

Denken hat, wenn man sich unbeschwert und frei bewegen kann und insgesamt tun und lassen kann, wie es einem beliebt, und so haben es die meisten.

Und deshalb, weil es so ist, darf man auch einmal darüber nachdenken, was sich alles in der Welt bewegt, es sind nicht immer nur die Menschen, es ist die Umwelt, es sind Tiere und Pflanzen. Vieles, was erzählt wird, kann zutreffen, man kann es glauben oder auch nicht.

Das Einzige was zutrifft ist ... ich glaube an Gott, den Allmächtigen, der alles geschaffen hat, die Welt und das Leben, dem alles gehört, die gesamte Schöpfung, und diese ermöglicht dem Menschen in seinem Dasein, ein guter, hilfsbereiter, aufrichtiger und gottergebener Mensch zu werden, so die Schöpfung von Anfang an bis in alle Ewigkeit. So mag die Welt in dieser Hoffnung und in dem Glauben leben, auf ein gutes und besseres Leben, das uns von der Last erlöst, und wir erkennen unsere Schuld und sie wird abgetragen.

MÄRZ

- 1 -

Nun hat die Zeit erst begonnen und wir liegen entweder noch in dem winterlichen stoffwechselbedingten Verhalten oder sind durch die närrische Zeit etwas wachgerüttelt oder irritiert, wir haben vielleicht gelacht und verhöhnt oder uns selbst geschadet oder wurden geschädigt.

Und mit dem Sehen des 1. Tages im vorzeitlichen Frühjahr wird im Inneren gesagt, es ist jetzt Frühjahr oder jetzt geht es sichtbar aufwärts und das ist spürbar, denn um diese Zeit ist es bereits um zwei Stunden heller als am kürzesten Tag und das Wetter ist meistens so warm und sonnig, so einladend, dass es einen nach draußen zieht, wo uns schon gut sichtbar die ersten Osterboten erfreuen, noch blühen sie nicht, aber bald wird es so sein. Die Farben des winterlichen Gelbbrauns werden langsam zu dem Weißen übergehen, die ersten weißen und gelben Blüten leuchten im werdenden Grün.

Immer öfters, wenn das Wetter gut ist, gehen wir unter die Sonne, die unseren Kopf erhellt, ehe es zu heiß wird, das regt den Stoffwechsel an, der hormonelle und metabolische Kreislauf wird aktiviert und stellt den Körper allmählich auf das Frühjahr ein, was wir oft mit besonderer Müdigkeit empfinden, denn es ist anstrengend, den gesamten Organismus wieder in Schwung zu bringen.

Nun fängt ein neues Jahr an, was oft mit dem Frühling gleichgesetzt wird, und wir erinnern uns, dass wir wieder ein Jahr älter geworden sind, manchmal ist es sichtbar und spürbar, meistens jedoch fließt es unmerklich vorüber und sollte etwas Sichtbares an uns sein, wird es Zeit, etwas zu unternehmen, um sich wieder jung und aktiv zu fühlen. Die Zeit der Kuren und der Aktivierung sollte erst ein geistiger Vorgang mit einer bestimmten Zielsetzung sein, ... will ich abnehmen ... will ich mich verjüngen oder mich verschönern ... will ich mich gesunden und erholen ... will ich mich und mein Leben neu gestalten ... will ich mich von Altem befreien, lösen ... will ich meinen Körper, meinen Geist und meine Seele in Einklang bringen?

Wir überlegen: Ist es nun eine körperliche Veränderung, eine seelische Belastung oder ein etwas irritiertes Denken?

Oder ist es eine allgemeine Verbesserung des Allgemeinzustandes, ein Etwas-besser-fühlen-Wollen und mit einem klaren Denken eine neue Zielsetzung zu definieren, eine andere Perspektive zu sehen? Mit dem frühlingshaften Erwachen wird auch alles neu definiert, natürlich sehen die Pflanzen genauso aus wie im letzten Jahr, aber wer weiß und kennt die Chemie, natürlich wird es so sein, dass durch die Fotosynthese das Grün also das Chlorophyll mit dem Sonnenlicht und dem Wasser in aufbauende Elemente umgesetzt wird, doch es besagt nichts über die Umwelteinflüsse aus.

Ein jeder Monat beginnt mit dem Überdenken des Warums und Wie.

Wir sind eingebunden in die göttliche Natur, in das Universum und leben im Einklang mit den richtungsweisenden Einflüssen und ... bitten um eine gute Orientierung ...

- 2 -

Über uns der Himmel und die wärmende Sonne und der Regen, der ab und zu die Feuchtigkeit bringt, und in der Nacht der Mond, der sich verändert, und die Sterne, die ihre Bahnen ziehen, und das Unsichtbare, der Wind, und das Wetter, das die Jahreszeiten bringt.

Und mit dem herannahenden Frühling können wir uns schon etwas im Garten beschäftigen und ist es auch nur, dass wir einige Töpfe mit dem verblühten winterlichen Gesteck haben oder einen größeren Garten mit Bäumen und Sträucher oder gar ein Feld, das gepflügt werden muss, diese Arbeiten nehmen oft einige Tage in Anspruch, bis alles wieder vorbereitet ist, um neu an- und einpflanzen zu können. Der Winter ist fast vorbei und das Frühjahr ist im Kommen, hat schon angefangen, das Alte wird beseitigt und gereinigt, um Neues hervorzubringen.

Der Wechsel vom Winter zum Frühjahr ist eine kurze Zeit fließend, die Zeit vergeht schnell, obwohl der Tag immer länger wird, wir sind beschäftigt mit unserer täglichen Arbeit, mit uns und unserem Umfeld, noch liegt alles im winterlichen Schlaf und über Nacht wird alles blühen und grünen und wir merken es kaum. Das geht so zügig, dass nur aufmerksame Menschen dieses sehr schnelle Hervorkommen der Natur beobachten, und wir sehen es auf einmal wie diese unerklärliche Urkraft der Erde, die jedes Jahr alles von Neuem ergrünen lässt, und kaum erwärmen die ersten Sonnenstrahlen die Erde, so erwacht auch diese, es taut auf und die Feuchtigkeit fließt in feinen unsichtbaren durchlässigen Kanälchen und mit den Sedimenten in die Tiefe zu den Wurzeln der großen Bäume, diese können die Nährstoffe aufnehmen und fangen an zu treiben. Welche unvorstellbaren grünen Kräfte breiten sich aus und werden die Natur erneuern? Und jedes Jahr haben wir die Erwartung, dass alles wieder so kommt, wie es war, und alles so bleibt, was gut ist. Und eigentlich denken wir überhaupt nichts, weil wir mit unserer Arbeit überhäuft sind, weil wir uns anschließend mit den technischen Medien bis in die Nacht beschäftigen und am nächsten Tag dasselbe vom Aufstehen in der Früh bis zum späten Abend oder bis in die Nacht. Und ein jeder ist froh eine gute Arbeit zu haben, davon leben zu können und gesund zu sein, um diese Arbeit verrichten zu können, solange es geht. So ist der Tag, so ist der Weltenlauf.

Wer sieht und beobachtet da noch die Natur?

Die meisten fahren mit dem Auto auf der Straße rasch zur Arbeit und manchmal sieht man noch einen Baum, der da steht, manchmal stehen noch einige dekorative robuste Pflanzen mitten auf der Straße, um die man herum fahren muss, und wenn man Blumen braucht, so eilt man ins Geschäft, Blumen, die ganzjährig erhältlich sind.

Das Denken, das meditative Beobachten und Erleben ist eine Übung und eine Erholung und man kann einen Ausgleich haben und sich dabei entspannen. Es kann uns wieder ins Gleichgewicht bringen und neue Gedanken in uns erwecken. – Wir sind einfach nur froh, gesund zu sein und unsere gute Arbeit zu erhalten. –

– 3 –

Wir leben in guten Zeiten und es scheint immer besser zu werden. Wir haben Arbeit und Brot. Die Menschen haben immer gearbeitet, seit sie sich organisierten und sesshaft wurden, zuvor haben sie gesammelt und waren nomadisierend, also auch den ganzen Tag beschäftigt, um zu leben oder zu überleben.

Nun haben wir Arbeit und Sicherheit, seit der Industrialisierung ist das Arbeiten sicherer und regelmäßig und wir sind durch gute staatliche Regelungen versorgt. Wir haben gute Zeiten, sichere Zeiten, wir leben im Wohlstand und Frieden.

Wir haben Arbeit und Freizeit, seit den 1970er-Jahren. Zuvor haben noch viele die 45–50-Stundenwoche gehabt und viele waren in der Landwirtschaft beschäftigt. Jetzt haben wir Freizeiten und können uns anderweitig beschäftigen, es sind Ausgleiche, es sind Stunden, die uns erfreuen, und wir können mit anderen in Gemeinschaften das tun, was uns gefällt, das, was Hobby und Urlaub bedeuten.

Wir haben Arbeit und Brot und keine Not.

Manchmal ist es einem gar nicht bewusst, wie gut es einem geht, es ist nicht in jedem Land so und wir können froh sein, dahin geboren zu sein, und wir wollen den Zustand erhalten, solange es geht. Wir sind zufrieden und froh, wir sind gesund und stabil und erholen uns schnell wieder. Wenn man bewusst zufrieden ist, wird man ausgeglichener und ruhiger und das ist ein erholsamer Zustand für den Körper, zufrieden mit sich selbst.

– In der Ruhe liegt die Kraft des Zufriedenseins und das ist ein innerer Frieden. –

Und heute ist ein Tag ...

wo wir richtig die ersten Sonnenstrahlen spüren und jetzt sagen wir ... um diese Zeit hat die Sonne schon Kraft und sie erwärmt uns ... und von nun an wird es immer mehr und wir warten jeden Tag auf die Wärme, die durch das Fenster kommt oder wenn wir draußen spazieren gehen, dann wird einem bewusster, dass es vorher richtig kalt war, und wir empfinden den Winter schon als lange, weil man durch die Kälte und das Wetter ziemlich eingeschränkt war, und nun will man nichts anderes mehr als Wärme und nach draußen zu gehen.

Und als die Sonne erschaffen wurde, war es hell auf Erden – der Tag war gegeben, hell und warm, und es schied die Dunkelheit, was die Nacht war. Und mit der aufgehenden Sonne kann das Leben beginnen und wir leben doch gut, Sonne, Wärme und Wasser, was will man noch mehr? Die Erde dreht sich einmal im Jahr um die Sonne und so haben wir ein halbes Jahr sehr warm und eine Zeit lang kann es recht kalt sein, Winter eben.

Heute können wir Wärme herstellen und egal wie die kalte Jahreszeit auch sein mag, mit den Möglichkeiten von Öl-, Strom- und Gasheizungen schaffen wir ein warmes angenehmes Raumklima, zuvor haben die Menschen viel mit Holz oder Kohle geheizt und zu aller Anfang konnte ein kleines Lagerfeuer in den Höhlen die Menschen erwärmen und zum ersten Mal konnten sie auch etwas Warmes essen.

Wärme braucht das Leben, um den Körper gesund zu erhalten, wir haben uns evolutionär so weit entwickelt, dass wir nicht mehr draußen leben können wie einst unsere Vor-...Vor-...fahren, wir sind hochsensibel und vertragen nur das angenehme Klima.

Der Mensch hat sich stoffwechselmäßig und ernährungsbedingt so verändert und durch das veränderte Klima und dem veränderten geistigen Denken weiß man nicht, ob die Menschen deswegen freier sind oder gesünder oder froher als die ursprünglichen frei lebenden Menschen vor 2–3 Millionen Jahren.

Diese hatten angenehme Wärme und Wasser und genug Nahrung.

Wärme, das unser Leben bestimmt, ist ein inneres Fließen, alles, was flüssig ist, bei einer bestimmten Temperatur von 37 Grad, und bei minimalen Abweichungen können Störfelder im Organismus entstehen, das hat nicht immer etwas mit der äußeren technischen Wärmeregulation zu tun. Wärme ist ein Zustand der Gesundheit, sind wir erkrankt, ist es uns zuweilen recht kalt und Wärme und Ruhe tun einem gut.

Wärme im Leben ist ein gutes Klima, wir haben einen guten Umgang mit den Menschen und den Tieren, mit der Natur, mit der Wärme im Geiste und im Körper, wenn wir das richtige Denken haben, dass ein gleichmäßiger Wechsel von warm und kalt uns ins Gleichgewicht bringt, dann sind die zellulären Aktivitäten von einer gesunden Funktion.

Wärme und Ausgewogenheit, so soll unser Leben sein.

– 5 –

Die Welt, die Erde, besteht aus warm und kalt, alles, was fließt in den Meeren der Strömungen, kaltes Wasser fließt in warmes und schafft im Meer Bewegungen, die Luft wird von kalter Luft bewegt, die aufsteigt und warme verwirbelt, und so gibt es stets wechselhaftes Wetter. Es gibt die riesigen Eiswüsten, die Arktis und Antarktis und die heißen Wüsten, deren Luft sich bewegt und der Wind fortbringt.

Es gibt Eisplaneten und Hitzeplaneten im unendlichen Universum und Sterne von unterschiedlichen Temperaturen und deshalb ist alles in Bewegung, es kann sich verändern, aber alles hält seine Form und seinen Bestand, es ist immer ein Bewegen und immer ein Suchen des Ausgleichs, um stets das Gleichgewicht zu finden, und so bleibt alles erhalten und gesund.

Der Mensch ist in seiner Entwicklung so weit fortgeschritten, dass er nur noch in warmen Zonen richtig leben kann, während es noch Tiere gibt, die auch gut in den kälteren Gebieten zurechtkommen und auch in den sehr warmen noch leben können.

Der Mensch hat ein kompliziertes hormonelles Temperatur-Regulationssystem, das eine gewisse Temperatur von 37 Grad aufrechterhält, und ist dieses gestört, können wir entweder auffallend unter Hitze leiden oder Kälte empfinden.

Wärme erhalten wir durch unsere Nahrung, die ausgewogen sein soll und in einer bestimmten Menge regelmäßig verzehrt werden soll, denn der Energiegehalt wird errechnet in Wärme, die Nahrungsmenge in Energie pro Stunde ergibt den standardisierten Kalorienbedarf des Menschen, der für das Gewicht von 70 kg berechnet wird und dann noch reguliert für die Ruhe und leichte Arbeit und für schwere Belastungen und Anstrengungen.

Auf der Erde wird es immer wärmer und ganz extrem in den letzten zwanzig Jahren. Seit den Aufzeichnungen von 1896 stieg die Temperatur um ein Vielfaches, in den letzten 20–30 Jahren erhöhte sich die Durchschnittstemperatur um 1,5 Grad, was seit dem Jahr 2000 zu wirklich extremen heißen und langen Sommern führte und dafür zu kürzeren milden grünen Wintern.

Der Mensch wird sensibler und wir wissen nicht, wohin das alles führt. Wir wissen nicht, ob diese auffallende Erwärmung tendenziell anhält oder ob dies nur eine relativ kurze Erwärmung ist. Seit der Industrialisierung ist der Mensch für vieles verantwortlich und kann vieles im positiven Sinne dazu beitragen, das Klima und die Atmosphäre zu schützen und gute sinnvolle Maßnahmen einzuleiten oder auch Bestimmtes zu vermeiden.

Wir wissen nicht, was mit den universellen Einflüssen ist, die auf uns ganz unmerklich herabrieseln.

Wir wissen, dass es etwas Höheres gibt als nur die irdischen Mächte, und wir wollen hoffen, dass der Mensch und alles, was lebt, noch weiter ein lebenswertes gesundes Leben haben kann.

Es bleibt offen, was kommen wird – die Zukunft.

Wir leben in Hülle und Fülle und manchmal im Überfluss.

Wir wollen alles, was möglich ist, und nicht alles, was möglich ist, ist auch gut. Das Richtige zu finden, jeder für sich selbst, was ihm am besten tut, ist der Weg und das Ziel zur Gesundheit und zum wirklichen Wohlergehen und Wohlfühlen im Leben.

Es sind so viele Dinge im Leben, die richtig sein müssen, um ein wirklich geordnetes Leben zu haben, wo Geist, Seele und Körper im Einklang sind, und mit allem, was uns umgibt, und mit dem Universum. Wir mögen einfach immer das Richtige finden und das scheint von so vielen Faktoren abzuhängen, letztendlich von unserer inneren Einstellung zum Leben, zur Natur und von dem, was alles geschaffen ist, und von den unvorhergesehenen Momenten.

Wir können uns in der glücklichen Lage schätzen, wenn wir die elementaren Dinge zum Leben haben und uns darüber hinaus in allen Bereichen erweitern können, jeder hat die Möglichkeit alles zu erreichen. Dass wir ein Dach über dem Kopf haben und nicht ausgesetzt sind dem Wetter, dem Regen und der Kälte, dann beginnt das Leben schon lebenswert zu werden, es ist warm, trocken, sicher und geschützt, man kann sich ausruhen oder sich bewegen.

Und wir haben Nahrungsmittel, soviel wir wollen, wir können alles kaufen zu jeder Zeit.

Nun genießen wir in Ruhe im warmen oder auch schon im Garten unsere Nahrung, das, was wir gekauft haben, angepflanzt und gekocht haben. Wir essen so lange, bis wir satt sind.

Wenn wir ein gutes Augenmaß haben, kochen wir genauso viel, wie gegessen wird oder wie notfalls noch am nächsten Tag verzehrt werden kann.

Wir mögen genau und kontrolliert, bewusst und geplant einkaufen, richtig kochen und genug und genüsslich essen, sodass keine Reste verbleiben und wir diese in den Abfall geben müssen.

Es gibt so viele Menschen auf der Welt, die hungern, etwa eine Milliarde haben nichts zu essen und zu trinken. Natürlich wird sich nichts daran ändern, wenn man weniger in den Abfall wirft, es ist eben eine geistige Haltung von Maß und Übermaß und wir tun uns selbst gut, wenn wir ein richtiges Maß an allem haben. Wir können kaufen, was wir wollen und soviel wir wollen, aber es ist nicht erfreulich, wenn wir es wegwerfen müssen.

In Hülle und Fülle zu leben, das kann ein Großteil von uns, und ob diese froher sind als jene, die im Überfluss und in der Verschwendung leben, weiß man nicht. Es ist nicht ein Ausdruck des Froher-und-glücklicher-Seins, Verschwendung kann oft traurige Aspekte beinhalten, denn es ist das, was man wegwirft, also nicht mehr braucht, dieses vielleicht aus irgendwelchen Gründen unnötig gekauft hat und dieses achtlos wegwirft, also hat man keine Freude daran. Der Überfluss ist nicht immer ein positiver Sinn, denn es beinhaltet keine Verwendung, also ist es unnötig, und das kann zur Last und Belastung werden.

Gut ist das Maß in allen Dingen.

- 7 -

Wenn man zufrieden ist, braucht man nichts zu ändern, wenn man gesund ist, braucht man keinen Arzt und wenn man noch eine gute Arbeit hat, ist man schon fast wunschlos glücklich.

Und hat man niemandem etwas angetan, sich nichts zu Schulden kommen lassen, so mag schon ein guter Mensch sein.

Dann gibt es vielleicht doch noch die Kleinigkeiten, die einem noch nicht ganz zufrieden machen, und oft treten diese im Frühjahr erst richtig sichtbar auf, mit dem wärmeren Wetter will man wieder nach draußen gehen und ist nicht zufrieden mit sich, mit dem Gewicht und dem Äußeren.

Es wäre gut, wenn man das Gewicht etwas reduzieren und so die Gesundheit noch besser stabilisieren und die Aktivitäten wieder steigern könnte, dazu brauchen wir nicht zu fasten, es genügt, wenn man eine gute diätische Maßnahme ergreift oder das richtige Rezept findet. Nicht jede Empfehlung hilft auch jedem und es wird auch nicht von heute auf morgen gehen.

Das Gewicht, wie viel es auch ist, wollen wir wieder normalisieren, wir wollen es wieder richtig einstellen, wir wollen uns damit befassen, uns damit beschäftigen und unsere innere Einstellung zum Leben auf das Ursprüngliche beziehen, und wir unterscheiden, ist es nur ein Schönheits-Aspekt, so wird sich das Gewicht in kürzester Zeit wieder normalisieren, ist es jedoch schon ein langjähriges Übergewicht oder eine Prädisposition, ist es langwieriger und bedarf der Disziplin und des konsequenten Kaufens und Kochens, und deshalb ist es schwierig, weil wir nicht immer die Ursache kennen, aber es zu versuchen, ist immer richtig, zumindest, dass es nicht noch mehr wird.

Es ist Fastenzeit und würden wir asketisch leben bei Wasser und Brot, so wäre dies vielleicht möglich, in 40 Tagen abzunehmen. So ist es an der Zeit nach der Fülle des Jahres oder der letzten Jahre, nach der närrischen Zeit, etwas bewusster und reduzierter zu leben und sich diese erst einmal zu verinnerlichen so ... ich will mich neu orientieren ... gesünder werden ... schöner aussehen und attraktiver sein ...

Das ist nicht der Inhalt der Fastenzeit, dieser würde vielleicht die Gedanken tragen ... ich will mich reinigen von dem Übermaß ... ich will mich entfernen von dem Unstetigen, das mich auf Abwege bringt ... ich will in allem ein geordnetes wohlwollendes Leben führen und mich rückbesinnen zu den inneren Werten ... Ein ganzheitlich denkender Mensch würde sagen ... es ist gut, den Körper zu reinigen und zu entschlacken, und manchmal lösen sich auch die Störfelder auf ...

Ein gläubig denkender Mensch sagt vielleicht ... ich will oder ich muss jetzt Buße tun für etwas, was ich nicht richtig gemacht habe, und dafür gibt es eine bestimmte Zeit ...

Ein jeder überlegt, zu welchem er tendiert, und wie man sagen will, um die richtige Einstellung zu finden.

Gut, wenn man den eigenen Fehler erkennt.

Ich will jetzt meinen und sagen, dass wir alle bußfertig gehen sollen oder müssen.

Es heißt Fastenzeit nicht Bußzeit, eigentlich ist es eine gute Zeit, die Zeit von Februar bis Ostern, also um den Frühling, wenn einen unabhängig davon der Gedanke ereilt, etwas abzunehmen, und beim Fasten, je nachdem wie lange, ist das möglich.

Es gibt die Definition ... auf etwas verzichten ... die einen verzichten, essen also nichts Süßes, die anderen trinken keinen Alkohol oder essen kein Fleisch. Das ist alles richtig und wenn man wirklich 40 Tage durch die Zeit folgt, sie konsequent durchführt, hat man schon abgenommen, da braucht man keine weitere diätische Regelung und Abnehmkuren. Man kann sich so schon davon reinigen, das bedeutet, es lösen sich im Körper die Schadstoffe, die Schlacken, die die Gefäße und den Kopf belasten, das Blut reinigt sich und fließt besser, der Kopf wird leichter, das Denken viel besser, das Gewicht reduziert sich und man wird gesünder und vitaler.

Das ist es, warum sich viele bis zur Osterzeit wirklich wieder gut fühlen, die haben dann eine erholsame Frühjahrskur gemacht, dazu kann man noch spazieren gehen und Wasser trinken.

Es ist ja eine Zeit, da man zuweilen etwas nachdenkt, wozu und warum dieses jetzt, und jedem fällt auch das Richtige ein. Es gibt so viel Lesbares, dass jeder die richtigen Rezepte finden kann, Bücher in allen Geschäften, und hat man die Zeit gut gestaltet, wird man auch darüber hinaus mit wenig Süßem auskommen, ohne oder mit wenig Alkohol und ohne Fleisch, so kann man weiterhin gut leben und hat man sich damit erst einmal beschäftigt, damit identifiziert, will man nichts anderes mehr essen, als nur noch gesund werden und zu bleiben, schön und attraktiv zu werden. Und man wird feststellen, wie viel man selbst beitragen kann, allein mit der richtigen Ernährung mit Maß und Ziel wieder zu gesunden, und man wird schnell eigene gute geschmackvolle Möglichkeiten kreieren, die dazu beitragen, dass wir auch froher werden und einfallsreicher.

Wir fangen an und fühlen uns wohler.

Wir finden das Richtige für uns.

Mit der Nahrung werden wir froh und gesund.

Alles, was wir essen, hat eine Wirkung.

Wir essen die richtige Menge und die richtige Zusammensetzung.

Wir können ab und zu auf etwas verzichten und das tut uns gut.

Wir wollen uns innerlich in Gedanken reinigen und äußerlich das Gewicht richtig einstellen.

Wir können und wollen bestimmte Erkrankungen lindern oder gar heilen.

Wir wollen auch vorsorgen, dass vieles zu vermeiden ist.

Wir wollen alles essen, was Gott hat wachsen lassen, das Gemüse am Boden, die Wurzeln in der Erde und die Früchte an den Bäumen.

– Das wollen wir tun. –

– 9 –

Wenn wir fasten, das heißt nicht nichts essen bis wir in den Tod gehen, das heißt sich reinigen, nachdenken und etwas abtragen, was einen belastet, man versucht die Last zu lösen, die man sich aufgeladen hat, man hat vielleicht etwas nicht richtig gemacht, also sich schuldig gemacht, wobei das Wort eher im Sinne einer Tat verwendet wird, diese kann unterschiedlichen Schweregrads sein und ist es so, dann wird man im Sinne der Rechtsprechung bestraft, und auch hier sagt man … ich muss meine Schuld büßen oder abbüßen … also gibt es das auch im religiösen Sinne von „schuldig gemacht", was bedeutet, man hat sich in seinen Gedanken verfehlt, also nicht richtig gedacht im Sinne der Schöpfung und allem, was lebt auf Erden, und so ist oder kann man belastet sein durch das, was das Leben schwer machen kann, und man trägt nun die Schwere mit sich herum und ist nicht mehr froh im Leben. Es kann so weit kommen, dass man traurig wird, depressiv und davon krank werden kann, etwas hat man sich aufgebürdet und oft vergeht eine lange Zeit, bis man es definieren und beheben kann, manche Last löst sich auch von selbst, wenn eine gewisse Zeit, manchmal auch Jahre vergangen ist oder sind. Manchmal hat man die Möglichkeit, etwas dazu beizutragen, wenn man sich bewusst damit beschäftigt und verinnerlicht, und es unter gutem Vorsatz ändern will.

Bei jedem definiert sich die Last, die Belastung verschieden und die Zeit, bis wir eine Lösung gefunden haben, müssen wir aushalten. Und stillhalten.

Wir verbinden die Fastenzeit für die Zeit vor Ostern zur Vorbereitung, zur Reinigung und Erneuerung des österlichen Geschehens und der Auferstehung.

Der Mensch ist in seinem Erdendasein dem Leben ausgeliefert, obwohl er tun und lassen kann, was er will, und wir finden immer das, was uns gegeben wird, auch wenn wir das Leben in einer schweren Zeit leben müssen, versuchen wir es zu verbessern oder wir finden uns ab, doch in jedem Menschen sind so aufstrebende Kräfte und Gedanken sich zu verbessern, das Leben zu erleichtern und ein Umfeld zu schaffen, das uns gefällt, und meistens kann dieses gelingen.

Manchmal ist es besser, alles auf sich zukommen zu lassen in der Hoffnung, dass es schon besser wird, manchmal müssen wir auch aktiv etwas dazu beitragen.

Wir wollen nicht in einer umgebungsfeindlichen Abhängigkeit stehen und warten können oder müssen, bis diese nicht mehr ist. Wir wollen von einem Leben erbauenden hilfreichen universalen Prinzip ausgehen, das die irdische Ordnung bringt, wenn wir aufschauen. Wir können vieles selbst schaffen und oft hilft es, die schöpferischen Dinge zu erkennen, natürlich können wir eigene Wege gehen, doch manchmal ist es einfacher auf das Innere zu hören. Und selbst diese Prinzipien sind manchmal schwer zu verstehen.

Doch möge alles in seiner Ordnung leben.

Wir sind bewusst und unbewusst in das seelische und geistige Leben eingewoben und unterliegen den universalen Einflüssen und den existenziellen Prinzipien des Lebens, das in seiner Ursprünglichkeit aus der Nahrung besteht, deren Grundbaustoffe Kohlenhydrate, Eiweiße und Fette sind, die alle im richtigen Maße das Leben erhalten und beeinflussen, und bei Abweichungen von dem Normalen können wir uns damit befassen und müssen uns damit beschäftigen.

Wir essen von allem so viel wir wollen, solange bis wir satt sind oder solange es uns schmeckt, und es besteht die Möglichkeit, es zu variieren, je nach Bedarf und Ansprüchen in Ruhe und in der Bewegung. Die meisten in den zivilisierten Ländern essen zu viel, einige zu wenig, beides kann unerwünschte Folgen haben, entweder aus Unwissenheit oder einem Zwang unterlegen, was auch ein Übermaß sein kann.

Nach den circa sechs Wochen Fastenzeit, nach diesem Verzichten, hat man schon spürbar sein Gewicht verändert und wir halten es so lange bei, bis das gewünschte oder normale Gewicht erreicht ist. Eine Reduzierung, ohne zu hungern, ist bei einer gut ausgesuchten vegetarischen Kost gegeben, denn allein durch das Weglassen der besonders fettreichen Anteile ändert sich der gesamte Stoffwechsel, tierische Fette sind schwer verdaulich und schwerer abbaubar, es dauert länger, bis Enzyme diese in verdaubare Bestandteile zerlegt haben, und sind diese Fettmoleküle erst einmal als Depotfett im Gewebe eingelagert, sind sie sehr schwer lösbar. Wir brauchen kein Depotfett für frostige Zeiten, um draußen Winterschlaf zu halten. Der Mensch benötigt, um sich täglich zu bewegen und einer normalen, nicht sehr schweren Arbeit nachzugehen, bei einer Errechnung von 70 kg 70 g Fett pro Tag und einen Gesamtenergiebedarf von 2.000 kJ, während es bei leichter bis mittlerer Tätigkeit, wenn wir einen Gesamtenergiebedarf von 1.000–1.500 kJ annehmen, nur noch zwischen 35–52,5 g Fett sind, um das Normalgewicht zu halten.

Wir können das in den Nahrungstabellen erlesen und wie viel wir essen, steht auf den Packungen.

Deshalb sollten ältere Menschen, Kinder oder Kranke nicht sechs strenge Fastenwochen durchleben, weil dieses sehr gewichtsreduzierend sein kann. Kinder können auch schon auf etwas Süßes verzichten, so lernt man sich danach zu richten und für die Zähne ist es auch gut.

Ist und wird es richtig und gut nach den vegetarischen Maßstäben vollzogen, kann das Gewicht reduziert werden und es kann gleichbleiben, weil der Körper langsam wieder ein gesundes Selbstregulationssystem aufbaut, das sich auf die körperlichen Ansprüche einstellt, und werden diese verändert, reagieren die Hormone, Enzyme und Drüsen, die versuchen die Abweichungen zu kompensieren. Erst wenn die Kompensation versagt, kommt es zu ernsthaften organischen Schäden.

Wir wollen uns gesund ernähren.

- 11 -

Wir fragen uns, warum wir uns nicht gesund ernähren und wir deshalb krank sein müssen oder uns unwohl fühlen, was eine seelische Belastung werden kann.

Warum ist der Mensch überhaupt abgekommen von der vegetativen Nahrung, die in Hülle und Fülle gewachsen ist, und wie viel braucht der Mensch wirklich?

Wir essen einfach alles, was uns schmeckt, und wenn wir einige Bücher über das Vegetarische haben, so haben wir fast jeden Tag im Jahr ein neues Rezept, also abwechslungsreich, vollwertig ausgewogen mit allen Nährstoffen versehen, die der Mensch braucht.

Das Einzige, was wir tun, ist, das Fleisch wegzulassen und somit den Hauptbestandteil an den Fetten zu reduzieren, denn es ist allein schon die Qualität des Fettes. Natürlich braucht der Mensch eine gewisse Menge an Fetten, die aufgenommen werden müssen, damit der Körper richtig funktioniert, entscheidend sind jedoch die Menge und das Verhältnis zu den Kohlenhydraten und Eiweißen und die Qualität des Fettes, also von langkettigen Fetten bis Transfetten, die sehr schwer abbaubar sind.

Wir müssen nicht daran denken abzunehmen, wenn wir das nicht wollen, denn das Weglassen des tierischen Fettes kann deshalb zu einer Gewichtsreduktion führen,,weil es ohne schwer abbaubare Fette zu einer besseren und schnelleren Verstoffwechselung kommt und es guttut, sich erst einmal davon zu entschlacken, was dadurch viele prädisponierte Tendenzen mitfortnimmt.

Menschen, die weder Gewichtsprobleme noch pathologische Werte haben, können ohne Bedenken anstelle von Fleisch etwas mehr Milch- und Käseprodukte essen und erreichen den gleichwertig hohen Anteil an Fetten, denn diese sind auch tierischen Ursprungs, aber die Qualität des Fettes ist verschieden. Doch es ist gut, sich gleich bei der Umstellung damit zu befassen, denn auch hier und besonders Prädisponierte müssen auf die angegebenen Fettwerte achten. Der gedankliche Aspekt ist, was sollen wir alternativ anstatt essen, damit man Kraft bekommt? Dafür muss man sich ein wenig mit der Gesamtphysiologie beschäftigen, mit der Nahrungsverwertung und der biochemischen Umsetzung, und dann kann man die Frage selbst beantworten. Also Fett ist Fett und das stammt immer vom Tier und ob wir Fleisch essen oder Käse, ist nur eine Frage der Qualität, wichtig ist, man orientiert sich nach den empfohlenen Fettwerten, die je nach Anstrengung und Gewicht berechnet wurden. Und man beachte die Werte von dem, was wir zwischendurch noch verspeisen, diese haben oft hohe Werte.

Wir wollen den ganzen Tag essen? Wir überlegen uns alle Möglichkeiten und betrachten die Grundnahrungsmittel, alle Gemüsesorten, Salate und Obstsorten, eine unendliche Vielfalt, mit geschmackvollen Kräutern erweitert steigert es die Kochbereitschaft und das Wissen. Man lernt und eignet sich dieses an und das Selbstregulationssystem stellt sich wieder ein und die erhöhten Werte haben bald wieder Normalwerte erreicht.

– Froh, den Weg zu finden. –

Wir leben unter der Sonne und finden jene gewachsene Nahrung, die im goldenen Licht des Tages gedeiht, die uns erhält und uns stärkt, und der Mensch, der aus den gleichen Elementen besteht wie die Natur, wie dieses, was er findet, was er braucht, die Augen und die Sinne erkennen die Farbe und die Form, sodass wir intuitiv das Verträgliche essen und trinken. Und es wird nicht lange dauern, wenn wir richtig essen, dass wir über uns hinausstrahlen in die Welt durch die Kraft und Energie der Pflanzen, die Tage und Wochen unter dem blauen Himmel in fruchtbarer Erde gediehen sind und die Kraft der alljährlichen Erneuerung in sich tragen. Es ist die Farbe der herrlichen süßen Früchte, die einen durch Sehen anziehen, sie sind ein Augenmerk, sie erfrischen einen und vitalisieren, wir essen und trinken die Säfte, es ist das Gemüse, das über der Erde am Boden gedeiht und unter der Erde im Wurzelbereich mit all den wichtigen Vitaminen und Mineralien, alles über der Erde trägt die Strahlen der Sonne und den Regen in sich mit den biologischen Bodenelementen und mit einer Wurzelkraft. Es sind diese sich wochenlang im Winde wiegenden Ähren, solange bis sie golden und trocken geerntet werden können, es sind die Getreidesorten der Beweglichkeit und der Aktivität, sie sind reich an Spurenelementen, sie sind Grundnahrungsmittel, sie erhalten den Geist in Erinnerung und im Gegenwärtigen, sie erhöhen die Gesamtvitalität und somit beeinflussen sie die Muskeltätigkeit und das Gehirn, denn sie sind in ihrer Ursprünglichkeit das Älteste, das sich aus den wilden Gräsern gebildet hat und schon vor etwa 10.000 Jahren domestiziert wurde, ebenso wie die nahrhaften Nüsse und Samen, die gesammelt wurden.

Das alles sind die Nahrungsmittel in ihrer Urform der ersten Menschen. Auch diese Wesen waren in ihrer Zeit sehr erfindungsreich und haben sich bis heute schnell entwickelt.

Und ob jene fleischlose Nahrung sie anders orientiert hätte, als wir es heute sind, wer weiß?

Und als sie zu Karnivoren wurden, könnte man dieses als eine Verhaltensänderung bezeichnen, ab diesem Zeitpunkt begann ein neuer Abschnitt der menschlichen Entwicklung.

Wir ernähren uns einfach viel bequemer und dazu kostengünstiger mit pflanzlicher Nahrung, sodass wir durch die Kraft und Energie der Sonne erstrahlen.

Viele Risikofaktoren werden gemindert und mancher befreit sich ganz davon, gesund werden und bleiben bis ins hohe Alter, bis zum Lebensende. Wir freuen uns über unsere neue Nahrung und wollen es einmal mit anderen Augen sehen und einmal einen neuen Ansatzpunkt im Denken erreichen und wir werden, wenn wir dieses im Gesamtheitlichen betrachten, ein froher Mensch werden und ein froher Mensch ist ein gesunder Mensch. Ein froher und gesunder Mensch ist ein ausgeglichener und ruhiger Mensch, besonnen ist er und friedlich gestimmt.

Und so soll es werden.

- 13 -

Und jeden Morgen geht die Sonne im Osten auf zu ewigen Zeiten und sie erwacht leise und unmerklich, ein goldenes helles oder rötliches Flimmern durchbricht das Blätterwerk der Bäume, durch die leise Luftbewegung ist es ein farbenfrohes schattenhaftes Lichtspiel, das tief aus der Erde zu kommen scheint und schnell die höchsten Gipfel der Bäume erreicht, dann ist der Tag erwacht und in dieser kurzen Zeit erleuchtet es unsere Gedanken, was der heutige Tag wohl bringen mag, und das wissen wir erst am Abend.

Fragen wir uns das nicht zuweilen, ... was wird heute wohl alles auf uns zukommen ...?

Das sind oft Anzeichen einer inneren Unstimmigkeit, leichte Traurigkeiten von Erlebtem und Belastungen, leichte depressive Verstimmungen oder starke Wetterfühligkeiten, die mit allerlei Beschwerden einhergehen können, innere Unruhen und Unwohlsein oder vielleicht Zweifel an allem, vielleicht auch angestimmt von den Ereignissen, die die Welt bewegen und ob es wirklich im oder über dem Universum etwas oder jemanden gibt, wer oder wen, nicht gemeint sind jene, die vielleicht auf weit entfernten Planeten leben und die uns eventuell eines Tages bedrohen könnten. Und eigentlich denkt man an alles, an viel Wichtiges und oft auch Unwichtiges und manchmal auch an Zusammenhangloses, das sind ebenso die alltäglichen leichten bis schweren Belastungen am Morgen, die mit einer gewissen Unsicherheit einhergehen oder man in einer bestimmten Erwartung hat.

Es gibt Tage im Leben, da belastet einen alles, was sich regt, und manchmal ist es auch nur das Wetter, das entweder zu warm oder zu kalt ist, es gibt Tage, da kann man nichts um sich herum haben, und alles geht einem auf die Nerven. Die zunehmende Frühjahrsmüdigkeit erschwert alles noch und manchmal möchte man nichts und niemanden sehen und hören. Es ist so, dass man keinen bestimmten Grund findet, man ist unstetig und weiß nicht warum, die Ursache bleibt verborgen und manchmal sagen wir, die Hormone stellen sich um, und so warten wir am besten eine bestimmte Zeit, bis man sich klimatisiert hat, passagere Symptome gehen vorüber.

Das könnte eventuell eine plausible Erklärung sein, es ist so, dass sich durch die höhere Lichteinstrahlung bestimmte Hormon-Botenstoffe im Kopf verändern und das Gemüt von der winterlichen Schweremüdigkeit wieder erleichtern, und das sind oft die selbst geschaffenen gedanklichen Belastungen, die zu depressiven Verstimmungen führen können, und dadurch entwickelt sich eine bestimmte Trägheit, das Gehirn hat gewisse Defizite in seiner Tätigkeit und das kann irgendein Spurenelement sein oder ein Missverhältnis der chemischen Bestandteile, das in den entzündlichen Bereich tendiert.

Wir mögen so jeden Tag mit dem Aufgehen der Sonne, die uns wärmt und erleuchtet, im Denken sein und so bis zum Abend, wo sie in farbenfroher Pracht am Rande der Erde im Westen untergeht, um am nächsten Morgen wie neu geboren wieder aufzugehen, verbleiben.

Wir haben uns langsam vertraut gemacht mit den neuen Ernährungsmöglichkeiten, die einen erfrischen und verjüngen, die einem geistig neue Dimensionen eröffnen, sodass wir in diese Lebendigkeit der Natur und alles, was lebt, hineinwachsen und aus diesem unendlichen Leben neue Kraft schöpfen.

Wir haben uns vertraut gemacht mit den für uns bisher nicht bekannten Nahrungszusammensetzungen, dass alles Pflanzliche die gleichen Grundelemente trägt wie der menschliche Körper, also wir wissen, das Wichtigste sind die Kohlenhydrate, Eiweiße und Fette, aus denen sich unsere Nahrung zusammensetzt und die wir entweder selber errechnen können oder meistens auf den jeweiligen Packungen oder geeigneten Tabellen nachlesen können.

Wir wissen auch, dass es wichtige verschiedene Mengen an Vitaminen, Mineralien und Spurenelementen gibt, die wir aufnehmen, um uns noch gesünder und vitaler zu fühlen. Das alles passt in der richtigen Zusammensetzung zusammen und ist für die Menschen und für Tiere geeignet, die Natur hat also einen Sinn und eine so wunderbare Funktionsweise für das richtige Leben und uns bleibt die große Auswahl und die Vielfältigkeit und die Abwechslung. Die Lebensmittel, die gewachsen sind, enthalten alle Lebendigkeit der energetischen Kraft, die uns aktiviert, durch das Licht der Sonne und den Regen und durch die Kraft der Erde.

Lebendigkeit – so wollen wir sein und doch in Ruhe, vital und gesünder und wohler wollen wir uns fühlen.

Durch die gute Geschmacklichkeit und auch die Menge, die wir verspeisen können, wenn wir wollen, wenden wir uns immer mehr dem natürlich Gewachsenem zu und entfernen uns langsam von dem Tod, der Tod in all seinen Formen ist nichts Gutes.

Wir mögen nun den Tod nicht mehr, nicht mehr kaufen und nicht mehr kochen und nichts auf dem Teller haben, also kein Todesessen. Wenn beim Menschen oder Tier der Tod auf natürliche Weise eintritt, was noch das Beste ist, oder bei diesen das

Lebendige durch gewaltsame Einwirkungen ausfließt, bleibt eine leblose, manchmal schockierende Hülle zurück, die dann unter unästhetischen Vorgängen verarbeitet wird, bis wir diese letztendlich essen können. Der Tod und der Schock durch die gewaltsame Tötung durchfährt das Gehirn des Tieres und es geht sekundenschnell durch das Blut und durch das Gewebe und bleibt. – So denken wir das –

Die Wirklichkeit ist eine grausame, denn Schock- oder Schussapparate durchfahren wie das Wort schon den Körper, diese erzittern und in unaussprechlicher Angst dauert diese noch Minuten und länger, bis der Tod eintritt, tatsächlich erleidet man eine akute Lähmung und muss nicht tot sein und dann werden sie oft noch spürbar zerlegt, das ist ein schweres Verbrechen an der Natur.

Wir mögen uns vorstellen, welch eine Todesqual, wir essen, und uns nicht wundern, dass es einem nicht gut geht. Unsere Gesundheit ist doch das Lebendige – das Leben, das es gilt zu erhalten. Die Lebendigkeit des Lebens ist die Gesundheit.

– 15 –

Die Zeit ist jetzt gut ...

und viele Menschen, die sich einer positiven Lebensweise zugewandt haben, können sich gar nicht mehr vorstellen, je etwas anderes gegessen zu haben als die schmackhaften Früchte und Gemüse des Feldes – und im Garten, die unendliche Vielfalt der Nahrungsmittel, die wir überall rund ums Jahr kaufen können.

Vielleicht haben manche Menschen schon die Erfahrung gemacht, dass, wenn man mit Menschen Kontakt hat, die krank oder depressiv sind, dass man manchmal selbst etwas leicht oder wir sagen einfach mitfühlen, und dieses Mitfühlen, sei es im Gespräch oder auch nur in der Wahrnehmung, also in der Interaktion, löst Emotionen aus, Gedanken und Empfindungen, die kompliziert über Botenstoffe reguliert werden und diese bei besonderer Belastung auch zu einer Über- oder Unterfunktion führen können und so unser Gemüt und unsere Gesundheit gefährden. Menschen, die in einer problembelasteten Umgebung leben, sind gefährdeter als Menschen in einer sich wohlfühlenden Umgebung, je lebenswerter der Lebensplatz, wo man sich den ganzen Tag befindet, desto stabiler ist der psychische und hormonelle Zustand des Menschen, jene Faktoren der Emotionen, des Gemütes und der Aktivitäten, desto gesünder und stabiler ist auch das gesamte Nervengeflecht, die Gesamtkonstitution, denn es ist nicht nur dieses, viel ausschlaggebender sind die feinen Empfindungskanälchen und die unsichtbar fließende Ausgleichung, die unsere Aura bestimmen und uns mit der Welt und dem Universum verbinden.

Und wenn man etwas Totes gegessen hat oder isst, so fließt dieses hinein, denn es ist nicht nur der herbeigeführte Tod, es ist auch das Erlebte des Tieres, also sein Leben, die ganze Stallhaltung, und wenn dieses nicht gut war, so hatte das Tier ein Leid und dieses veränderte sein Gemüt, die Nerven sind verändert und wie der Mensch hat es die Tendenz zu erkranken und wer mag schon gerne ein Leid und Belastungen essen, was da leblos auf dem Teller liegt?

Und man soll nicht denken, es ist ein Tier und das merkt es nicht! Das merkt es sehr wohl, mehr als der Mensch, denn sein Lebensprogramm ist wie beim Menschen, dass man einen gewissen Bewegungsradius hat und auch besonders beim Tier ist die Wahrnehmung oder der Instinkt auf Gerüche ausgelegt! Das heißt, ein Tier bewegt sich in freier Natur und orientiert sich an guten Gerüchen!

Und bestimmte Gerüche können Mensch und Tier erkranken lassen! Und noch zu alledem müssen wir uns ständig untersuchen lassen, weil die Fett- und Leberwerte erhöht sind und wir anfällig für Herz-Kreislauf-Erkrankungen sind und zu Gefäßerkrankungen neigen. Haben wir also Fleisch gegessen von Tieren mit besonderer Belastung, so besteht die Tendenz, dass diese schon entzündliche Werte hatten, die Krankheit aber noch nicht ausgebrochen ist, aber schon Mediatoren vorhanden waren, und so lagert sich dieses beim Menschen im Gefäß ab.

Wir wollen den Tod meiden.

- 16 -

Es ist schon Mitte des Monats und wir gehen einmal nach draußen, das Wetter ist zu dieser Jahreszeit meistens herrlich warm um die Mittagszeit, wenn die Sonne hoch am blauen Himmel steht und es aussieht und sich anfühlt, als sei es schon bald Sommer.

Wer morgens in der Früh schon durch die Felder oder Wälder geht, wenn der nebelige Dunst sich in der aufgehenden Sonne verzieht und wir spüren, dass durch die Kühle und die Feuchtigkeit der Nacht Wärme durchkommt, so können wir zuweilen das Frische, Kühle, Feuchte spüren und riechen, das Erdige, oder im Wald die Vergänglichkeit des Laubes vom letzten Winter.

Wir können die Luft riechen oder auch durch die Sinne wahrnehmen, sehr feinfühlige Menschen riechen den Wetterumschlag, manchmal den kühlenden Effekt des entfernten Schnees. Die meisten jedoch nehmen das, was in der Umgebung sichtbar ist, wahr. Vielleicht hören wir noch die veränderlichen Tiergeräusche.

Die Luft des Sauerstoffes und Stickstoffes ist eigentlich geruchlos, unsere Sinne finden die wohlriechenden oder auch weniger angenehmen Gerüche oder Düfte der Pflanzen und Blüten und wir umgeben uns gerne mit wohlriechenden Düften und Essenzen und bei einem guten Parfum fühlen wir uns erfrischt, beschwingt, belebt, anziehend und aufmerksam, und so wie bei den blühenden Blumen, die wir mögen, nimmt es doch jeder verschieden wahr, weil jeder einen anderen Geschmack und verschiedenen Geruchssinn hat. Manche können nur in einer wunderbaren Welt der inspirierenden Düfte leben und manche wollen überhaupt keine Parfums.

Es gibt auch Pflanzen im Garten, die mögen sich gegenseitig nicht, weil sie duften, und so sind sie in ihrem Wachstum gehemmt oder eingeschränkt und auch bestimmte Kombinationen sind sehr wachstumsförderlich und können auch Schädlinge abhalten. Diese Düfte müssen für uns nicht spürbar sein als nur die Chemie es ist, die Veränderungen auslöst.

Sehr viele Tiere orientieren sich an Gerüchen, sie sind empfindlich, viel empfindlicher als der Mensch, sie können noch Gerüche wahrnehmen, die wir nicht mehr oder überhaupt nicht riechen können, und empfinden wir Gerüche bei Tieren, so kann man davon ausgehen, dass irgendetwas nicht in Ordnung ist.

Menschen und Tiere wollen in einer sauberen Umgebung leben, in einer gereinigten, möglichst geruchlosen Unterkunft, denn schlechte Gerüche machen ohne Zweifel krank, das sind langsame Prozesse der tendenziellen Prädispositionen, und weil ein Tier doch einige Jahre auf wenig Platz in schlechter Haltung leben muss, ist diese Veranlagung gegeben, die Veränderung geht schneller als man denkt und wird so zum festen Bestandteil in jeder Zelle im Körper gespeichert. Das Fleisch mit Abertausenden von Zellen mit erlebter anfälliger oder bereits schmerzhafter Information, die bleibt und so weitergegeben wird. Es erhöht sich die Anfälligkeit für jede Erkrankung besonders der Infektionen.

So müssen wir das sehen.

- 17 -

Wenn wir uns gerade jetzt selbst fragen, wo wir vielleicht in den jugendlichen Morgen hinaussehen, wo die Bäume durch helle Strahlen erleuchtet werden und den neuen Austrieb ankündigen, der bei manchen Gehölzen schon fein sichtbar ist, ist auffallend, dass viele Äste eine Verdickung zeigen und einige schon grüne Spitzen und Knospen haben. Es liegt eine schwere Ruhe über dem Land, dass davon kommt, dass es in den letzten 20 Jahren sehr viel Unruhe, Unheil und Katastrophen gegeben hat und Millionen von Tieren und Menschen daran gestorben sind, überdurchschnittlich viele, und so liegt der Hauch der Vergänglichkeit lange noch über den Feldern und Wäldern und reicht bis zum Horizont und darüber hinaus. Viele wissen das nicht mehr, was geschehen ist, und nehmen es vielleicht nur als eine äußerst seltsame Stille hin, wo man nichts hört und nichts sieht, und alles scheint wie ausgestorben zu sein.

Wir wollen nur das Positive sehen und denken und nicht von den Taten und Unheil bringenden Menschen sprechen und trotzdem dürfen wir uns die Frage stellen, für uns selbst, wenn man sich damit beschäftigt hat, und auch in einem tiefen religiösen Sinn, wenn man den einen erkennt. Warum ist das so und wie ist das möglich? In den letzten Jahren haben sich viele seltsame todbringende Konstellationen zusammengebraut und der Mensch hat es versäumt, diese rechtzeitig zu beheben.

Der Tod wurde in die Welt gebracht und die Menschen haben sich schwer belastet.

Der Mensch unter der Sonne war im Erwachen und erfand ein Werkzeug und suchte Möglichkeiten, dieses anzuwenden. Diese waren so konstruiert, dass es vor circa 250.000–300.000 Jahren damit gelang, Tiere zu erlegen, und zum ersten Mal wurde getötet, um sich zu bereichern, sie aßen etwas, was sie vorher noch nicht gegessen hatten, das Fleisch, das sie aßen und das Blut, das sie tranken, berauschte sie und sie veränderten sich langsam, ihr Verhalten nahm den Geist des Tieres an und eine veränderte Blutgruppe mischte sich und so kamen neue, so kamen überhaupt Erkrankungen über den Menschen, der gesamte menschliche Stoffwechsel war auf pflanzliche Nahrung konzipiert und es dauerte lange bis „fremdes Essen" sich adaptierte, zuweilen bis heute. Nun waren die Menschen, die vorher schon über 2–2,5 Millionen Jahre lebten, verändert, sie hatten keine Not, also keinen Grund gehabt, eine Waffe einzusetzen, um zu töten. Sie lebten in Ruhe und gesund in einer warmen Gegend, wo alles gewachsen ist, es war alles immer in Hülle und Fülle vorhanden, sodass sich die Rasse Mensch am Leben erhielt und sich ausbreitete. Sie hatten von allem genug.

Wir wissen nicht, was die Menschen dazu bewog, sich tatsächlich auszubreiten und weite Wanderungen zu unternehmen, also irgendetwas musste sie bewegt haben, das Land und das Klima haben sich verändert und auch die Rasse an sich, das Aussehen und die Größe.

Das Leben in Hülle und Fülle.

Lasst wachsen und uns ernähren.

- 18 -

Mit dieser Erfindung kam der Wandel im Geiste und im Verhalten. Es gibt keinen Zweifel daran, dass tierisches Eiweiß das Denken veränderte in jene Richtung der Unverträglichkeit und der Veränderlichkeit der Emotionen und des Gemütes, welches aus der Ruhe und Ausgeglichenheit das der Wut und Aggressionen annahm, die Gedanken des Jagens und des Besitzergreifenden und die Auswirkungen des Rausches, sowie jene Veränderungen des Geistes, alles, was die psychosozialen Aspekte umfasste, jene Kopferkrankungen, die wir durch unverträgliches Fremdeiweiß erleiden können, es entstanden Infektionen aufgrund allerlei Mikroorganismen, sowie Erkrankungen der Gelenke und der Muskulatur genauso, wie wir es heute noch haben. Das veränderte Fett und das Fremdeiweiß und das Blut der veränderten Nahrung hat den Menschen verändert, verunreinigt und krank werden lassen. Der Tod kam in die Welt …

… du sollst nicht töten … eines der wichtigsten Gebote und dieses ist nicht nur zum Lesen, sondern ist ein Verbot!

Wenn sich jener Geist, jenes Denken verändert hat und man nach dem Mehr jagt, nach dem immer Mehr, bewegt man sich und es entstehen tiefe Beweggründe, Gier und Habgier und so kommt man auch dahin, Menschen zu töten, das universelle Denken, das der Art „Mensch" gegeben wurde, ist im Begriff sich zu verändern, und es hat sich verändert und so haben wir das Töten, das Leid auf uns gezogen mit allen Folgen, die wir erleben und erlebt haben, und daraus resultiert nun die stete Verbesserung.

Mit den Möglichkeiten, nun Tiere zu jagen und zu töten, werden von nun an auch Menschen getötet, die aufkommenden Konflikte werden jetzt blutig ausgetragen und letztendlich werden Kriege geführt und das Ausmaß der Präzision nimmt zu, sodass innerhalb kurzer Zeit Millionen umkommen können.

Wir haben uns doch schuldig gemacht, doch versündigt und wir wissen nicht, warum alles in der Welt so leidvoll und so dramatisch ist und warum so viel Blut vergossen wird und wir von so viel Unheil heimgesucht werden.

Jemand, der kein Fleisch isst, kann auch oft kein Blut sehen, und wenn man kein Blut sehen kann, so tötet man auch nicht, weder Mensch noch Tier. Und das ist eine geistige Haltung.

Wir können auch nicht sagen, dass jene Rasse, die um diese Zeit lebte, nun negative Tendenzen hatte, denn die Umgebung und das Klima waren rau und kalt, das alles bewegte sich nun in Europa und wir wissen auch nicht genau, warum die Eiszeiten irgendwann zurückgingen und viele Tierarten ausgestorben sind, als nur, dass es wärmer wurde, dass das aber kein Grund sein konnte um auszusterben. Diese Rasse war groß und wild und wir wissen nicht, wie sie sich tatsächlich äußerten, als die Veränderungen ihres Wesens eintraten. Wir wissen, dass diese Rasse ausgestorben ist und danach kam der Mensch, etwa vor 30.000 bis 35.000 Jahren, der uns sehr ähnlich und auch im Verhalten angepasster war.

Das Leben leben lassen dem Leben zuliebe.

– 19 –

An so manchen Tagen in stiller Stunde kann man sich das einmal durch den Kopf gehen lassen, wir versuchen insgesamt die innere Ruhe zu finden und uns mit bestimmten Themen zu beschäftigen und mit etwas, womit wir jeden Tag zu tun haben, konfrontiert werden, wenn ein Leid uns plagt, so tut dies gut, über die Ursprünglichkeit nachzudenken, wir müssen nicht philosophieren und sagen und fragen, was wäre wenn, die Tatsache der gegenwärtigen negativen Entwicklung in der Tierhaltung verlangt schon sehr ernste Überlegungen, es können Folgen entstehen und ein unangenehmes Leben für Mensch und Tier.

Vielleicht kann man eine Gegend oder ein Land, wo alles in Hülle und Fülle wächst, wo genügend Wasser vorhanden ist und die Temperaturen immer so sind, um sich wohlzufühlen, als ein Paradies bezeichnen. Ein Tier bleibt normal in einem bestimmten großen Lebensraum, in dem es sich ernähren kann.

Die Menschen vor 2 Millionen von Jahren lebten in gleicher Lebensweise.

Irgendwann haben die Menschen angefangen sich aus ihrem angeborenen Lebensraum zu bewegen und die Frage bleibt im Raume stehen, ob dieser Ausweitungsgedanke mit dem Jagdverhalten zu tun hat oder mit den klimatischen Ursachen oder beidem. Zum Sammeln braucht man nicht allzu weit ziehen.

Wenn heute ein Mensch sein Land verlässt, so hat dies immer einen Grund, heute sind es die Ursachen des Krieges und aus Wirtschaftlichkeit und einst waren es das Nachziehen der beweglichen Herden und der schon einsetzenden Eroberungen, was ein ständiges Streben ausmacht, das sind anstrengende Umstände und Bewegungen. Über 2 Millionen von Jahren hat kein Mensch einen Menschen getötet, die Art war zufrieden und ausgeglichen und niemand musste sich über die Grenzen hinaus erweitern und fliehen, warum auch?

Nun hat der Mensch etwas Schlimmes verbreitet und er erhebt sich und tötet jeden Tag Menschen und Tiere und alles ist vom Tod getragen, das Verhalten des Tötens ist in uns und wie soll das jemals wieder von der Erde gehen?

All die menschlichen Ausuferungen von den geistigen Veränderungen wurde unser aller Krankheit, all jene Entwicklungen, die der Mensch selbst in die Welt gesetzt hat.

Und hat man etwas getan, was nicht richtig ist, so kann man dies auch wieder verändern, solange bis es wieder richtig ist. Und wenn der Mensch anfängt, sich vom Töten zu distanzieren, vom Tode zu lösen, so verändert man sein Verhalten und seine geistige Einstellung zu vielem, was in der Welt geschieht, und wenn viele erst einmal bei sich selbst anfangen, sich von diesem zu lösen, fängt die Welt an, sich in allem zu bessern.

Den Tod überwunden, zu neuem Leben wollen wir gehen.

Das Leben leben lassen in seiner Vielfalt.

Und mit einer guten Einstellung wollen wir leben.

Du sollst nicht töten.

– 20 –

Nun ist die Zeit vergangen seit dem Winter und bald ist Frühlingsanfang, wir vermerken das nicht nur, wir spüren es, denn es ist schon seit einigen Tagen und Wochen sehr mild und warm, und eigentlich ist es kein kalter weißer Winter gewesen, ab und zu regnet es genau so viel, dass alles anfängt zu wachsen und zu grünen und vieles blüht noch immer oder Neues kommt schon hinzu.

Die Sonne wechselt nun von einem Tierkreis in den anderen, zwischen März und April ist es das Zeichen des Widders, das den Frühlingspunkt beim Durchschreiten des Äquators bezeichnet. Nun hat man das Gefühl, es geht alles noch schneller, obwohl die Tage schon erheblich länger sind.

Zwölf Tierkreiszeichen durchläuft die Sonne im Jahr, was zwölf Monate sind und rechnerisch ergeben sich, dass sieben Monate 31 Tage haben und fünf Monate 30 Tage und alle vier Jahre ein Schaltjahr ist mit insgesamt 365 Tagen. Vier Jahreszeiten, die sich ändern, und ob das vor 2 Millionen Jahren so spürbar war, wie wir es erleben und besonders in den letzten 20–30 Jahren, ist fraglich. Die Menschen und Tiere lebten lange in jeweils angepassten guten klimatischen Verhältnissen und erst viel später gab es die gewaltigen Eiszeiten, wo das Leben nicht mehr so gut und bequem war, so einfach und erholsam.

Eiszeiten sind Zeiten, wo man durch klimatische Bedingungen stetig fliehen muss, wenn dies überhaupt möglich ist, denn diese sind oft weit ausholend, ein ganzes Land, ein ganzer Kontinent in Eis und Schnee, wo man auf kleinem Raum gefangen ist und das Leben karg und beschwerlich und unberechenbar ist, die letzten großen Eiszeiten haben sich vor 20.000 Jahren reduziert und langsam kam wieder eine wärmere Zeit. Überall wurde es warm und wärmer, wohl auch in den Ländern, die es vorher schon warm hatten, wurde es heiß, sodass die einst grünen Gegenden nun zu Wüsten und Savannen wurden, wo einst einmal das Leben begann, ist nun fast keines mehr möglich. Nun waren wir weltweit der Kälte und der Hitze ausgesetzt und immer mussten wir uns auf die Suche nach Nahrung machen und es konnte anstrengend sein.

Das Klima war mäßig mild und wurde zunehmend heißer und die veränderten herumziehenden Horden, die den Tieren folgenden Nomaden wurden sesshafte Menschen, und vor etwa 10.000 Jahren begannen sie Pflanzen und Tiere zu domestizieren. Diese können wir als unsere Vor-Vor-Vorfahren bezeichnen.

Von nun an lernten sie sich intensiv mit den Jahreszeiten zu beschäftigen, jene, die an den großen Flüssen lebten, wussten, dass zu bestimmten Zeiten der Wasserstand des Flusses so weit anstieg, dass er das Land überflutete, und dass danach angepflanzt und geerntet werden konnte, und an dieses immer wiederkehrende Ereignis musste der Mensch sich anpassen. Die Anpassung an die Natur und an eine sesshafte Gemeinschaft sind anstrengende Lernprozesse und Leid – oder Neuanfang.

- 21 -

Frühlingsanfang ...
    und an jenem Tag, als alles sich zu ändern scheint von heute auf morgen, ist es endlich Frühling geworden und so soll es bleiben das ganze Jahr.

Und meistens zeigt uns ein blauer wolkenloser Himmel das Lachen der Sonne und die Wärme vertreibt das Wintergemüt und viele erwachen aus dem Winterschlaf und wir sehen die Frühlingsboten, die schon überall in allen Farben prächtig blühen, und auch selbst die bodenflachen unscheinbaren fesseln unsere Sinne, sodass wir die neuen frischen strahlenden Farben erkennen, die unseren Geist erhellen und uns beflügeln und neue Gedanken gebären, und manchmal fragt man sich ... war das gestern auch schon so ...?

Ein neuer Frühling ist wie ein neues Jahr, an einem Tag wird es heller, es wird froher, denn ein inneres Erwachen bringt uns neue Kräfte, die uns durch das Jahr leiten.

Es ist der Tag des Frühlingsanfangs und auch wir wollen vieles neu beginnen.

Es ist der Tag, wo die österliche Zeit beginnt oder es manchmal schon Ostern sein kann.

Es ist die Zeit der Vorbereitung und der Erneuerung und das ist ein jahreszeitlicher Rhythmus für Menschen und Tiere und Pflanzen und alles erwacht zu neuem Leben.

Von nun an ist es möglich, das Fest des leidvollen Weges bis zur morgendlichen Auferstehung zu feiern, die Zeit, die sich innerhalb von 29 Tagen bewegt, und ist es erst spät, so sind auch viele österliche Blumen schon verblüht.

Und jetzt fragt man sich, warum das so ist?

Und dafür hat man eine Erklärung gefunden.

Irgendwann im Jahre 26–33 n. Chr. im vierten Monat begann die leidvolle Geschichte, der Weg nach Golgatha, die Kreuzigung und die Auferstehung. Nun, das Historische wurde überliefert und in der Zeit feierte man das Frühlingsfest und vielleicht sollte es immer so sein, dass die Geschichte des historischen Jesu zum Auferstehungsfest wird, das ist das, was wir heute Ostern nennen, und die Zeit genau wurde auf dem Konzil im Jahre 324 n. Chr. festgelegt, sodass das Osterfest immer sonntags nach dem ersten Vollmond nach dem Frühlingsanfang ist, so bewegt sich die Zeit innerhalb von vier Wochen und jedes Jahr verschieden.

Irgendwann wurde der julianische Kalender erstellt, was schon in der cäsarischen Zeit geschah, und die Ungenauigkeiten, die sich ergaben, wurden korrigiert und auf das Jahr 0 eingestellt, was das Jahr 1 bedeutet.

So bleibt bis heute offen oder ungeklärt, ob Jesus im Jahre 1 oder schon 7 vor der Zeit geboren wurde, und so auch das Jahr des Todes, ob es nun 26 oder schon das Jahr 33 war, und ob dies ein Sonntag oder Donnerstag war, weiß man auch nicht mehr genau.

... durch den Tod hat er die Welt erlöst ... so lautet der Inhalt. Dieses wurde festgelegt, erneuert und gilt bis heute.

- 22 -

Als die Menschen noch mehr mit der Natur verbunden waren und die Zeit gekommen war, wo der Bauer mit den Rösslein die Felder pflügte, da dachte man und hoffte und betete ab und zu ... dass die viele schwere Arbeit reiche Ernte bringen möge, dass ein Überleben möglich wird, dass man wenigstens so viel hat, um die Familie zu ernähren ... denn die Allermeisten lebten und ernährten sich selbst vom Felde.

Und heute ist es so, dass einige große schwere Geräte über die Bodenflächen fahren und während dem Fahren schon die Erträge berechnet werden.

Und wenn die Ernte nicht die vorgegebene Menge erfüllt oder Unwetter die Arbeit vernichtet, ist man meistens gut versichert, sodass die Ernteausfälle ersetzt werden. Da denkt man sehr mechanisch und hofft, dass man sich nicht verrechnet.

Was soll man da noch beten?

Vielleicht tun es die anderen Menschen, die denken ... wir sind froh, dass wir genug zu essen und trinken haben und eine große Auswahl von allem zu finden ist, und es kann kosten, was es will, denn uns geht es gut, wir gehen ins Geschäft ...

Wir beten, so Gott möge uns vor Unheil und Katastrophen schützen, was eine große Dürre bedeuten kann und eine Hun-

gersnot im Land, wir beten nicht ... lass uns jedes Jahr mehr
Ernte und Einnahmen haben ...

So lass uns immer genug zum Essen und zum Trinken und
zum Leben haben.

– 23 –

Der Winter geht und der Frühling kommt und manchmal wird
die Zeit um eine Stunde umgestellt, sodass man angeblich länger Tag hat und diese Umstellung gibt es schon lange, seit 1891
werden in Deutschland, in der Schweiz und in Österreich die
Uhren umgestellt. Ist das Leben nicht wunderbar in jedem einzelnen Individuum, auch wenn es die gleiche Art ist, ist doch
jeder, jedes verschieden.

Die Einzigartigkeit der göttlichen Schöpfung in seinem Leben, in seinem Handeln ist einzigartig und wir müssen das Leben so annehmen, wie es ist. Alles was lebt, hat seinen Platz in
der Welt, einen Raum zum Leben, einen natürlichen Lebensraum, der ausreicht, um sich richtig zu bewegen und zu ernähren.

Ist es vielleicht nicht ein Ansatz des Denkens, der dahin
gehend geht, weil der Mensch begann zu töten, er sich in dem
Maß vermehrt hat, dass es uns zur Last werden wird, das grüne
Land ist vertrocknet durch Hitze und es ist Wassermangel, wir
dürfen auf immer kleineren Raum leben und die Zahl der Menschen nimmt stetig zu, weil wir älter werden. Würden wir weiterhin in dem Alter zwischen 30 und 40 Jahren sterben, würde
kaum noch die Hälfte der Bevölkerung leben und wir müssten
nicht ständig Tausende von Menschen durch Konflikte töten,
sei es durch Einzeltäter oder im größeren Ausmaß wie Bürgerkrieg oder noch größer, das ist das Leid des Menschen.

Hat der Mensch nicht selbst diesen Weg gefunden?

Und sind wir nicht besudelt von Blutströmen jeden Tag an
den Stätten des Todes der Tiere?

Das ist nicht Gottes Schöpfung.

Das ist das Werk des verkommenen Menschen.

Der Mensch, der nicht zufrieden ist mit dem, was Gott geschaffen hat. Und Gott schuf die Menschen und alles für diese, dass sie gut leben können.

Und Gott schuf die Tiere und all die Nahrung, die für diese geeignet ist.

Der Mensch entfernte sich so von der Schöpfung. Neben dem wichtigsten Gebot ... du sollst nicht töten ... gibt es noch eines, das heißt ... du sollst Gott und seine Schöpfung ehren ...

Wie gut wäre es, wir täten dieses, wie viel Leid bliebe uns erspart, wir täten das.

All jenes Leid hat der Mensch selbst geschaffen und wir wissen den Anfang nicht mehr und viele kennen auch nicht diese Gebote. Ein jeder mag einmal über das Leid nachdenken und überlegen, was er selbst verbessern kann.

Die Schöpfung mit all ihrem Leben ist wunderbar und alles funktioniert und lebt richtig.

So mögen wir uns mit diesem Erwachen und mit den wechselhaften Gefühlen mit der Erde verbinden, sodass wir eingebunden werden in ein ganzheitliches Denken, was uns viele Zusammenhänge erkennen lässt.

So mögen das Jahr und die Zeit wieder besser werden.

- 24 -

Das aufkommende Morgenlicht, das die Wolken durchbricht, und der aufsteigende Dampf, der über den Feldern noch liegt, versprechen, dass es ein schöner Tag wird, und wir überlegen, ob wir schon gereinigt sind und ob wir noch etwas verbessern können.

Wir sind es noch nicht. Und so schnell geht das auch nicht. Wenn wir uns mit diesem nicht ganz leicht zu verstehenden Ernährungsprogramm beschäftigt haben und lernen es umzusetzen, können wir dieses schon im religiösen Sinne sehen, es ist dem Fasten ähnlich, was besagt, auf etwas Bestimmtes zu verzichten und es wird definitiv genannt „fleischlos" und „kein Alkohol", Kinder sollen entsprechend nichts Süßes essen und das besagt, dass es eine Zeit des Übermaßes gab, also sollen wir uns mäßigen und uns auf innere Werte zurückbesinnen und eine religiöse Haltung und Gottes Schöpfung überdenken.

Und so werden wir erkennen, dass es nicht nötig ist, das bisherige Kochverhalten fortzuführen, wir werden feststellen, dass ein fleischloses Essen ein viel gesünderes ist und es auch nicht mehr zum zwanghaften Verzicht wird, wenn man erst einmal das Positive erkennt und das Gesündere erspürt und erfahren hat, dass man sich viel wohler fühlt und dass es vor allen Dingen mit dem Geiste, den Gedanken und der ganzen Lebenseinstellung zu vereinbaren ist, das Leben leben zu lassen. Das ist nicht nur ein ethischer Aspekt, der besagt, dass das Leben zu schützen ist.

Das Fasten ist doch etwas Alltägliches, wenn man an die Möglichkeiten einer kurzmäßigen Behandlung denkt, die mit viel Erfolg und mit mehr oder weniger Kosten verbunden durchgeführt wird. Gute Wirkungen haben alle diese Möglichkeiten, wenn man das Richtige für sich findet. Diese Kuren werden meistens in Kurhäuser und oft mit ärztlicher Beratung durchgeführt, weil manche Maßnahmen ein schnelles Abnehmen bewirken und so beobachtet werden müssen, es gibt ganz strenge Regeln und extrem kalorienreduziertes Essen und das sollte man nicht allzu lange durchführen, hier kann man sagen, auf alles zu verzichten.

Deshalb ist es gut, einen etwas langsameren Umstellungsprozess anzuwenden, der auch langfristig wirkt und bleibt. Wie können durchaus Saft- und Flüssigkeitskuren durchführen, was eine schnelle Entschlackung bei Hungertagen und bestimmter vorschriftsmäßiger Bewegung bewirkt, doch wer schnell abnimmt, nimmt auch schnell wieder zu, man fühlt sich erst wie neu geboren, doch kurz danach fällt man in die alten Gewohnheiten zurück, natürlich kann man auch zu Hause einen Hungertag oder Flüssigkeitstag einlegen.

Es ist das Denken und die Identifizierung mit einer richtigen Ernährung, denn das lebende Wesen ist immer auf das Essen eingestellt, nicht auf Hungern, das ist in jedem eine lebenserhaltende Kraft, die man nicht herbeiführen muss, das Wesen ist immer auf der Suche nach Nahrung und dann erst kann alles Weitere im Leben folgen. Wie einfach wäre es, wir hätten noch diese ursprünglichen Möglichkeiten der Einfachheit, wir könnten spazieren gehen und dabei Verschiedenes essen, gerade das, was gewachsen ist.

– Vielfalt –

– 25 –

Was die Menschen auch immer bewogen hat, sich mit anderem zu beschäftigen als mit der Vielfalt, die sie hatten, bleibt offen, als nun sich damit beschäftigt werden muss, wie das Veränderte zu bewältigen ist! Das getötete Tier kann nicht auf einmal verzehrt werden, so nimmt man es mit oder versteckt es bis zum nächsten Hunger, man stelle sich einmal die Größe vor und das Gewicht! Nun wenn es liegen bleibt, muss man es bewachen, und es ist sehr anstrengend, etwas zu erbeuten, und ob man morgen schon etwas hat, weiß man nicht. Allein ein Wild zu erlegen, war kaum möglich, ihm tagelang nachzugehen erforderte oft weite Strecken zurückzulegen, es war also schon ein zuweilen gefährliches Unterfangen, sich an manche Tiere heranzuwagen.

Mit der Zeit verbesserten sich die Techniken und die Zubereitung des bis dahin meistens roh gegessenen Fleisches. Von nun an veränderte sich mit den neuen Nahrungsmöglichkeiten der gesamte Stoffwechsel, einem fleischlos lebenden – also vegetarischen – Wesen Fleisch zu geben, tut nicht gut, und es dauerte über viele Generationen, eigentlich bis heute, mit den Folgen der Veränderungen zu leben. Die meisten Menschen, die Fleisch essen, haben einen veränderten pH-Wert oder genauso umgekehrt jene, die immer oder lange fleischlos leben, haben einen Wert tendenziell zum Basischen, während die Werte bei Fleischgenuss immer zu einem sauren Milieu tendieren, und je saurer die Werte sind, desto anfälliger ist man für bestimmte Erkrankungen und neigt zu hoher Infektanfälligkeit.

Man hat also nicht nur mit zu hohen Werten von Fett zu kämpfen, man ist säuerlich, versauert durch Fremdeiweiß und neigt zu Übergewicht, das in gleichem Maße zu allen Erkrankungen führt, Gelenk- und Muskelbeschwerden und Herz-Kreislauf-Beschwerden und vieles mehr und wohl fühlen tut man sich auch nicht mehr.

Dass wir uns einst fleischlos ernährt haben, beweist, dass unser Appendix heute fast funktionslos geworden ist, denn dieser war verantwortlich dafür, das Chlorophyll des Grünzeugs zu zerlegen, es aufzuschlüsseln oder es in verdauliche Stoffe zu verkleinern und umzuwandeln, und wir verspüren oft noch dieses Überbleibsel aus archialischen Zeiten dann, wenn der Blinddarm entzündet ist und dieser entfernt werden muss. Wir essen heute keine Gräser mehr nur noch Gemüse, Salate, Wurzeln, Obst und Nüsse.

Das Gehirn wiederum muss mehr verarbeiten, weil es die Umsetzung Fleisch und Blut fremder Wesen hat, nicht zuletzt ist unser Gehirn um ein Vielfaches größer, aber das resultiert aus der neuen Rasse Mensch, die es ab etwa 45.000 Jahren gab.

Die Menschen haben zwar eine Menge an Möglichkeiten gefunden, also eine enorme Auswahl von allem geschaffen, aber auch die ganze Problematik der biochemischen und physiologischen Umsetzung und die daraus resultierenden Folgen, die Erkrankungen und die Verhaltensveränderungen.

Nun stellt sich eigentlich keine Frage mehr!

Wir haben die Vielfalt gefunden.

Wir fragen uns vielleicht manchmal, wie konnten diese Menschen leben, wenn wir nur unsere zivilisierte Welt sehen und kennen, und das können wir uns noch fragen ... geht es uns besser als jenen, die in der Einfachheit der Natur lebten ...?

Wollen wir die Frage nach wirtschaftlichen Aspekten beantworten, haben wir fast nur Leid und Beängstigungen, denn was ist, wenn wir nicht genug Geld haben, dann sind das Leben und die Qualität so reduziert, dass man zuweilen traurig werden kann, solange wir noch ein Dach über dem Kopf haben und unser Essen kaufen können, also das Notwendigste zur Existenz haben, können wir gerade noch froh sein.

Diese Gedanken hatten diese Menschen eigentlich nicht, sie lebten frei und unabhängig in der Natur und fanden Schutz vor Wind und Wetter und zogen durch ihren Lebensraum, durch ihr Gebiet oder verweilten auch länger an einem Ort, sie suchten und fanden Nahrung in der Umgebung von den Jahreszeiten abhängig, frei und zwanglos unter dem Himmel, sie dachten nicht an morgen, wie wird es sein, so hat man keine Last. Tiere und der frühe Mensch säten nicht und doch hat die Natur sie ernährt.

Instinktiv findet alles Leben seine Nahrung. Sie haben keine Umweltschäden gemacht und auch keinen Gott erzürnt. Das Leben hat sich weiterentwickelt, so wie bei den Tieren, die einen gewissen Bestand halten.

Und es war so, dass bestimmte Menschenrassen und Tierarten zuweilen durch unerklärliche Ursache ausstarben, sagen wir evolutionsbedingt, denn es entstanden neue Arten, die Ähnlichkeiten hatten, diese waren vielleicht an die Lebensanforderungen angepasster, jede Art für sich.

Welche Ursachen es heute hat, wenn Arten aussterben, so sind dies Veränderungen in ihrem Lebensraum, wenn den Tieren Schäden zugefügt werden oder sie anders dezimiert werden oder es auch verschiedene unerklärliche Ursachen gibt. Es können klimatische Bedingungen sein, denn Tiere sind für bestimmte Lebensräume geschaffen, in denen sie angepasst sind in ihren Verhalten, ihrem Instinkt und ihrem gesamten Stoffwechsel, in ihrer Vermehrung und ihren ganzen Bewegungen, und es können oft Kleinigkeiten sein, wenn dieser Mechanismus, dieser Kreislauf nicht mehr voll funktioniert. Klimatische Veränderungen sind öfters auf Erden zu verzeichnen und änderten sich diese, so dezimierten sich bestimmte Arten, so auch die frühen Menschen, es gab seit Anbeginn vor 2,5 Millionen Jahren viele, die ausstarben und wieder neu entstanden sind bis zu unserer letzten Vorstufe, die ab etwa 45.000 Jahren begann. Jene davor, mit denen eine dramatische Änderung des Tötens einsetzte, und der Gedanke der nachziehenden Herden … ob wir morgen wieder etwas erjagen können …, so begann eine gewisse Abhängigkeit und auch das Leid nahm zu, das vor der Jagd nicht war. Doch hat man erst einmal einen Weg beschritten … wieder zurück?

Und doch scheint alles besser zu werden.

– 27 –

Wenn man von etwas abhängig ist, ist das ein Zustand, der alles sein kann, man weiß nicht oder kann nicht wissen, was morgen ist, Abhängigkeiten bedeuten eher in einer Negation zu leben.

So war es zu jener Zeit, etwa vor 200.000 Jahren, als sie sich aufmachten, mit den damaligen Möglichkeiten war es fast unvorstellbar, dass mit diesen Stein- und Holzwerkzeugen, die speerhaft aussahen, etwas zu erbeuten war, und tagelang mussten sie sich auf die Suche machen, um Wild zu erlegen, kleine Gruppen von Jägern verließen ihre Familien und manche kamen nicht mehr zurück, sei es, dass sie selbst zur Beute wurden, von wilden Tieren verletzt, gefressen oder zu Tode kamen. Die Zeiten des rauen Klimas änderte sich und sie starben aus und eine neue Rasse Mensch bevölkerte das Land und mit dem Zurückgehen der Eiszeiten verbesserte sich das gesamte Leben.

Doch auch diese Menschen packte manchmal eine furchtbare Angst, wenn sie einem fleischfressenden Wildtier begegneten, wie entsetzlich musste es sein, von einem Bären verfolgt zu werden, und welche blutigen gefährlichen Kämpfe entstanden, bis jeder seinen Hunger stillte, da war jeder Tag eine Herausforderung – doch wozu? Und bald begann der Mundraub, wenn man auf andere Menschen traf und denen die Beute streitig machte, und hier nun konnten die gleichen Waffen eingesetzt werden, Mensch tötete Mensch aus Habgier, die ersten menschlichen Konflikte waren geschaffen.

Das hätte so nicht kommen dürfen.

– 28 –

Vieles merkt man erst hinterher, wenn man alles vorher wüsste, was für Folgen alles hat, nein, das kann der Mensch nicht wissen.

Aber auch das hat nun einmal angefangen, Mensch tötet Mensch aus verschiedenen Beweggründen.

Es kann nicht gesagt werden, man tötet wegen nichts, es kann gesagt werden, wir wollen das haben und deshalb müssen wir töten? Es kann auch weiter gesagt werden, wir müssen uns ab jetzt verteidigen! So kam es zu den Anfängen des menschlichen Leides, wenn wir es nur auf das Leben und den Tod beziehen, und die Gründe des Tötens nahmen zu.

Wir sind nun einmal den Weg gegangen und die Folgen und das Leid hat jeder einmal im Leben. Vielleicht ist es jenes dramatische Ereignis, dass wir die Schuldigkeit in uns tragen und wir es als einen schweren Tatbestand ansehen, dass jeden Tag so viel Blut vergossen wird. Der Mensch hat die Natur verletzt, hat angefangen, sie zu verändern, und man weiß nicht, was in den Menschen wirklich vorging, im seelisch-geistigen Leben, ob das im Inneren nicht schwer wurde? Dass sich das Denken entschieden veränderte, können wir an den vielen Höhlenmalereien beobachten, sie zeigen nicht nur Tiere, sie lassen auch Gedanken und Vorstellungen erkennen. Wir finden seltsame tierähnliche Gestalten und Symbole, die besagen, dass seltsame Kräfte und Mächte nun über sie kamen, sie denen ausgesetzt waren, jene dunklen Mächte sich ihrer bemächtigten, die sich aus der Veränderung gebildet haben. Die Natur bringt den Gott.

– 29 –

Die Menschen sollen den Weg beschreiten zu ihren Göttern, die sie formten, die sie anriefen und verehrten, symbolträchtig und kraftvoll, um die Natur in personifizierte Figuren zu gestalten und um ihnen eine Zuordnung zu geben und sie gut zu stimmen.

Vielleicht war das der einzige Weg, zu dem Zustand zu kommen, so wie wir es heute lehren. Wie sonst soll man von Gott wissen?

Konnte der Frühmensch, der nicht sprechen konnte, der in der freien Natur lebte, den universalen Strömungen folgend einen Gott kennen?

Dieses war nur instinktiv möglich: sich ordnen, sich orientieren, seine Nahrung finden –, das Futter –, das Essen, und sich vor Wind und Wetter schützen. Darüber hinauszuwachsen, war maßgebend. Von den vielen undefinierbaren Lauten wurde eine Sprache und Sprache ist Ausdruck eines Gedankens sowie eine Zeichnung oder Schrift, das ist Denken und Intuition.

Also nun nach den Malereien formten sie Figuren aus Ton oder Stein und benannten ihre Zuordnung. Sie waren jetzt abhängig von der Laune der Natur und vom Fluss und deshalb entstanden diese wichtigen Zuordnungen der Fruchtbarkeit, dass sie sich immer und regelmäßig ernähren konnten.

Und auch der Bezug Mensch als Individuum, als jemand, der gestorben ist und nun nicht mehr ist, zeigt bestimmte Bestattungsrituale, der Mensch in seiner Vergänglichkeit.

Also der Bezug Mensch zur Natur und zu Gott ist eine gedankliche Entwicklung, bei der wir uns in das schöpferische irdische Dasein einfügen und das Gegebene im Sinne der Natur, das Leben also, schützen, uns helfen und uns einbinden in eine Gemeinschaft, in eine Umgebung, in eine Umwelt. Vielleicht kann man sich auch fragen, ob all diese menschlichen Errungenschaften von Gott gewollt sind und wir den universellen Einflüssen ausgesetzt sind, weil wir wissen, dass es etwas Höheres gibt und wir so nach Gottes Wille leben können.

Die universellen Einflüsse sind, dass die Erde sich einmal im Jahr um die Sonne dreht, dass es Winter und Sommer wird, dass es regnet und die Temperaturen wechseln, dass alles wächst und gedeiht für alles Leben auf dem Planeten – wie sonst sollte das alles richtig von Anbeginn funktionieren, jede Art für sich in einem bestimmten Lebensraum, in einem bestimmten Alter, in einer bestimmten Menge, das Leben ist ein friedvolles Dahinziehen, ein Dasein, wo nichts die Ruhe stört und wo es kein Leid gibt.

Der Mensch allein konnte sich zum aufrechten Gang erheben und sein Instinkt entwickelte sich zur Intuition, ihm war eine Sprache gegeben, die ihn zum Denken veranlasste.

Man weiß gar nicht mehr, welche Zeit wir haben. Es ist die Zeit vor Ostern, es ist noch Fastenzeit, in der man sich überlegen kann, warum und wie man fastet und warum und wie Leid entstanden ist, und vielleicht hat man selbst ein Leid zu verzeichnen.

Doch es besteht Hoffnung.

– 30 –

Nun sitzen die Menschen, die sich niedergelassen haben, irgendwo fest, sie müssen sich mit der Umgebung abfinden oder mit der sozialen Problematik auseinandersetzen, und auch mit den Krankheiten, die sich bilden, nun immer mehr zunehmen und sich bis zum heutigen Tag ausbreiten. Alle Möglichkeiten, die wir selbst geschaffen haben, mit all den Folgen natürlich, haben ihr

Gutes und die Dramatik wollen wir nicht sehen, denn wir sind schon so belastet, dass es oft mehr ist, als wir tragen können.

Inzwischen hat sich das Formen von Göttern so weit verändert, dass es in allen Religionen nur noch einen Gott gibt, der über allem steht und von dem alles kommt und mit dem alles funktioniert.

Wir haben nur noch einen Gott ohne Bildnis, der für alles in seiner Ursprünglichkeit zuständig ist, und wir leben in der Veränderlichkeit und das ist eine schwere Last, ein Dilemma, das wir versuchen zu besänftigen, indem wir zurückkommen, zurückfinden zum Ursprünglichen. Diese Gedanken können wir nicht von heute auf morgen umsetzen, wenn wir nicht gerade sehr tiefreligiöse Menschen sind und die Lehren verstehen.

Und dieses Gottverständnis kann fast nur über die Natur und deren Zusammenhänge gehen, so wie der Mensch und sein Geist sich entwickelt haben. Es ist nicht einfach zu sagen ... ich glaube an Gott ... und doch ist es richtig, man beginnt in der christlichen Erziehung das mitzuteilen, denn um die Zusammenhänge zu erkennen, bedarf es oft ein Denken eines Erwachsenen.

Wir versuchen anhand von biblischen Geschichten zu verstehen, warum alles so gekommen ist und der Mensch so viel Leid erfährt. Seit der Mensch tötete, ist er abgekommen und hat sich ein verschuldetes Leben geschaffen, es kann nicht im Sinne der Natur sein, sie zu verändern, das Leben zu nehmen, denn es heißt, es ist so geschrieben, es steht, ... ich gebe euch alles, was am Boden wächst und auf den Bäumen und in der Erde ... so ernähret euch.

Es gibt Geschichten, wo Gott zu den Menschen spricht und sie leitet, auf den rechten Weg zu kommen, es sind diese der Genesis und eindeutig diese der Gesetzgebung der 10 Gebote, die dem abgekommenen Menschen wieder eine Ordnung und Richtung geben, und wenn der Mensch diese befolgt, so wird das Leben erleichtert und wieder in eine andere Richtung gelenkt, und es ist die Leidensgeschichte der österlichen Zeit, die jene historische Entwicklung darlegt, die Zweifel an Gottes Dasein erhebt, und jene Personifizierungen, die das Leben Jesu überliefert, manchmal können wir sein Denken und Handeln erkennen, der durch Gott gesandt zur Erde gekommen ist und die Welt erlöst, ein Retter- und Erlösergedanke.

Es sind nicht nur Geschichten, es sind die universalen Einflüsse, dass alles Geschehen auf Erden einen guten Weg hat und dass für jeden, für jedes Individuum sein eigener Weg beschrieben wird und dass wir uns so im Sinne der Schöpfung bewegen und dass so unser Leben sein wird.

Wir finden den Weg.

– 31 –

Man soll den Tag nicht vor dem Abend loben, denn erst dann weiß man, ob es ein guter oder weniger guter Tag war, und wir hoffen, dass jeder Tag ein gelungener Tag wird und wir durch unser Tun etwas Positives verzeichnen können.

Wir müssen nicht immer überheblich sein und auf unser Recht bestehen und so lösen sich manchmal die unsichtbaren und doch spürbaren Fronten, die sich aufgebaut haben.

Vielleicht überlegt man am Abend, ob man den Tag gut genutzt hat, es ist nicht nur, dass man die vorgegebene Arbeit korrekt und vorschriftsmäßig getan hat, es ist besonders auch der Umgang mit den Menschen, dieses ist das, was man selbst dazu beitragen kann, denn manchmal sind es wirklich unüberbrückbare Gefüge, die sich gebildet haben.

Vielleicht hilft ein gutes Wort, das mit dem Denken anfängt.

Denn ein gesprochenes Wort wurde von dem Gegenüber gehört und das löst in dem Menschen Gedanken und Emotionen aus, dieses gesprochene Wort kann nicht mehr zurückgeholt werden, es wurde hinaus gesagt in die Welt, und wenn es nicht gut war und wenn man eine Konfrontation, etwas Unverständliches ausgelöst hat, vielleicht Ärger, Beschimpfungen oder Beleidigungen, so hat man etwas Problematisches geschaffen. Manchmal sagt man auch etwas und meint es ganz anders, der Mensch hat einen nicht richtig verstanden, also gab es ein Missverständnis, was zuweilen die gleiche Wirkung haben kann. Beides dauert eine Zeit lang, bis man wieder die richtigen Worte findet und das Unverständliche wieder verständlich wird.

So sind wir täglich den Kleinigkeiten ausgesetzt, die schnell das Tagesgeschehen verändern können. Der Tag und das ganze Leben können von solchen Kleinigkeiten abhängen, manchmal eben von nur einem gesprochenen Wort.

Dass all unsere gesagten Worte bei den Menschen auf das richtige Verständnis stoßen, ist nicht immer so selbstverständlich.

Die ganze Welt und das ganze Schicksal hängen von gesprochenen Worten ab.

Ist es nicht manchmal so, dass man aneinander vorbeiredet? Jeder sagt seine Meinung zu einem Thema und hinterher weiß man nicht mehr, meint er oder sie nun das Gleiche oder sprechen sie von ganz anderen Dingen, und eigentlich kommt man auf keinen gemeinsamen Nenner.

Hin und wieder ist es gut, man sagt überhaupt nichts, man ist still und denkt, und damit löst sich auch manches wie von selbst.

Das ganze Leben vom Denken in seiner Ordnung, das Denken vom guten Umgang … und ein jeder, so wie man es selbst gerne hätte, soll uns durch das Leben leiten.

Ein gutes Wort kann den ganzen Tag zum Positiven wenden und dann kann man am Abend den Tag loben und sagen, heute war ein wirklich guter Tag.

So versuchen wir unser Leben zu führen. Mögen immer die richtigen Worte uns begleiten.

APRIL

-1-

Vielleicht gibt es einen Tag, an dem wir denken, etwas Neues kommt über uns, und wir machen diese Erfahrung im höheren geistigen Zusammenhang, die universalen Dinge zu verstehen, die die Welt prägen. So fügen wir uns in das göttliche Denken ein und erfahren uns selbst und die jahreszeitlichen Einflüsse, alles, was uns bewegt und uns richtig handeln lässt.

So lasst uns erfreuen an den wechselhaften Wettereinflüssen, die vom strahlenden Sonnenschein bis zum stürmischen Regen alles bringen können, und in diesem Wechsel entsteht so viel Neues, was wir sehen und erleben können. Noch ist alles offen, noch können wir alles tun, so wie der April ... der macht, was er will ... Lasst uns an jedem Tag erfreuen und uns mit offenen Augen durch die Welt gehen und lasst uns jene Kleinigkeiten finden, die das Leben gut machen. Und wenn wir im Geiste so gewachsen sind und wir vom goldenen Licht erfüllt sind, so stehen wir sicher und fest im Leben, so haben wir die Mitte gefunden, die uns im Gleichgewicht hält, und erfahren so die Größe und Allmächtigkeit der Erde und des Himmels und so sagen wir ...

Gott über alles, der dieses geschaffen hat,

der uns schützt und uns ernährt, der uns führt und uns den richtigen Weg weist, durch das ganze Jahr, durch das ganze Leben.

Und ob das so gut war, erkennt man oft erst viele Jahre später, und manchmal machen auch unsere Gedanken mit uns, was sie wollen.

Noch ist alles offen ...

Wenn am 23. März Ostern ist, geht dem eine Woche vorher der Palmsonntag voraus, das ist der Tag des Gedenkens an die Gefangenschaft Jesu, der verhört und zum Tode verurteilt wurde und der in aller Öffentlichkeit durch die Menge der Leute reiten musste, der verhöhnt und verspottet wurde, die Menschen begleiteten ihn auf dem letzten Weg, so gab es jene, die jubelten und mit Palmwedel den Weg zeigten, den nach Golgatha. Nun vergingen noch einige Tage, bis das Todesurteil vollstreckt wurde und das war eine angespannte Zeit für den Verurteilten und für die Jubelnden.

Für jene, die ihm gedanklich folgten, begann eine traurige Zeit, denn es war unumkehrbar, das Warten auf den Tod, und man mag sich kaum vorzustellen, wie es einem zumute war. Was soll man tun, wenn das Urteil gesprochen ist und man wartet, bis es vollstreckt wird? Da weiß man, es geht nicht mehr weiter, die Tage sind gezählt und bald kommt die letzte Stunde und man kann auf viele Arten sterben, dann werden die vorausgegangenen seelischen Qualen zu körperlichen Qualen, denn die Bestimmung ist eine harte.

Und es gab viele, die das Schicksal der Kreuzigung getroffen hatte und die alle über viele Tage hinweg einen unerträglichen unvorstellbaren Tod erlitten hatten.

So lasst uns denken ... Gnade den Verurteilten, dass sie ihr Leid ertragen können, so lasst die Buße von ihnen gehen und lasst sie bald in Frieden sterben, erlöst sie von ihrem Leid, dass sie heimkehren ins Reich der Toten und dass ihnen vergolten wird.

Wenn wir über die Bedeutung des Fastens nachdenken, was verzichten heißt, so kann dies zu einem traurigen Aspekt werden oder zu einem erstarkenden, wiederbelebenden und gereinigten Aspekt werden, bei dem man jene Tiefe erkannt hat und den

Weg suchen soll und den man findet und nach einer gewissen Zeit wieder unter neuen guten Voraussätzen weiterleben kann.

Die Erfahrung des Verzichtens zu machen oder machen zu müssen, ob selbst gewählt oder erzwungen, also ob sich eine unter einem zwanghaften Verhalten ausgelöste Situation entwickelt oder dahingezogen wird, ist eine Dramatik im Leben und vielleicht der Weg zum Tode.

Es kann ein Verzichten sein oder auch ein Nicht-Wollen oder eine aussichtslose Lage, die sich entwickelt hat. Vielleicht hat man ein todbringendes Umfeld und wandelt auf diesen Spuren und man weiß nicht warum, so umgeben einen „böse Menschen", jene, die Abtrünniges im Schilde führen, die sich mit dunklen Mächten verstehen und einen über das noch Positive instruieren, obwohl es der Weg ins Finstere ist. Vielleicht kann man sich nicht vorstellen, welches Leid dadurch ausgelöst wird, wenn diese ein Opfer für ihre Boshaftigkeit gefunden haben und es ausleben.

Ist man nun einmal verfangen, verhangen in einem sich immer wieder verstärkenden Sog nach unten, gibt es kaum ein entkommen, man will nichts mehr, man löst sich von allem ungewollt und vielleicht sucht man einen anderen Ort auf und lässt alles hinter sich, was man hatte, man verzichtet ungewollt, weil man Verfolger auf sich gezogen hat oder diese sich anhängten. Sie haben zerstörende Kräfte und abtrünnige Gedanken und wollen alles vernichten, so kann es geschehen sein, oder man hat sich ungewollt aus Unwissenheit selbst verfangen oder man ist in jene Machenschaften hineingeraten. Vielleicht wird unschuldig nun schuldig gemacht.

Alles verlassen und bei Wasser und Brot in die oder durch die Wüste ziehen, ein Weg, der ein Zurück schwer macht, es zieht einen weg und man bleibt in der Wüste und wird früher oder später umkommen und geht man zurück, wird die Verfolgung vielleicht wieder einsetzen, und so hat man noch die Wahl zu verhungern und zu verdursten oder den Verfolgern in die Hände zu fallen und so auf all die Folgen zu warten, was kommen wird.

Wie auch immer, es haben sich ausweglose Situationen gebildet, Konstellationen von Menschen gemacht, die sich ausleben oder eine Schuld suchen und finden und so sich oft selbst mitschuldig machen – ein Verhängnis.

Sind wir nicht den schicksalsbringenden Bewegungen ausgeliefert, ob wir schuldig oder unschuldig hineingeraten sind, hineingezogen wurden, und ergeben sich nicht zweifelhafte Gedanken an dem Geschehen? Wem sind wir ausgeliefert?

Wer kann diese Frage beantworten?

– 4 –

Hätte der Mensch sich nicht niederlassen können, ohne das Fleisch zu essen und fremdes Blut zu trinken und so zwangloser und befreiter zu leben, ohne das Leben zu nehmen, das Gott gegeben hat? Hätte der Mensch nicht selbst den Weg des Blutes gewählt und so vieles provoziert – die Krankheiten des Blutes und des Kopfes –,bliebe uns vielleicht vieles erspart.

Nun, seit etwa 10.000 Jahren, als die Sesshaftigkeit begann, wurde alles besser, von den kleinen Ansiedelungen bis zur Bildung von Städten, etwa 3.500 v. Chr. und um die Zeit 0 war es schon ähnlich wie heute: die ganze Infrastruktur des Landes, überall Straßen, Paläste und Tempel, Häuser, Villen, Schwimmbäder, Geschäfte, Marmor, Schmuck, Gold und Edelsteine, feine Stoffe und viele Schiffe auf dem Meer, die Waren aus der ganzen Welt bringen konnten. Die Menschen essen und leben im Überfluss, natürlich ist der Großteil der Bevölkerung in einfachen Verhältnissen untergebracht, doch Feldbau und Viehzucht ermöglichen ihre Existenz, es gibt Tausch, Handel und Bezahlung in Naturalien, Silber und anderen Münzen. Alles, was sich historisch ereignet, wird dokumentiert, schon seit den Anfängen vor 3.000 Jahren v. Chr., und auch die Verurteilungen und Verhöre von Gefangenen werden aufgeschrieben.

Die Menschen leben in kleinen oder größeren Hütten oder Häuser oder Villen, leben und arbeiten, um die Familien zu ernähren und die Abgaben an den Staat zu leisten, das beschreibt die Menschen mit den Viehherden in den warmen Mittelmeerländern.

In den Ländern vor den Alpen – was als unser heutiges Land bezeichnet wird – ist es noch viel kälter mit langen Wintern, jene haben erst viel später Tiere domestiziert und Feldbau betrieben, diese lebten in noch schlechteren und einfacheren Verhältnissen. Diese Zentren konnten nur in warmen Gebieten an Flüssen entstehen, die älteste Ansiedelung ist Jericho mit 10.000 Jahren.

Seit etwa 3.400 Jahren seit der Vereinigung Ober- und Unterägyptens gibt es immer mehr kriegerische Auseinandersetzungen und wo es Menschen verschiedener Herkunft gibt, leben diese nicht nur in ziemlich schlechten lebensfeindlichen Unterkünften, sie haben auch grausame Rituale und Opferungen, es gibt Hinrichtungen, all jene Entwicklungen, die wir kaum nachvollziehen und verstehen können, die Menschen können sich kaum noch an Grausamkeit übertrumpfen und was mag dem vorausgegangen sein, um dem Leben solch ein schmerzhaftes und qualvolles Ende zu bereiten, all die Todesarten, die es gibt, sind unvorstellbar, Orte und Straßen der Hingerichteten und uns selbst zum Leiden bringt mit denen, die es betroffen hat. Es gibt nichts Grausameres und Vernichtenderes als den Menschen in solch schlimmen Auswüchsen und Ausuferungen, dass so viele Leben getötet und geopfert wurden.

Man kann nicht sagen, dass dies alles grundlose Ereignisse waren, denn was könnte den Menschen dazu bewegen?

Welch eine Niederträchtigkeit – der entartete Mensch.

– 5 –

Die Zeit der Bürgerkriege, der territorialen Eroberungen nahm kein Ende. Reichsbildung und Stabilisierung der Grenzen und doch eine gute Versorgung des Landes, des Reiches, der Stadt, soziale Einrichtungen und Speisungen der Armen, das gab es in dieser Zeit schon, es war die cäsarische Zeit bis zur Zeit der Kreuzigung Jesu von Nazareth.

Es gab Sklaven für die Arbeit und Gefangene aus den Reichseroberungen, die in Arbeitsdiensten und in Unterhaltungsspielen in den Arenen eingesetzt wurden und die zum Tode verurteilt waren.

Es waren Todesspiele und die Menschen hatten Spaß und Freude dabei – Unterhaltung, Hinrichtungen als Schau, die Menschen konnten dies sehen, ohne Skrupel und schlechtes Gewissen zu haben. Todesspiele und Hinrichtungsspiele in der Öffentlichkeit für Schaulustige waren dann gegeben, wenn der Mensch Blut sehen konnte, ich weiß nicht, wie das noch möglich war, beim Tode und Fließen von Blut noch zu jubeln, und es waren sehr viele zum Tode verurteilt, dieses konnte im Einzelnen in der Zelle geschehen oder auch als Bloßstellung in der Öffentlichkeit und was war belastender als unter Jubel und Spott zu sterben!

Durch die fast aussichtslosen kämpferischen Spiele in der Arena konnte es unter gewissen Umständen doch geschehen, dass man begnadigt wurde.

Wir wissen nicht, mit welchen Begründungen die Menschen zum Tode verurteilt wurden.

Wie verändert der Mensch doch ist und was er an Erlebten und Gedanken mit sich hineinnimmt in den Tod.

Tod und Todesarten haben sich verbreitet, es lag in der Luft und konnte sich niederschlagen. Eigentlich waren diese Zeiten gefährlich, in Angst und Schrecken konnte man da leben mit dem Gedanken, jeden Tag zu Tode zu kommen durch Gesetz und Bestimmungen des Reiches oder durch vagabundierendes Gesindel, Straßen der Kreuze und Kreuzigungen durchzogen das ganze Reich.

Es war schon wirklich so, dass es viele Abtrünnige, Revolten, Aufstände und staatsschürende Menschen gab, und die Sicherheit konnte immer nur durch neue Gesetze und Vorschriften gewährleistet werden, und die Verurteilungen waren rechtmäßig, für manche konnte die Gesetzmäßigkeit nicht hart genug sein.

Das ist die Entwicklung der Menschheit und daran hat sich bis heute nicht viel geändert.

Wer zu dieser Zeit zum Tode verurteilt wurde, dem stand ein schlimmer grausamer Tod bevor, man hatte zuvor schon bis zur Hinrichtung in der Arena oder am Kreuz eine sehr schwere Last zu tragen, und dieses Leid an der Person ist unvorstellbar und wir wollen hoffen, dass die Relationen zur Tat stimmen.

Es gibt Zeiten, wo Menschen sich ausleben, wo jene Ruhe und Ordnung erkämpft werden müssen, doch wir müssen mit den Kontroversen leben, und dies zu besänftigen, das macht das Leben aus.

Alles zu seiner Zeit.

– 6 –

Wir haben noch den Tag vor den Feiertagen und überall in den Geschäften und auf den Straßen ist Hochbetrieb, überall wird noch viel eingekauft und einige fahren auch in den Urlaub.

Überall werden nach der Frühjahrsreinigung die Gärten für die Kinder hergerichtet, die gerne draußen ihre Osterhasen im Gebüsch suchen, das Haus ist geputzt und schon für die Gäste eingedeckt und überall stehen blühende Blumen und wir hoffen auf gutes Wetter. Überall im Land werden in den Kirchen schwarze Laken über den Altar gelegt und die Menschen kommen zum 12-stündigen Gebet. Noch ist nicht Ostern, denn viele gehen noch zur Arbeit und sind froh, dann einige freie Tage zu haben, und es sind Schulferien. Erst am Abend nimmt es ab, der letzte Stresstag, und nun will man sich geistig vorbereiten.

Ich weiß nicht, ob heute noch jemand daran denkt, wie viele Gefangene auf ihre letzte Stunde warteten, und es ist noch so allgegenwärtig, denn das gibt es heute noch.

Man mag sich die Frage stellen – warum?

Wir können das heute nicht mehr nachvollziehen, was zu dieser Zeit alles zum Tode führte, und wenn man sich mit diesem Mysterium beschäftigt, stößt man auf Grenzen, denn um zum Tode verurteilt zu werden, müssen einige Dinge vorausgehen, die einer Tatsache, einem Akt entsprechen. Vielleicht ist es die Schwere der Nachvollziehbarkeit des Zu-Tode-Kommens und von allem, was das umgibt.

Man muss nicht alles verstehen.

– 7 –

Vielleicht ging es in jener Zeit noch mehr Menschen ähnlich, es wurde bestimmt und ausgeführt.

Sicher gab es auch Menschen, die einen Tatbestand nachzuweisen hatten, und ein jeder musste für sein Verbrechen, ob es nun Diebstahl oder Mord war, eine gerechte Verurteilung bekommen. Und nun sind 2.000 Jahre vergangen und erst ab 324 n. Chr. wurde dieses österliche Geschehen festgeschrieben, sodass jedes Jahr mit dem Palmsonntag beginnend die leidvolle Nachempfindung des Kreuzweges in der christlichen Tradition nachvollzogen wird. So durchlaufen wir die Stationen, die mit dem 12-stündigen Gebet zuvor beginnen, diese Orte der sichtbaren Bilderreihe, und versuchen zu verstehen, durch welches Leid Jesus erlöst werden soll und somit er die Welt erlösen will – die Welt retten will.

Nun, er trug sein eigenes unsagbar schweres Kreuz den Weg bis zur letzten Station hinauf, ein qualvoller Weg, auf dem er zusammenbrach und Blut und Wasser schwitzte aus Angst und aufgrund der Demütigungen der vielen Menschen, von denen er vielleicht vorher geglaubt hatte, sie seien ihm wohl gesonnen, und was war schlimmer als zu spüren, dass man mehr und viele Feinde hatte, von denen man es nicht erwartet hätte. Er war ein Mensch, der von Gott redete und er heilte Kranke von ihrem Leid und er speiste die Menschen mit dem Brot und den Fischen in seiner Bergpredigt.

Warum hat man ihn zum Tode verurteilt?

Er starb um die 9. Stunde des Tages mit Gott, dem Allmächtigen.

„... lass den Kelch an mir vorüber gehen ...“

In diesen Stunden des Lebens denkt man an nichts als nur, dass bald das Leid und die Schmerzen ein Ende nehmen, und warum soll man noch an Gott denken, wenn das Leben am Kreuz endet – vielleicht auch nur, dass ein schneller Tod herbei kommt.

Und in diesem Zustand kann man schnell sterben oder auch noch lange leben.

Erlöse uns von den Qualen, von all den Schmerzen und von all dem Leid, das uns angetan wird, und wir nicht wissen warum.

Und wenn man weiß warum, wenn man sich einer Tat schuldig gemacht hat, so kann man verstehen, dass Leid über einen kommt und man kann nichts mehr ändern. Ist man sich einer Tat bewusst, kann man fliehen oder man wird gefangen genommen und zur Buße verurteilt. Lass uns die Fehler, die wir begangen haben, wieder gut machen, sei es im Denken oder auch in der Umsetzung, denn manchmal ist das noch möglich.

Lass uns die Worte, die man gesagt hat, überdenken und in anderer Weise formulieren, Worte gegen eine Person oder gegen Gott, lass uns besinnen, ob die Dinge wirklich so sind. Vielleicht können wir das in einer Buße wieder guttun.

Gott möge uns all die Beleidigungen, all die Missachtungen seiner Schöpfung verzeihen, wir büßen für unsere Schuld, für unsere Verfehlungen, für all das Leid, das wir geschaffen haben.

Gott möge uns verzeihen.

Und wer sich heute am Sonntag des Festes nicht richtig vorbereitet hat oder den Tag nicht im Sinne der kirchlichen Vorstellungen genutzt hat, dem bleibt noch der Montag danach, wo alle wie gewohnt zur heiligen Messe gehen und die bunte frohe Farbenpracht um die Altäre bewundern. Die Kirchen sind geschmückt und eine hohe Anzahl an Messdienern trägt die Fahnen in einer Prozession durch die Kirche.

An den Hochfeiertagen kommen viel mehr Besucher, wesentlich mehr als sonst an den Sonntagen, und manchmal erinnert man sich an den Feiertagen an die ursprünglichen Ereignisse.

Es ist ein Fest, das von den Familien und Verwandten gefeiert wird, und wie bei den meisten haben die Kinder die größte Freude. Von nun an denkt man, wie draußen alles geordnet ist und neu hergerichtet wurde, der Garten muss vorher schon aufgeräumt sein, die Sträucher und Bäume schon geschnitten und überall sind Frühlingsboten sichtbar, noch einige unscheinbare Winterblüher, die jetzt langsam dem Ende entgegengehen, und die kleine Rasenfläche mit den bunten Ostersachen laden ein. Jetzt wird es Zeit, den Boden für das Gemüse vorzubereiten – sonst schafft man das nicht mehr und schon wieder drängt einem die Arbeit.

Trotz allem sitzt man zu Hause in einer feierlichen gepflegten Runde beim Mittagstisch oder meistens in einem Restaurant, wenn man noch einen Platz bekommt, ansonsten ist es am feierlichsten zuhause mit den geschmückten Ostersträußen und den gestickten Osterdecken mit den Schokoladenhasen oder mit den aus Teig gebackenen Osterhasen.

Wie schaffen eine herrliche frühjahrshafte österliche Atmosphäre, wenn wir eine grasgrüne Tischdecke haben und darauf Dekoratives stellen, kleine Osterglocken und einige verteilte Blütenblättchen, wir haben bunte Servietten und feine weiße Teller, ein Hauch von Garten und der einladende Duft des Osteressens warten darauf, nun von jedem das Neueste zu erfahren – und alles ergibt wieder ein schönes Erinnerungsbild.

Es ist wie immer ein herrlicher Tag, wenn die Sonne scheint, und das Essen kann kaum besser sein, dieses Jahr ist es noch gelungener als im letzten, die Dekoration des Tisches und des ganzen Zimmers erfüllt uns mit Freude, denn es ist ein Fest der Erneuerung.

Und so wollen wir uns auch froh durch das Jahr bewegen, es möge uns erfreuen, es möge uns manchmal aufhorchen lassen, wir mögen hinaufsehen in den Himmel, denn mit dem Tode endet das Leid, und wenn der Tote aufgefahren ist, so möge das eine Erlösung sein.

So möge auch unsere Seele gerettet und gereinigt werden.

Und was denken wir wirklich?

Es ist ein frohes Familienfest an einem Hochfeiertag, an dem wir hoffen, dass das Wetter trocken und warm ist und dass man mit den Kindern in den Garten gehen kann.

Wir nutzen die freie Zeit, uns zu erholen, um nach den Feiertagen unsere Arbeit weiter verrichten zu können.

– 10 –

Natürlich spüren wir nichts von dem Tode und von den Leiden und es ist auch keine Erinnerung an derart Geschehenem möglich als nur ein Denken an das Überlieferte und an den Buße tuenden Gang des zu erlebenden Kreuzweges des Karfreitags, und wenn wir in diesem Sinn unsere eigenen Vergehen überdenken, so können wir das im Gebet wieder guttun und den Tag der Auferstehung als sehr symbolträchtig wieder besser verstehen und uns gut fühlen, mit dem überdachten Gewissen wieder bereinigt zu sein.

Natürlich sind zu dieser Zeit viele Tausende so gestorben, weil es eine übliche Vorgehensweise für verschiedene Vergehen war. Der Mensch hat den Tod in die Welt gebracht, indem er ohne Grund tötete, rohes Fleisch aß und fremdes Blut trank, und fortan wusste er um den herbeigeführten gewaltsamen Tod erst an Tieren dann am Menschen, und aus dem Töten heraus entwickelten sich vielerlei Möglichkeiten erst von grausamen Ritualen bis hin zur ersten Gesetzgebung, bei der die, die zu Tode gebracht hatten, mit verschiedenen Schweregraden verurteilt wurden.

Nach der ersten Menschentötung, wo es nur um Mundraub und das Haben-Wollen einer Beute aus Habgier gehen konnte, gab es zunehmend barbarische Überfälle, wo Personen dahingemordet wurden, und Trophäen erhöhten die Mutigkeit und den Sieg über Tiere und auch Menschen, und die Zeiten und be-

stimmte Gebiete der Dominanz zeigten die Köpfe der Besieg-
ten, die aufgestellt wurden, Überfälle und unkontrollierte destruktive Bewegungen mit einem undefinierbaren Grundmuster
der Gedanken zu jener Zeit bildeten sich immer zu Raubzügen,
die alles mitnahmen, was nicht niet- und nagelfest war, Kinder
und Frauen raubten sie und Hütten zerstörten sie.

Da kann man sagen, diese armen Menschen wurden einfach
aufgrund niedriger Beweggründe oder chaotischer Zustände zum
Tode verurteilt, wenn ganze Volksstämme sich bewegten und Land
beanspruchten, und das hat sich bis heute – sagen wir –etwas geändert. Mit den ersten Reichsbildungen ab 3.400 v. Chr. über das
Perserreich und das Römische Reich wurden die bis dahin wirklich entsetzlichen grausamen Tötungsarten der wilden Stämme
von der Kreuzigung abgelöst, die zwar auch unter unsagbaren
Qualen zum Tode führte, aber fast noch besser war, als barba-
risch gefoltert zu werden, denn denen ging es um das Besiegen.

Hätte der Mensch das nie erfunden, könnten wir vielleicht
friedlich nebeneinander leben, denn das Fleisch, das Eiweiß und
das Blut haben den Menschen im Kopf verändert, es veränderte
sich das Denken und das Verhalten und es stellte sich eine ganz
neue Richtung ein, fortan konnte der Mensch sich selbst vernichten, unaufhörlich, denn wer den Tod in die Welt gebracht
hat, muss auch damit leben, und wir tragen immer schwer.

Vielleicht können wir uns wieder langsam davon entfernen?
Wir haben keinen Grund, warum wir weiterhin Fleisch essen!

Der Tod und das Leben.

- 11 -

… Tod, wo ist dein Stachel …!

Das sind solch schwere Belastungen, die wir in das Leben
mitbringen, dass daraus alles Unglück, Schicksal und Tod entsteht. Der Tod hat so viele Facetten, wie es Menschen gibt, und

der Stachel sind die Krankheiten, die uns ereilen und uns mit dem Tod konfrontieren, denn bis in die Zeit 200.000 Jahre zuvor gab es weder Tod, der gewaltsam herbeigeführt wurde, noch den „Stachel" der daraus resultierten Folgen.

Es gab ein zeitbedingtes Sterben, wie es ein zeitbedingtes Geboren-Werden gibt, und ist die Zeit des Lebens abgelaufen, so mag man in Ruhe und Frieden einschlafen, so wie man gekommen ist, still und froh, friedlich unauffällig.

Gäbe es sonst die Geschichte der Ereignisse und die Überlieferungen der Heiligen Schrift, in denen es genau steht, dass der Mensch als pflanzenessendes Wesen geboren wurde und womit er sich ernährte, und nicht als ein alles vertilgender Karnivore.

Nur deshalb brauchen wir so viele Gesetze, die sich mit Tod und dem Töten und Mord beschäftigen, und so viele Vorschriften zur geeigneten Tierhaltung, Hygiene und zur Vermarktung, und deshalb brauchen wir auch so vieles, was die damit verbundene Entstehung der Erkrankungen und Seuchen betrifft, die erkannt werden und richtig behandelt müssen, und wir brauchen Empfehlungen zur Prophylaxe und Maßnahmen zur Seuchendezimierung, das heißt, viele dieser Erkrankungen sind nahezu ausgerottet.

Nicht umsonst brauchen wir die ethischen Denkansätze, die uns daran erinnern, das Leben zu erhalten, zu achten und alles zu tun, was das Leben fördert, nicht zu töten,und auch nichts zu nutzen, was den Tod herbeiführt oder die natürliche Lebensweise in dem Maße verändert, was letztendlich zum Tode führt. Es mag so sein, dass sich jegliche Veränderung in der Natur in anderen Leben widerspiegelt und wir dieses als Erdenkarma erleben. Es mögen selbstauslösende Mechanismen sein, wenn die Welt von Tod und Blut voll ist, wird es Kriege geben, weil sich das Denken verändert hat, ist das die Situation, so findet man nicht mehr die richtigen Wege der Konservation, es bauen sich immer neue Hürden und Unverständliches auf, es entstehen unglückliche Verkettungen und Wortdiskriminierungen und es bilden sich Gründe, die eine unausweichliche Konfrontation schaffen, die in dem Maße auftreten, die Revolte, Bürgerkrieg oder grenzüberschreitenden Krieg auslösen, wo alle Waffen eingesetzt werden können und das Blut von Unschuldigen und Schuldigen in Strömen fließt.

Natürlich trägt der Mensch alleine die Verantwortung und auch die Schuld, wenn es zu solch einem Ausmaß kommt, und es ist schwer zu verstehen, was es bedeutet, die Menschen müssen ein Ausgleich sein, das Erdenkarma ist zu schwierig, ebenso nach dem Willen Gottes zu leben als auch nur ein lebensbejahender pflichtbewusster Mensch zu sein. – Und alle fragen nach der Schuld.

- 12 -

Wer nie etwas tötet, hat sich auch nicht schuldig gemacht, wer sich nie an Getötetem labt, der hat auch nicht den Stachel des Todes in sich. Die Menschen sind verändert, haben sich verändert. Natürlich wissen wir nicht, ob wir uns so entwickeln würden, wie die frei lebenden Tierbestände, wo keine Art überhandnimmt, die ihre Wege ziehen, und der Bestand sei bestimmt und wie viel zum Leben möglich ist.

Ab der Zeit vor etwa 2,5 Millionen Jahren gab es einige verschiedene Arten von Menschen, diese lebten einige hunderttausend Jahre lang und sind ausgestorben und eine neue Art von Menschen ist entstanden, ebenso wie viele Tierarten, und alle haben sich weiterentwickelt und wir sagen, diese stammen von denen ab. Die Arten, die als pflanzen- oder fleischfressende geboren werden, bleiben dies immer, und so sind sie gesund und stabil. Der Homo sapiens hat es vom Neandertaler übernommen und wir moderne Menschen vom Homo sapiens, dieses Fressen und Essen des Fleisches, und wir sind verändert in der Genetität.

Wie lange es diesen heutigen Menschen noch geben wird?

Wir können getrost schon auf die Endzeit sehen, denn wir haben alle Attribute zum Aussterben beziehungsweise zur Selbstvernichtung in kurzer Zeit. Und so wird es auch kommen und unser Schicksal auf Erden ist besiegelt mit den zu erwartenden Ereignissen und dann können wir fragen ...

Wer hat das getan ...?

- 13 -

So ist unser tägliches Leben ...

Natürlich hat kein Mensch etwas getan, wer weiß schon, was die getan haben, die uns lehren oder über die etwas überliefert und dokumentiert wurde.

Wir leben so in den fließenden Lehren der Zeit, wenn wir davon ausgehen, nach gutem Wissen und Gewissen zu leben und uns an die Ordnungen und Gesetze zu halten und die Vorschriften zu beachten. Dann hat man eigentlich nichts im Sinne der Gesetzmäßigkeit getan. Das ist auch relativ einfach, weil man stets nachlesen kann, wenn man etwas nicht genau weiß, und selbst das ist in unserer heutigen Zeit auch nicht immer so einfach, das viele Kleingedruckte und Unverständliche zu verstehen, auch wenn wir alle möglichen modernen Geräte haben, um uns kundig zu machen, wird es immer schwieriger, alle Vorschriften zu beachten.

Das Wichtigste ist, dass man sich im Straßenverkehr in dem manchmal unüberschaubaren Schilderwald noch auskennt und sich zurechtfindet und richtig bewegen kann, mit einem vorschriftsmäßigen TÜV-geprüften Wagen kommt man dann gut ans Ziel.

Und dass sich die anderen Straßenteilnehmer auch etwas defensiver verhalten, und so kann vieles verhindert werden.

Und das Zweitwichtigste oder als Erstes, dass man überhaupt richtig lesen und schreiben kann, um sich in diesem Gesetzesberg durchzuarbeiten. Da hat man auch noch nichts getan, als sich nur zu informieren und sich zurechtzufinden.

Wenn etwas geschehen ist, können wir sagen oder fragen, warum nicht vorschriftsmäßig gehandelt wurde oder warum die Gesetze missachtet wurden.

Wenn das immer alles so einfach wäre.

Wir leben in einem wohlgeordneten Land, in dem es jedem möglich ist, richtig zu leben und sich kundig zu machen.

Die meisten der Abweichungen sind unvorhergesehene Zwischenfälle, die auf ungünstige Konstellationen zurückzuführen sind, die durch unglückliche Verkettungen entstanden sind, die meisten haben sich von jetzt auf nachher ereignet, also schicksalhafte Wendungen ohne einen bewussten, mit Vorsatz herbeigeführten Grund. Natürlich wird auch hier gefragt: Wer hat das getan?

Es wird auch erörtert, warum sich solche Unglücksfälle manchmal ereignen können, doch man sieht, wie schwer es sein kann, Recht zu sprechen, wenn sich einfach eine ungünstige Konstellation schuldlos ergeben hat, in die man hineingeraten ist, und nun schuldig gesprochen wird. In den allermeisten Fällen hat man nicht gezielt mit Vorsatz gehandelt.

Wir können nicht immer davon ausgehen, dass es auch Personen gibt, die widergesetzlich Menschen, Tieren und Gegenständen Schaden zufügen. Das sind dann schwere Verstöße des Gesetzes, die wesentlich härter bestraft werden müssen, denn diese wären vermeidbar gewesen.

Das sind dann Menschen, die wirklich etwas getan haben.

- 14 -

So kann das alles sein ...

Natürlich spricht kein Mensch von den unglücklichen Verkettungen, die schicksalhaft eingetreten sind, wie die Unfälle in unserem Land mit Todesfolge, die sich jährlich ereignen, deren Zahl, wenn viel geschieht, wischen 2.500 und 3.400 liegt.

Ebenso viele Todesfälle, etwa gleich viel wie auf den Straßen, ereignen sich im Haushalt, ebenso viele Verletzte, deren Zahl etwa 165.000 ist, die wieder genesen sind und/oder mit Sachschäden davongekommen sind.

Für diese vorsatzlosen Todesfälle findet sich auch immer ein Paragraf, der dann die Folgen regelt. Und manchmal sind es so fragwürdige Begründungen, doch wie soll ein entstandener Tod erklärt und geregelt werden, sowohl für den Verursacher als auch für den Betroffenen, das beschreibt manchmal wirklich die Sensibilität und das Auslegen von Vorschriften und Gesetzen, wo man den Kopf schüttelt, für beide sind es schwere Belastungen und man muss weiterhin im Leben zurechtkommen.

Wir hören zuweilen von Ereignissen, bei denen viele Menschen auf einmal umkommen können, wenn sich im Laufe der Zeit die Qualität der baulichen Gebilde oder der Technik verändert, die sich abgenutzt haben oder veraltet sind, und wenn es durch Baufälligkeit oder Ausfall zu unvorhergesehenen tragischen Todesfällen kommt und man fassungslos geschockt vor aller Dramatik steht. Sei dies nun ein Hauseinsturz, Brückenbruch oder Flugzeugunfall und Bahnereignis, bei denen niemand etwas getan oder zumindest nicht mit Vorsatz gehandelt hat, und auch hier muss nun jemand zur Verantwortung gezogen und verurteilt werden, und dann heißt es ... aus menschlichem oder technischem Versagen ...

Vielleicht können die Toten erst richtig beklagt werden, wenn man weiß warum, doch einen Trost gibt es nicht, auch nicht, wenn man den Grund kennt, als nur ein baulicher oder technischer Mangel, der entstanden ist. Und das wäre zu vermeiden gewesen bei der Wartung ... das wäre zu vermeiden gewesen, hätte man sich zur Unglückszeit nicht an diesem Orte befunden ... Ja, so wäre es gewesen.

Und wenn sich aus heiterem Himmel die Urgewalten zusammenziehen und ihre Kraft und Macht zeigen und wenn terroristische Katastrophen alles Bauliche zerstören und viele Todesopfer zu beklagen sind, da hat auch niemand etwas getan, einzig könnte man sagen, man wohnt in einem prädisponierten Gebiet, wo Verschiedenes zu erwarten möglich ist.

Da findet sich kein Schuldiger.

Sind wir nicht alltäglich so vielen Gefahren ausgesetzt und leben wir nicht gefährlich und unsicher?

Wir wollen immer denken, dass alles in seine Ordnung kommt, und wenn jeder ein wenig Rücksicht und Umsicht hat, kann vieles vermieden werden.

Das Ungewisse.

– 15 –

Wir leben nun wirklich gefährlich unsicher und sind dem Tode, der überall lauert und überall anzutreffen ist, ausgesetzt und ausgeliefert, wir werden jeden Tag damit konfrontiert und es ist auch sichtbar. Der Tod, der kommt in der Stadt, wo wir wohnen, von jenen, die jeden Tag sterben, und manchmal betrifft es einen persönlich, ansonsten kann man nur davon erzählen oder im Orts- oder Stadtgeschehen lesen.

Jeden Tag werden wir mit dem Tod konfrontiert, das erfüllt, weil es uns möglich ist, die Nachrichten aus aller Welt zu erfahren, meistens geht es spurlos an uns vorüber, allenfalls sagen wir, ... was es doch alles gibt ...

Jeden Tag, wenn wir einkaufen gehen und Totes mitnehmen, verlieren wir ein Stück des Lebens, des Todes und des Blutes. Die Menschen essen das tote Fleisch mit den Zellen des letzten Gedächtnisses, was oft ein nicht gutes Leben war, ob Mensch oder Tier und selbst bei einem Kleinkind bleibt die Prägung des Lebens vom ersten Tag an, dazu muss man nicht denken, denn die Zellen des Körpers erreichen die erlebte Umwelt über die Nervensensoren und lagern oder deponieren die Umwelteinflüsse nicht nur im Gehirn, sondern im ganzen Körper ein, der aus Millionen von Zellen besteht. Alles, was zur Beeinträchtigung der Lebensqualität führt, wird ins Gedächtnis gesetzt und findet so einen Ausgangspunkt für das Verhalten und die Möglichkeit der Veranlagung bestimmter Erkrankungen.

Eine schlechte Tierhaltung ergibt immer eine mindere Qualität mit schwer belasteten Zellen. Tiere mit hohen Belastungen, also mit keiner guten Haltung, sind gestresste Tiere, diese haben oft veränderte Blutwerte, schwankende Hormonwerte und ein nicht sehr stabiles Nervensystem. Es können nicht alle Tiere auf alle Erkrankungen untersucht werden, denn es sind Millionen, die jährlich geschlachtet werden, und sind diese Faktoren schon gegeben, entwickelt sich schnell die ganze Kaskade von Erkrankungen, die möglich sind – Hormone, Nerven und Entzündungswerte, die uns fast epidemisch täglich beim Verzehr von Totem befallen.

Alleine das zu wissen, redet einem ins Gewissen, und die Zusammenhänge sind weitaus noch komplizierter, aber es gibt keinen Zweifel daran, dass, wenn man sich mit Krankem umgibt, man sehr anfällig wird, und es fängt ganz langsam und harmlos an. Zu Tode Gekommenes ist nicht einfach etwas wie Gestorbenes, es sind die menschlichen gewaltsamen Einflüsse und die des ungünstigen Lebens von einer unwürdigen Bedingung. Diese Faktoren machen das Leben aus und können übertragbar sein.

Wir gehen davon aus, bevor der Tod in die Welt kam, dass Mensch und Tier gesund waren, jeder in seiner Rasse und in seiner Art.

Die Gattung Mensch veränderte sich selbst.

Wer hat etwas getan?

- 16 -

Gut, dass wir denken können ...

Wenn wir auf etwas treffen, was uns zum Denken anregt, ist es gut, denn oft hat es einen Sinn, das heißt, wir machen uns Gedanken über etwas Gehörtes oder Gesehenes und denken, was wir wollen, wir bilden uns eine Meinung und ordnen es ein, ob dieses gut oder weniger gut ist. Manchmal verfolgt uns ein Gedanke lange und immer wieder, was vielleicht bedeuten könnte, dieses Thema ist nicht richtig verarbeitet oder die Einstellung ist nicht richtig, das alles muss neu überdacht und optimiert werden.

Wir lösen die womöglich aufkommenden Konflikte oder Probleme, das heißt, wir suchen nach Lösungen.

Manche haben vieles zu bewältigen und viele kommen gut zurecht. Es ist gut, wenn man eine gute Meinung hat, ein gutes Denken im Sinne der Zuordnung, im Sinne der sozialen Ordnung und in der Ethik. Die Gedanken bilden sich aus dem Gehörten, Gelesenen und Gesprochenen und daraus, was dem Gehirn bereits an Erfahrung bereitsteht, was wir im täglichen Geschehen erlebt haben und was die Seele tatsächlich empfindet, dieses wird geprägt, das heißt, es bleibt wie festgeschrieben und wir können uns daran erinnern, auch wenn es schon lange her ist. Deshalb ist es gut, man lernt als Kind schon das richtige Verhalten, das richtige gute Denken, man hat eine gute Erziehung und eine positive Einstellung zum angeborenen Glauben, und so kann das Kind richtig in den täglichen Informationsfluss der Medien hineinwachsen, was heute alles in allen Bereichen gegeben wird, und es gilt, das Richtige für jeden zu finden, was eine gesunde und vernünftige Meinungsbildung ausmacht, das heißt, die richtige Einstellung zu etwas haben, dieses wird erzählt und anerzogen.

Das sind jahrelange Lernprozesse, die mit dem Erfahrung-Sammeln zu tun haben, die mit Bildung etwas zu tun haben, mit der Religiosität und dem Staat, und um das alles zu verstehen, sind gewisse Richtlinien im Leben von Bedeutung. Nur so können Umgebung und Umwelt mit allem, was lebt, als ein Kreislauf von Kommen und Gehen im universellen Gesamtgeschehen verstanden werden, alles in einem Zusammenhang zu sehen und zu verstehen, ist ein ganzheitliches umfassendes Wissen.

Das alles in einem zu sehen, wo alles miteinander verwoben ist, und das lebensbejahende Fließen der universellen Strömungen zu erkennen und sich als ein Teil des Ganzen richtig ein-zufügen, ist eine hohe Anforderung des Denkens, dies als die Schöpfung in ihrem ganzen Entstehen, in ihrem ganzen Sein anzuerkennen.

Und ist man in diesen Gedanken gegangen, so ist es dem Denken förderlich, und wir wollen immer richtig denken.

Das Naturwissenschaftliche, was wir errechnet und erforscht haben, hat einen schöpferischen Ursprung, und wir können die Dinge nach unserer Einstellung auslegen.

So hat alles Bestand.

- 17 -

Wie kann man richtig denken?

Das frage ich mich auch!

Natürlich denkt jeder richtig. ... ich denke, morgen gehe ich einkaufen ... und schreibe auf, was zu erledigen ist, und wenn man ohne Aufschreiben alles erledigt, so hat man doch richtig gedacht, sonst wüsste man im Geschäft nicht mehr, was man braucht.

Doch es ist so, wenn man durch die Regale geht und jeden Artikel sieht, erinnert sich das Gehirn daran, was fehlt, denn man hat zuvor gedacht, das muss ich kaufen.

So ist der tägliche Informationsfluss, wir lesen immer wieder und sehen oftmals das Gleiche und doch ist es jedes Mal anders, das Gehirn braucht Möglichkeiten der Kombinationen, der Informationsbildung und die Ruhe, um es verarbeiten zu können, es umzusetzen und daraus Neues zu bilden, beim Sehen und Denken also bilden sich neue Kombinationen, die man selbst erarbeitet.

Wenn man viel liest und hinterher weiß, was man gelesen hat, das ist Erinnern und das ist bei den allermeisten Menschen in verschiedenem Maße möglich. Ein gutes förderndes Denken im Sinne von geisteswissenschaftlichen Aspekten ist oft erst in späteren Jahren möglich, wenn einige Erfahrungen im Leben geschafft sind und man weiß, warum man Verschiedenes erlebt hat, und auch die Erfahrung dessen, was zu verhindern möglich gewesen wäre.

Man hat sich gebildet und gut in das geistige universelle Denken eingewoben und lernt alles in einem Zusammenhang zu sehen, den Sinn des empirischen Lebens zu interpretieren, wenn man weiß, woher wir kommen und wohin das alles geht, und man kann sich eine Meinung bilden, ob jene menschliche Entwicklung eine gute ist, und all die Folgen verstehen, die sich bei einer stetig wachsenden Gemeinschaft bilden, und das sich schwingende kollektive Denken oder auch jene Einzelmeinung, die auch konträr entstehen kann.

Die Erklärung dessen, was der Tod bedeutet und wie dieser in die Welt kam und ob es ein besseres Leben wäre, ohne je einen gewaltsam herbeigeführten Tod zu kennen. Das Sterben wäre das gleiche Ende des Nicht-mehr-Seins, doch beschreibt es eine Lebensqualität, eine bestimmte vorgesehene Zeit, die jedem Wesen gegeben ist und in dieser es den Weg der Erfahrung geht, was ein Karma ist bis zum Ende seiner Tage.

Das zu verstehen, ist das richtige Denken, und daraus resultiert das richtige Handeln, die Umsetzung des Gedachten. Und es sind die Gedanken, die uns immer wieder ereilen und uns erinnern.

Wir denken und sind intuitiv nicht mehr so sehr beeinflusst, denn es ist ein eigenständiges Denken, das sich am Universum orientiert, und nicht umsonst wollen die Menschen immer das wissen und streben in die Höhe und dabei ist es so einfach.

Sie wollen wissen ...

Woher wir kommen ...?

Und so lernt man das Denken richtig, damit man sich erinnern kann, als Kind wird jeder Gegenstand mehrmals genannt, sodass es weiß, dass das Wort für das Gesehene immer dasselbe ist, so lernt es das Sprechen mit den Wörtern, die jeder versteht, und das Lesen und Schreiben, was überall das Gleiche sein muss.

So wird das Gehirn geprägt und das Kind wiederholt oft dieselben Worte, die es gesagt bekommt, bis die Aussprache richtig ist. Würden zu den Gegenständen andere Wortbezeichnungen gesagt werden, so wäre es verwirrt und kann sich nicht mit anderen Menschen verständigen.

Irgendwann, wenn man alle Gegenstände kennt, braucht man es nicht mehr zu sagen, es reicht schon das Sehen und das Gehirn, das Gedächtnis weiß, was es sieht. Es sieht mit den Augen, durch die elektromagnetische Impulse auf nervalem Wege zum Gehirn gelangen, und wir finden uns in unserer Umgebung zurecht und überall auf der Welt. Deshalb hat man bei einem gesunden Denken immer eine gute Orientierung und eine Zielstrebigkeit und wird sich nur mit Gutem umgeben, was der Entwicklung förderlich ist.

Man wird sich nicht mit Leid und Tod umgeben, um nicht selbst Schaden an Leib und Seele zu nehmen.

Ist man von Tod und Qualen umgeben, bilden sich destruktive Kräfte, also negative Einflüsse, die uns langsam verändern und in uns eindringen und uns selbst die Lebenskraft entziehen. und so wird man anfälliger.

So ist es mit dem Kauf von Totem, was sich destruktiv im Gehirn ausbreitet und sich in der Seele niederschlägt.

Destruktives ist eine Provokation des Denkens, eine Provokation der Person in all seinem Zellverband, was das Fleisch des Tieres ist und des Wesens Mensch, und das ist eine Aktivierung der Abwehr.

Die innere Abwehr kann die zelluläre, humorale oder geistige sein, die sich sträubt Totes aufzunehmen, was dazu noch hoch belastet ist von schadhaften Umwelteinflüssen, von seelischen zur Krankheit führenden Umgebungseinflüssen, die alle Tendenzen enthalten, was dann beim „fressenden" Menschen Prädispositionen auslösen kann, oder es können sich neue Krankheiten bilden. Es sind meistens schleichende Prozesse und wir merken es erst dann, wenn wir ein körperliches Leiden haben oder wenn im Kopf etwas nicht stimmt.

Provokationen des Körpers der zellulären Chemie dürfen nicht immer aktiviert werden, die Funktionen sind nur gedacht, um einen normalen Ablauf aufrecht zu erhalten. Provokationen der zellulären Chemie beeinflussen das Immunsystem und bei einer Überforderung werden sich Erkrankungen einstellen.

Der heutige Mensch wird immer anfälliger, das Gedächtnis der zellulären Funktion kann sich verändern und die Immunität ist nicht mehr gegeben.

Das Leben muss immer auf Lebensbejahendes eingestellt werden.

Woher das wohl kommt?

- 19 -

Ab und zu dürfen wir an das historische und das österliche Geschehen bis zu Pfingsten denken.

Wenn nun dieser Tag ist, der Tag des noch möglichen Osterfestes, dann ist die Rettung vorbei, vielleicht hat es die Bedeutung, vielleicht hätte es noch verhindert werden können, wenn die Zeichen der Zeit und die Personen, die Jesus verfolgt haben, etwas günstiger gewesen wären, die Zeit ist variabel und so kann es manchmal bei Todesurteilen sein, dass man wie vor der „letzten" Prüfung steht. Nun, die Zeichen waren nicht gut, alle jene Beschuldigungen hatten ihm einen schweren Weg, eine schwere Last auferlegt und wie schwer die Last gewesen sein musste, erfahren wir in dem alljährlichen Gedenken und Feiern des Festes.

Das Sinnbild der Schwere des Lebens wollen wir einmal für eine bestimmte Zeit gedanklich ablaufen lassen, für das Erneuern und Erlösen und die Zeit des Frühlings kann keine bessere sein als für uns das Fest des österlichen Feierns.

In dieser Zeit nun hat sich vieles in der Natur verändert und alles scheint so grün zu sein, wie es immer war. Die Natur erwacht schnell oft so unmerklich, dass wir es kaum verfolgen können, heute noch sehen wir das winterliche Landschaftsbild und morgen schon die frühlingshafte-sommerliche Umgebung.

Es sind die neuen universellen alljährlich immer wiederkehrenden Erneuerungskräfte, die in der Natur alles leiten und fügen.

Und so mögen wir es auch sehen und uns darauf einstimmen.

– 20 –

So, wie der Rhythmus der Jahreszeiten ist, sind die Feiertage und Gedenktage immer wieder etwas Wiederholendes vom Jahresanfang an, was schon die 5. Jahreszeit ist, und dazu kommt der Winter in seiner Rauheit, das alles zeigt die Gesichter des Abkehrens und deshalb verkleiden wir uns, um es nicht haben zu wollen, die Konfrontation des Entfernen-Wollens kann manchmal mit dem Tod einhergehen und ist meistens mit Leid verbunden, die Erinnerung daran und vielleicht das Zugeständnis, irgendetwas nicht richtig gemacht zu haben, und so kann es ein Bußgang werden, dass wir durch den Tod mit der göttlichen Kraft wieder auferstehen können, dieses nur als ein Sinnbild verstehen, als eine Möglichkeit, erneut durch das Leben zu gehen.

So ist es nach einer Frühlingskur, dass wir uns wie neu geboren fühlen und wir uns geradezu oft verjüngt durch das Jahr winden, wie die Pflanzen wieder einen Sommer lang bis zum Winter erblühen, die meisten dieser sterben ab und vergehen und wieder sind wir ein Jahr älter, und mit dem kommenden Frühling wird es von vorne beginnen. Von jetzt an scheint es bald Sommer zu sein, grün sind schon die Wälder und farbenfroh erscheinen jeden Tag neue Blumen und Pflanzen, so frisch und erholt wollen wir auch sein, und dass immer die Sonne scheint, und nach jedem

Regen- und Schattentag wird es wieder hell in uns. Wir lösen uns von der winterlichen Schwere, die noch auf unserem Gemüt lastet, und wollen, dass unser Stoffwechsel wieder in Schwung kommt.

Wir erneuern uns wie die Natur mit der Natur, wir betrachten sie mit anderen Augen, jedes Jahr aufs Neue, und oft sind es die Kleinigkeiten, an denen man sich erfreuen kann. Dass man älter wird, wollen wir nicht wahrhaben, immer jung und gesund sein, beweglich und arbeiten können, soll unser Gedanke sein und wir wollen alles tun, um, solange es geht, diesen wünschenswerten Zustand zu erhalten.

Ruhe und Erholung.

Tätigkeit und Beschäftigt-Sein, alles in Maßen und dem Alter entsprechend angemessen.

Im Geiste immer jung und im Sinne der Schöpfung soll und kann das Innenleben ein wunderbares sein, ausgeglichen, leicht und beschwingt, froh und aufgeschlossen, offen für alles Verständliche und unkompliziert und stets reich an Erfahrungen, was neue Horizonte öffnet.

Doch den meisten wird zuweilen bewusst, wenn eine 10er Dekade gekommen ist und man froh noch den runden … feiert, dass man doch schon erheblich älter geworden ist. Doch dann geht es wieder hoffnungsvoll weiter bis zur nächsten Dekade.

Und die meisten erreichen heutzutage das Durchschnittsalter von 80 Jahren und viele werden 90 Jahre und viele werden 100 Jahre und einige auch noch 110 und 120 und bald sind wir die oder der älteste Mensch, das war bis jetzt 117.

Was alles möglich ist.

- 21 -

Auf eine gute Zeit der Erneuerung …

geht es jetzt auf mit großen Schritten in Richtung Sommer nach den Frühjahrskuren und den neuen Perspektiven, um alles zu erreichen, was wir uns vorgenommen haben.

Wir wollen leben, erleben und genießen, was möglich ist, wollen Reisen machen um die Osterzeit oder im Sommer oder auch das ganze Jahr über, alles machen, was das Leben zu bieten hat, und alles, was man sich leisten kann, solange man jung und gesund ist.

Das Leben ist gut, das Leben ist wunderbar, und in einer so schönen Welt kann man sich betätigen und im Geiste alles erleben,

reich ist man, wenn man die Schöpfung, das Geschaffene, erlebt, das Lebendige, das Vielseitige, alle Möglichkeiten, das Gute und Frohe und Schöne sieht, es aufnimmt und von den erbauenden Eindrücken zehrt.

Der Mensch braucht etwas Abwechslung, er will und muss manchmal etwas anderes sehen und hören, um sich zu erweitern oder einfach nur dem Körper und der Seele etwas Gutes zu tun.

Und hat man sich etwas Gutes getan, so denken wir auch manchmal an andere, denen wir vielleicht auch etwas Gutes tun können, und so ist die Freude eine doppelte.

Das Leben, der Alltag kann monoton sein oder kann auch so abwechslungsreich sein, obwohl es jeden Tag dasselbe ist, so liegt es in der Betrachtungsweise, im Denken also, die Kunst der kleinen Dinge zu sehen, die den Tag und das Leben so variieren.

Das Denken haben wir gelernt, die Zuordnungen sind richtig, und die Zusammenhänge zu erkennen, ist eine geistige Bereicherung.

Was man gelernt hat, muss verinnerlicht werden, und so wird man dieses immer wieder tun, in diesen Gedanken zu leben, ohne nachzudenken, die Routine oder Gewohnheit.

Das Leben und die Lebensqualität richten wir uns ein,

das Leben zu lieben und zu erhalten, jedes und alles an seinem richtigen Orte zu sehen, das Leben leben zu lassen, und ist es noch so klein und unscheinbar, alles im Leben findet selbst seinen Platz

und ist in und mit der Schöpfung verbunden und das heißt zu leben.

Die Erde ist rund und hat einen Durchmesser von 12.726 Kilometern, besteht aus zwei Drittel Wasser und einem Drittel Land und davon noch ist ein Drittel unbewohnbare Fläche, was Wüsten und Berge und Steinmeere bedeutet, und auf der möglichen bewohnbaren Fläche sind 7,4 Milliarden Menschen verteilt, die Platz brauchen, die essen und trinken wollen und sich bewegen.

Wie viel Leben verträgt die Erde?

Wie viele Menschen werden es noch?

Wie wird das alles kommen?

Wie auch immer – Leben leben lassen.

Auf ein gutes Miteinander und Nebeneinander.

– 22 –

Wir wollen noch einen Frühlingstag erleben, wovon wir ausgehen, dass es nicht der letzte sein wird, und wir schreiten frischen Mutes in der Früh in die Natur hinaus, über Stock und Stein, über Wiesen und Felder marschieren wir bis zu den Wäldern und von dort aus schauen wir in den Himmel, die uralten Bäume ragen hoch und mit ihren Spitzen erreichen sie fast das Blaue. Ohne diese könnten wir nicht leben, ohne das Grün der Felder und Wiesen könnten wir uns nicht ernähren, überhaupt nicht existieren.

Dies alles wurde lange vor uns geschaffen, wie aus dem Nichts scheint es gekommen zu sein, all das Grüne hat eine gute Atmosphäre geschaffen, jene Luft, die wir heute einatmen und ausatmen, eine Luft, die eine genaue Zusammensetzung hat und haben muss, in der das Leben existieren kann, die Werte müssen genau sein, der Sauerstoffgehalt von 21 %, der Stickstoffanteil über 76 % und der Kohlenstoffgehalt 3 % und das war nicht immer so.

Als sich die Luft, die Atmosphäre auf Erden bildete, waren die Werte zugunsten des Kohlenstoffes verändert, was sich aus vulkanischen Aktivitäten ergab.

Es gab also nur Wasser, das entweder gefrieren oder verdampfen konnte, und so entstand durch Wasserstoff und jene chemischen Elemente, die durch die Luft geschleudert wurden, keine gute lebensmögliche Zusammensetzung, dieses änderte sich erst durch vielerlei Bakterien, die jene chemischen Elemente im Wasser und am Land umsetzen konnten, wie jene Cyanobakterien und Mikroorganismen, durch deren chemische Verstoffwechselung dann Algen entstanden, Moose und Farne, und langsam fing die Erde an zu ergrünen, die bodendeckende Vegetation wurde größer, kleine Sträucher und noch mehr Grünpflanzen und verschiedene Bäume, und diese konnten den entstandenen Kohlenstoff in Sauerstoff umwandeln, denn nun war überall auf Erden Fotosynthese möglich, das bedeutete, die Grünpflanzen und besonders Bäume nahmen in großer Menge Kohlenstoff auf, das waren deren Grundbausteine und gaben es als Sauerstoff wieder in die Umgebung ab, und es dauerte Millionen von Jahren bis die Luft, die Atmosphäre in einem fast ewig dauernden Kreislauf geschaffen war.

Dann erst kann das Leben existieren, denn Tiere und Menschen brauchen dieselben Luftwerte zum Atmen, diese atmen den Sauerstoff ein, den die Pflanzen abgeben, und der Kohlenstoff wird ausgeatmet, also die verbrauchte Luft, und deshalb ist es gut, wir gehen an die frische Luft, um im Feld oder Wald zu spazieren – in dieser stabilen Atmosphäre, die erhalten bleiben muss, um das Leben zu garantieren. Mit der Abnahme der Bäume und Grünpflanzen ändert sich die Luftqualität wieder in Richtung Uratmosphäre und irgendwann können wir nicht mehr richtig atmen und nicht mehr leben.

Dann können wir uns bald mit Sauerstoffflaschen und Sicherheitsanzügen verkleiden.

Wer hätte das gedacht?

Und das schien auch so wie ein Frühlingstag gewesen zu sein,
als die Erde unter dem Himmel war, Land und Meer, ein Planet
voller Wasser und ein einziges großes Land, über dem es dampf-
te, die Sonne schien und die Felsen wurden heiß.

Noch war alles in Bewegung, vulkanische Aktivitäten schleu-
derten Lava, Gase und Gestein hoch in den Himmel, verdunkel-
ten die Sonne, sodass es Winter wurde, es wurde kalt und das
Wasser ist gefroren und das Land wurde größer.

Viele Millionen von Jahren hatte die junge Erde solche Tor-
turen und Zyklen durchlaufen, bis sie zu dem geworden ist, was
sie heute ist, viele chemische und physikalische Prozesse sind
ihr widerfahren, extreme Kältezeiten und Hitzezeiten, Vulkan-
ausbrüche und Erdbeben und Meteoriteneinschläge hat die Erde
überstanden, bevor sich in diesem chemischen Gemisch überhaupt Mikroorganismen bilden konnten, Bakterien und Ein-
zeller. So wie sich die Luft und das Wasser zu lebensmöglicher
Existenz wandelten, so entstanden die Tiere zuerst im Wasser
und dann zu Land, und diese wurden immer größer, bis zu den
wirklich großen riesigen Dinosauriern, die etwa vor 350.000
bis 160.000 Millionen Jahren lebten.

Die Erde wurde immer wieder bis tief ins Innere erschüttert, so folgenschwer, dass das Leben auf Erden zum Aussterben kommt. Als vor 65 Millionen Jahren ein übergroßer Meteo-
rit in Yucatán einschlug, löste das eine weltweite Katastrophe
aus, was zum Aussterben der Tiere beitrug und einen arktischen
Winter hervorrief, und eine lange lebensfeindliche Eiszeit folgte.

In dieser katastrophalen Zeit muss sich vieles im Universum
ereignet haben, auf der Erde und im Inneren dieser. Wenn durch
solche Einschläge riesige Krater in der Erde entstanden, strahl-
te oder bewegte sich die Detonation viele Kilometer tief unter
die Erde und bewegte fast alle Meere. Und durch diesen Druck
bewegte sich das Magma tief im Inneren und stieg durch die
Vulkane nach oben, und das an mehreren Stellen gleichzeitig.

Und wer weiß, was vor etwa 350 bis 400 Millionen Jahren war?

Da begann das Land sich zu bewegen, es brach auseinander, die Erde klaffte auf und Risse entstanden, Meere umspülten das Land und trieb die zwei Teile auseinander, Laurentia und Gondwana waren entstanden aus Pangäa, sie trieften fort bis an die Stellen, wo wir es heute sehen, und immer wieder kam es zu gewaltigen inneren Erschütterungen und Erdbeben, die tiefe Risse und Gräben entstehen ließen, bis wir 5 Erdteile und viele Inseln hatten, und bis heute bewegen sich die Erdteile jedes Jahr um einige Zentimeter, das Wasser nimmt zu und das Land nimmt ab.

Inzwischen sind von Anbeginn an bis heute 4,5 Milliarden Jahre vergangen und als vor etwa 3 bis 2,5 Millionen Jahren menschenähnliche Wesen entstanden, war das der 6. Tag, und danach am 7. Tag ruhte Gott aus.

Bis heute?

Und wie soll das alles weitergehen?

- 24 -

Also, wenn es Frühling wird, zieht es uns hinaus in die frische Luft, in die Natur, damit man nach dem Winter wieder richtig durchatmen kann, sich bewegen und neue Kraft schöpfen kann.

Im Frühjahr, wenn alles wieder erwacht und anfängt zu grünen, wenn die Erde Neues hervorbringt und die sichtbaren Immergrünen oder die kahlen bräunlichen Gewächse wieder mit der Urkraft des Lebens erwärmt und beweglich macht, den gesamten Stoffwechsel auf der Erde an den Pflanzen, Tieren und Menschen umstellt, was eine Zunahme an Vitalität bedeutet, die nach einer Winterruhe sich langsam mit der Kraft und Energie der Sonne auflädt.

Der Kreislauf des Lebens, der Natur wird wieder in Gang gebracht, der Mensch bewegt sich mit neuem Schwung und mit Temperament.

Wir schöpfen neue Kraft und es wird uns wärmer. Das Licht der Sonne bestrahlt die Erde und die Pflanzen und mit dem Wasser und den chemischen Elementen des Kohlenstoffes und Stickstoffes werden durch die Fotosynthese Kohlenhydrate, also Stärke und Zucker gebildet, sowie einige Fette beziehungsweise Öle. Die Pflanzen sind hochenergetisch und werden von den Tieren und Menschen gegessen, diese wärmen die Wesen und lösen in denen alle Stoffwechselvorgänge aus. Wir brauchen bestimmte energetische Nahrung mit definierten Anteilen an Eiweißen, Kohlenhydraten und Fetten sowie allen Vitaminen, Mineralien und Spurenelementen, denn Tier und Mensch haben die adaptive Zusammensetzung wie die Pflanzen.

Wir können nicht anstelle von Pflanzen Tiere essen, diese energetische Zusammensetzung ist nicht übertragbar, weil dies alles von der Sonne aktiviert wird und mit dem Tod die energetische Fließeigenschaft endet. Und so ist auch die pflanzliche Kost eine wesentlich besser verträglichere und gesündere in der gesamten Zusammensetzung und in der Verstoffwechselung und das geht nur über die Fotosynthese, denn das ist die Energie der Stoffe, die wir in Kalorien errechnen.

Und denken wir nicht oft, wir müssen oder wollen heute etwas Leichtes essen, das andere liegt einem schwer im Magen ... oder wir meinen ... einen Salat oder frisches Obst und Gemüse essen und schon geht es einem wieder besser.

Deshalb werden die entschlackenden oder vitalisierenden Frühjahrskuren gemacht mit verschiedenen Empfehlungen mit dem Ziel zu entschlacken, was bedeutet, das Schwere zu lösen, was sich mit zu viel Fett in den Geweben und in den Gefäßen festgesetzt hat, was zu gesundheitlicher Beeinträchtigung führt, zu Übergewicht und eine negative Energiebilanz hat, was bedeutet, dass die chemischen Abläufe gestört sind.

Das alles kann von einfachen vegetativen Störungen bis hin zu schwer behandelbaren Erkrankungen führen, wir sind in unserem gesamten Dasein gestört.

Also mit der frischen Luft fängt es an und einer guten Energie! Wer kann das verstehen?

Wir können essen, was wir wollen, alles was uns schmeckt und worauf wir Appetit haben und so viel, wie wir wollen, denn der gesunde Körper hat einen Selbstregulationsmechanismus, das bedeutet, bei gesunder Funktion wird auf sensorischem Weg dem Gehirn gemeldet, dass wir dem Gespür nachgehen und essen, weil wir Hunger haben oder weil es Zeit ist.

Deshalb ist es gut, immer regelmäßig etwa zur selben Zeit die Mahlzeiten des Tages, verteilt auf 3 bis 4 Portionen, einzunehmen, und so entsteht die Gewohnheit, um eine bestimmte Uhrzeit etwas Bestimmtes zu essen, auch dieselbe Menge, sodass der Körper stets in einem Ausgleich kontinuierlich tätig dieses verstoffwechseln kann, das heißt, die ganze Nahrung wird in seine Einzelbestandteile zerlegt, in den verschiedenen Organen mit verschiedenen Regulationssystemen solange zerkleinert, bis nur noch Chemie vorhanden ist, und Unbrauchbares wird ausgeschieden und Verwertbares umgesetzt, alles, was zum Leben wichtig ist.

Alle Inhalte der Nahrung, die für das Leben, die Erhaltung und für die Funktionen wichtig sind, gelangen an die richtige Stelle. Da wir täglich essen, braucht die Nahrung nicht deponiert zu werden, im Sinne von gelagert oder verfestigt, am besten sind wir so lange aufgeschlüsselt, bis die Energie der einzelnen Substanzen ausgeschöpft ist und der Rest ausgeschieden wird.

Und wenn wir das wissen, können wir das richtig mit gutem Gewissen und mit einer guten Energie zusammenstellen.

Bei einer normalen abwechslungsreichen Kost und einer leichten bis mittleren Betätigung, bei einem gesunden Regulationsmechanismus essen wir die richtige nötige Menge, sodass wir weder unter- noch überversorgt sind, und das zeigen die Parameter der Blutwerte. Sind diese im Normbereich, so sind und bleiben wir gesund, und halten wir das Gewicht in einem bestimmten Bereich, so garantiert dies ein Sich-Wohlfühlen, ein gesundes und vitales Leben, was auch oft mit dem richtigen Denken einhergeht. Ist das natürliche Regulationssystem beeinträchtigt, ist dies eine oft langsam schleichende Veränderung, das Gehirn meldet eine Abweichung, dass wir zu viel oder zu wenig essen oder in einer Veränderung der Zusammensetzung und nicht mehr genau, was der Körper braucht, so verändern sich die hormonellen und enzymatischen Systeme, und die lässt man normalerweise nicht untersuchen und so können Jahre vergehen, bis das Gleichgewicht so gestört ist, dass wir krank werden, und dann stimmen auch die Blutwerte nicht mehr.

Noch hat der Körper, der lange gesund war, die Bestrebungen, die Wertdifferenzen zu suchen, und unbewusst gehen wir den fehlenden Stoffen der Nahrung nach und dann ist eine Wiederherstellung wieder möglich, was heißt, man hat ein gutes Gespür für die richtige Nahrung und merkt jede Unstimmigkeit, es sind energetische Differenzen und nicht umsonst sagt man, das ist eine gute Energie, was ein chemischer Ausdruck ist, und meint ATP und ADHP.

Die Natur und der Mensch.

- 26 -

Natürlich können wir leben und die Qualität können wir wählen, die entscheidet, die Nahrung ist das ganze Leben, sowohl in der Qualität und auch in der Quantität.

Dem physiologischen Zustand, ob wir uns gerade noch am Leben erhalten oder ob wir Hochleistungssportler sind, muss die Nahrung angepasst werden.

Wir gehen von den Normalwerten und den Durchschnittsanforderungen aus, alles andere hat die Tendenz zum Pathologischen.

Das Allerwichtigste, was wir brauchen, ist Wasser, also Flüssigkeit und davon trinken wir pro Tag etwa 1,5 bis 2 Liter, denn der Körper verliert pro Tag etwa 1 Liter, was einer Wärmeabgabe von 580 kcal entspricht und was wiederum etwa 1/3 des

Grundumsatzes ausmacht. Diese 580 kcal müssen wir in Form von Nahrung zu uns nehmen, damit wir leben können, dieser Zustand entspricht etwa einem untätigen Liegezustand, wo das Leben ein und aus geht, also schon die Tendenz des langsamen Sterbens anstrebt, ein Dahinvegetieren bis zum Tode.

Allein mit Wasser oder mit einer Kochsalz-Lösung kann man das Leben eine Zeit lang erhalten und bei Reduzierung dieser Flüssigkeit kann innerhalb kurzer Zeit der Tod eintreten, der Körper ist nicht mehr im Stande die biochemischen Umsetzungsprozesse aufrecht zu erhalten, weil ihm die „Kraft" fehlt, es kann eine kurze Zeit noch zu Kompensationsvorgängen kommen, aber auch das wird bald versagen und man stirbt, man ist unterernährt, der Körper stellt seine Tätigkeit ein.

Ähnlich kann es einem zu dicken Menschen ergehen, der das Regulationssystem überfordert, und es zu Fehlregulationen kommt, auch hier wird der Körper über Kompensationsvorgänge versuchten, das System zu erhalten, doch auch hier kann und wird es bald versagen, weil sich meistens schwere Erkrankungen eingestellt haben, die fast nicht therapierbar sind, und so wird es innerhalb kurzer Zeit zu akuten Ausfallerscheinungen kommen, die den Tod herbeiführen.

Es gibt verschiedene Ursachen, warum es so gekommen ist, auf jeden Fall ist bei beiden das normale Hunger- und Sättigungsgefühl gestört und verändert.

Ist dieser Fall gegeben, so muss man sich mit der Nahrung beschäftigen und die Zusammensetzung genau lesen und einen Ernährungsplan aufstellen, bestimmte Empfehlungen beachten und wieder eine normale Gewichtseinstellung anstreben, aber mit dem alleine ist es nicht getan. Damit muss man sich wirklich intensiv beschäftigen, sonst wäre es keine Erkrankung. Hunger- und Sättigungsmediatoren sind im Kopf und manche Störungen können gelöst werden, weil sich ein Denkvorsatz eine Fehlkoppelung oder Blockierung verändert, nur dem muss ein zusammenhängendes Wissen vorausgehen.

Vielleicht hilft das, wenn wir wissen, was und wie viel der Mensch zum Leben braucht.

27

Wir können uns richtig ernähren, gesund und nach den Linien der Natur, so wie es gewachsen ist mit der Kraft und Energie des Sonnenlichts und den körperadäquaten Substanzen, die genau auf den tierischen und menschlichen Organismus abgestimmt sind.

Allen gleich sind die Grundstoffe Kohlenhydrat, Eiweiß und 20- bis 25%iges Fett, das sich dann je nach Anforderung in die Normwerte von kcal und kJ umrechnen lässt.

Die pflanzliche Nahrung kann wesentlich besser verstoffwechselt werden, weil die energetische Umwandlung eine direkte ist und schneller in den biochemischen Umsetzungsprozess einbezogen wird, was diesem vorausgeht.

Die pflanzliche Nahrung enthält relativ wenig Fett und kein Cholesterin, also nur den Hauptteil an Kohlenhydraten und weniger Eiweiße, Öle findet man in Nüssen und Samen.

Fette findet man in den tierischen Produkten und allem, was mit Fett behandelt und gekocht wird.

Deshalb versuchen wir in Wasser zu dünsten oder Öle zu verwenden, die nur aus Pflanzen hergestellt werden, denn auch alle Öle haben kein Cholesterin.

Wir können Milch- und Käseprodukte essen, die natürlich auch tierische Fette, aber etwas kurzkettiger als im Fleisch, sind und die aus dem lebenden Tier gemacht werden.

Auch beim Verzehr von viel Milch- und Käseprodukten ist auf die Fettwerte zu achten, die ähnlich wie beim Verzehr von Fleisch schnell zu hoch werden können, und wer zu Übergewicht und deren Erkrankungen neigt, muss hier die kcal/kJ zählen. Wenn wir nur durch Essen von Käse erhöhte Fettwerte haben, so ist dies leichter zu normalisieren, als wenn wir Fleisch essen, denn die Fleischfette haben die Tendenz sich depotmäßig im menschlichen Organismus festzusetzen, was zu Übergewicht und zu Gefäßschäden führt, deshalb, weil Tiere ein Fettdepot haben, die langkettigere Fettschicht dient dazu, im Freien zu leben, damit sie warm haben, und diese soll sich nicht schnell abbauen.

Bei den Tieren ist das das Depot- und Wärmefett und dass sie sich richtig bewegen können, und wenn wir das Fleisch verzehren, kann es im menschlichen Körper dieselbe Wirkung haben.

Fleischfett ist also etwas anderes als das Fett in den Milch- und Käseprodukten.

Bei dem Fleischfett muss der Körper sich anstrengen, es abzubauen, und es kann durchaus schwer im Magen liegen, denn im Magen-Darm-Trakt wird es in Fettsäuren und Esther zerlegt und für die Energiegewinnung genutzt, für die Wärmeregulation und für die nervalen Vorgänge, oder als Depotfett gelagert, und das hat negative Wirkungen. Die frühen Menschen aßen Öl- und Fettpflanzen wie verschiedene Gräser, Samenpflanzen und Nüsse, um den nötigen Fettgehalt zu erreichen.

So einfach ist das.

- 28 -

Vielleicht haben wir jetzt das auslösende Moment gefunden. Es geht also nicht nur um Fette, sondern besonders um die Qualität dieser und deren Funktion und Veränderlichkeit.

Und bei der Funktion sind wir schon an der Ursache und die hormonellen und enzymatischen Regulatoren laufen ab wie beim Menschen, das Tier frisst, was es finden kann, und der Körper bzw. das Gehirn meldet die Werte, die erreicht sind und richtig verarbeitet werden können, und so ist ein Tier satt, die Werte sind leicht verändert, weil das Tier andere Anforderungen hat.

Es muss viel fressen, dass die mechanische Energie ausreicht und die Beweglichkeit immer garantiert ist, weil es oftmals flüchten muss und damit es reicht, die chemische Energie fortlaufend zu halten, was die biochemische Verstoffwechselung betrifft.

Das Tier hat einfach höhere Fettwerte, weil es draußen lebt, dies ist im Fleisch und in der Muskulatur, wird über bestimmte Mediatoren gesteuert, die nerval und über den Blutweg durch die Zellen ins Fleisch gelangen, was als Haut- und Fleischfett fest ist und langkettige Fettsäuren sind, und diese sollen auch nicht abgebaut werden. Ein Tier, das wenig Fett hat, ist meistens unterernährt und hat nervliche und seelische Belastungen und erzeugt Stressfaktoren, die ohnedies schon von einer nicht guten Umgebung bzw. von der schlechten Stallsituation herrühren, das Essverhalten ist gestört. – Das sind dann schlechte Energiebilanzen ...

– 29 –

Wir sollten uns nicht darauf festlegen, dass totes Fleisch nicht durch andere Lebensmittel zu ersetzen wäre, es ist nur schwer, sich aus den jahrelangen Gewohnheiten einer anderen Lebensweise zuzuwenden, die wesentlich natürlicher und menschenadaptiver ist als totes Gewebe. Und das ist es, denn nach der gewaltsamen Tötung fließt das Blut aus und das Leben und die Energie hören endgültig auf, wenn es kalt ist, und wenn dieser Zustand nach einigen Stunden erreicht ist, fängt die Zersetzung an, dann ist das ein Aas. Wir sprechen jetzt nicht davon, auch nicht von Tierleichen, sondern von totem Gewebe und von den zwei Aspekten, was dieses noch enthält, das wäre Eiweiß und Fett.

Fett also ist schnell zu ersetzen aus allen Milch- und Käseprodukten der Tiere, die recht fettreich sein können, genauso wie verschiedene Pflanzenkost wie Nüsse und Pilze und Avocado, diese Fette sind kurzkettiger und öliger und somit sind sie frei von Cholesterin, insgesamt verträglicher und leichter abbaubar.

Eiweiße sind im Hauptbestandteil der Milch- und Käseprodukte und in verschiedenen Pflanzen zu finden.

Der Hauptbestandteil der Pflanzen sind Kohlenhydrate, von denen wir am meisten benötigen.

In den Grundnahrungsmitteln ist fast alles enthalten.

Und damit wir uns frisch, jung und vital fühlen, essen wir genügend Vitamine, Mineralien und Spurenelemente aus Gemüse, Salaten und Obst ... und dann sind wir schon gesund ...

Die energetische Nutzung für den biochemischen Stoffwechsel ist nur bei pflanzlicher Nahrung gegeben, die direkt genutzt werden kann, die energetische Nutzung vom Fleisch ist sekundär.

Also alles, was unter der Sonne gewachsen ist, fördert die organische Verstoffwechselung von Mensch und Tier, und das ist nur durch Fotosynthese möglich. Eine sehr gute Energiebilanz haben Getreide und Sonnenblumenkerne, diese bewegen sich mit der Sonne mit und das Öl, das sich bildet, ist von guter Qualität. Die Öle sind reich an Vitamin E und verschiedenen kurzkettigen Fettsäuren und an Linolsäure und Omega-3-Säure, die eine entzündungshemmende Tendenz und eine gesunde stärkende Wirkung haben und auch für die Nerven wichtig sind, für Haut, Haare und Nägel, und beruhigend wirken können. Der Mensch wird insgesamt ausgeglichener und wird positiver gestimmt.

Natürlich kann man auch je nach Geschmack die Öle anderer Pflanzen verwenden, die ähnliche Werte haben.

Einige sind geeignet zum Kochen und Braten, jedoch verwendet man sie am besten kalt oder nur leicht erhitzt und da man nur Gemüse kocht, wird das im Wasser gedünstet oder leicht in Öl erhitzt.

Die Zeichen der Zeit fördern das Umdenken, wenn uns bewusst wird, wie viel unnötiges Leid das alles verursacht und wie viele Erkrankungen zu verhindern wären.

Zum Wohle aller.

– 30 –

Zum Wohle aller zu leben – auch diese Grundeinstellung zu haben, erleichtert das Leben und alles, was lebt.

Diese kann ein Lebensmotto oder eine Lebensphilosophie sein oder werden, wenn man sich ein bisschen über die natürlichen Kreisläufe der Natur Gedanken macht und das versteht, die richtig und gut gewachsen ist und sich immer wieder erneuert, sich weiter entwickelt wie der Mensch, wenn er diese nicht verändert, dieser jedoch muss sich an die entstehenden Ereignisse angesichts der wachsenden Bevölkerung anpassen, der Dichte, und muss mit der psychosozialen Problematik leben sowie den Aspekten der veränderten Umweltbedingungen, was die Nutzung der Naturressourcen und deren Auswirkungen bedeutet.

Es gilt: Das, was der Erde entnommen wird, muss wieder zugeführt werden. Das ist jedoch ein weit umspannender Aspekt und steht erst einmal für den Erhalt des Waldes, der Wiesen und Felder und der Seen und Flüsse und somit für die Lebensräume der Tiere und Pflanzen und letztendlich des Menschen.

Der Mensch muss sich integrieren, ohne Schaden zu verursachen, damit die natürlichen Kreisläufe in Takt bleiben. Eine Veränderung der natürlichen Begebenheiten hat weitreichende Folgen, mehr als man denkt, die sich global auswirken können, und es erfordert schon ein ganzheitliches Denken, im Sinne zum Wohle von allem Leben zu leben, und das versuchen wir zu verstehen.

Und daran wollen wir arbeiten.

Wir haben uns mit dem Ursprünglichen beschäftigt, mit bestimmten Lebensabläufen und Gewohnheiten, und wenden uns der heutigen möglichen Ernährungsweise zu, die auf den Grundlagen einer natürlichen Nahrung beruht, ohne Tod mit all den weitreichenden Folgen für die Menschen und Tiere und was das bedeutet.

Die Menschen fingen nun vor 6.000 Jahren einmal an, Tiere zur „friedlichen Nutzung" zu domestizieren, das heißt, wir können uns von den Milchprodukten ernähren und behalten das lebende Tier und gestalten dieses Leben, so gut es geht, was einen großen natürlichen Lebens- und Bewegungsraum bedeutet, eine große Weidefläche, die für alle Tierarten genutzt werden kann, und über die Wintermonate bei Kälteeinbruch gibt es richtige Ställe, in denen sie sich auch bewegen können und die Außenbewegung ist dem Wetter angepasst! Es muss dafür gesorgt werden, dass zur richtigen Haltung und zum Gesund-werden ein Grundstück angewiesen werden muss, wo die Voraussetzungen den natürlichen Begebenheiten angepasst werden.

In der Zeit der Sommermonate werden die Ställe gründlich gereinigt, das heißt, alles wird dampfgestrahlt und die Wände werden jährlich neu und weiß gekalkt, das ist tiefgehend reinigend und mindert die Anfälligkeit vor Infektionen, das ganze Stallklima hat eine wohltuende Wirkung auf das Tier, ist sauber und angenehm und der Mensch freut sich.

Das sind die Grundvoraussetzungen des Wohlergehens.

Wir können uns gesund erhalten.

M A I

-1-

Heute ist der Tag danach ...

wo viele sich aufmachen, den Winter, das „Schlechte" und den Tod zu vertreiben, denn Kälte und Frost hatten einen fest in der Hand, es wird versucht, den alljährlichen winterlichen Gewalten und der gesamten Natur den Garaus zu machen, ein uralter Brauch ... wir treiben den Winter aus ...

Und sie haben es wirklich geschafft, den Winter zu vertreiben, wohl recht nachhaltig, denn das gesamte Klima hat sich verändert, es ist milder und allgemein wärmer geworden und insbesondere in den letzten 20 Jahren gab es diese extremen Wetterkapriolen und wir haben jetzt 1,5 Grad über dem Durchschnitt.

In einigen Jahren werden wir gar nicht mehr wissen, dass es je einen Winter gab, denn die allerletzte große Schneeflocke war herabgefallen, riesengroß war sie noch und vereinzelt und sie schmolz wie eine große Träne dahin.

Die flächendeckenden frostigen eisigen Zeiten mit weißen Fantasielandschaften sind jetzt vorbei. Wir haben alles verändert, den Winter fortgetrieben und er kommt auch nicht mehr zurück, ein mildes Klima ist entstanden.

Eiszeiten vergehen wie kalte Kriege.

Der Mensch und die Tiere können jetzt das ganze Jahr besser leben und sich bewegen und sind nicht mehr den Eiserkrankungen ausgesetzt, wohlan ...

Winter ade – nein, das tut nicht weh ...

- 2 -

Wenn alles grünt und blüht und wir uns freuen, dann hat das eine Bedeutung. Die Natur hat sich erneuert und in voller Kraft mit den universalen Einflüssen strebt alles aufwärts zum Himmel, nach oben, wo wir alle hinmöchten. Wir leben in dieser wunderbaren wieder erwachten Natur, die mit neuer Kraft im goldenen Licht der Sonne gewogen sich täglich steigert, und so auch unsere Lebenskraft, was mit dem Wohler-Fühlen zu tun hat.

Der Wonnemonat beginnt mit den Marienverehrungen, jene, die wir bitten um all das Gute, das von Gott gegeben wird.

Wir bitten, so wie es in vielen Orten noch üblich ist, in der Kirche und auf Prozessionen um viele Anliegen in der Hoffnung, sie mögen sich erfüllen, in der Hoffnung, dass uns all die Last genommen wird, in der Hoffnung auf gesunde Tage und ein gutes Jahr.

Wir bitten um ein gutes Gedeihen und reiche Ernte.

Wir bitten, Gott möge uns das ganze Jahr über vor Naturkatastrophen, Unheil und Krankheit schützen.

Wir bitten für die Armen und Notdürftigen, für die, die leiden und sich in schwierigen schweren Situationen befinden, für all jene die unter Krieg und Verfolgung leiden.

Es ist die Zeit der Bitte und der Hoffnung und des Frohseins.

An der Natur, die uns ernährt, mögen wir uns erfreuen.

So lasst uns in diesem Monat bitten und hoffen, Gott möge uns in unserem Anliegen auf ein gutes und gesundes Leben erhören.

Es möge ein guter Monat werden.

- 3 -

Schön ist der Mai, es ist schon fast alles neu gemacht und wir sind nach den winterlichen Strapazen erneuert, nach der Kälte und dem Warten seit Wochen auf warmes, sonniges Wetter, und in den letzten Jahren ist es ein Weiterfließen des Spätsommers wieder in den Frühling fast ohne Winter.

Wenn im Mai der Flieder blüht und einen herrlichen Duft versprüht, ändert sich der gesamte Stoffwechsel und wir haben nur noch gute neue Gedanken zur Umwelt, zu den Menschen und Tieren. Und überall sehen wir neues Leben erwachen, das leben will, und mit jedem Leben erweitert sich das universelle Spektrum.

Die Welt mag groß sein oder klein, der Platz des Lebens wird zugewiesen, wo wir hineingeboren werden, und in diesem Raum entwickeln wir uns, wir wachsen hinein und lernen und können einen Beruf ergreifen, wir können unseren eigenen Raum schaffen und stehen mit den Füßen fest auf der Erde und das gibt uns Sicherheit, Wohlergehen und eine gute Zukunft und trotzdem können wir uns frei bewegen.

Wir lieben und achten all das Leben um uns herum, das genauso gut und gesund durch das Leben gehen will wie wir selbst, und jedes Leben endet erst mit dem natürlichen Tod.

Wir genießen die Zeit, die uns bleibt, lernen und erweitern unser Bewusstsein, wir arbeiten und helfen, wo es möglich ist.

Die Schöpfung in allem ist wunderbar.

– 4 –

Jeder Tag soll ein wunderbarer Tag sein, wo wir unsere Nöte und Sorgen vergessen können.

Es soll ein wunderbarer Tag sein, wo wir uns wohlfühlen, und wenn dies so ist, befähigt uns jene Freude und wir wollen in die Welt hinausstrahlen.

Wir wollen einfach versuchen froh zu sein und das ist möglich, weil es inzwischen warm geworden ist, hell und sonnig, und das vertreibt die innere Traurigkeit.

Es gib Menschen, die diese Traurigkeit haben, und oft ist es undefinierbar, manchmal fehlt ein wenig Wärme und Licht, um die Botenstoffe im Kopf wieder zu regulieren, und das erreicht man am besten in der herrlichen Natur, es sind die Farben der

Felder, es sind die blühenden Blumen und das kräftige Grün der Wälder, das alles nimmt unser geistiges Auge wahr, sieht es und schafft Assoziationen, die den Geist beflügeln und die Chemie der Nerven und der Emotionen, die der Gedanken und des bewussten Geistes, bewegen, dieses aktivieren, und manchmal wird einem das Unbewusste bewusst und es kann geschehen, dass sich mit einem Mal all jene Traurigkeit löst.

Und in all dieser erquickenden und belebten Natur fühlen wir uns mit einem Male von der Last befreit, es kann diese alltägliche Belastung sein oder auch eine etwas tiefere fast schon chronische Belastung, die aus dem Unbewussten ganz unerklärlich zu all jenen Ereignissen aus den letzten Jahren aufsteigt oder noch etwas tiefer sitzt, eine karmische Verletzung löst sich mit einem Male auf, wir müssen nicht immer wissen, was und warum es ist, wir spüren nur, dass es so ist und sich verändert hat. Und ist es diese Loslösung von Altem, so können wir auch die täglich herankommenden Situationen besser bewältigen.

Es bedarf oft eines auslösenden Moments, um aus dieser Traurigkeit oder Lethargie gelöst zu werden, und von nun an geht es froher und freudiger in den Tag und wir stellen fest, dass die Farben in der Umgebung viel intensiver sind als vorher, es verschwindet der Hauch von feinen Nebelfeldern und es strahlen die Blumen und man sieht und spürt das Wachstum der Felder.

Und wir mögen uns öfters erfreuen an all dieser Schönheit und Vielfältigkeit der Natur, an dieser Lebendigkeit, und erleben die aufstrebende Kraft an diesem erbauenden Tag wie heute und jeder Tag soll so sein.

Jeder Tag soll so werden und wir fühlen uns froh und gesund an einem wunderbaren Tag.

Und mit diesen ermunternden Gedanken verbleiben wir an jedem Tag und mit dem Besser-Verstehen befreien wir uns von bisherigen alten Vorstellungen und wenden uns den in uns neuen Ansätzen zu. Der Mensch in der Welt lebt nicht alleine! Der Mensch in der Natur lebt in dieser mit allem, was lebt! Der Mensch lebt mit den Mitmenschen und den Tieren!

Es ist ein wunderbarer Tag.

Jeder Tag kann alles bringen ...

An jedem Tag können wir gesund werden und uns wohlfühlen, an jedem Tag können wir arbeiten und uns sinnvoll beschäftigen, an jedem Tag können wir Überraschendes erfahren, wir können eine Million gewinnen oder eine neue Liebe finden und das alles ist wie ein neues Leben, man fühlt sich wie neugeboren.

Jeden Tag etwas Gutes tun und Schönes sehen, wahrnehmen und erkennen, man muss es nicht suchen, es begegnet einem überall, denn oft sind die kleinen Dinge im Leben, die großes auslösen, die einem helfen und befähigen ganz neue Wege zu gehen, eine ganz andere Richtung einzuschlagen, es öffnen sich neue Horizonte, man hat die Tür der tausend Möglichkeiten gefunden und schreitet nun zielstrebig voran. Ein Schritt zum nächsten weist den Weg zu neuen Ufern, zu neuen Ideen, auch wenn sie im ersten Moment so unerreichbar scheinen, werden wir den richtigen Weg finden, wir werden dieses außergewöhnliche, dieses von uns angestrebte Ziel erreichen und manchmal haben wir auch ein wenig Glück im Leben, das den Umstand ermöglicht.

Nur wer die aufwärtsstrebende, erbauende Kraft findet, wandelt im goldenen Licht der Sonne und findet seinen Weg, und es wird sein, dass wir gelernt haben, an jedem Tag etwas zu sehen, zu hören und wahrzunehmen, das uns verhilft, uns zu erneuern, und mit einem Mal sind wir wie verwandelt.

Ein froher Tag.

Wir können uns jetzt an jedem Tag wohlfühlen und arbeiten, jeden Tag froh sein und Frohes in die weite Welt hinausstrahlen. Lasst uns erfreuen und erquicken und ein jeder Tag meines Lebens soll ein guter werden.

Und geht es einem so, dass man an einem ereignisreichen Tag denkt, wie das alles weitergeht, ob alles richtig kommt, ob man noch auf dem guten Weg des Lebens steht, es kommen einem viele Gedanken, manchmal durch Nachdenken, um etwas Bestimmtes zu erreichen, oder durch Bildung von Assoziationen, die sich tatsächlich durch Sehen und Hören ergeben haben, diese können sich wie neue Ideen durch Sehen und Hören ergeben haben, diese können wie neue Ideen gesehen werden, und unterscheidet man, ob es ein zusammenhangsloses Denken ist, was man manchmal auch haben kann, dann ist man kopflastig. Dann tut es gut, sich in einer erholsamen Umgebung einzufinden und den körperlichen und seelischen Zustand einmal zu prüfen, ob man nicht überfordert ist. Das sind so die seelisch-geistigen Überlastungen, die genauso schwer sein können wie die tatsächlichen physiologischen Erkrankungen, die man oft noch besser behandeln kann.

So können auch wunderbare Tage so trübe erscheinen, wenn wir alles grau sehen, dann ist es ein Zuviel an Nachdenken, und dass wir uns nicht selbst verhangen und jenes Unüberwindliche schaffen. Lasst uns besser ruhen und auf die Dinge warten, die auf uns zukommen, und so können wir als ein gesunder und befreiter Mensch durch ein erleichtertes Leben gehen. Alles neu macht der Mai.

- 7 -

Wenn man versucht, sich so im zeitigen Frühjahr mit der aufstrebenden Kraft zu erneuern, ist es die beste Zeit, wenn die morgendliche Sonne schon die Böden wärmt und die tiefe Kälte verdrängt, dann dauert es noch eine kurze Zeit, bis der Winterschlaf verflossen ist und sich der gesamte Stoffwechsel bei den Menschen und Tieren wieder auf Sommer einstellt, und das aktiviert einen langsam wieder, was im Organismus bedeutet, dass man auf der Suche nach etwas Essbarem ist, die Tiere, die vom Winterschlaf erwacht sind, haben ihre Fettpolster aufgebraucht und versuchen so schnell wie möglich wieder viel Nahrung zu finden, um ihr Gewicht wieder zu stabilisieren und sich rechtzeitig wieder ein Fettpolster anzufressen und auch gewisse Wintervorräte zu horten.

Der Mensch versucht im Frühjahr den winterlichen Speck durch mehr Bewegung abzutrainieren und mit verschiedenen Lebensmitteln wieder ein Idealgewicht zu erreichen, damit er sich einfach wohlfühlt, beweglicher und vitaler ist, und bis man körperlich gesund ist, verbleiben wir in der Natur und beobachten den biologischen Rhythmus der Jahreszeiten und wie alles gut und sinnvoll durchdacht ist, und wir werden die beste Nahrung finden.

Wir nähren auch unsere Gedanken, denn wir essen mit den Augen, durch das Aussehen in Form und Farbe und den Geschmack fördern wir die Gesundheit und die ganze biochemische Fließeigenschaft des Kopfes.

Wir mögen uns an allem erfreuen und auch im Besonderen an den Dingen, der Nahrung, die uns erhalten.

- 8 -

Fast alle Menschen haben ein bestimmtes Anlegen, eine Bitte, einen Wunsch, sei es, weil ein schlimmes Schicksal sie getroffen hat, oder sei es eine Krankheit oder sonstige familiäre oder berufliche Not, alle suchen nach Auswegen aus manch verzweifelter und aussichtsloser Situation, und wie immer es ausgeht, das Leben geht weiter und die Welt dreht sich weiter, aber das ist kein Trost in der Not.

Wir müssen uns auch nicht mehr mit der alten schweren Vergangenheit des Landes belasten, es sei denn, es ist unsere eigene, und das Durchlittene bleibt oft ein Leben lang. Es gibt Tage, da erinnern wir uns, dass es unbeschreiblich dramatische und grausame Zeiten gab, die man nicht vergessen kann.

Es ist ein Tag der traurigen Erinnerungen für viele, die Menschen verloren haben, die ihren ganzen Besitz aufgeben und fliehen mussten. Die Bilanz des Landes waren die Schrecken des 1. Weltkrieges von 1914 bis 1918 mit 7.940.000 Menschenleben, die der Krieg gefordert hat, dazu 19.536.000 Schwerverwundete. Es war nicht lange danach, die Toten kaum begraben, folgte noch Schlimmeres, 21 Jahre später überstieg der 2. Weltkrieg von 1938 bis 1945 alles bisher Dagewesene und das Elend, Not und Tod waren noch dramatischer, 55 Millionen fielen diesem Krieg zum Opfer, 35 Millionen Verwundete und über 2 Millionen Vermisste, und 4 bis 6 Millionen jüdischer Häftlinge kommen in den Konzentrationslagern um – überall nur Trümmer, zerstörtes, zerbombtes und verbranntes Land und Berge von Toten. 2020 ist das 75. Jahr des Gedenkens ... Lasst uns in Frieden leben.

- 9 -

Und wenn wir uns in unserem Leben, in unserem Denken erneuern, so geht das nicht von heute auf morgen, es ist ein täglicher Lernprozess, etwas, mit dem wir uns beschäftigen, das wir uns vergegenwärtigen und das wir umsetzen. Es ist etwas, was wir alle anstreben, etwas, was unsere Gesundheit und unser Denken betrifft, das uns wohl und wohler fühlen lässt, das uns gesund und älter werden lässt und was uns schöner macht. Vielleicht ist es auch etwas, was die universellen Strömungen ausmacht.

Wenn man sich mit der Nahrung beschäftigt, erfährt man auch etwas über die Physiologie des Menschen, alles vom Organismus, alles, was mit Gesundheit und Krankheit zu tun hat und wie man sich damit gesunden kann. Wir lernen, dass der Mensch in seinen Ursprüngen als Vegetarier erschaffen wurde und dass immer alles in Hülle und Fülle gewachsen ist, dieser gesund gelebt hat und nicht aus nahrungsphysiologischen Defiziten gestorben ist. Er starb an universellen Einflüssen im Alter von 30 bis 40 Jahren, weil es so gegeben war, allen Lebewesen ist ein bestimmtes Alter zugeordnet.

Sie waren gesund und robust, lebten im warmen Freien, bewegten sich und aßen, was für sie sichtbar war, Wurzeln, Gräser, Nüsse und Samen und Früchte.

So lasst uns denken, dass von Anfang an das Leben auf Erden richtig funktioniert, dass der Mensch und das Tier gesund geboren und gesund gestorben sind und wir versuchen, die Lebensweise zu erhalten, die Natur lässt wachsen und gedeihen, sie ernährt uns.

- 10 -

So einfach ist es nicht nur zu denken, Gott lässt alles in der Natur wachsen, was wir im Leben brauchen, so ist es in unberührten Landschaften, wo die Natur und noch Lebensraum für Pflanzen und Tiere vorhanden sind, da funktioniert vielleicht noch der natürliche Kreislauf, denn alles Leben lebt auch nur dort, wo Leben möglich ist.

Deshalb starben die Menschen, die kein Fleisch aßen, und auch die Tiere nicht an Krankheiten, erst mit zunehmender Veränderung des Essverhaltens entstanden diese, weil der Organismus sich ändern musste. Deshalb sind wir heute froh über das vielfältige Lebensmittelangebot, sodass wir uns das Jahr über abwechslungsreich ernähren können, und das Wissen über die lebensnotwendigen Inhaltsstoffe ist fast Grundvoraussetzung für eine gesunde Lebensweise.

Jeder findet das Richtige und wer einen Garten hat, pflanzt alles selbst an, und allein aus dieser Kraft schon, die erwächst, ist man mit der Erde verbunden, das fängt mit der Vorbereitung des Bodens, dem Einlegen des Samens oder der kleinen vorgezogenen Pflanzen an, diese beobachten wir im Heranwachsen und gießen sie bis zur Ernte, ein gesunder geordneter Garten mit einem biologischen Konzept erfüllt einem mit Freude.

Und so verbleiben wir mit einem ganzheitlichen Denken, das ein naturnahes Einfügen im Sinne der immer wieder erneuernden Kraft ist, dass wir dieses verinnerlichen.

So gut haben wir es heute.

- 11 -

Doch heutzutage kann jeder alles im Geschäft kaufen, einfach und bequem, zu jeder Zeit des Jahres, egal was für ein Wetter ist. Wir sind froh, weil wir es guthaben, und wenn man sich das elementarste Essen und Trinken kaufen kann, so braucht man nicht zu hungern. Wir können einfach wohnen und leben, wenn wir ausreichend Nahrung haben, gesund sind und gesund bleiben, so möge unser Leben ein gutes gewesen sein, denn das ist das Wichtigste, und wenn man am Körper gesund ist, so kann man sich bewegen und arbeiten, und ist dieses möglich, so hat man auch ein Umfeld mit menschlichen Kontakten.

Und heute braucht auch niemand mehr durch Hunger, Kälte oder sonstigen Wettereinflüssen sterben, so leben wir irgendwo und haben ein Dach über dem Kopf, wir haben es warm und gemütlich, wenn es draußen stürmt und regnet.

Haben wir nicht in gutes Leben?

Auch wenn es uns heute noch nicht ganz gut geht mit der Gesundheit, was wir im Körperlichen vom Seelischen unterscheiden, versuchen wir nun alles in Einklang zu bringen, uns im Ganzheitlichen zu sehen, die Seele und den Körper, was wir versuchen wollen zu verstehen, alles, was lebt, ist beseelt und die Seele ist unser Leben.

Eine Seele ist Leben, solange es vorgesehen ist.

Wir wollen mit dem, was wir haben, zufrieden sein, und ist es das Notwendigste, was wollen wir noch mehr?

Und haben wir das darüber hinaus, so geht es uns doch bestens.

Wir wollen das Leben in Gesundheit und Wohlergehen und im Einklang mit der Natur und nach den universellen Einflüssen leben.

Leben kommt zur Erde und darf nicht verändert werden!

Wir wollen alle unser Leben, all die Zeit, die uns gegeben ist, leben und sinnvoll gestalten, wir wollen helfen und richtig denken, richtig handeln und Gutes tun, und alles ist geordnet in Gedanken und Worten und in unserem Tun, das uns die Kraft verleiht, das Leben zu lieben und zu schützen.

Das Leben lieben mit allem, was lebt, alles, was in dieser Schöpfung ist und zum Sehen und uns zur Freude geschaffen wurde, wollen wir lieben und verhelfen, dass sich jeder in seinem Raum bewegen kann, wir wollen das Einssein, was die Natur des Lebendigen ist, und so sind wir schon auf dem richtigen Weg.

Es ist heutzutage nicht ganz einfach, die ganze Vegetation und die natürlichen Lebensräume zu erhalten und zu pflegen – den Garten, das Feld, die Wiesen und Wälder, die Seen und Flüsse, die Erde, auf der wir leben, als einen lebenden Organismus zu sehen, und auf der alles möglich ist, wenn es der Natur dient.

Und sie lässt unsere Nahrung im ewigen Lauf der Erde immer wieder von Neuem und ausreichend hervorkommen.

Der Mensch sei froh auf der Erde – auf dieser einzigen wunderbaren Erde.

- 12 -

Und sag, Mensch, siehst du das Leben, das leben will, so wie du und ich ...?

Haben wir nicht genug zum Leben, zu essen und zu trinken?

Vielleicht sind wir krank geworden?

Vielleicht hat sich etwas verändert?

Sehen wir die anfänglichen Menschen, die sich gleich wie die Tiere bewegten, ist und war das gut, das ist und war eine gesunde Entwicklung und Stabilität. Das Lebewesen erwachte in der Früh und suchte nach Nahrung und aß diese, so viel es bis zum Abend konnte, wo die Ruhe eine Erholung nach den Bewegungen des Tages war, man hat gegessen und sich bewegt, gemütlich ist man vorangeschritten, ruhig und ausgeglichen war man am Abend.

Ist man nicht schon intelligent, wenn man sich richtig ernährt? Und mit dieser Lebensweise bleibt das Leben erhalten, es zieht sorglos und frei umher, es ist froh und unbeschwert.

Und der ganze Planet lebt in Frieden, lebt in Ruhe und ewig mag es so weitergehen.

Nahrung, so weit das Auge reicht – was brauchen wir mehr?

Was könnte uns aus der Ruhe bringen?

Die anfänglichen Lebewesen kannten nichts als die Sicherheit des Sehens der Nahrung und die Ruhe zu essen und sich zu erholen.

Und auch wir wollen wie diese so weiterleben.

Und ist es nicht herrlich anzusehen, die großen Felder mit dem wohl gewachsenen Gemüse, dem Getreide und den farbigen Früchten?

Wir wollen so weiterleben!

Diese kannten nicht den Tod und das Töten.

Ist ein Lebewesen, der Mensch, gestorben, so war er nicht mehr, er schlief in Frieden ein.

Wir wollen nicht töten und wir wollen auch keinen Tod essen, wir wollen und können nichts Totes mehr essen, weil wir doch leben.

Ist es gut, wenn Totes in den Körper kommt, wo wir uns doch gereinigt haben, wir essen nur noch lichtdurchflutete Nahrungsmittel, die auf unseren Körper abgestimmt sind. Das Licht beinhaltet alle Farben, alles, was wächst und gedeiht, der Mensch unter der Sonne besteht aus den gleichen Farben und so harmonisieren wir uns mit der Nahrung und mit dieser Intensivierung der sonnendurchfluteten Kraft werden wir so getragen, bis sich das Gute verbreitet. So wollen wir nach diesen ethischen Bestrebungen dazu beitragen, den Tieren ein artgerechtes Leben und Unterkunft zu schaffen und sie nicht mehr gewaltsam aus dem Leben zu reißen.

Es ist nicht gut, etwas Totes zu essen, denn aus dem Tod fließt das Leben heraus, fließt die sonnendurchflutete Kraft und Energie heraus und manchmal können wir daran erkranken.

Vielleicht sitzen wir jetzt ab und an etwas nachdenklich auf dem Sessel und denken, wie das wirklich weitergehen soll! Dann ist es gut.

Lasst uns leben im goldenen Lichte der Sonne ...

- 13 -

Wir erstrahlen schon fast ganz im goldenen Licht der Sonne, weil wir mit der inneren Reinigung im Geiste begonnen haben, wir streben zum göttlichen Licht auf und erkennen die gesamte Schöpfung als ein einzig wunderbar Geschaffenes und wenn wir uns in diesem universalen Geschehen in Gedanken eingewoben haben, so spüren wir die Stärkung der inneren Kräfte gleichsam der Natur. Wir schreiten durch unseren Garten, der jetzt schon aussieht, als wäre er voll bepflanzt und gewachsen, es sind die Gehölze, die Immergrünen und das Erste, was schon bald geerntet werden kann, wenn wir ein Frühbeet haben, sowie die ganze Umgebung, die zu dieser Zeit schon grün ist, und die vielen Bäume und Sträucher blühen um diese Zeit meistens in weiß, wohin wir schauen, so weit das Auge reicht – ein unendliches Meer von verschiedenen Grüntönen, jene Gewächse, die neue Zweige und Sprossen bekommen, die etwas herrlich grün erleuchten. Jeder Baum und jeder Strauch – und ist es auch manchmal dieselbe Art – erscheint anders in seiner Form und Größe, jeder Baum und jedes Gewächs ist zu erkennen und zu benennen und fast jeder zeigt eine verschiedene weiße Blüte, fein elegant leuchtend, strahlend, anziehend von nah und fern sind diese weißen Blüten des Frühsommers, aus denen einmal eine Frucht hervorgehen wird.

Und mit dem Austreiben der Bäume und Sträucher dominieren die Farben der Grüntöne, die der Ruhe und des Friedens, die der Hoffnung und Erwartung, und nicht umsonst ist die Erde grün. Es ist ein Ausgleich und Loslösen, Befreien und Erweitern. Wir warten auf die Dinge, die da im Laufe des Jahres kommen werden, und über uns ist das Blau des Himmels wie der Ozean und noch mehr als das Grün. Das Blau, das Kühle, das Erfrischende, das Kalte und die Luft – unsere Erde erscheint vom Weltraum aus blau, das Blau, das sich wie eine schützende Atmosphäre um diese gebildet hat, und wenn sie abnimmt, sind wir anderen UV-Strahlen und negativen Einflüssen ausgesetzt.

Und durch das Blau des Himmels ziehen weiße und graue Wolken mit dem verdampften Wasser und es regnet gut in ausreichender Menge, dass alles, was emporkommt oder schon gewachsen ist, die notwendige Feuchtigkeit erhält und so zeitig im Frühjahr der Kreislauf der Fotosynthese wieder in Gang gesetzt wird. Es regnet an verschiedenen Tagen, es regnet fein – Sprühregen – und manchmal wird es ein kräftiger Landregen und über Nacht wachsen viele Pflanzen empor, es regnet so viel, dass immer ein gewisser Grundwasserspiegel vorhanden ist, die Erde durchfeuchtet ist, sodass die kräftigen Wurzeln der Bäume und Sträucher das Wasser erreichen und es so in den Stämmen und in dem wiedergekommenen Grünzeug eingelagert wird. Welch eine wunderbare Fülle an kleinen und mächtigen Bäumen und Sträuchern, die oft hunderte von Jahren alt werden können.

Und wer möchte das nicht?

Und deshalb pflanze ich einen Baum.

- 14 -

Lasst die Erde ergrünen und wachsen und der Himmel über uns lässt es regnen, wo es nötig ist, und lässt die Sonne scheinen, wo es angebracht ist, es ist Tag und die Nacht.

Und bei unserem Spaziergang durch den Garten erfreuen wir uns wieder an den Kräutern, die noch vom letzten Jahr sind, auch diese erleuchten schon in hellen Farben, sind meistens noch weiß, gelb und violett und ziehen die nektarsammelnden Fliegen an und viele der robusten Kräuter sind noch größer als im letzten Jahr und schon kann man sich in den Garten setzen und sich wärmen, die Sonne tut gut, die Temperaturen sind erträglich, es ist erholsam an einem warmen Tag im duftenden Heil- und Kräutergarten zu sitzen, Rosenranken und Fliederbäumchen, blühende Stauden und mediterrane Topfpflanzen verwandeln die Terrasse oder den Balkon.

In einem Ziergarten geht es fließend vom Winterblüher über zu den blühenden Blumen bis zu den Herbstastern, ebenso im Gemüsegarten: Alles, was nach den Eisheiligen an Salaten und Gemüse nach Geschmack wächst, kann man bis in den Winter haben, alles bis zum Winter-Feldsalat. Wir setzen auch die Pflanzen in richtiger Kombination zusammen, denn auch diese haben eine Zwiesprache, was das Wachstum und die Gesundheit der Pflanzen fördert und es gibt jene, die auf Nachbarpflanzen gut oder weniger gut reagieren, wie bei den Menschen, sympathische und unsympathische Kombinationen.

In einem gesunden Garten finden sympathische Pflanzen zusammen.

- 15 -

Es ist die Zeit der Marienverehrung, wo wir um alles bitten, was anliegt, die persönlichen Anliegen und alles, was in der Welt vorgeht, dass wir weiterhin geschützt und behütet unser Leben genießen können.

Rot blüht der Mohn um diese Zeit entlang der Kornfelder, hochgewachsen wiegen sich die langen Stiele im Winde wie ein grünes wogendes Meer, wo Windwellen das Korn trocknen lassen, es stabil und biegsam machen, es durchlüften und weiter reifen lassen, und ist es ein Jahr, in dem alles vier Wochen früher reift, so spielen die Wellen die windwedelnden Ähren schon das kommende goldene ein und an, jetzt weiß man, es ist bald so weit, es ist dann, wenn die beweglichen Feiertage auf einen sehr frühen Termin fallen, gerechnet nach dem Neumond.

Wind und Wolken und Sonnenschein und ein wogendes Meer voller Getreide – und das, so weit man sehen kann, blaue Kornblumen und weiße wilde Kamille und noch viele blühende Blumen und Gräser umsäumen die gut gewachsenen Felder. Das Getreide, unsere Grundnahrungsmittel, wovon sich die ganze Welt ernährt ...

... bitten wir um reiche Ernte, dass die Sonne immer scheint, wo es nötig und erträglich ist und Regen kommen mag, wo er gebraucht wird, und kommt die Zeit der Ernte, so füllen sich die Kornkammern, und das Land ist bis zum nächsten Jahr versorgt ...

Wir kaufen unser Brot und alle aus Getreide bestehenden Lebensmittel im Geschäft und sind sicher, dass es morgen noch etwas gibt.

Als die Menschen sesshaft wurden, sammelten sie die Wildgräser die sie vorher schon gegessen hatten, und domestizierten sie, das Urkorn pflanzten sie in der Nähe ihrer Siedlungen in überschaubare Felder, die Ähren der Getreide wurden größer und sie beobachteten die Natur, wann am besten geerntet werden musste. Sie lebten in Mesopotamien, wo die Flüsse einmal im Jahr über die Ufer traten und das Land mit Wasser und viel Nährschlamm versorgten, auf den etwas salzigen Böden gedieh das Getreide und alles, was sie brauchten, gut, es kam eine Zeit des Wachstums und dann eine Zeit der Ernte, was auch eher eine heiße und sehr trockene Zeit war. Wenn das Wetter gut war, wurde geerntet und auch für die ganze Horde eingelagert und damit die Siedlung versorgt wurde, begann auch das Wirtschaftliche und die Arbeitsteilung, sich gegenseitig zu helfen und zu versorgen, so war der Zusammenhalt der Ansiedelung sicher.

Später noch um die Zeit 3.000 bis 3.500 v. Chr., als es schon einen Mittelpunkt und eine geistige Orientierung gab, wurden die Getreidevorräte im Bezirk des Tempels oder der Zikkurat gelagert, die dem König und dem Tempelgott unterstellt waren, denn die Bevölkerung war inzwischen enorm gewachsen und in den Städten florierte der Handel und die königliche Armee, die arbeitenden Menschen lieferten ihr Getreide ab und verehrten die Tempelgötter.

So änderte sich langsam der Glaube, aus Naturgöttern wurden Tempelgötter, bis es zum Glauben an den einzigen Gott kam. Die Natur, die alles wachsen lässt.

– 16 –

Alles, was angepflanzt wird, wächst und gedeiht und braucht ein großes Land und so suchten und fanden die Menschen jenes, das meistens in der Nähe von Flüssen lag die, regelmäßig einmal im Jahr über die Ufer traten und das Land überfluteten, durchnässte und es mit Nährschlamm versorgte. Sie waren entweder der Hitze und Trockenheit oder den Fluten und der Meere ausgesetzt und sie lernten das Wasser zu nutzen und zu unterscheiden, das der Meere ist Salzwasser mit einem Gehalt von 3–5 % und das der Flüsse und Seen ist Süßwasser, also Trinkwasser, Wasser gibt es am meisten auf der Erde als Meer, 2/3 der Erdoberfläche wird von den sich immer bewegenden Strömungen der tiefen Meere umflutet.

Am Anfang lernte man mit den Gewalten der Flüsse zu leben, war abhängig auf Gedeih und Verderb, die Menschen lernten es zu nutzen und durch die Regelmäßigkeit gab es erst einmal drei Zeiten im Jahr, die Zeit des Regens und des Ansteigens der Flüsse, die das Land überfluteten, dann die Zeit der Bestellung der Felder, des Anpflanzens und Gedeihens und dann kam die Zeit der Ernte, die Trockenzeit. So entstand die Wasserwirtschaft, denn sie lernten Bewässerungskanäle zu bauen, sodass das Wasser kontrolliert die Felder bewässerte, und auch die Trinkwasserversorgung wurde verbessert, diese Maßnahmen fand man an allen großen Flüssen und ist bis heute erhalten.

So wusste man, wenn ein Jahr vergangen war.

Und sie beobachteten die Sonne, den Mond und die Sterne, um die Zeit 4.000 bis 4.500 v. Chr. gab es im Zweistromland schon astronomische Tendenzen, um daraus zu schließen, dass das Jahr vier Jahreszeiten hat, die die naturgegebenen drei Jahreszeiten ablöste, aber ohne Kalender war das nicht möglich und so verblieb die Bevölkerung beim Zählen des Flussanstiegs bis zum nächsten.

Jene, die den Mond beobachteten, stellten fest, dass das Jahr 12 Monde zeigte und ab und zu 13 und dann zählte man die Tage zwischen den Monden von Neumond zu Neumond, so ergaben sich diese 29 Tage und 12 Stunden und nun konnte man die Tage des Jahres berechnen.

Und es brauchte noch bis 3.500 v. Chr. bis man es in der Schrift dokumentieren konnte, ansonsten verblieben nur Zeichnungen von Himmelsbildern auf Steinen und Felsen. Um 3.000 v. Chr. gab es eine Sonnenuhr und Daten einiger großer, sichtbarer, aufgehender Sterne.

Und überall fast zur selben Zeit entstanden die fortschrittlichen Schriftzeichen, Keilschrift und Hieroglyphen, und Steinformationen, die Astronomisches und Wirtschaftliches und militärische Eroberungszüge dokumentierten.

Mithilfe des Wettergottes und der Erkenntnis der Zähleinheiten von Mond und den Sternen und des immer wiederkehrenden starken Regens, der die Felder überflutete, die das Wachstum ermöglichten, konnte sich alles schnell entwickeln.

Wie fortschrittlich sie schon waren und heute noch rechnen und zählen wir nach diesem Prinzip.

Und sie stimmten den Wettergott gut.

- 17 -

Ich weiß nicht, ob jene Menschen die Naturgötter fragten ...

... machen wir alles richtig ...?

Denn wenn es im Himmel krachte, Blitz und Donner zur Erde fuhren und eine geballte Ladung energievoller Hagelkörner niederprasselte und sie dann mit dem Wettergott vielleicht schimpften ... denn dann hatten sie ab und zu nicht allzu viel zum Essen und so mussten sie mit den Ernteausfällen leben oder weiter weg wieder etwas suchen, wenn ihre Felder zerstört waren ...

Und wenn aus der Erde Rauch und Asche aufstieg, so war der Erdengott wütend und schickte mit dem aufbrausenden Meeresgott hohe Wellen und extreme Fluten und ließ die Flüsse so ansteigen, dass man sich zuweilen fürchtete, und manchmal konnte man darin ertrinken. Als die Naturgötter zürnten und sie ihre Gewalten vom Himmel und Meer ins Land schickten, lernten die Menschen diese zu achten und zu verehren und sie immer gut zu stimmen. So lernte man das richtige Denken.

Und dann, als man dem Gott oder den Göttern eine Wohnstätte gab, so konnte man Gaben bringen und die Verehrung kommt aus der Dankbarkeit des Lebens. Und mit der Schrift wurden auch Texte für die heiligen Stätten geschrieben, die dann gelesen wurden – Texte über die Natur und Ernte und Ordnung.

Haben wir die Tempelgötter gut gestimmt?

Und haben wir eine Ernteabgabe hingebracht?

Dann sind sie uns wohlgesonnen.

- 18 -

Vielleicht haben wir doch irgendetwas nicht richtig gemacht, aber wir machen doch alles richtig.

Vielleicht waren es doch die anderen, aber wer weiß das schon, es steht einem doch nicht zu, über andere zu urteilen, nur weil einen irgendetwas stört, es sei denn, es ist etwas Öffentliches, Sichtbares, Nachvollziehbares – natürlich muss das auch gesagt werden, wenn diesbezüglich etwas eintritt, was nicht in Ordnung ist oder das Gemeinwohl beeinträchtigt.

Manchmal hat man das Gefühl, dass man sich in einem Raum voller ungeschriebener Gesetze bewegt, überall eine Gratwanderung, wohin man sich bewegt.

Manchmal folgt man einer Bewegung des Zeitgeschehens bewusst oder weniger bewusst und Ereignisse treten ein, die einen erleben es tatsächlich und die anderen im Geiste, was ebenso große Wirkungen haben kann und das Leben beeinträchtigt.

Das Leben ist oft schwer und viele unerklärliche Dinge treten ein, die man nicht immer mit Worten beschreiben kann, aber sie sind und wirken und können zu gravierenden Veränderungen führen. Und war es nicht einmal so, dass eine große Menschenmenge den Weg begleitete, als dieser, der einst das schwere Kreuz den Weg hinauftrug und unter der Last zusammenbrach, jene, die mit ihm gelitten haben, und eine andere Menschenmenge, die sich ansammelte, jene, die aus Neugierde oder aus Angst gekommen waren und jene, die ihm das Leben erschwerten, alles Menschen, die die Zeiten mit ihm erlebten und ihn in seinem Wirken bewunderten und seinen Reden lauschten, einige, die ihm in seinen Gedanken folgten, um eine neue Richtung einzuleiten und welche, die einen Nachtrag dachten, Allgemeines und Persönliches zum Lebensende.

Sein Leben kannte jeder, sein Auftreten war bekannt und er zog viele Gleichgesinnte um ihn herum an, die mit ihm durch das Land zogen, die im Sinne von Glauben über Ereignisse und Zukünftiges berichteten, die halfen und heilten, und er ist wie viele zu seiner Zeit gestorben.

Er ist gestorben und auferstanden und in den Himmel aufgefahren und entschwunden. Eine Zeit lang wurde noch getrauert und darüber gesprochen und einige seiner Zeitgenossen, mit denen er zusammenlebte und wirkte, berichteten, sie hätten ihn noch einmal gesehen, wie sein Geist auferstanden und in den Wolken verschwunden ist, und doch ist er noch allgegenwärtig, bei vielen in Gedanken und in Erinnerung, und doch scheint sich etwas zu verändern.

Mögen die Menschen sich im Guten von ihm lösen und der Himmel möge ihn an seinen rechten Ort führen, wo er sitzet zur Rechten Gottes … was Jesus uns lehrte …

Und es werde eine ganze Zeit, als im Staunen der Menschen etwas vom Himmel fiel …

Ob nun eine Ruhe in den Menschen eintrat oder doch mehr innere Bewegung ... wir wissen es nicht!

Und vieles begann, sich zu verändern.

– 19 –

Wir wollen sicher und fest im Leben stehen und das alles bedarf eines geistigen Gefüges, das sich von dort an bildet, wohin wir geboren werden, in ein bereits geschaffenes Umfeld, wo wir lernen uns zurechtzufinden, vieles ist vorgegeben, einfach fest verankert, seien es die ganzen Gebäude in der Umgebung, alles, was auf dem Boden festgewachsen ist, oder die Menschen, die da leben, mit all denen muss man auskommen und sich anpassen, und hat man andere Tendenzen oder Adaptionen, so wird man bald die Umgebung verlassen und einen anderen Ort aufsuchen.

Doch mit dieser bereits vorhandenen Stabilität bildet sich eine Gemeinschaft und ein lokales Denken, das der Gemeinschaft zu Nutzen kommt, denn mit den Dingen, die in einer Stadt oder in einem Dorf vorgehen, ist man einer Meinung und nur so kann man gemeinschaftlich zusammenarbeiten und leben.

Und so muss man immer lernen, entweder sich durchzusetzen oder sich zu fügen, und beides kann anstrengend sein.

Und so trafen sich einige Menschen irgendwo zufällig an einem Ort, wo sich der Geist und die Gedanken veränderten und sich das verstärkte, als zunehmend die Tiere erlegt wurden, und so fragten sie sich ... trage ich das zentnerschwere Tier alleine fort oder kann mir jemand helfen ...? Oder ... wie kann man alles verstecken, bis es aufgegessen ist ...?

Von dieser Zeit an könnte vielleicht der Mundraub kommen!

Also, wegschleppen und/oder bewachen!

Nun ist man mit Gemeinschaft konfrontiert.

Das Verhalten spiegelt sich in ihren Naturgöttern wider und schon sehr früh mit der Sesshaftigkeit formten diese Menschen Figuren aus Stein und Ton und ordneten sie symbolhaft den

Vorstellungen zu und personifizierten sie, gemeinschaftlich wachsen und die Erwartungen sollten sich erfüllen, langsam hatte man mit den religiösen Tendenzen auch Kultur und Kulte.

Pflanzen wurden angebaut und Haustiere domestiziert, Hütten aus Schilf und Häuser aus gebrannten Lehmziegeln verbesserten die Lebensqualität, sie waren geschützt vor Wind und Wetter und viele Erfindungen, die das Leben erleichterten, waren notwendig, durch die Arbeitsteilung wurde organisiert und das Leben verschönert.

Mit Schutzmauern sicherte man sich gegen herumziehende Horden und mit der Erstellung einer Armee konnten die Landessicherung und Eroberungen erweitert werden,.

Die Götter des Wachstums und der Fruchtbarkeit waren wohl die wichtigsten bis zum heutigen Tag und so ist der Fortbestand der Menschheit gewährleistet, die Anzahl, das Alter, die Gesundheit und das ganze Wohlergehen, das Wesen „Mensch" kann sich richtig entwickeln, er kann lesen und schreiben, er kann lernen, bewusst und unbewusst unterscheiden und sich so festigen, sich stabilisieren, um auf geradem Weg durch das Leben zu gehen.

Bewusstes Leben.

– 20 –

Manchmal rufen wir auch den Wettergott an, wenn alles anders kommt, wie es sein sollte – vom Wasser des Lebens nicht zu viel und nicht zu wenig, sodass wir nicht vertrocknen und verdorren und nicht überschwemmt werden oder ertrinken.

Das Wasser kommt von oben oder durch das Schmelzen des Vereisten in den Gebirgen, das die Flüsse anschwellen und die Meere ansteigen lässt, manchmal schnell und manchmal langsam.

Wo all das Wasser auf der Erde herkommt … und trotzdem haben viele kein Wasser.

Das Wasser verdampft durch abwechselnde Temperaturen und steigt auf, vom Boden zieht es in die Pflanzen, über den Meeren zieht es in die Luft und bildet Wolken, die sich wieder abregnen.

Eiskontinente und Eisberge komprimieren das Wasser und der Meeresspiegel nimmt ab und fangen diese an zu schmelzen, so steigt der Meeresspiegel, und dass es in den letzten 6.000 bis 8.000 Jahren kontinuierlich wärmer geworden ist, zeigen die Höhlen von einst bewohnten Ruinenstätten, die jetzt unter dem Meeresspiegel liegen, also geflutet sind, und die Taucher entdeckten, diese können bis zu 160 Meter tief im Wasser liegen, denn so viel ist das Meer gestiegen.

Die Arktis und Antarktis sind um ein Vielfaches kleiner geworden und wenn zwei Kontinente um ein Drittel geschmolzen sind, ist das Meer um ein Vielfaches vergrößert.

Viele Berggletscher sind verschwunden und die allgemeine Schneegrenze ist wesentlich höher als sonst.

Das heißt, wir gehen ziemlich heißen und trockenen Zeiten entgegen. Viele große Seen und Flüsse gibt es nicht mehr und viele Feuchtgebiete gehen verloren und somit viel Lebensraum für Pflanzen und Tiere.

Riesige Stauseen verändern ganze Landschaften, sie verändern die Flussläufe und vertreiben alles Leben.

Es gibt Zeiten, in denen sich das Klima schnell ändert, und es kann so eine Zeit im Zweistromland gewesen sein. Die Menschen von einst erfuhren das Wasser öfters in seiner Gewalt, weil viel mehr Schnee in den großen Gebirgen, wo die zwei Flüsse entspringen, schmolz und das Wasser von dort bis ins Meer, in den Persischen Golf, herunter rauschte und so manche biblischen Fluten auslöste. Wenn es zu der Schneeschmelze im Landesinneren noch einige Tage regnete und wenn ein heftiger Wind vom Meer her das Wasser ins Land trieb, so war kein Abfließen mehr möglich und das Wasser konnte sich tagelang stauen. Bis in die heutigen Tage haben wir ähnliche Katastrophen. Überflutung, Überschwemmung und Hochwasser und in den letzten 20 Jahren extreme Wetterkapriolen – und riesige

Gebiete zwischen Oder und Neiße bis hin zur Ostsee sind wochenlang überschwemmt.

Gut, dass genug Lebensmittel im Land gelagert werden können, sodass niemand durch die Gewalten des Wassers verhungern muss. Die Sach- und Landschaftsschäden stiegen in noch nie da gewesene Millionen. Ich weiß nicht, ob es den Wettergott noch gibt.

- 21 -

Und wenn es den Wettergott noch gibt, der die Meere steigen lässt und Fluten bringt, die Flüsse anschwellen lässt und über die Ufer treten lässt und die Schleusen vom Himmel öffnet, so bitten wir, uns vor diesen und anderen Katastrophen zu verschonen.

Lass des Bauers Mühen nicht umsonst gewesen sein und lass uns nicht ohne Nahrung sein, dass wir immer genug und das Notwendigste haben. Sturzregen kommt vom Himmel und Sturzbäche von der Erde, lass uns nicht hilflos sein und verloren gehen, all das Wasser, das es in seinen Kräften und Gewalten gibt, was das Leben erst ermöglicht, kann auch so vernichtend sein.

Lass das Wasser des Lebens fließen, wo es angebracht ist, dass wir nicht zu viel und nicht zu wenig haben. Doch zuweilen haben wir so wenig, dass alles verdorrt und vertrocknet, das Wasser der Erde, des Bodens wird aufgebraucht und der Grundwasserspiegel sinkt, es dürsten die Pflanzen, die Tiere und die Menschen.

Lass uns in der Hitze des Tages nicht umkommen und lass uns an einem Quell laben, lass die Kräfte der Natur mildern und uns vor Wind und Wetter schützen, lass uns nicht hilflos und all den Folgen ausgesetzt sein, dass wir überleben.

Lass unser Leben vor dem brausenden Getöse retten, das aus den Urkräften des Meeresbodens kommt und in riesigen Wellen ins Land vordringt.

Lass uns verschont und rechtzeitig gewarnt sein vor den vom Meer kommenden Stürmen, die alles mitreißen, was nicht fest verankert ist, vor den Orkanen und den sich aufladenden, hoch hinauswachsenden Wirbelstürmen und vor den alles zerstörenden Hurrikans, vor allen Naturkatastrophen, die sich aus unerklärlichen Gründen gebildet haben, die entstehen, und sich fortbewegen, die kommen und alles verwüsten und zerstören, Hab und Gut und Mensch dahin fegen.

Lass alles, was das Leben der Menschen und Tiere beeinträchtigt, von uns gehen, dass wir nicht in Not und Leid leben müssen und dass wir immer an einem guten Ort wohnen können.

Verschone uns von allem, was vom Himmel, vom Meer und von der Erde kommen kann und schütze uns vor Unheil und Krankheit. Es kann sich an jedem Tag so viel Unvorhergesehenes ereignen, so möge unser Tag immer ein guter und wohlbehüteter sein und dass wir am Abend wieder so nach Hause kommen, wie wir unser Zuhause verlassen haben.

Vielleicht hat das eine Bedeutung, warum so viele Menschen in diesem Monat des Öfteren für etwas bitten, denn ab jetzt ist vieles schon gewachsen und die Zeiten der starken Wetterveränderungen sind gegeben.

Oder wir können auch einmal für etwas danken, was nicht eingetreten ist, Glück im Unglück gehabt.

Es ist gut zu wissen, dass es etwas Höheres gibt.

Wir erhoffen und bitten um ... und für ...

– 22 –

Sind die Menschen den Launen der Natur nicht hilflos ausgesetzt, dann sind es die kriegerischen Auseinandersetzungen mit Waffen und Gewalt, mit Tod und Verbrechen, mit Zerstörung und Entzweiung, mit Überfall und Folter, Ängste, Sorgen und

Armut, Flucht und Alleinsein und die Besorgnis, dass sie sich ausweiteten und länderübergreifend werden können. Die hohe Konzentration vernichtender Gewehre und Bomben verändern eine ganze Stadt, eine ganze Landschaft, sie wird unbewohnbar und zur Geisterstadt, die Menschen sind ins Ungewisse geflohen. Menschen, die sich oft lange auf eine gefährliche Flucht begeben, nicht wissend, ob sie je ans Ziel kommen, erleiden Hunger und Elend und manchmal finden sie den Tod – Menschen, die ins Ungewisse ziehen und nicht wissen, dass es ihr letzter Weg ist, weil sie Ausbeutern und Mördern in die Hände fallen.

Überall gibt es Menschen, die von Hunger bedroht sind, die ihr Leben nicht ändern können, eine Milliarde sind in ihrem Schicksal verhangen. Lass all die Menschen nicht verzagen, die von schweren Nöten und Lasten erdrückt werden, die einen inneren geplagten unerträglichen Zustand haben, dass sie die Kraft finden, wieder etwas erleichtert dem neuen Tag entgegenzusehen, dass man vielleicht eine helfende Hand oder ein gutes Wort findet, wo sich dann alles löst und sie sich psychosomatisch wieder besser fühlen.

Lass ältere Menschen, die alleine und einsam sind, nicht vergessen, Menschen mit wenig Einkommen nicht verzagen, dass sie Hilfe und eine neue Möglichkeit finden.

– Was soll da noch kommen? –

– 23 –

Lass uns Menschen um uns herum versehen, lass uns etwas nachsichtiger und toleranter sein, lass eine Lösung finden, wo sich Probleme gebildet haben, und eine Brücke bauen, wo Unverständlichkeit und Konflikte entstanden sind. Lass uns auf der Brücke entkommen und uns die Hände reichen und Versöhnung und Frieden schaffen.

Wenn man eine Brücke baut, kann man einen Fluss überqueren, was vorher unmöglich war, ist jetzt möglich und man kann sehen, was auf der anderen Seite ist. Eine Brücke kann stabil sein und ein Leben lang halten oder auch instabil und marode und reparaturbedürftig werden, man kann sich auf der Brücke treffen oder sie auch wieder absperren.

Alles kann sich von heute auf morgen ändern, sicher ist gar nichts, das Leben ist wie ein Spiel, ist wie im Wind, der heute aus dieser Richtung weht und morgen aus einer anderen Richtung bläst, was heute gut und sicher ist, wird morgen oft von Unberechenbarem überraschend erschüttert – vieles, dem wir ausgesetzt sind und das wir nicht erahnen und uns nicht ausdenken können, was alles im Leben passieren kann, welche unvorstellbaren Konstellationen sich bilden können, in welche Situationen man im Leben geraten kann, wenn man zur falschen Zeit am falschen Ort ist, wo alles auf einem niederfällt, wo einem Richtungsweisendes widerfährt.

Das Ziel ist er Weg.

Der Weg des Lebens kann so schmal sein, dass sich bei einem einzigen gesprochenen Wort schon alles verändern kann, sei es, weil es falsch ausgedrückt, falsch verstanden wurde, man eine andere Interpretation hineindenkt und so unüberwindbare Barrieren schafft, die einem tief ins Gemüt gehen, und dass sich damit nun Fronten aufbauen, sich verstärken und zum offenen Konflikt, zur Konfrontation werden. Ein einziges Wort schon kann ein Leben verändern und kann die Geschicke des Landes verändern und somit weitreichende Folgen für die Bevölkerung haben.

Wir sind oft so kleinen Dingen ausgeliefert, die sich aufbauen, und erst wenn diese Wirkung zeigen, wissen wir, dass wir uns neuen Ballast aufgetragen haben, so schnell kann sich alles ändern, verändern und bei jeder Veränderung müssen wir uns neu orientieren. Wir sind jeden Tag gefordert und das ist oft sehr anstrengend. Das Leben ist anstrengend.

Gehen wir davon aus, dass wir in einem guten geologischen Gebiet wohnen, wo naturbedingt nicht allzu viel geschehen kann, so ist das schon eine Sicherheit.

Wir bauen Brücken mit einer lang anhaltenden Stabilität und einem sicheren Fundament, das uns die Sicherheit gibt, die immer wieder überprüft werden muss, bevor Mängel aufkommen, so lass uns Flüsse und Hindernisse überqueren und uns die andere Seite erreichen, die unseren Lebensraum erweitern kann. Ein sicheres Leben.

– 24 –

Manchmal sitzt man zu stiller Stunde alleine irgendwo auf einem Berg in der Höhe oder in einem tiefen Tal und denkt trotz allem bei scheinbar gutem Umfeld, warum nicht alles so gekommen ist, wie man sich das vorgestellt hat oder erhoffte. Und man möchte eigentlich gar nicht mehr weiterdenken, was alles noch nicht eingetreten ist, weil man sich unnütz verstrickt, weil man wirklich mit der Arbeit überfordert ist, und wenn das so ist, geht es nicht mehr richtig weiter, man dreht sich im Kreise und verliert den Überblick über die Lebenssituation und versäumt es, sich aus etwas zu lösen.

Natürlich kann man da niemanden mit einer Schuldzuweisung belasten, als es nur versäumt zu haben, einmal in Ruhe auf die innere Stimme zu hören. Es gibt vieles im Leben, das aus Missgeschick, aus schicksalhaften Anwandlungen, unbewusst und gezwungenermaßen entsteht, es können richtungsändernde Momente an einem ungeeigneten Ort eintreten, obwohl es so nicht sein soll, Verwechslungen und nicht richtiges Verstehen, eine einzige Silbe kann ungeahnte Folgen haben und man merkt es erst, wenn es zu spät ist. Es ist also nicht so, dass man sich bewusst mit oder ohne Grund auf Abwege begibt und so gegen sein Inneres verstößt. Hat man es selbst herbeigeführt oder ist man hineingeraten? So ist es im Leben von den unverschuldeten und schuldigem Verhalten, das jeweils eine Beeinträchtigung des Lebens mit sich bringt, an einem selbst und anderen. – Mit dem Erkennen kommt das Wollen, das Hoffen und Bitten, wieder auf den richtigen Weg zu kommen. –

210

Und es gibt Zeiten und Orte, wo man von üblen Menschen von unschuldig zu schuldig gemacht wird, wo sich Böses ganz ungewollt ausbreitet, wo im Einzelnen oder in Gemeinschaft etwas konstruiert wird, wo verfolgt und denunziert wird, wo sich Übles verdeckt, untertaucht, verschwindet eben sich „maskiert", „verkleidet", solche üblen Gestalten gibt es, die ständig Unheil anrichten, den Menschen und allem, was lebt, schadet, und sie sind auf dem Weg des Untertauchens gefährlich und versucht man sie zu entlarven, sind sie zu allem fähig. Solche Menschen leben unter uns, sie unterwandern und hetzen auf, sie provozieren und ziehen einen mit hinein. Man weiß nicht, wann und wo es anfängt, man wird nur von den Folgen überrascht, die Fassade des Bösen kann glänzen und leuchten und sie ziehen ihre Opfer in ihren Bann. Alles ist möglich in guten und schlechten Zeiten, das Übel wohnt unter uns und es kann jeder sein. Es muss nicht auffällig provokant sein und bösartig sein und es ist nicht an eine bestimmte Zeit gebunden. Der Monat nach der Erneuerung, der von Leid und Tod getragen wird, und eine Zeit der geistigen Anrufung folgen, um eine gute Stimmung von himmlischen Sphären zu erhoffen, so scheinen jene provokante Seite, jene abwegigen Tendenzen zu wachsen, die sich angestachelt fühlen, eine innere Konfrontation und ein Reden mit sich selbst, auch diese orientieren sich neu und gehen andere konträre Wege.

Das sind unvorhergesehene Ereignisse, die einen schuldlos ereilen können. Ich weiß nicht, ob es da noch eine Lösung gibt.

Und die Zeit und das Wetter ist zu schön ...

Wir wollen uns nicht mit unsichtbaren Dingen beschäftigen, was hinter suspekten Fassaden ausgeheckt und unter vorgehaltener Hand weitergeflüstert wird, als vielmehr mit den in uns erwachenden Kräften.

So wie diese aus einer kalten finsteren Zeit, als die ersten Gestalten des Nachts anfingen, mit denen an den Felsenwänden zu tanzen, und sie anfingen, diese zu durchschauen, so veränderte sich ihr Geist dahin gehend, ständig handeln zu müssen. Und sie gaben ihr Wissen durch all jene Zeit weiter und vielleicht waren es wieder dieselben, die ihre Orte fanden, sich selbst wieder, als sie sich erhoben haben und über alles hinwegsetzten, die das Töten übernahmen und in diesen Kräften weiterlebten.

Es sind die immer wiederkehrenden alljährlichen Strömungen, die durch die fünfte Jahreszeit hervorgerufen werden können und ausgelebt werden, es können auslösende Momente sein, die zu einer anderen Einstellung führen.

Und fast regelmäßig, unmittelbar danach, erleben wir die Zeit der Erkrankungen wie jedes Jahr, wo das Wetter eine große Rolle spielt. Ist es nicht meistens ziemlich kalt und tanzt man sich warm, wird nicht manchmal eine eisige Kälte verdeckt hinter allerlei Verkleidung ausgelebt, die dunklen Seiten der Menschen, deren Tendenzen oft das Ausleben dieser Zeit ist, in ihren Reden und Handeln und in ihrem Kostüm?

So kann es sein ...

Vielleicht sind wir wirklich nur den immer wiederkehrenden Festlichkeiten und Gewohnheiten ausgeliefert, denn Möglichkeiten, sich zu ändern, sind gegeben, was die guten Zeiten in Bewegung bringt. Wir sind diesem verhangen im Zeichen der Zeit, das uns beschäftigt, und mit den zwei möglichen Seiten in uns.

Und oft, wenn man von anderen geschädigt wird oder sich unschuldig verhangen hat, gerät man an jene Grenzen, sich zu fragen, wie kann das geschehen?

Ist man nicht im Leben davon überzeugt, alles Richtige getan zu haben? Und man fragt, wie konnte sich dieses verändern?

Es ist und gibt diese Zeit, da wird man anfällig, weil man es etwas zu leicht nimmt in dem Gedanken ... es wird mich nicht treffen ... Die Zeit der Abwendung wird gegeben und das in einer Zeit, wo viele um alles bitten, hoffen und warten, was kommen wird.

Wenn es die Zeit so gegeben hat, muss es etwas gewesen sein, was sich vorher ereignet hat, sonst würde man nicht hoffen müssen, dass es wieder besser wird. Wenn es im christlichen Glauben etwas gibt, was das Hoffen auf Hilfe verstärkt, muss auch etwas geben, was eine schuldige Tendenz hat. Wir wollen nicht hoffen, dass jemand unschuldig verurteilt wird und wir dieses Mysterium nicht verstehen. Wir wollen uns nicht daran festmachen und hoffen, dass es so bleibt.

– Alles neu macht der Mai –

– 27 –

Hilfreich und gut sei der Mensch – doch was mag das sein?

Hilfreich kann alles sein, wenn wir es selbst sind.

Hilfreich ist, sich erst einmal selbst zu helfen und positive Tendenzen zu leben.

Hilfreich ist man schon, wenn man anderen nicht schadet und ihnen auch keine Möglichkeiten gibt, von ihrem gewohnten Wege abzukommen.

Das ist man schon, wenn man sich an Gesetz und Ordnung hält, diese als gut befindet und dazu beiträgt, dass man danach leben kann.

Dieses ist man schon, wenn man sich in der Gemeinschaft zurechtfindet und die tägliche Arbeit zufriedenstellend erledigt.

Das ist man schon, wenn man Übles meidet, mit bestimmten Menschen keinen Kontakt hat und das vermeidet, was das Hilfreiche stört.

Hilfreich für sich selbst ist es schon, wenn man in der Lage ist, alleine leben zu können, unabhängig zu sein und nicht auf fremde Hilfe angewiesen sein zu müssen.

Das ist eigentlich schon, wenn das Leben in Ordnung ist und man nicht von anderen belästigt wird.

Am besten ist es, man macht nie Erfahrungen mit üblen Menschen, das ist am hilfreichsten und das Leben verläuft geradlinig. Bei alledem braucht man selbst noch gar nicht tätig zu werden. Hilfreich ist es, wenn man sich in jeder Situation einfügen kann und sich zurechtfinden und immer die richtigen Worte findet, immer eine Möglichkeit und Lösung in Sicht ist, was will man noch.

Und will man sich über sein eigenes Leben hinaus für andere hilfreich einsetzen, so mag dies das Richtige sein, denn eine Hilfe für andere verschafft einen selbst froh zu sein, und auch das kann hilfreich sein.

So ist der Mensch gut, der einen einfachen geraden Weg beschreitet und sich in der angenehmen Lage befindet, anderen zu helfen.

Das tun wir und es gibt viel Möglichkeiten, sich einzusetzen und jede gut gemeinte Hilfe mag auch als solche ankommen und vielleicht kann der, dem einmal geholfen wurde, auch einmal jemandem bei einer anderen Gelegenheit helfen.

Gut und hilfreich sei der Mensch im Leben und vieles kann nur deshalb gelingen, weil es einige Menschen gibt, die sich wirklich einsetzen und vieles bewirken können.

Hilfreich und gut in allen Dingen, im Großen und im Kleinen, ist ein Nehmen und Geben, ist wie ein Leben und Leben-Lassen.

Menschen helfen und setzen ihr Leben ein, doch gefährden braucht man sich nicht.

Es ist dem Leben schon viel getan, so lange zu helfen, bis es sich wieder alleine helfen kann.

Wir mögen nur von guten und hilfreichen Menschen umgeben sein, die uns begleiten, und wir mögen alle Möglichkeiten sehen, selbst hilfreich sein zu können.

Das hoffen wir.

28

Es ist doch kein Zufall, dass die Geschichte von Jesus erhalten blieb und bis heute überliefert wurde. Man mag dies lesen und darüber nachdenken, was vorgegeben wird, oder auch seine eigene Interpretation dazu abgeben.

Er war ein Mensch wie du und ich, er sprach von Gott und wirkte durch seine Aussagen und er hatte viele, die alles hinter sich ließen und ihm nachfolgten, denn er zog zu verschiedenen Orten, und seine Worte und seine Gedanken nahmen viele auf und verbreiteten sie weiterhin. Erst durch sie, die ihm folgten, wurden seine Worte und die Bedeutung von Gottes Wort durch die Welt getragen auf all ihren Wanderwegen und durch ihre Schriften, die allerdings erst um 45 n. Chr. verfasst wurden und die über sein Leben und Wirken berichteten. Man sollte sehen, aus dieser Zeit entstammte das Christentum, er sprach die Worte Gottes und lehrte die Menschen das Beten und das gute geordnete Leben, das entstehende Christentum löste sich vom Judentum.

Den Menschen wurde gelehrt um die Jahrtausendwende, eigentlich von der Zeit an des neuen Julianischen Kalenders, der bei Jesu Geburt im Jahre 7 v. Chr. begann, was mit dem Jahr 0, also Jahr 1 war, dass man die bis dahin bestehenden Götter verlasse und sich nun nur dem einen Gott zuwende, die Entwicklung ging langsam voran und die Menschen lernten einfach und gut, ihren Weg zu beschreiten – nur noch ein Gott –, und über ihnen der Himmel mit Gott, der alles geschaffen hat.

Er sandte seinen Sohn zur Erde, damit die Menschen ihm folgen im Geiste, in Gedanken von dem, was er berichtet und lehrt, und dieses annehmen und danach leben. Im Geiste bedeutet einen neuen Zeitgeist schaffender, die folgenden Jahrtausende prägt, es ist so, wie wir es annehmen und interpretieren und danach leben.

Ist das nicht einfacher?

Die Kirche hat von da an die richtigen verständlichen Formulierungen für jeden geschaffen, der sich damit beschäftigen wollte, eine Richtlinie für alle, eine neue Orientierung und eine gewisse Gesetzmäßigkeit, was eine Ordnung im Leben ist.

Es ist so wie immer, seit es den Naturglauben gibt, der Mensch wird hineingeboren und lebt nach diesen Überlieferungen das, was ihm gesagt wird, so gut es geht, man ist beschäftigt mit dem gegenwärtigen Kult, mit dem angeborenen Glauben, und hat so stets eine Rückverbindung zum Himmel und lernt, richtig zu denken.

Auch wenn man sich auf Umwegen befindet, so findet man die Kraft wieder zurückzukommen und manchmal ist es schmerzlich und man erfährt Leid.

Vielleicht ging es den Menschen zu jener Zeit genauso, als die Feuerzungen vom Himmel fielen und einige überlegten, was geschehen war und manche fragten sich ...

Haben wir etwas nicht richtig gemacht?

Es gibt nur einen Gott.

– 29 –

So wie wir uns fragen „Haben wir etwas nicht richtig gemacht?", so dauert es eine bestimmte Zeit, bis wir wissen, was und warum es nicht richtig war, und liegt das Ereignis schon längere Zeit zurück, dauert es auch etwas länger, bis wir die richtige Einstellung gefunden haben.

Es kann natürlich auch so sein, dass ein bestimmtes Ereignis eingetreten ist, das wir direkt oder indirekt erlebt haben, und man froh ist, dass weiter kein Mensch mehr davon spricht, und selbst will man auch nicht mehr daran denken.

Dieses Ereignete kann alles sein, eine Kleinigkeit bis zum akuten Tod, durch gedankliche Zustimmung bis zu tatsächlichen Einwirkungen von Dritten, dann versucht man den Schleier des Schweigens darüber zu hängen, bis Ruhe eingekehrt ist, und/oder das Vergessen.

Nun, das kommt im Leben des Öfteren vor, dass die Welt aus unbekannten Ursachen regelrecht erschüttert wird – Zeiten, in denen sich vieles ereignet, und so kann man ebenfalls wieder wachgerüttelt werden und man kann sich wieder daran erinnern.

Manchmal scheint es in einem abzulaufen wie in einem Film aus vergangenen Zeiten und so hat man das Ereignete verarbeitet oder es ist Zeit, noch einmal darüber nachzudenken, wie nun heute die Einstellung zu den Vorfällen ist, und je nach Konstitution wird es endgültig fortgenommen, weil man wohl schon etwas gebüßt hat oder es kann sein, dass es nun zur weiteren Hürde des Lebens wird. Die Zeiten der Erinnerung sind manchmal gut, weil man mit sich selbst in einen verarbeiteten gereinigten Zustand kommen kann, der einen von dem Ereignis loslöst, oder man kann es viel später notgedrungen erleben.

So geschieht es, dass manche Taten Jahre später aufgedeckt werden, und es ist im Leben so, dass ein immer wiederkehrender Mechanismus den Menschen an all sein Tun, an all seine Worte und Taten, erinnert, und seien es auch nur ungeeignete Worte, die bewusst oder unbewusst in die Welt geschickt, also ausgesprochen wurden.

Es ist nicht immer einfach und manchmal machen Menschen Fehler, die keine Taten sind, aber ähnliche Wirkungen haben können, und hier ist es am besten, wenn man diese erkennt und alles, was noch möglich ist, wieder gut macht und oft kann man es wieder in Ordnung bringen.

Fehler, Taten und ungeeignete Worte und ein nicht ganz richtiges Denken, das die Grenzen überschreitet, können zur Erinnerung gebracht werden. Manchmal kommen vom Himmel ungeahnte Hilfen, die einen auf den rechten Weg bringen können.

Vielleicht hat man dann eine andere Perspektive, ein anderes Verstehen und aus der Erfahrung des Erlebten ein überdachtes Denken. Fehler, Worte und Taten müssen wieder gut gemacht werden, so löst man vieles in der Welt und das kann wie eine Erlösung sein – die Welt erlösen.

Zeit des Guten.

Eine große Menschenmenge versammelte sich zu einer kollektiven Bestimmung und wer sich dazu versammelt hatte, hatte auch dieselbe Meinung, doch jene Versammlungen lösten sich auf und was kümmert es einen, was gestern war, haben diese noch gestern durch Zurufe etwas Bestimmtes erreicht, so wissen sie es heute nicht mehr. Natürlich braucht man es nicht zu meiden, was öffentlich zur Schau gestellt wird, aber es scheint an der allgemeinen Einstellung zu liegen, sich aus den verschiedenen Aspekten ein eigenes Urteil zu bilden, Versammlungen können große Wirkungen haben, denn Menschen wollen ihre Meinung kundtun.

Ob es nun jene Versammlungen von einst waren oder ob es zeitgenössische sind, hängt von der Sichtweise des Einzelnen und von der Thematik ab. Natürlich hat jeder das Recht, seine Meinung zu sagen, ob das im Einzelnen oder in einer großen Menge geschieht, bleibt jeden selbst überlassen.

Natürlich kann man sich in einer großen Menge versammeln und einer Meinung sein, wenn es um autofreie Sonntage oder um eine Reduzierung der Umweltbelastungen geht, bei allem, was zum Wohle der Bürger beiträgt, ist es gut, einer Meinung zu sein.

Wenn es sich um eine Demonstration handelt, ist man meistens gegen eine Meinung, die eine große Anzahl von Personen betrifft, Menschen, die eine andere Ansicht haben als die vorgegebenen gesetzlich-politischen Empfehlungen, sind damit nicht einverstanden, das sind dann Proteste, die dazu anregen, vieles zu überdenken.

Sind es nun Aufmärsche oder Revolten, so haben diese eher schon einen politischen Hintergrund, und nicht selten kommt es vor, dass zur Auflösung dieser Waffen eingesetzt werden, und gewaltsame Ausschreitungen können Verletzte und Tote verursachen. Sind es nun existenzielle Meinungsbildungen wie Arbeitsbedingungen und Lohnforderungen und solche, die zur Schonung der Umwelt beitragen, also alles, was dem Leben schadet und/oder es nicht fördert, alles, was sich aus dem natürlichen

Kreislauf verändert, wird und muss überdacht werden. Wenn wir immer nach den bestmöglichen Lebensaspekten suchen, so werden wir diese auch finden, hier gilt es sich zusammenzusetzen und eine Lösung auszuarbeiten. Den Menschen und alles Leben der Schöpfung als unantastbar zu sehen und es nicht stetig verändern zu wollen, ist ein göttlicher Aspekt. Denn das Leben lebt und bewegt sich als Einzelindividuum, das seinen Weg ungestört von äußeren Einflüssen von Dritten findet, so denken wir richtig und so bewegen wir uns richtig.

Der Mensch und Gott, das ist die Welt.

Das war die Welt von gestern und wird die Welt von morgen sein.

Und doch kann sich jeder so bewegen, wie er will, und auch jeder kann sich versammeln und etwas dazu sagen.

Wir können auch einer Meinung sein.

Und manchmal ist es gut, man ist einer Meinung.

Der Mensch und Gott, die Welt von morgen.

– 31 –

Natürlich sind wir das doch ...

Wir werden nicht um unsere Meinung gefragt, als wir vielmehr diese selbst bilden, meisten im Einzelnen, manchmal ungeachtet aller Dinge, wenn man in stiller Stunde mit sich hadert oder in einem aufbrausenden Getobe Worte ausspricht.

Natürlich ist man in allen Dingen einer Meinung, die zu einem geordneten Leben gehören. Es ist eine Grundeinstellung eines jeden Menschen, nach den ethischen Aspekten zu leben, Leben leben lassen, es zu schützen und es nicht zu verändern, alles zu tun, dass es sich in seiner natürlichen Umgebung bewegen und richtig leben kann, und ist die Not sichtbar, so mag es uns zur Pflicht werden zu helfen, ob Mensch oder Tier, es gibt keinen unterschiedlichen Aspekt des Lebens.

Das Leben ist die Seele, was dem Menschen und dem Tier gleich ist, sie trägt das Kleid des Körpers und bestimmt das Äußere und eine gewisse Intelligenz, Intuition oder Instinkt, sich im Leben zurechtzufinden, sich Nahrung und Unterkunft zu verschaffen, ein familiäres oder soziales Verhalten zu leben und sich vor Wind und Wetter zu schützen, das ist dem Menschen und dem Tier gegeben, ebenso ein hygienischer Aspekt und einer, um den natürlichen Feinden zu entkommen. Die eigene Art zu erkennen, ist ebenso ein wesentlicher Bestandteil des Fortlebens und der Stabilität. Die grundlegenden Verhaltensweisen sind dem Leben angeboren und werden diese beeinträchtigt, ist ein gesundes Leben nicht mehr gewährleistet.

So sollten wir auf diesem Wege bleiben und auch die Verhaltensweise des Erlernten, die die natürlichen bestätigt, erhalten und festigen. Jede Gratwanderung birgt die Gefahr davon abzuschweifen und ist man erst einmal auf einem Umweg, so dauert es lange, bis man wieder auf den geraden Weg zurückkommt.

So sind wir bald oder bleiben einer Meinung, die Welt als Ganzes zu sehen, wo wir in den ewigen universalen Abläufen des Erdenlebens verwoben sind und wir alles zum Guten wenden können, leben und denken als Seele, die den göttlichen Aspekt des Lebens trägt.

Beseelt ist alles, was lebt, also die Menschen und Tiere, die Pflanzen haben keine Seele, so leben wir im Rhythmus der Erde und mit den universellen Strömungen eine bestimmte Zeit lang, die der Erde und dem einzelnen Leben gegeben wird.

Wir unterliegen den Veränderungen und Bestimmungen der Evolution und wer weiß, wie wir morgen aussehen und wohin all diese Entwicklung geht?

All jene gravierenden Ereignisse versuchen wir, zum Besten zu wenden, denn wir sind und wollen nicht die Ursache von etwas sein, das ganz anders kommt.

Wenn wir uns in unserem geordneten Lebensraum bewegen, brauchen wir nie an Grenzen zu kommen oder uns auf eine Gratwanderung zu begeben.

Deshalb sind wir einer Meinung.

JUNI

- 1 -

Nun kommt bald die Zeit, wo die Ernte beginnt, alles, was wir gepflanzt haben, ist schon sichtbar gut herangewachsen, wir hegen und gießen das zu Wachsende und denken, warum es zu trocken ist, es könnte doch regnen. Und schon beginnt es, unter trüben tief hängenden grauen Wolken zu nieseln und kräftig zu regnen – ein wachstumsfördernder Landregen, sodass Wasser reichlich in die Erde eindringt und die Pflanzen bewässert, und wie auf einmal von heute auf morgen sind sie wirklich sichtbar um ein Vielfaches gewachsen, sehen jetzt kräftig und gesund aus und können etwas Wasser auch speichern und einige Trockentage überstehen.

Doch es kann auch einige Tage in Strömen regnen, die Menschen ... dann, ... warum muss es denn jetzt ununterbrochen regnen, wenn man spazieren gehen will, und es ist ärgerlich, wenn man den Regenschirm vergessen hat.

Ist es zu trocken oder zu verregnet, kann man es jedem Menschen recht machen?

Den Menschen, die keinen Garten haben und nicht auf Bodenerde und Wetter angewiesen sind, ist es egal, ob es nun trocken oder nass ist, sie kaufen alles im Geschäft, wo alles vorrätig ist. Nun gibt es Menschen, die eine Tätigkeit im Freien verrichten, diese brauchen auch nicht ständig Regen und auch nicht ständig Hitze, diese können auch alles im Geschäft kaufen.

Menschen, die einen Garten bepflanzen, ein Feld oder Acker haben und auf das Wetter angewiesen sind, warten auf den Regen, der in Maßen kommt, alle paar Tage kann es einen oder zwei Tage in mäßig großen Tropfen regnen, am besten ein Niesel- oder Sprühregen, so gedeiht es am besten. Etwas Wind ab und zu, dass sich die Pflanzen bewegen, dass sie durchlüftet werden und ihre Beweglichkeit stabilisiert wird und sie wieder getrocknet werden, so stehen sie gewaschen und gelüftet unter der Sonne und nehmen die wachstumsfördernde Energie auf und setzen sie um.

Das Wetter ist wunderbar, es ist gut und richtig, von allem etwas bis zur Ernte, dann ist der Bauer über seine Felder froh.

Es gibt so viele Arten von Regen und wir wollen hoffen, dass der „Wettergott" uns den richtigen schickt. Und mit dem Wetter kann ein ganzes Land in Bedrängnis kommen, ob nun zu viel oder zu wenig, das kann dieselben Folgen haben und zum Notstand führen. Auch wenn wir alle ins Geschäft gehen und kaufen wollen, so wird es weniger Angebot und somit etwas höhere Preise geben.

Gut, in unserem Land gibt es genug Vorräte.

Wir haben keinen Einfluss auf das Wetter und wie eh und je sind wir davon abhängig und somit unser ganzes Leben.

Wir hoffen, dass immer das richtige Wetter ist „für jeden".

Von was das Wetter wirklich abhängt?

Von der Beweglichkeit der Meere und der Erde.

Und von was dies abhängt?

Von dem, der das Wetter macht.

Auf dass wir immer genügend zum Essen haben!

- 2 -

So ist die Lage der Menschen, die sesshaft wurden, und nun sind sie abhängig vom Wetter.

Deshalb entstanden die meisten Siedlungen in Flussnähe, wo man wusste, dass die Flüsse regelmäßig einmal im Jahr so viel anschwollen, dass ein großer Teil des umliegenden Landes überschwemmt wurde, und nach dem Zurückgehen des Wassers konnten die Felder bestellt werden und schnell lernten sie, ein Bewässerungsnetz zu bauen, das sich bis heute bewährt hat und machte die Menschen etwas unabhängiger.

Die Menschen lernten am Wasser zu leben, das sie ernährte und beweglich machte, sie konnten die Tiere im Wasser erbeuten und mit Booten oder Schiffen den Fluss passieren, Flüsse und Seen haben Süßwasser, also Trinkwasser.

Der Fluss kann geben und er kann nehmen, und so ist es bis heute, viele Orte an den großen Flüssen müssen oft ein leidvolles und schadensreiches Jahr durchleben, wo diese mehr als sonst über die Ufer treten, wer dort lebt, muss immer mit unregelmäßigen hohen Überschwemmungen rechnen. An den Häusern kann man oft die Höchstwassermarken erkennen, in welchem Jahr wie hoch das Wasser angestiegen ist. Diese sind und müssen immer mit schnell aufzubauenden Steg -und Brückenverbindungen gerüstet sein, um sich bei Hochwasser noch bewegen zu können. Viele der Häuser wurden situationsgemäß oder prophylaktisch schon etwas höher gebaut, aber trotzdem wird es immer einmal wieder zu einem noch höheren Wasserstand kommen.

Es gib viele prädisponierte Orte auf der Welt, an denen etwas immer Wiederkehrendes zutrifft, und die Menschen sind mit dem Ort verbunden und gehen nicht weg, … damit muss man leben … sagen sie, nun gut, jeder muss mit etwas leben.

Jede Gegend hat eine Belastung.

Und gibt es nicht viele Städte, die am Wasser liegen?

Städte, die auf Pfählen und Stegen gebaut sind und permanent einer großen Gefahr ausgesetzt sind, Städte am Wasser, an Flüssen und am Meer, die nicht nur der passageren Wetterbedingungen unterliegen, sondern auch und vor allen Dingen dem veränderten Klima, durch ständige Erwärmung und durch das massive Abschmelzen der Eiskontinente steigt das Wasser und es nimmt ganze Küstenlandschaften fort und die Städte versinken im Meer.

Jahr um Jahr sieht man das Wasser langsam herankommen, eine schleichende Bedrohung, Zentimeter um Zentimeter, und die Menschen versuchen, das Land zu gewinnen, das Land vom Meer und von der Natur zurückzugewinnen?

Für die Menschen in den Städten, die mitten im Meer leben und wo es keinen Garten und kein Feld gibt, muss alles zum Leben, alles zum Essen herangebracht werden, man ist abhängig von den Lebensmitteltransporten, man ist gefangen im Wasser, im Meer und ist machtlos.

Wenn die Gondeln Trauer tragen in Venedig.

– 3 –

So weit und schnell uns die Füße tragen, wenn sie gesund und belastungsfähig sind, und dass diese gesund und stabil waren, widerspiegelt sich in der Entwicklung, denn wer weiß, wie viele Kilometer diese Menschen zurücklegen mussten, um ihr tägliches Leben zu bewerkstelligen, die Füße tragen einen bis zum Tode und wenn diese nicht in Ordnung waren, so konnte der Tod schneller als vorgesehen eintreten, denn die Menschen machten nicht nur weite Wanderungen in ihrem Leben, sie mussten auch fliehen.

Lasst uns aufrecht gehen und in den Himmel sehen, und so folgten sie den universellen Strömungen, die alles am Himmel bewegten.

Ob die Zeiten nun mühsam, schwer oder einfach und bequem waren, ist eine Ansichtssache, natürlich können wir heute nicht mehr so naturverbunden leben wie jene, die anfingen Tiere zu domestizieren. Sie bestellten den Acker und erfanden den Pflug, den sie zogen, und erst mit dem Pferd um 4.000 bis 4.500 v. Chr. trat eine erhebliche Arbeitserleichterung ein, und somit war auch eine größere Fläche zu bewirtschaften.

Und sie schauten in den Himmel der Nacht, als der große und kleine Wagen vorüberzog und ihnen den Weg aufzeichnete und sie sich bewegen konnten.

Und es war so, als spräche der Himmel, denn mit dem Aufkommen der Schrift um die Zeit 3.000–3.500 v. Chr. war es schon möglich, ein Rad herzustellen und daraus ein mit Pferden gezogenes Gefährt zu konstruieren, und so war die Transportmöglichkeit gegeben, man konnte die Felder bestellen und die Ernte wegfahren und somit auch über weitere Strecken und es dauerte einige hundert Jahre, bis sich manche Erfindungen über die Grenzen hinweg verbreiteten und vielleicht verändert wurden, alles bewegte sich langsam und friedlich und die Arbeit und das Leben wurde leichter.

Und die Menschen waren froh und man lernte die Sprache der nächtlichen Götter zu verstehen und diese erzählten Geschichten von jenen, die mit einem goldenen Wagen vorüberzogen ... doch vielleicht verstanden die Menschen etwas anderes, vielleicht war es doch eine andere Sprache, ... es schien die Sprache der Expansion und Eroberung zu sein, denn es gibt noch mehr, als man denkt. Vielleicht schauten sie öfter in den Nachthimmel und die nächtlichen Schwingungen breiteten sich aus und vielleicht war es so, dass zur selben Zeit Menschen dieselben Gedanken ereilten und eine Erfindung machten, aber sie nur verschieden anwendeten.

So war das Rad nicht nur eine Möglichkeit des Transportes, es konnte auch alles anders kommen, ... und ganz unerwartet kamen Invasoren aus dem Nichts mit kleinen Streitwagen und überrollten das Land, sie waren bewaffnet und konnten sehr siegreich damit sein und so, wie sie kamen, sind sie auch wieder verschwunden.

Ob diese wirklich in den Himmel schauten?

Und alles hat zwei Seiten.

- 4 -

... Fahr mit mir den Fluss hinunter in ein unbekanntes Land ... und der Mensch war immer pionierfreudig ob zu Fuß oder mit anderen Möglichkeiten, er war neugierig und drängte nach neuen Einfällen, die Menschen haben sich immer bewegt und sie kamen an Flüsse, die dann wie natürliche Grenzen waren.

Grenzen überwinden – welch eine Bedeutung das hatte, man konnte jenen Fluss von seinem Ursprung bis ins Meer befahren. Irgendwo hat er begonnen ... und er wurde breiter, fließender und tiefer. Und man konnte auf die andere Seite zu neuen Ufern gelangen und vielleicht war da ein Land, das man vorher nicht kannte, ... es war vielleicht so, zwischen den zwei Strömen war ein fruchtbares Land, das sich vom Meer bis an die nördlichen Grenzen und darüber hinaus zum Zagros-Gebirge zog.

Hier war die Wiege des Abendlandes, wo vieles entstanden und vielleicht vom Himmel fiel, hier wurde nicht nur das Zahlensystem erfunden und astronomische Daten erfasst, hier an den zwei Flüssen – ein bezwingbarer und ein wilder reißender dunkler Strom – entwickelten sich auch Fortbewegungsmöglichkeiten.

Flüsse fließen meistens vom Gebirge herab und bringen nicht nur Nährschlamm von den hohen Bergen, die in den Himmel ragen, mit, sondern sie fließen auch in die Täler zu den Seelen und eine Seele drängt zum Meer, wo Wind und Wogen sie fortbringt. Nun waren alle Wege offen, es schien so wie in die Freiheit zu fließen, denn dieser schmale Landstreifen zwischen den Flüssen war von drei Seiten mit Wasser umgeben, und um fortzukommen, musste man einen weiten Weg durch unbekanntes Land und fast unüberwindbares Gebirge gehen.

Je nachdem wie die Winde wehten, konnte man auf der einen Seite mit dem Floß hinauffahren und auf der anderen Seite hinunter rauschen, denn es ist nicht einfach auf einem reißenden Strom entgegenzufahren.

Sie konnten auf das offene Meer hinausfahren, und manchmal ohne Wiederkehr, und der Wind erzählt eine Geschichte, erzählt viele Geschichten und reißt alles mit, er trägt die Menschen fort, die sich auf offener See verirren können, ohne Orientierung und ohne Navigation ist man den Strömungen, den reißenden Wogen der See ausgeliefert, verloren im Meer der Unendlichkeit.

Und doch, den Menschen drängt es zuweilen fort und ob dies wirklich unser Gedanke ist, weiß man nicht ... warum auch immer ... und jemand sitzt versunken, träumend am Ufer des Euphrats und schaut in die Ferne und es ist ihm, dass er aus unerklärlichen Gründen ans andere Ufer gezogen wird, und man weiß nicht, ob jenes windbetriebene schwimmende Element vom Himmel gefallen ist oder ob es in seiner Fantasie entstand ... vielleicht hat er sich auch mit den Flussgöttern unterhalten, die er verstand, die Sprache der Wasserkräfte und des Windes, und es kam der Tag, wo dieser ein weißes Segel setzte und den Fluss überquerte.

Und der Wind erzählt viele Geschichten.

- 5 -

Das Leben am Fluss ...

Und man kann vieles lernen, manchmal ist es still und die Luft ist erfüllt von Ruhe, von unendlicher Ruhe, es ist erholsam, in einer warmen Luft am Ufer unter der Sonne zu sitzen, dem Gesang der Vögel zu lauschen und das leise Säuseln des Windes durch die Bäume zu hören, dem feinen sanften Fließen der sich bildenden wellenartigen Bewegungen des Wassers zu folgen, und man ist diesem Fließen d im warmen feuchten Sand sitzend hingegeben, wo das klare Wasser gerade die Füße umspielt, man ist alleine und manchmal folgt man den wechselnden Geräuschen der Umgebung, betrachtet das Ufer und entdeckt leichte Vertiefungen, die so aussehen, als sei hier vor noch nicht allzu langer Zeit ein Mensch gegangen, und man legt die Hand in den weichen Sand und betrachtet nun drei oder vier Hände und manchmal, wenn die Wellen etwas stärker sind, fließen Hand und Fuß wieder fort.

Ein ganzes Stück weiter oben sind die Abdrücke etwas besser zu erkennen. Aber wie alt und von wem sie sind, weiß man eben nicht. Und man sitzt am Ufer und malt seine Gedanken in den Sand. Und mit diesem Sand-Schlamm und der tonigen Erde, die der Fluss bringt, formt man die Lehmziegel und Steine für die Gebäude. Das feuchte Gemisch wurde in hölzerne Formen gefüllt und in der Sonne getrocknet und wenn man nicht aufpasste, enthielten manche Steine seltsame Vertiefungen von Fingern. Nun war es gegeben, dass man darauf Zeichen machen konnte, erst Punkte und Striche, und auf etwas dünneren Tontafeln war es möglich, mit einem am Ende keilförmigen Holzstück strich- oder keilförmige Zeichen zusammenzusetzen, was eine Zähleinheit darstellte, eine bestimmte Menge konnte erfasst werden und fortan wurde dokumentiert.

Von nun an konnten Ordnungen, Ver- und Anordnungen aufgezeichnet werden. Gesetze und Vorschriften, die Erfolge der Eroberungszüge, poetische Gedanken und Erlebtes konnten aufgezeichnet werden. Von nun an konnte man Dokumentiertes überbringen und definitiv Nachrichten erhalten. Von nun an wurde alles erfasst, was in der Stadt hergestellt wurde und was getauscht wurde, wer und wie viele gestorben sind und was sich an Wetter und naturbedingten Ereignissen einstellte, wie gut und richtig die Felder bestellt wurden, damit die Versorgung gesichert war, und es konnten astronomische Daten aufgezeichnet werden.

Die Schriften sind schwer zu entziffern und Tontafeln gingen verloren oder waren zerbrochen und so bleibt noch vieles ungeklärt aus jenen Anfängen vor etwa 3.500 Jahren.

Denn auch aneinanderhängende Bilder sind schwer zu interpretieren, wenn es sich um ein tatsächliches Ereignis handelt, das ist das, was man auf den Rollsiegeln findet, ein ganzer Kriegs- und Eroberungszug, und daraus ist zu schließen, dass der König als Sieger hervorging und mit der Beute nach Hause zog.

Wer schreibt, der bleibt, so waren die ersten Schriftzeichen für die Nachwelt erhalten.

– So bleibt das Gedächtnis erhalten. –

Wenn jene Menschen, die am Fluss sitzen, weil sie in Ruhe und
Frieden leben und viel Zeit haben, weil sie in einer fruchtbaren Gegend wohnen und immer Wasser haben, die Winde des
Meeres und die Regen bringenden Wolken vom Landesinneren
spüren, erinnert sie vielleicht ein inneres unbewusstes Gedan-
kenspiel, das sich mit den Wellenbewegungen aktiviert, vielleicht über ihr eigenes vergangenes Leben, das immer wieder-
kehrt und niemand weiß, wo und wann man vorher gelebt hat.

Und nehmen wir einmal an, vor etwa 35.000 bis 40.000 Jahren haben diese in den südlichen Mittelmeerländern und im europäischen Land gelebt und machten sich auf den Weg im Zuge
einer großen Wanderungs- und Bewegungswelle, die sie dazu
veranlasst haben, sich fortzubewegen, dann folgten sie den universellen Strömungen über weite Strecken und ließen sich an
einem anderen Ort nieder. Oft im Leben spiegelt sich die Vergangenheit wider und vielleicht lebten sie auch in Afrika oder
Asien und schauten auf das Meer oder in den Himmel, und er-
finderisch waren die Menschen immer, sie bauten Flöße oder
benutzten nur Baumstämme, um auf das Meer zu gelangen, sie
bewegten sich in dem unendlich grünlich-blauen Wasser, das
die Sonne zu silbernen Wellen formte und das sie ungeachtet
der Gefahren forttrug, und sie verloren das Land aus ihren Augen und der Wind trieb sie auf eine Insel und wie von einer inneren Stimme getrieben trafen sie auf ein größeres Land und
so wurden sie die Ureinwohner Australiens.

Alles ist in Bewegung, alles ist im Fließen, alles geht nach
den universellen Strömungen im Laufe der Zeit mit der Natur, die das Leben im Wechsel von warm und kalt ermöglicht,
von Eis und Schnee und vom Fruchtbaren, Menschen und

Tiere bewegen sich, um nach Leben zu streben und Leben zu erhalten.

Inzwischen war man nicht mehr nur von den richtungsweisenden Winden und von Wellen und Zufall abhängig, sondern es war die Zeit der beeinflussbaren, sicheren, hölzernen Fortbewegungsobjekte mit lenkbaren Segeln und die Ruderleute konnten den Wind nutzen und mit diesen manuell mit Menschenkraft betriebenen Schiffen begann eine Ära der Versklavung, Sklaven und Gefangene konnten nicht nur Waren transportieren, diese konnte für militärische Zwecke genutzt werden und Menschen wurden erbeutet und zur Arbeit auf der Galeere verurteilt. Diese Art der Fortbewegung ging über Tausende von Jahren, bis es möglich war, die Schiffe mit Dampfantrieb zu bewegen, und das erst löste im Jahr 1718 die Sklavenarbeit ab. Ab 1800 gab es Schiffe aus Metall und mit Dampfantrieb und so änderte sich für viele das Gefängnis der Galeere, wo die Gefangenen an den Holzbridgen angekettet in dunklen Etagen des Rumpfes saßen, ausgeliefert dem Schicksal der Fahrt im Sturm und Krieg bis zum Untergang, abhängig nur von den körperlichen Kräften und von der Schnelligkeit, der aufkommenden See oder den Verfolgern zu entkommen, alles war ungewiss in der fast endlosen See.

Der Himmel über uns – das Meer und der Mensch.

– 8 –

Und ist der Mensch auch von Niederlagen und Verfolgungen bedroht, von Not und Anfeindungen gefordert, zermürbt und versklavt in schweren Zeiten, so hat das eine zeitgenössische Bedeutung, weil ein schweres Schicksal auf dem Land liegt. Und wie zu allen Zeiten hat das Land einen König, den die einen verehren und huldigen, weil er das Land „ernährt" und Ordnung schafft. Und in jenen Zeiten war es üblich, dass eine Prachtstraße zum Tempel und zum Palast führte, und Menschen säumten die Wege, wenn der König zu bestimmten Anlässen entlang der Straße ging, und Prozessionen führten den Zug und bestätigten den Erfolg oder den Feiertag und Feste wurden mit der Bevölkerung gefeiert.

So mögen wir uns heute noch an vieles erinnern, das einen siegerischen Inhalt hatte, manchmal einen kultischen oder religiösen Hintergrund, und manchmal fühlte sich der König aus privaten Gründen so erhoben, dass ein Tag zu einem Feiertag wurde, und manchmal hatte dies auch den positiven Aspekt einer Begnadigung.

Und wir tragen den Himmel, der eine tiefe Bedeutung über uns hat, und somit verbinden wir auch jene Sinngebung für alle geschichtlichen und religiösen Ereignisse, dass alles so gekommen ist durch all die Zeiten und wir uns heute aus eigenem Willen und aus traditionellen Gründen diesem „Tragen des Himmels" anschließen und so in diesen Gedanken weiter den Tag und das Leben verbringen wollen.

Der Himmel über uns ...

– 9 –

Es tut gut, am Fluss zu sitzen und alles vorüberfließen zu sehen, es ist sichtbar, denn der Fluss fließt immer in eine und dieselbe Richtung, und mit diesem immer andauernden Fließen entsteht eine Kraft der Gleichmäßigkeit und je nach Gefälle kann es ein ruhiges sanftes Dahinfließen sein oder zu einem reißenden Strömen werden und je nachdem, jenes der Ruhe ist wie ein leises Windspiel des bewegenden Wassers oder ein mitreißendes, lautes, rauschendes Fließen. Viele Hunderte oder Tausende von Kilometern lang von den Ursprüngen bis ins Meer – sie bringen die immer kraftvollen Schwingungen der Elemente mit.

Es sind dies die Flüsse Rhein, 1.320 km lang, Nil, 6.670 km lang, Euphrat, 2.275 km lang, und Tigris, 1.950 km lang, und viele andere, die in den Bergen entspringen, aus tiefer Erde hervorkommen und diese Elemente des Lebens Tausende Kilometer weitertragen bis ins offene Meer, wo sie im Salzigen verfließen. Große Flüsse, an denen die Menschen von Anfang an gelebt haben, am Fluss und mit dem Fluss, dieser brachte meistens nahrhafte Erde mit, wenn sich die Fließgeschwindigkeit erhöhte, und flossen sie zu Zeiten ruhig in ihren wilden Furchen, konnten die Menschen darin baden.

Und alles Leben kommt aus dem Wasser, Wasser, das das Leben auf Erden veränderte und erst ermöglichte.

Ob wir nun am Fluss des Lebens sitzen und die Füße darin baumeln lassen, wo leicht das ziemlich kühle Wasser sie umspült, oder ob wir nur bewusst eine Wasserbewegung verfolgen, die irgendwann aus unserem Sichtfeld verschwunden ist, wie aufgelöst ist, so bewegt sich unser Inneres. Es kann beruhigend wirken, das gleichmäßig sanfte Geplätscher, weil es in uns selbst die Flüssigkeit zum Fließen bringt, und das ist gut, es löst und entspannt, und wir sehen das Fließen im Äußeren und fühlen das Innere.

Es heißt nicht umsonst, der Kopf und das Denken brauchen Wasser und es ist gut, viel zu trinken, etwa 1,5–2 Liter, und die Fließeigenschaft des Körpers verhält sich so wie die des Flusses. Der ganze Körper braucht jeden Tag Wasser, damit der osmotische Druck in der Norm bleibt.

Belastete Seelen und schweres Leben zieht es ans Wasser und das Sehen der unendlichen Weite, das fließend in den Himmel übergeht, kann einen sehr erholsamen Wert haben. Zu jeder Jahres- und Tageszeit können wir in frischer Atmosphäre spürbar entspannen und es steigen die feinen Aerosole der Feuchtigkeit auf, die der Haut und der Atmung gut tun, es ist fast wie eine Reinigung, ob es in einer kühlen Jahreszeit ist oder in einer warmen, die Außenluft ist immer wärmer als das Wasser und so erholen sich die körperlichen Beschwerden und Belastendes wird leichter und manchmal, wenn die Füße im Wasser stehen, spüren wir, wie das fließende Wasser es wie mit einem Sog fortnimmt.

Das Wasser, das aus Wasserstoff und Sauerstoff besteht, ist untrennbar.

Und immer im Fluss des Lebens.

Der Mensch braucht die Ruhe zur Erholung und zum Entspannen und um gesund zu werden, denn in der heutigen Zeit sind wir überfordert von allen möglichen schadhaften Einflüssen und störenden Geräuschen und von der täglichen Arbeit, die oft belastend sein kann. Da sucht der Mensch die Ruhe zum Erholen und um neue Kraft zu schöpfen, in der Ruhe liegt die Kraft, die Möglichkeit der gedanklichen Loslösung ohne störende Einflüsse und kommt der oft gestresste Körper in diese Phase, ist es nicht immer einfach von jetzt auf nachher abzuschalten, und das sollte es schon sein, denn ist das nicht gegeben, ist man wirklich überfordert und sollte sich etwas überlegen, damit man keine pathologischen Tendenzen erwirbt. Es muss also möglich sein, die Ruhe und Erholung in der Zeit des Nichtarbeitens, also im Urlaub, innerhalb weniger Tage zu spüren, so ist die Belastung der täglichen Arbeit in Ordnung und das System von Anspannung und Erholung im Körper funktioniert richtig, das heißt, dass das ganze hormonelle System der Steuerung die Werte im Normbereich behält. Hat man nun viele Stressjahre und ist man überlastet und überfordert und hat man dadurch erst einmal den Adrenalinspiegel provoziert, ist es dann schwierig, dies wieder zu normalisieren, denn die Belastungen weiten sich auf die inneren Organe und auf die Nerven aus, und man wird anfällig und man sollte schon kleine Anzeichen der Missstimmung des Körpers beachten, solange sich dieser noch von selbst wieder regulieren kann.

Der Mensch arbeitet am besten so viel, dass Anspannung und Entspannung stets im Normbereich bleiben, das heißt, das ganze Nervensystem, das ganze Gewebe, Muskeln und Zellen und Fließwege zeigen immer eine Amplitude von –70 mV, das heißt, bleiben Polarisation und Depolarisation in jeder Bewegung konstant, dann ist und bleibt der Mensch gesund. Sind die Werte stets im Normbereich, kann sich kaum eine Erkrankung einstellen, das heißt, alles im Körper ist im Fluss, es fließen die inneren Flüssigkeiten, das Blut und die Gewebsflüssigkeiten, es fließen die Elektrolyte, Mineralien und Spurenelemente durch die permeablen Zellwände und halten jede Bewegung und die enzymatischen und hormonellen Systeme aufrecht sowie die Organe der Ausscheidung wie Haut, Darm und Nieren und die er Atmung in Gang. Die Veränderung der Polarisationsvorgänge hängt oft oder meistens von den Elektrolyten ab, wie Natrium, Kalium, Magnesium und Calcium und Chlorid, die bestimmte Gewebeareale nicht mehr konstant durchfließen können, und das ergibt prädisponierte Felder der möglichen Erkrankungen.

Das heißt, die Fließgeschwindigkeit und die Zusammensetzung sind gestört und deshalb heißen sie auch Störfelder, nervale und muskuläre Störungen beeinträchtigen unsere Gesundheit und das ist ein kompliziertes System.

So scheint heutzutage vieles zu sein, es ist unsichtbar und es belastet uns zunehmend.

Das unsichtbare Innere.

- 11 -

Wasser des Lebens, aus und mit dem alles kam, und alles lebt und stirbt, wenn dieses nicht mehr ist.

Wasser fließt durch die ganze Welt, in den Urkräften der Meere, in warmen und kalten Temperaturen, und es mischt sich und verdampft und die Luft wird befeuchtet und alles, was sich bewegt.

Es sind die Flüsse, die fließen und rauschen und alles bewässern und überschwemmen können und befahren werden können.

Es ist das Wasser, das vom Himmel als Regen kommt, ein Segen, wenn es mäßig und zur rechten Zeit kommt.

In seinen Elementen ist es verbindend und lösend, zwei Moleküle Wasserstoff und ein Molekül Sauerstoff, das in seiner Dichte und Konsistenz immer konstant bleibt, das bis 0 Grad immer fließend und flüssig bleibt und bei 4 Grad seine größte Ausdehnung hat. Es kann im gefrorenen Zustand fest werden und es zieht sich zusammen und wird leichter als Wasser.

Wasser des Lebens mögen wir in unseren Gärten haben als Teich oder in kaskadenartigen fließenden rauschenden Wasserläufen aus wasserspeienden Figuren, das erzeugt ein gleichmäßiges Geplätscher und eine erquickende Aura. Wir schaffen erholsame Oasen der Ruhe, wo sich wieder eine natürliche Umgebung einstellt, sei es für Pflanzen oder Tiere, so ist das eine Bereicherung, die sich für das Leben bildet, denn alles, was wir zum Leben fördern, ist eine Lebensbereicherung in der Natur, wir geben also der Natur die Möglichkeit, sich zu erholen, und wenn diese sich erholt hat, erleben auch wir einen Erholungswert.

Wie könnten wir uns sonst erholen und unseren Organismus in Gang halten, wenn wir an Urlaubsorte fahren würden, wo nur steinige Felsen oder karge lebensbedrohliche Wüsten wären?

Natürlich können wir so einen abenteuerlichen Urlaub machen, es ist in der Natur oder besser im Freien, aber Leben ist da keines und Wasser gibt es auch nicht oder nicht mehr! Und diese „Urlaubsorte" werden immer größer ...

Das Wasser zum Leben ist zum Trinken und zum Reinigen, es ist ein kostbares Gut, wenn es eine gute Qualität hat, und das ist nicht überall eine Selbstverständlichkeit. Etwa eine Milliarde Menschen haben keinen rechten Zugang zum Trinkwasser und zum Essen, sie hungern und sterben und besser wird es auch nicht.

Das Wasser kommt als Quelle aus der Tiefe der Erde, um getrunken zu werden, es kommt als Anfang eines fließenden Stromes oder auch als warme Heilquelle mit gesundheitsförderlichen Elementen, die zur Kur genutzt werden, und es kann von der Höhe des Berges herunter kommen und Seen bilden.

Wasser bildet in den Flussauen einen unersetzlichen Lebensraum für Fauna und Pflanzen und es gehört zu den Feuchtgebieten.

Wasser kommt vom Himmel und aus der Erde, sammelt sich in ruhenden Seen oder in Flüssen, es verdampft, steigt auf und bildet Wolken.

Fast alles kann der Mensch selbst herstellen – nur kein Wasser. Und davon sind wir abhängig.

Und wie oft kommen wir an den Fluss des Lebens, wo wir uns niedersetzen und verweilen und die Verschiedenheit der Wellenformen beobachten und uns über die stete Bewegung wundern, und sind es auch nur permanente musterförmige Erhebungen oder sind es rollende kleine Wellen, die ans Ufer auslaufen und sich wieder zurückziehen und so immer einen breiten feuchten Sandstreifen umspülen, das Wasser ist immer in Bewegung, ob es ein Bächlein oder ein Fluss oder ein See ist, es ist immer unaufhörlich in Bewegung und es scheint so abhängig vom Wind zu sein, denn wenn dieser zunimmt, bewegt sich auch das Wasser stärker.

Also Wind und Wolken bewegen das Wasser und die darauf scheinende Sonne erwärmt die Oberfläche und die Verdampfung der kalten und warmen Winde nimmt die Feuchtigkeit in die Luft auf, deshalb können auf großen Wasserflächen, also auf dem Meer, enorme Turbulenzen entstehen, wenn warmes Wasser auf kaltes trifft, und mit dem Wind entstehen wirbelartige Bewegungen, die sich richtig aufladen, die sich zu Säulen aufbauen und sich dann selbstständig fortbewegen und immer größer und schneller werden, bis sie ans Land kommen und sich entladen und so alles mitreißen, was über dem Boden steht, und diese können sehr weit ins Land eindringen und je nach Größe und Geschwindigkeit werden sie von 1–5 als sehr gefährlich und zerstörerisch eingestuft.

Mit der zunehmenden Erwärmung geschieht dies immer öfters, unberechenbar nimmt die Intensität zu.

Selbst bei den Seen ist dies zu beobachten, bei stark aufkommenden Winden, die in Windstärken von 1–10 gemessen werden, entstehen auch hier auf dem Wasser turbulente Bewegungen, die sehr gefährlich werden können, die Boote können in einem strudelnden Phänomen sinken, sie drehen sich einige Male im Kreise, sie kentern und oft ertrinkt man dabei, deshalb sollte man die Wind- und Wetterwarnungen wirklich ernst nehmen, die an größeren Badeseen sichtbar gemacht werden oder hörbar gemeldet werden.

Dass das Wasser immer in Bewegung ist, sehen wir an den Stränden, wo Ebbe und Flut ist, das Wasser kommt und geht, es scheint sich auszudehnen und wieder zusammenzuziehen, also zurückzuziehen, und so sind wir in den universalen Zusammenhängen des Mondes, der eine enorme Anziehungskraft auf die Erde hat, verwoben. Der Mond dreht sich um die Erde und bewegt das nicht Feste, also das Wasser, und in regelmäßigen Abständen wird es Ebbe und Flut, die Uhrzeiten stehen immer an den Stränden angeschrieben.

Bei sehr starker Mondeinwirkung, Vollmond und Erdnähe, kann es zuweilen zu Springfluten kommen und das Wasser steigt meterhoch. Die Erde sieht dann manchmal elliptisch aus, wenn es sehr starke Wasserbewegungen gibt und die Kräfte dann sehr tief ins Innere der Erde vordringen.

Das alles wird dann in absehbarer Zeit Folgen haben.

Wasser, Wind und Wolken.

- 13 -

Und doch sitzen wir immer wieder am Wasser, am kühlen, frischen, nassen Element, und genießen unser Dasein am Meer, das seine salzige Luft versprüht und einen positiven Einfluss auf die Atemwege haben kann, es geht einem gut an der Meeresluft und es tut gut, im Meer baden zu gehen, denn der Salzgehalt von 2–4 % wirkt reinigend und prickelnd.

Aus dem Meer wird das Meersalz gewonnen, in riesigen weißen Salzwüsten wird dem Wasser das Salz entzogen.

Das Salz, das wir essen, zum Würzen und zum Konservieren verwenden, ist kostbar, und so sollte es auch verzehrt werden, nicht mehr als einen Esslöffel voll, etwa 8–15 Gramm, und ein Zuviel und auch ein Zuwenig des Salzes, das fast in jedem Lebensmittel enthalten ist, kann der Gesundheit schaden.

Es ist das NaCl, das den osmotischen Druck des Körpers reguliert und das wir bei Überanstrengung und durch viel Schwitzen verlieren. Ein Zuviel lässt den Blutdruck ansteigen und man sollte die Inhaltsangaben genau lesen, die versteckten Salz- und Fettwerte. Das Salzwasser können wir nicht trinken.

Es gibt die Solebäder, die wir besuchen können, um uns von verschiedenen Krankheiten zu heilen. Sie enthalten weit höhere Salzwerte und andere Elemente, die noch genau definiert sind und die zur Heilung beitragen können.

Und es gibt das Tote Meer, das einen Salzgehalt von 30 % und somit auch eine veränderte Wasserdichte hat, in einer Wasserdichte vom Wert 1 kann der Mensch untergehen, am Toten Meer schwimmt oder liegt man auf dem Wasser.

Nur Flüsse und die meisten Seen haben Süßwasser, das als Trinkwasser genutzt werden kann. Ansonsten gibt es die mineralhaltigen Quellen, die aus der Erde kommen und an denen guter Sprudel abgefüllt wird, und davon können wir 1,5–2 Liter trinken, das gibt es mit und ohne Kohlensäure und so erhalten wir unsere Gesundheit und unsere Vitalität. Wasser, das glasklar ist, ist gereinigt und eine genaue definierte Menge der Zusammensetzung an Mineralien- und Spurenelementen, was jedes Wasser enthält, steht auf jeder Flasche und so können wir unterscheiden zwischen Quellwasser, Mineralwasser und Tafelwasser, stillem Wasser und Wasser mit CO_2.

In manchen Kurorten wird noch Wasser angeboten, das mit besonderen Zusätzen versehen ist, das man bei bestimmten Beschwerden trinken kann, das sollte man vorher genau lesen.

Das Wasser ist zum Trinken und zum Waschen da, für die Menschen, Tiere und Pflanzen, und zum Reinigen von Gegenständen.

Wasser ist zum Badevergnügen da und im Garten zum Gießen, und wir hoffen, dass es nie versiegen wird.

Wasser des Lebens wird es geben, solange es Menschen gibt.

Wasser vom Himmel und aus der Erde.

Wasser, aus dem das Leben kommt.

Und ewig fließt das Wasser.

Die Welt scheint nur vom Fließen zu leben und ewig fließen das Wasser und die Luftströmungen und ewig bewegen sich die Wolken, die Feuchtigkeit tragen.

Und der Mensch lebt unaufhörlich im Fluss des Lebens, ein eigener Organismus mit dem immer wiederkehrenden System, ein kontinuierlich ruhiges Fließen des Wassers – und der Flüssigkeiten des Körpers mit 46 % in den intra- und extrazellulären Räumen, die alles aufrecht erhalten und über den osmotischen Druck, der geregelt wird von den Hormonen Adrenalin und Aldosteron in der Nebennierenrinde, die alles im Gleichgewicht hält.

Das Wasser, das wir trinken und das aus der festen Nahrung aufgenommen wird, etwa 0,9–1 Liter, zirkuliert mehrmals durch den Körper. So sind das bei einem 70 kg schweren Menschen 180 Liter, die durch die Niere filtriert werden, und davon werden etwa 1–1,5 Liter ausgeschieden. Auch hier werden durch permeable Gefäßwände die Elektrolyte rückresorbiert, damit die Werte im Normbereich bleiben und nur Überschüssiges und Unbrauchbares abgegeben und ausgeschieden wird.

Bei genügend Nahrungszufuhr wird die Temperatur bei 37 Grad durch Temperaturregulatoren stets aufrecht erhalten. So ist es an heißen Tagen oder bei Überanstrengung, dass man viel Flüssigkeit verliert, dass man schwindelig wird und der Blutdruck abfällt. Deshalb sind ältere Menschen prädisponiert, weil sie oft das Trinken vergessen, ebenso sollten Menschen, die Medikamente nehmen, viel trinken, denn die Medikamente müssen wieder abgebaut und ausgeschieden werden.

Bei anderen Getränken ist es gut, auch die Zuckerwerte zu lesen, denn schnell hat man zu viel davon getrunken oder gegessen. Durch die Filtration durch die Niere wird der pH-Wert des Blutes an H ?– Ionen und an Bikarbonat geregelt und der pH-Wert des Ausgeschiedenen, der gemessen werden kann, sollte den Wert 7 haben, ein Darunter ist alkalisch, ein Darüber hat ein saures Milieu. Eine vegetarische Kost hat eher die Tendenz des Nach-unten-

Gehens, eine Fleischkost erhöht fast immer den Wert, also über 7, und das ist ein saurer Wert und das begünstigt verschiedene Erkrankungen, Atmung, Herz-Kreislauf und muskuläre Tendenzen.

Deshalb ist es am besten, ein klares Mineralwasser zu trinken mit wenig oder gar keiner Kohlensäure, das ist am verträglichsten und löscht am besten den Durst, und weil es am besten die Stoffe verdünnen kann, die aufgenommen werden, es ist wie ein Lösungsmittel im Körper.

Man kann einige Tage ohne Nahrung auskommen, wenn man genug zum Trinken hat, wenn zu wenig getrunken wird, ist die Tendenz zur Austrocknung gegeben, das Denken verändert sich und die Alteration der Haut wird sichtbar und die Atmung wird schlechter.

Also wir haben genug Wasser ...

wir haben klares, frisches Wasser ...

- 15 -

Blut, die rote Flüssigkeit des Körpers fließt wie das Wasser unaufhörlich durch den Körper ohne Unterbrechung vom Entstehungsort, bis es ausgeschieden wird. Es wird täglich im Knochenmark gebildet, die Vorstufen der Zellen der roten Erythrozyten und der weißen Leukozyten. Die roten, die den Hauptbestandteil des Blutes ausmachen, 4,1–5 T/L, tragen ein Molekül von Eisen, das nach der Auflösung/Hämolyse der Zelle frei wird, das eine Lebensdauer von 100–120 Tagen hat. Das Häm wird frei und das Fe wird mit dem Bilirubin im Darm und in der Leber gespeichert. Hier werden die Werte gemessen, Hämatokrit 36,0–48,0 % und das Hämoglobin 12,0–16,0 g/dL.

Die Fe-Werte 39–48,0 % und das Hämoglobin 12,0–16,0 g/dL. Die Fe-Werte 39–140 ug/dL und Transferrin 2,0–3,6 g/L, Bilirubin 0,1–1,2 mg/dL.

Deshalb hat man zwei verschiedene Fe-Werte, den des gebundenen und den des freien Fe. Die Neubildung ist von dem

Sauerstoff des Blutes abhängig, das von dem Hormon Erythrobin aus Leber und Niere gesteuert wird.

Das Blut dient als Transportweg für die Bestandteile Protein, Albumin, Glukose und die Elektrolyten, also Nährstoffe, die den Körper, die inneren Organe versorgen und durch die sauerstoffreichen Arterien fließen und durch die sauerstoffarmen Venen zurückkommen, einmal durch den Herz-Lungen-Kreislauf und dann durch den Leber-Darm-Kreislauf, und das alles ist ein äußerst kompliziertes System.

Und dann haben wir noch …

… die weißen Leukozyten, 5.000–10.000, diese haben eine Lebensdauer von 10–15 Tagen und dienen der Abwehr, es gibt verschiedene Abwehrsysteme und dazu gehören die Granulozyten und Thrombozyten 140–360 G/1, die Monozyten und Lymphozyten 18,0–48,0 %.

Ein weiterer Bestandteil ist das Fibrin, das die Blutstillung und die Gerinnung aktiviert, und bei kleineren Verletzungen wird Serotonin ausgeschüttet, das die Aggregationsbildung der Thrombozyten bewirkt und dort an verletzter Stelle eine Notstillung hervorruft, das Gefäß dichtet leicht ab und über eine Kaskade der blutstillenden Faktoren kommt es zum Aufhören.

Die Immunabwehr wird aktiviert, wenn Fremdeiweiß, Bakterien oder Viren in den Körper eindringen. Dafür gibt es verschiedene Aktivatoren … Im Allgemeinen wird die Anzahl der Abwehrzellen am Fremdkörper erhöht, diese umschließen das Eingedrungene und die Makrophagen phagozytieren es, bis die Wirksamkeit nachlässt. Bei einem gesunden Menschen funktioniert das Abwehrsystem mit den verschiedenen Immunglobulinen IgA, IgB und IgE, bei nicht sehr stabilen, prädisponierten Menschen wird diese Abwehrreaktion durch Impfung aktiviert, damit sich Antikörper bilden können und man nicht so anfällig gegen diese Erreger ist. Der Vorgang dauert 2–3 Tage und in dieser Zeit hat man eine erhöhte Infektanfälligkeit, das manchmal mit erhöhter Temperatur einhergeht. Werte der Entzündung ist die BSG mit 3–11 mm und das C-reaktive Protein –5 mg/L.

Alles im Leben ist im Fließen mit oder in einem flüssigen Milieu oder in der Luft, es fließt im Organismus durch die Gefäße,
durch die Adern – Arterien und Venen – so wie bei jedem Lebewesen. Die nicht-fließenden Elemente werden transportiert
oder sie aktivieren verschiedene Bewegungen, sie lösen Mechanismen aus, deshalb sind sie meistens in einem bestimmten Wert definiert.

Die nicht fließenden sind entweder wachsende Organismen
oder in sich ruhende, geradezu in unbeweglicher Form.

Ein nicht selbstfließendes Element ist das NaCl, das einen
sehr großen Bestandteil der Erde ausmacht, denn in allen Meeren ist es mindestens zu 2–4 % vorhanden, es trägt dazu bei,
dass bestimmte Fließeigenschaften der Meere konstant bleiben. In wärmeren Gebieten verdampft das Wasser und die Salze bleiben in große Salzseen zurück, die Salze sind also tempe-
raturabhängig.

Der Mensch reagiert empfindlich auf ein Zuviel oder Zuwenig. Der Organismus ist auf bestimmte Empfindungen eingestellt, die mit der Aufnahme der Nahrung im Mund beginnen,
denn auf der Zunge bestimmen bestimmte Geschmackspapillen, um was es sich handelt, und so wissen wir ungelesen, ob
es salzig, süß, bitter oder sauer ist, denn daraufhin aktivieren
sich bestimmte Systeme, die der biochemischen Umsetzung
gemeldet werden, sodass die Salze getrennt oder neu gebildet
werden, aus NaCl wird Natrium und das überschüssige Chlorid
wird ausgeschieden.

Die Salze des Lebens …

… und die Salze der Erde sind im Boden für die Pflanzen,
die mit ihren Wurzeln die Nahrung aufnehmen, und Salze und
sonstige Chemie sind in den Düngemitteln, die den Boden entweder neutralisieren oder aber auch in einen sauren Zustand
bringen können, bei einem Zuviel wird die Vegetation leiden,
weil salziges Wasser durch die Adern der Pflanzen fließt, diese
werden braun und gehen ein.

Deshalb sollte man im Winter nicht allzu viel Salz verstreuen, denn beim Tauen wird es ins Erdreich versickern und den Boden versauern. Und saurer Regen fällt vom Himmel und schädigt die Grünpflanzen.

Und trotzdem kann es therapeutische Wirkung haben, so werden in Notfällen Kochsalz-Lösungen infundiert, bei Flüssigkeitsmangel, Kreislaufbeschwerden und bei Operationen.

Die Luft bei der Verdampfung der Meere und die Salze in Salzstollen können einen positiven Effekt auf die Atemwege haben, denn es verschafft nicht nur eine kühlende Luft, es kann reinigend und aktivierend sein.

Es gibt die Salze nach den Naturheilverfahren, die helfen können, das innere biochemische Gleichgewicht wieder zu korrigieren, und die Salze am Toten Meer, die eine positive Wirkung auf die Haut haben können, wenn das Leben etwa wehmütig ist, die Haut als Spiegel der Seele mit ihrer inneren Erfahrung.

Das Salz der Erde ...

- 17 -

Wer hat sich das alles erdacht ...?

... da fragt man sich, wie das alles möglich ist, vielleicht fragen nur jene Menschen, die um die Komplexität der Welt wissen und ihre Zusammenhänge verstehen, wie das alles möglich ist. Ja, das muss man sich fragen, wenn man die ganze Chemie, Physik und überhaupt den ganzen Mechanismus der Erde, der ganzen Welt und den des Universums versteht: Wie sich alles richtig und zur rechten Zeit entwickelte, wie alles kommt und geht, wie sich alles am rechten Platz befindet und wie sich alles in guter Qualität und Quantität bildete.

Wie sich alles richtig ernährt, wo immer sich Leben befindet, ob im Wasser, auf dem Land oder in der Luft, hat sich alles von selbst entwickelt, ohne je etwas von dieser Komplexität zu wissen, und es scheint auch außerhalb der Erde im Weltraum und im ewigen Universum eine bestimmte Ordnung zu sein oder bestimmte Abläufe, die regelmäßig oder unregelmäßig immer wiederkehren, doch das scheint schon über die Grenzen des menschlichen Denkens hinaus zu gehen. Also, wie ist das alles möglich?

Und ob wir Menschen richtig am Platz sind, die versuchen jene Komplexität zu verstehen?

Und warum tun wir das alles?

Alles funktioniert richtig und gut, ist lebenserbauend und lebenserhaltend, es ist ein angefangener Prozess des Lebens und dieser scheint sich in all seinen Veränderungen von selbst zu entwickeln, der Prozess des Lebens hat eine Richtung und eine Zeit und wenn es das Leben des Planeten ist, so hat er eine Zielrichtung. Wie ist das alles möglich?

Wir wissen nicht, ob es noch andere Planeten gibt oder gab, die ein lebendiges Dasein haben, denn zu unendlich ist das Universum und vieles für uns wird immer unerreichbar bleiben.

Alles funktioniert von selbst, so war es von Anfang an und alles war in Ruhe und Frieden und niemand machte sich unnötige Gedanken und ewig bewegt sich die Erde und ewig scheint die Sonne und ewig ziehen die Wolken vorüber und die Sterne bewegen sich des Nachts auf ihren Bahnen. Wie ist das alles möglich?

Ist es nicht so geschehen, dass der Mensch das Denken lernte, um zu sehen und zu verstehen, wie gut das alles funktioniert?

Der Mensch fing an zu denken und sich mit einer Komplexität zu beschäftigen, die einen provoziert, dies alles zu verstehen und dass einem so die Schwere des Lebens bewusst wird, die sich dadurch entwickelte. Wie ist das zu verstehen?

Der Mensch, der das alles wissen will, wird durch die Ebenen des Planeten gehen, bis er in den Himmel kommt, und fragen ... ist hier jemand? Ist hier jemand, der sich das alles ausgedacht hat? Wie ist das alles möglich?

... vielleicht gibt es doch noch jemanden ...

Ob sich die Menschen das wirklich manchmal fragen ...

wie es jenen Menschen in dieser evolutionären Zeit wirklich erging, können wir nur aufgrund ihrer hinterlassenen Artefakte beurteilen und die Zeiten den Völker-Gruppen zuordnen, und wir finden oft Unerklärliches an Zeichen und Ausdrucksformen. Wir können nicht mehr den psychischen Zustand dokumentieren als nur die Werke und das, was wir sehen und anhand der Umgebung zu erklären versuchen, wie sie gelebt haben.

Vielleicht waren diese wild und rau, äquivalent der Zeit und allem, was sie umgab, wild in Bezug auf das Jagen und rau in Bezug auf das vorherrschende Klima.

Das Leben war wie dieses der Tiere, die mit der wechselnden Natur zogen und in ihrem Leben von ihr abhängig waren, zu denen sagt man nicht wild und rau, sondern eher ungezähmt.

Der Mensch lebte sich in seinem Individuum aus, so war die Gegend groß und weit und sie zogen frei von ihren inneren Zwängen oder nach ihren Instinkten in Gruppen oder auch alleine. Der Mensch, in seiner Entwicklung vom geduckten zum aufrechten, erhobenen Gang, mit den Lauten der noch nicht vorhandenen Sprache als Urlaute und mit der Möglichkeit der Verwendung der Stimmbänder – Bewegungen, die schon gedacht sind für eine einmal entstehende Sprache.

Diese Wesen, die aufrecht gehen wollen und himmelwärts schauen, nach oben streben, haben so ihr Eigenleben, jedes Individuum ist verschieden, hat eine eigene Psyche, ein eigenes Ich, das sich entwickelt und Erfahrungen macht. Das Innenleben das im Unbewussten gebildet wird und bewusst gelebt wird, verändert den Menschen, es bewegt ihn, es leitet ihn, es formt ihn und es sucht nach Möglichkeiten und Wege in alle Richtungen.

Der erhobene Mensch, von dem wir nicht wissen, wie es ihm wirklich erging, der alle Möglichkeiten des Lebens durchlebte und unsichtbare Wege durchschritt, um diese irgendwann einmal zu gehen, und ob er diese gegangen ist – wir wissen es nicht.

Und so entsteht das Unsichtbare im Vorfeld der Entwicklung, das wir einmal beschreiten werden, und wir wissen nicht, ob es unserem Leben guttut und erfahren es erst, wenn wir den Weg gegangen sind, und dann sind wir um eine Erfahrung reicher.

Alles, was im Leben ist, wird erst im Geiste geschaffen in einer Welt, wo vorher nichts war, wo vorher keine geistig denkenden Wesen waren, der Mensch, der seine eigene Welt schafft, erschafft auf Erden.

Und so tun wir nur das, was uns selbst guttut und das wir auch von anderen wollen.

Die Welt von heute ist die Welt von morgen und niemand will mit den Folgen leben.

So wollen wir fortan nicht nur in den Himmel schauen, sondern uns damit vertraut machen, dass unsere Wege nur im Guten sicher geschützt geleitet werden können.

Der Mensch und seine Welt.

- 19 -

Der Mensch das denkende Wesen ...

Der Mensch in seinem Wesen – warum will er immer etwas anderes? Was ist es, was ihn ständig ohne erkennbaren Grund bewegt und treibt? Was ist es, was ihn verändert und ihn absondert und ihn aus seiner bis dahin nach außen scheinbar ordentlichen Welt fortbringt?

Vielleicht ist es heute noch so, ja, dieser Zustand oder die Ereignisse, die es mehr denn je gibt, wo wir heute noch gut und recht leben, ist morgen verändert. Der Mensch unter der Sonne weiß nicht, was morgen ist, alles ist unbestimmt und unberechenbar, der Mensch in seinem Geiste kann die Dinge nicht erdenken, er kann vielleicht erahnen, was im Kommen ist, aufgrund seiner Erfahrungen und der Konstellationen, die sich gebildet haben.

Natürlich können wir heute aufgrund der Technik verschiedene Dinge schon kurze Zeit vorher errechnen und Möglichkeiten vorbereiten.

Und doch ist man dem Wetter in all seinen Erscheinungsformen und Gewalten ausgeliefert. Wir sind den universellen Einflüssen, die so unendlich sind, ausgeliefert, dass unser Geist an Grenzen stößt.

Ausgeliefert sind wir all den unsichtbaren Dingen, all dem, was es eigentlich nicht gibt und wo wir uns nicht beschäftigen mögen als nur mit dem gegebenen Sichtbaren und wir bestrebt sind, dieses so gut und so geordnet es geht zu gestalten, wie es unseren Vorstellungen entspricht und unser Denken erlaubt.

… immer nur das anzustreben, was am besten ist, und niemandem zu schaden, die Umwelt und alles Leben zu schonen.

All jene Technik, die wir haben, macht uns nicht viel gesünder, macht das Leben nicht unbedingt einfacher, bequemer vielleicht, es macht das Leben kompliziert, anspruchsvoll, die Technik muss beherrscht werden und viel Platz muss geschaffen werden und viel Energie zum Unterhalt.

All jene Entwicklung hat den Menschen aus der Ruhe gebracht, als er anfing zu denken.

War das nicht ein einfaches, unbeschwertes Leben, dem Klima angepasst, wo alles wuchs und gedieh, was zum Leben wichtig war?

Konnte das Wesen nicht ruhen, ohne sich Sorgen zu machen, ob es morgen noch Nahrung findet, denn dieses Denken zu wissen verändert die Psyche, weil man es nicht weiß, ob morgen es noch ist. Man lebt zeitlos und ungezwungen in den kommenden Tag hinein, isst und trinkt und ruht und ist gesund bis in den Tod.

Vielleicht ist es genau das, was wir anstreben?

Einige Tausende von Jahren dazwischen haben wir nun Erfahrungen mit der Entwicklung von Dingen gemacht, die sich immer verbesserten und das Leben immer noch schöner machten, all jene Erfindungen, mit denen wir doch eigentlich nur ein

Wohlergehen bezwecken, ein Gesund-Sein, und dass wir stets zu essen haben, das Klima, das warm und lebensmöglich war, warum hat es sich geändert?

Warum hat sich das überhaupt verändert?

So war das Leben.

– 20 –

So war das Leben des entwickelten Menschen ...

Ein Wesen, das auf allen vieren geht, schaut immer nach unten, also auf den Boden, alleine von der Haltung ist es nicht möglich, in den Himmel zu sehen, es sei denn im Liegen auf der Seitenlage. Und wenn man immer auf den Boden schaut, so denkt man auch nicht über den Himmel nach. Das Nachdenken beginnt erst, wenn das Auge etwas sieht, über elektromagnetische Impulse gelangt das Gesehene zum Gehirn, das diesem eine Zuordnung gibt und die Kombinationen schafft, zu verstehen und neue Zusammenhänge herzustellen.

Jetzt ist es nicht nur Tag und Nacht, die den Rhythmus der Zeit bestimmen, denn die lebenden Wesen, Mensch und Tier, sind auf bestimmte Zeiten eingestellt, es gibt Tiere, die in der Nacht erwachen und jagen und am Tage unsichtbar sind, und der Mensch oder auch die Tagestiere haben eine innere biologische Uhr, einen Biorhythmus, was sie zur Nahrungssuche bringt, es wird gegessen und geruht und in dieser Zeit verstoffwechselt der Körper, der ganze Organismus die Nahrung, was mit allen Organen verbunden ist, die Zeit der Nachtruhe ist eine Erholungsphase bis in die Frühstunden, wo sich etwa gegen vier Uhr morgens der Biorhythmus wieder für den Tag aktiviert, so wie die aufgehende Sonne, die nicht vor vier Uhr morgens aufgeht.

Mit der aufgehenden Sonne scheint sich das Leben zu bewegen, der Tag erwacht und die des Nachts gehen zur Ruhe, so die innere Zeit.

– Oder können wir des Nachts auch gut sehen? –

Und wenn die Menschen die Naturgötter kannten und ihren personifizierten Götter Namen gaben, erbaten sie um Wissen, und wenn sie Sonne und Mond kannten und ihren Bahnen folgten, so beobachteten sie auch andere Gestirne am Himmel auf ihre Regelmäßigkeit und es war so, dass nach einer Dauer von 365 Tagen am 19.07. jener Stern aufging, der die Zeit der ansteigenden Flüsse ankündigte, und das war schon 4.600 Jahre vor unserer Zeit bei den Menschen am Nil. Für sie war es dann Neujahr, wenn von Juli bis Oktober die Regenzeit war, worauf die Aussaat folgte, auch in Mesopotamien orientierte man sich danach und ab 2.900 v. Chr. gab es schon eine Sonnenuhr und somit eine tägliche Zeiteinteilung.

Genaue Angaben konnte man in anderen Gegenden machen, die nicht so sehr von den Flüssen abhängig waren, da stand die Sonne jedes Jahr vom 20. auf den 21.06. am höchsten und somit war es der längste Tag.

Und oft wundert man sich, mit welcher Genauigkeit und Präzision schon vor Tausenden von Jahren verschiedene Bauwerke und Konstruktionen entstanden sind, ohne dass die Menschen lesen und schreiben konnten und somit auch nicht rechnen.

Die Konstruktionen nach Augenmaß und/oder Intuition?

Wie ist es möglich, wenn von Menschenhand geschaffene Riesensteine von weit hertransportiert werden, sie in einer genauen Formation aufzustellen, sodass sie eine bestimmte Ausrichtung haben?

Es gibt solche großen, kreisrunden Gebilde in Deutschland, Frankreich und England, die eine astronomische Funktion zu haben scheinen, denn jedes Jahr am längsten Tag wird die Sonne beim Untergehen in einer bestimmten Steinöffnung zu sehen sein, und seit 2900 vor unserer Zeit beobachten die Menschen diese Ereignisse und feierten diese zeitliche Veränderung, denn ab jetzt war ein Jahr vorbei, sie feierten die Sommersonnenwende.

Es steht die Frage im Raum, ob sie nur feierten, weil die Natur die Zeit änderte und der Sommer nun abnahm, oder ob sie rituell auch Ausschweifungen nachgingen, was an den Totenbestattungen sichtbar wurde. Vielleicht waren sie von dunklen Geistern verfolgt und wollten diesen nicht mehr anhaftig sein und so starben einige Menschen auf nicht ganz natürliche Art.

Heute noch scheinen viele an diese Stätte zu pilgern, um das Naturereignis zu erleben, natürlich muss heute keiner mehr sterben, es ist nichts Mysteriöses, nichts Konspiratives und ein jeder versteht den Hauch von Magie, und wenn im rot-goldenen Abendlicht die Sonne hinter dem Horizont versinkt, hört man manchmal noch die Stimmen der Toten, die in seltsamer Lage begraben liegen, so kann man nachvollziehen, wie und was diese Menschen zu jener Zeit gefeiert haben.

Vielleicht interpretieren wir zu viel hinein, vielleicht war es wirklich ein Observatorium.

Die Zeit der Sonne.

- 22 -

Und es zog die Menschen zu selbst gebauten gemeinschaftlichen Orten, wo gefeiert und beobachtet wurde, wo Rituelles und Magisches entstand, nur um die Sonne zu beobachten, die Menschen unter der Sonne folgten ihrem Lauf.

Und zu aller Anfang war sie geboren, als die Nacht vom Tag getrennt wurde, denn wie sonst könnte es hell werden?

Ein unendlich großer Stern, der der Sonne gleicht und aus den Gasen von Helium besteht, das in einem glühenden Inneren stetig verbrennt und eine warme, eine sehr heiße Temperatur in dem gesamten Sonnensystem schafft, das aus den rotierenden Planeten besteht, die um die Sonne kreisen.

Diese He-Atome bewegen sich ständig im Inneren, sodass Schwingungen entstehen, die Sonne schwingt, wenn die elektromagnetischen Ströme vom Inneren nach außen durchbrechen und so die Aura oder das Bewegungsfeld vergrößern. Ist das Sonnenleben sehr aktiv, kann es an den durchbrechenden Feldern zu schwarzen Flecken kommen, die zu unterschiedlichen Zeiten vermehrt auftreten können.

Weit entfernt ist sie, über 1,5 Millionen km, und es ist nicht so, dass wir es nicht merken können.

Die Schwingungen der elektromagnetischen Felder lösen Reaktionen aus, es hat etwas mit der Elektrizität zu tun und mit dem Magnetismus und das Leben auf Erden steht in dieser Abhängigkeit. Und das Leben unter der Sonne ist der Tag, an dem sich alles bewegt, und die Nacht ist die Ruhe, wenn die Sonne in all ihrer Farbenpracht am abendlichen Himmel versinkt, sie am Erdenrand untergeht oder im Meer versinkt und am nächsten Tag im Osten wieder aufgeht und wie neugeboren dem Tag den Rhythmus gibt.

Das Leben, das aus dem Meer mit der aufgehenden Sonne kommt und das den Tod, die dunkle Nacht vertreibt, so die geistigen Interpretationen verschiedener Menschen, aus denen dann die Totenkulte und andere Rituale entstanden sind, die Sonnengötter und auch der Schöpfungsmythos.

Menschen auf der ganzen Welt verehrten die Sonne und es waren die Sonnengötter, die jene Geschicke aus der Vergangenheit bestimmten, und es waren jene, die schon sehr früh die astronomischen Zusammenhänge erkannten, an den großen Flüssen in Ägypten und in Mesopotamien, und durch die Schwingungen der Sonne entstanden in anderen Ländern diese megalithischen Bauwerke.

Heute verehren wir die Sonne nicht mehr, wir stöhnen über ihre Hitze und all die Folgen, die sie uns bringt. Heute wird sie bis ins Innere erforscht und das Alter des Sonnensystems geschätzt aus unendlicher Zeit und darin entstand die Erde vor 4,5 Milliarden Jahren.

Niemand sagt, woher die schwarzen Flecken kommen.

Und niemand weiß, wie lange die Sonne noch leben wird.

Sie bringt uns das Licht und die Farben.

Der Mensch unter der Sonne.

Ein Licht in der Nacht ...

Ein Licht am Tag macht noch kein Leben und so geschah es, dass etwa zur selben Zeit Erde, Mond und einige andere Planeten geschaffen wurden, die in physikalischen Abhängigkeiten nach den universellen Gesetzen funktionieren, nach den Prinzipien der Gravitation und Rotation, und dies ist nur möglich, wenn in bestimmten Zeitabständen eine Umrundung erfolgt, und so haben wir eine Bahnkonstante und stets eine Licht- und Schattenseite, die der Sonne zu- und abgewandt ist. Die Erde mit einem Durchmesser von 12.795 km hat den viel kleineren Mond mit einem Durchmesser von 3.795 km, dieser umkreist die Erde in 29,7 Tagen, und wir sehen ihn vom Neumond bis zum Vollmond, die bis zur Erde reichenden Kräfte des Mondes bewegen vieles auf Erden, das Wasser in seiner Quantität, was Ebbe und Flut bedeutet oder auch zur Springflut werden kann, der Abstand zur Erde beträgt je nach Konstellation in Erdnähe 365.000 km oder in Erdferne 405.000 km. So unscheinbar klein und unbedeutend ist er nicht, er fasziniert die Menschen und bewegt diese, jener, der in den verschiedenen Farben der Nacht diese durchleuchtet, von goldgelb über blutrot bis eiswasserblau, und manchmal hat er eine große sichtbare Aura und zuweilen auch eine Düsterheit, entweder, wenn er nicht sichtbar ist, oder er eine angsteinflößende Aura hat, er bewegt die Menschen des Nachts, wenn alles schläft, aufzustehen und herum zu wandeln, oder er leuchtet den Tieren, die nachts jagen.

Manchmal scheint es so, als hätte er ein lachendes Gesicht, doch er verbirgt seine wahre Identität, denn in Wirklichkeit ist er unbewohnbar, ist ein zerklüftetes rundes Gebilde, das aus tiefen Tälern und Kratern und hohen Erhebungen besteht, aus Sand, so weit man sehen kann, er ist ohne Wasser und hat eisig kalte Temperaturen, denn er lebt im Dunkeln, und so ist es auch die dunkle Seite, die uns zu beeinflussen scheint.

Und manchmal bewegt sich das nicht mehr lachende Gesicht und zeigt ein verzerrtes holografisches Sehen, das die Geschichte seiner leidvollen Entstehung erzählt. ... wie wir entstanden sind aus den Steinen und der übergroßen Hitze und nun sind wir erkaltet ... wir wurden geschlagen und bombardiert von den steinigen Geschoßen ... und leben im Dunkeln ...

Da er das Leben auf Erden bewegen oder beeinflussen kann, zog es viele Menschen in seinen Bann, aber sie riefen und verehrten den Mondgott, denn in seinem kurzen Umlauf entstand die monatliche Zeiteinteilung, eine definierte messbare Zeit. Sie sahen ihn immer – wie wir heute noch – von derselben erdzugewandten Seite und sie wollten wissen, was sich dahinter verbirgt, deshalb bauten sie Erhebungen in Form von Zikkurats und Tempel, um den Mondgott zu finden. Und sie wollten es wissen.

Und wir in unserer heutigen Zeit wollen es wissen.

Und einige haben schon Erfahrungen gemacht.

Der Mond über der Erde.

– 24 –

Vielleicht begegnen wir uns eines Tages selbst, wenn wir uns bewegen und bestimmte Orte auf der ganzen Welt aufsuchen, wo unsere Vor-Vor-Vor-...fahren einmal gegangen sind, wir beschäftigen uns intensiv mit dem Altertum oder dem Vergangenem und folgen unbewusst den Spuren jener, die uns vieles hinterlassen haben. Es ruft in manchen Menschen ein archaisches Erinnerungsvermögen wach, wenn wir auch nur etwas in Fragmenten entdecken und versuchen, es in unserer Zeit zu verstehen oder fortzuentwickeln. Und wenn wir uns auf die Spurensuche begeben und selbst über die Zeichen und Formen staunen und versuchen, sie sinnvoll zu interpretieren, und weil es weit und fast unerreichbar erscheint, ist es vielleicht gerade das, diese Herausforderung, die einen anspornt, sich ins Unbekannte zu wagen, zum einen aus Neugierde und Interesse, zum anderen, um herauszufinden, ob es noch andere Wesen gibt, von denen wir nichts wissen, oder jemanden, dem eine Schöpfung möglich ist.

Es ist nicht nur die herrliche farbliche Sicht des Tages oder das tiefblaue Unergründliche der Nacht, dass der Mensch sich erhob und in den Himmel schaute und sich vielleicht einmal in einem leblosen Raum bewegen wird und er immer wieder an Grenzen stoßen wird und sich fragen wird ... geht es noch weiter und noch höher ...?

Wer wohnt über uns im Universum?

Wie weit das wohl geht?

- 25 -

Hat der Mensch nicht alles erschaffen ...

hat er sich nicht alleine erhoben und ist vorangeschritten und hat er nicht alleine die anflutenden Gedanken, es könnte jemanden geben, der alles in der Hand hat ...?

Von den ursprünglichen Zeichnungen und Gemälden an Felsen und Höhlen bis zum Zurechtlegen aus Steinen und Stellen, wo schon sehr früh genaue Feststellungen und Datierungen verschiedener Sterne und ihre Orientierung bekannt waren, bis heute, wo fremde Planeten besucht werden und fast unerreichbare technisch beobachtet werden können ...

Was vorher nur mit bloßem Auge beobachtet und trotzdem recht genau aufgezeichnet wurde, zeigt eine Sternensammlung aus der Zeit um 300 v. Chr. von Hipparch, der schon über 300 Sterne kannte.

Erst viel später, um das Jahr 1609, war es möglich, einen Gegenstand zu erfinden, der die Sicht des nächtlichen Himmels vergrößerte, ein Brillenmacher aus Holland, Hans Lipperhey, erfand ein Fernglas, das ständig verbessert wurde, bis heute, wo wir in die unendlichen Galaxien schauen können, die Hunderte von Lichtjahren von uns entfernt liegen.

Viele werden sich fragen, was die Welt davon hat, tote Planeten zu besuchen?

In die unendlichen Weiten des Universums vorzudringen, wozu?

Wo das wohl enden wird?

- 26 -

Und nur mit dem Sehen war es noch nicht getan, am Tag und in der Nacht folgten sie den Sternen und dem Mond, die einen bewusst, die anderen unbewusst, und ließen sich führen oder wurden geführt. Die Sterne können vieles erzählen ... und jeder hat einen Stern am Himmel, in dem er geboren wurde und der über uns steht. Alles bewegte sich langsam, fast unmerklich, denn alle gingen zu Fuß, der Mensch zuerst allein und dann zusammen mit den Tieren, und sie beobachteten, dass alles auf der einen Seite aufging und auf der anderen Seite unterging, und nach bestimmten Zeitabständen wiederholte es sich regelmäßig und wenn man das mit den Augen nachvollzog, so erkannte man die Form einer Hälfte, also es war eine Scheibe oder etwas Rundes wie ein Rad, und aus der Zeit 4.300 v. Chr. kam die landwirtschaftliche Nutzung und es dauerte bis 1.800 v. Chr. bis der zweirädrige Kampfwagen Ägypten zum Kampf herausforderte. Und so hielt es an bis ins 19. Jahrhundert, alles wurde zu Fuß bewegt und erkämpft.

Ein weiterer Fortschritt der industriellen Revolution war das heutige Fahrrad, 1785, mit dem natürlich keine Kämpfe bestritten wurden, sondern das nur zur Fortbewegung und in der Freizeit genutzt wurde. Um 1800, als der Dampfantrieb Schiffe in Bewegung setzte, wurden auch Schienen verlegt und die Dampflokomotiven konnten nun von einem Ende ans andere fahren. Fast gleichzeitig wurden die ersten Motoren für das Auto entwickelt, nun waren die Menschen beweglich und unabhängiger.

Die friedliche Ausbreitung der Bewegungen.

Und wenn man weit sehen kann, will man auch wissen, ob es noch weitergeht und was dahinter verborgen ist. Und wo man hinsehen kann, könnte man auch hinfahren, warum nicht?

Kein Mensch kann wissen, ab wann die Menschen begannen irgendwelche Himmelsgefährte zu sehen, ab wann die Menschen von fahrenden oder fliegenden Objekten über den nächtlichen Himmel im Geiste oder im Traum getragen wurden, und vielleicht wurde es zuweilen berichtet und man hielt diese Menschen für etwas geistig verwirrt und wer weiß, vielleicht waren es gerade diese, die dann irgendwann in der Zukunft ihre Gedanken aufnahmen und sie umsetzten, um etwas Fliegendes, das sich hoch hinaus in die Lüfte erhob, zu konstruieren, die Stratosphäre zu durchbrechen und sich noch höher zu begeben. Wenn man fliegen und die Schwerkraft überwinden könnte, scheint die Freiheit der Bewegung wirklich grenzenlos zu sein und jede Erfindung, die vom Boden abhebt, erweitert die Freiheit und den Bewegungsradius. Alle luft- und gasbetriebenen Konstruktionen vom ersten Freiballon, 1783, bis zum ersten Gleitflug von 1891 reichten nicht aus, um sich hoch genug zu bewegen, die motorisierte Technik von den Gebrüdern Wright, 1903, und dann die Strahldüsenantriebe ab 1939 erweiterten die Höhe um ein Vielfaches. Erst 1919 konnten mit einem Ganzmetall-Flugzeug Fahrgäste befördert werden, wenn es auch nur vier Personen waren, von nun an begann der allgemeine Flugverkehr. Zuvor wurden diese nur zu militärischen Zwecken verwendet.

Und zum ersten Mal gelang es einer unbemannten Sonde im Geheimauftrag 1959 von Russland aus in die planetarische Höhe vorzudringen, das waren die Anfänge und es begann ein Wettlauf der Zeit. Wer zuerst die Planeten erreicht, der stellt eine Fahne in den atmosphärenlosen Wind, und so war es auch tatsächlich, als am 27.07.1969 die ersten drei Menschen den Fuß auf den kleinen Planeten Mond setzten, und heute noch sieht man die Spuren im Sand von dem kleinen „Mondauto", die wie festgefahren sind als ein ewiges Monument der Zeit, und die amerikanische Fahne steht etwas schief im Mondsand – weil sie glaubten, auf der anderen Seite, also auf der Rückseite, zu sein.

Vielleicht haben sie etwas entdeckt, was wir nicht wissen, denn sie haben den Mond verlassen und hinterher viele Jahre später wurden Bilder von der ersten Mondlandung veröffentlicht und es traten erhebliche Zweifel auf an der Tatsächlichkeit, was berichtet wurde. Der Mond hat tatsächlich zwei Seiten, eine helle und eine dunkle, die sehr verwirrend sein kann, und wer weiß, wo diese gelandet sind? Und nochmals Jahre später wurden weitere Fotos analysiert und es traten noch mehr Ungereimtheiten auf und die seltsamen Phänomene, die sie gesehen hatten ... ob diese vorher schon vorhanden waren oder ob es sich um eine Fotomontage handelt?

Wer kann das wissen?

Und was ging da wirklich vor?

Und die Fahne steht im Winde ...

– 28 –

Und sie haben den Mond wieder verlassen, vielleicht ist man da wirklich verlassen, denn nun wissen sie, dass da niemand wohnt und noch nie jemand gewohnt hat und auch in absehbarer Zeit niemand wohnen wird, weil die Bedingungen so lebensfeindlich sind, die Temperaturen so eisig kalt und die gesamte Atmosphäre drucklos ist, in der man sich nur springend, schwebend bewegen kann und die nicht für den lebenden Organismus gemacht ist, diese Luft tut dem Gehirn nicht sehr gut, auch die beatmeten Raumanzüge sind keine Lösung, aber sie wissen nun, es gibt kein Wasser, nur Sand und Steine und es ist immer Nacht.

Verlassen haben sie ihn und es schien so, als wollten sie ihn vergessen und wer weiß warum?

Vielleicht sagte er ihnen, ... woanders hin ... oder vielleicht ... noch höher hinaus ..., vielleicht sahen sie die riesengroßen tiefen Spuren im Sand und überlegten, ob vor ihnen schon jemand den Mond verlassen hatte, es waren riesengroße Schritte … und sie änderten ihre Gedanken und schauten nun noch höher, ob es da vielleicht jemanden geben könnte …

Eigentlich weiß man nicht, wie man das interpretieren soll, suchten sie nach Leben oder sollte es schon zu militärischen Zwecken dienen?

Was sonst könnten sie noch finden?

Und sie erweiterten ihr Programm, um noch höher zu noch entfernteren Zielen zu gelangen.

Es ist inzwischen möglich, alle sichtbaren und die fast unerreichbaren Planeten mit der heutigen Technik mit Sonden und Satelliten zu erreichen, sie zu umkreisen und sie zu fotografieren, ihre Beschaffenheit zu erkunden, ob Leben besteht oder es möglich ist, und auf allen gibt es nur Steine und Felsen – Gas- und Wasserplaneten mit entweder eisig kalten oder extrem heißen Temperaturen. Nun, der Rote Planet, der nicht weit von uns entfernt liegt, etwa 560.000 bis 720.000 km, der tote Planet, ob man von da je wieder zurückkehrt, bleibt offen … wer fährt schon gerne zu einem Kriegsplaneten, der den Göttern geweiht ist? Dieser scheint zwei Eiskappen und ein rotierendes Inneres zu haben und das sind keine guten Aussichten.

Die Menschen zieht es immer weiter fort von den sieben oder neun sichtbaren Planeten im Sonnensystem und sie suchen selbst schon außerhalb und studieren die Unendlichkeit des Universums und versuchen die kosmischen Gesetze zu verstehen. Es ist Tag und Nacht auf Erden und ewig Nacht im Universum, wo Unerreichbares fast erreichbar scheint und wo die Stätte der toten Seelen ist, wo tote Sterne verglüht sind und das Licht erloschen ist, dahin zieht es sie und man fragt sich warum?

Warum bewegt der Mensch sich in ein Nichts?

Warum in eine tote finstere Welt, wo ganz andere Gesetze herrschen? Vielleicht sehen wir deshalb nur die eine und dieselbe Seite des Mondes.

Als die Bilder laufen lernten ...

könnte so aus einer längst vergangenen Zeit entspringen, als die Menschen froh waren, dass sie ein wärmendes Lagerfeuer hatten und sie in der Düsterheit tanzende Schatten sahen, die des flackernden Lichtes und ihre eigenen, sie bewegten sich und vielleicht malten sie deshalb Zeitgenössisches an die Felsen, es war etwas Gesehenes und das, was ihre Gedanken bewegte, und wie lange hat es gedauert, bis die bewegten Gedanken, die man festhalten und übermitteln konnte, in Technik umgesetzt werden konnten.

Das waren die Zeiten des kleinen schwarzen Kastens, der verdeckt war und wenn er aufgedeckt wurde, musste man lachen, weil eine bleibende Erinnerung auf das Papier gemacht wurde, und danach wurde das Gerät wieder verhüllt, das war's.

Dann wurden verhüllte Bilder durch komplizierte Verfahren in noch größeren Kästen beweglich bemacht und als es ab 1921 in Amerika und 1923 in Deutschland möglich wurde, Standbilder und bewegliche Bilder in Schwarz und Weiß zu empfangen, konnte man nun Nachrichten aus aller Welt hören und sehen, in jedem Haus saßen die Menschen nun vor den Radio- und Fernsehgeräten und gewöhnten sich an die flimmernde Qualität, nun konnte man lachen und weinen.

Doch die Qualität wurde bald besser und schnell hat es sich weiterentwickelt und ab dem 25.08.1967 gab es schon den ersten Farbfernseher und alles war erschwinglich und bald gab es keinen Haushalt mehr ohne den technischen Anschluss.

Kein Haus wollte ohne Information sein, immer auf dem Laufenden, und von nun an begann die Vernetzung der Häuser und der Menschen, der technische Fortschritt in allem war nicht mehr aufzuhalten, immer schneller, immer mehr wurde technisiert und wir hatten es einfach und bequem.

Und wir konnten so die erste Mondlandung mitverfolgen und man weiß gar nicht, warum die Übertragung Jahre später angezweifelt wurde.

Also wir bleiben dran und beobachten fast süchtig rund um die Uhr das Weltgeschehen und die Filme und die Werbung und manchmal kommt auch etwas Gesundheit-Förderndes.

Die Entwicklung setzt sich fort bis ins Computerzeitalter, wo wir Herr der Geräte werden müssen, bevor uns diese beherrschen, denn diese arbeiten so selbstständig, dass allein schon ein Gedanke genügt, damit diese sich in Bewegung setzen.

Jeder kann eigene Filme machen und Dinge aufnehmen, die es gar nicht gibt und wer weiß, wohin die Entwicklung uns noch bringen wird? Was könnte jetzt noch kommen?

Das fragen sich die Menschen wahrscheinlich immer und doch, es kommt immer wieder etwas Neues.

Und so geschah es, als jene tanzten und Schwingungen erzeugten und alles in Bewegung kam.

Und so hört man die Stimmen aus der Ferne ...

- 30 -

Wir sind noch lange nicht am Ende, die letzten zwei Zeitalter, das der technischen Revolution und das Computerzeitalter, wo wir denken, ohne das alles könnte man nicht mehr leben, und je jünger die Generation ist, desto mehr wachsen sie in die Technik ein.

So geht der Bezug zur Natur verloren, und zu allem, was lebt, wo der Mensch noch manuell arbeitete und mit seiner Körperkraft und mit seinem Geist im Einsatz war, ist nun eine veränderte automatisierte Welt und das verändert das Denken und man entfernt sich vom Ursprung. Man will nicht sagen, als jene Entwicklung begann, dass diese umweltfreundlich gedacht haben, denn beim Denken im Zuge der Erfindungen geht es in erster Linie um Eigennutz und um Wirtschaftlichkeit, weniger um Verträglichkeit und Wohlbefinden.

Als der Mensch sich erhob und einen Stock schwang und daraus einen Gegenstand bildete, um zu töten, war dies sehr eigennützig, und die Taten des Tötens wurden geschaffen, wovon wir bis heute belastet sind. Als sich der Mensch zum Karnivoren entwickelte, bekam er „Reiß- und Beißzähne" und die Kraft der Gegensätzlichkeit, also friedlos und fleischlos, wurde geschaffen und ordnete sich in der Welt ein. Also, mit einem Stock sagen wir, mit einem Ast begann jene Entwicklung, die vom Boden abhebt und uns in die unbewohnbaren Universen bringt.

Ergeben sich da keine Fragen?

Was wird danach noch sein?

JULI

- 1 -

In der Zeit, in der wir leben, müssen wir alles tun, um zu überleben, wir sind auf uns selbst angewiesen, je weiter wir uns vom Himmel entfernen, und manchmal kommt noch jene Hilfe, die vom Schöpfer der Erde sein kann.

Je nachdem wo wir wohnen, beginnt irgendwann die Erntezeit, wo wir die Erträge einsammeln, die wir mühsam ausgesät haben in der vagen Hoffnung oder mit einer Selbstverständlichkeit, dass alles gut gelingt und so viel als möglich gedeiht.

Ungeachtet dessen haben wir boden- und wachstumsfördernde Mittel, die der Kargheit und Anfälligkeit entgegenwirken, eingearbeitet. Der Mensch ist jetzt darauf angewiesen, dass sich das Wetter in allem zum Besten einstellt, nicht zu viel und nicht zu wenig Regen und nicht zu heiß und doch warm genug, nicht zu stürmisch und doch leicht wogende Winde und nichts fällt aus dem Himmel, was uns schadet, solange die Felder voll bestellt sind bis zum Winter hin, wo alles abgeerntet ist und heimgefahren und das Überleben durch die kalte Jahreszeit bis zum nächsten Frühjahr gesichert ist.

Der Mensch ist darauf angewiesen, dass ihn auch weiterhin nichts befällt, womit man nicht rechnet, und dass man keine Langzeitschäden erleidet und dass die Arbeitskraft erhalten bleibt, solange es geht, und das Einkommen gesichert.

Der Mensch ist darauf angewiesen, dass die Götter und Gott immer gut gestimmt sind und dass sie es gut mit uns meinen.

Wir sind darauf angewiesen, dass wir uns immer zurechtfinden und geistig nicht abschweifen, dass wir nicht einer Gratwanderung ausgesetzt sind und diese Grenzen erkennen.

Wir sind bzw. der Mensch ist stets darauf angewiesen, sich in einem gesellschaftlichen Umfeld zu bewegen, sodass niemand Schaden erleidet und man sich selbst so gut wie möglich schützt.

Die Menschen sind darauf angewiesen, dass der Mensch sich als Mensch benimmt und sich nicht blutrünstigen Trieben und Tendenzen zuwendet und auch keinen Ast mehr schwingt, denn die Welt ist voller Bewegungen mit den Dingen, auf die wir angewiesen sind.

Der Mensch ist auf alles angewiesen, was in der Welt ist, und wir sprechen nicht von Abhängigkeiten, weil ein jeder alles für sich selbst bestimmt, wir uns immer und überall hinbewegen können zu jeder Stunde und an jedem Tag.

Der Mensch ist angewiesen auf all die Selbstverständlichkeiten des angenehmen und gesunden Lebens, auf jede Kleinigkeit, die er zu sehen vermag.

Er ist angewiesen auf alle Körperfunktionen im seelischen und geistigen Denken und alles Somatische in seiner sicheren Bewegung und manchmal auf eine gute Wahrnehmung.

Und können wir vielleicht einmal überlegen:

Gott auf all diesen schwierigen Wegen durch das Leben.

Er möge uns begleiten.

- 2 -

Wir alle wollen gesund sein ...

Wir alle wollen nicht allzu viel Arbeit haben und wollen immer gut und ausreichend essen und ist es nicht bei den Allermeisten so, dass man verschiedene Rezepte ausprobiert und letztendlich hat man eine gewisse Anzahl an gewohnten Gerichten, die in kurzen Zeitabständen immer wieder gekocht werden, ungeachtet des gesundheitlichen Aspekts.

Hat man sich einmal routinemäßig eingekocht so braucht man nicht viel zu denken und weiß auch nicht unbedingt, welche Tendenzen die Nahrung und auch und besonders das Zwischendurch enthält, die Werte des Fett- oder Zuckergehaltes und vielleicht noch des Gesalzenen. Durch die Gewichtseinstellung weiß man, ob man zu viel oder zu wenig hat und dass man diese mit der Nahrung regulieren kann, das hat also etwas mit der Menge zu tun aber zu sagen, immer nur die Hälfte zu essen, ist auch nicht immer einfach, denn ein hungriger Mensch ist ein unausgeglichener und ein gut ernährter meistens ein ruhigerer, es ist schon so: Gesundheit, die man essen kann, wenn man das Richtige findet.

Wenn wir von Normalbürgern ausgehen, die morgens früh zur Arbeit eilen und oft nicht viel frühstücken, die sich meistens auf dem Arbeitsplatz verköstigen können und abends erst zu Hause ein Abendessen, was auch ein Abendbrot ist, also eher eine kleinere Mahlzeit und bestehend, wie der Name schon sagt, aus Brot und Verschiedenem dazu zu sich nehmen, dann ...

Menschen, die mit den Kindern zu Hause sind, kochen meistens jeden Tag also regelmäßig und Mahlzeiten, die nicht allzu viel Zeit in Anspruch nehmen, sind geeignet.

Zu Hause sind auch die nicht mehr Berufstätigen, die dann wieder etwas mehr auf ihre Gesundheit und Vitalität achten, weil man doch ab und zu ein Leiden hat, hier kocht man gemütlich für zwei Personen und geht oft zusammen einkaufen.

Viele Leute haben noch einen Garten, aus dem jetzt vieles gewachsen ist, frisch und ungespritzt wird es täglich appetitlich zubereitet ansehnlich dekoriert, denn das Auge isst mit, ein Essen für einen „Künstler" ist ein wahrer Gaumenschmaus, ein gourmethaftes Gelingen das verstärkt die Sinnes- und Geschmacksorgane und verschönert den Tag, es erfreut und strebt zum neuen Kochen noch geschmackvoller und ideenreicher, was sich intuitiv einstellt. Das Essen soll eine Freude sein, ein delikates Mahl ist wie eine Liebe, die durch den Magen geht und wer möchte nicht solch herrliche Tage und Zeiten erleben.

Nun haben wir uns bis jetzt mit dem Ursprünglichen beschäftigt und mit dem etwas Meditativen, wir haben nachgedacht, als was wir geboren sind, woher wir kommen, und wir haben etwas von den Glaubensansätzen gehört, was ein guter Weg ist und wir hörten vom Fasten – die Definition des Verzichtes in Bezug auf das Übermaß und die Ausgelassenheit.

Und wir wollen kochen.

Alle wollen richtig essen ...

Alles, was lebt, will richtig essen, ausreichend genügend und das, was für jeden Organismus vorgesehen ist, artspezifisch in Qualität und Quantität, dazu sind Lebensräume von entscheidender Bedeutung, sowohl für den Menschen als auch besonders für die Tiere. Der Garten kann sich auf relativ kleinen Raum beschränken, der von den kleinen Kräutertöpfchen, die auch Menschen haben können, die in der Stadt wohnen und vielleicht nur einen Balkon haben – und selbst innen oder außen am Fenster kann man diese noch hinstellen.

Wer auf dem Land wohnt, hat im Durchschnitt einen Platz von etwa 500–700 m², da gibt es die Möglichkeit neben ein paar Blumen, Rasen und Sträuchern einen kleinen Pflanzgarten zu haben, wo jeder etwas Bestimmtes anpflanzen kann. Die meisten haben wohl Kräuter, etwas Salat, Tomaten und vielleicht 1–2 Obstbäume.

Wer natürlich mehr Platz hat, der kann sich glücklich schätzen, der kann von allem genug anpflanzen.

Auf dem Land hat man oft die Möglichkeit, in einen Hofladen zu gehen, diese haben relativ große Felder und betreiben zuweilen noch Tierhaltung. Hier kann man sich von der Qualität überzeugen und sich auch etwas unterhalten. Wer nicht nur Feld- und Ackerbau betreibt, verkauft auch oft tierische Produkte und auch da kann und sollte sich der Verbraucher überzeugen, ob die angegebenen Beschreibungen zutreffen, wenn es heißt, diese Produkte sind von biologischer Qualität und von gesunder Tierhaltung!

Ist ein Tier wirklich gesund, wenn man es sieht?

Eine gesunde Tierhaltung lässt sich nicht immer mit einem Mal Hinsehen richtig beurteilen!

Sieht man einem Tier eine Erkrankung gleich an?

Sieht man ein gravierendes Defizit der Lebensqualität und oder ein verändertes psychosoziales Leben?

Sieht man eine gestresste Lebenssituation, sieht man eine Fehlernährung und oder das daraus resultierende Verhalten?

Was man als Erstes sieht, ist die Anzahl der Tiere, die in einem Stall oder auf einem Platz stehen, die kann man gleich zählen. Man sieht sofort, ob der Stall täglich morgens und abends gereinigt wird und ob die Wände in einem ansehnlichen, weiß gekalkten Zustand sind, das fällt einem sofort auf und ruft einem ins Gedächtnis: Nur hier ist die gute Haltung möglich und die Tiere stehen sauber auf ihrem Platz – das sind die wesentlichen Dinge, die ein Verbraucher ohne viel Ahnung sehen kann und auch zuordnen.

Des Weiteren ist zu bedenken, ob es bestimmte auffallende Gerüche gibt – die weisen schon auf eine nicht sehr gute Haltung hin – hier scheint etwas nicht in Ordnung zu sein!

Ist dieses gewährleistet, kann man auch von einer sauberen Qualität ausgehen. Wir versuchen zu verstehen, was eine gute Tierhaltung ausmacht!

Das ist die Grundvoraussetzung.

– 4 –

Der Verbraucher sollte kritisch sein und sich nicht alles einreden lassen, was über gute Fleischqualität werbemäßig deklariert wird. Die Tatsache, dass diese Lebensmittel unter qualvollen, ja manchmal grausamen Bedingungen hergestellt werden, davor darf man sich nicht verschließen und man muss genau hinsehen, denn es gibt auch Pseudo-Vorführställe, die man sieht und dann denkt, es sei gut, aber oft haben diese noch mehr, was man nicht sieht!

Die Hofläden sind eher kleinere Betriebe, die Feld- und Ackerbau betreiben und vielleicht einige Tiere haben und da fragt man sich, wie viel Platz diese benötigen und wie viel Platz diese wirklich haben, man sehe etwa die Winterplätze und Sommerplätze, die abwechselnd genutzt werden, der Winterplatz, also die Ställe werden in den Sommermonaten geleert, gründlich gereinigt, ausgetrocknet und desinfiziert, was bedeutet, eine Kalkung der Wände einmal im Jahr und dann wird das Ganze noch einmal gelüftet und getrocknet. Das ist deshalb so von Bedeutung, was wohl jeder nachvollziehen kann, dass in jedem Stall eine hohe Tendenz der Verseuchung besteht, die Ansteckung, die Anfälligkeit, die Virulenz bewegt sich in der Luft, es ist ubiquitär und zieht in die Wände,weil diese immer einer bestimmten Feuchtigkeit unterliegen, egal ob es warm oder kalt ist, am besten es wären abwaschbare Wände, also geflieste, die gestrichenen gekalkten Wände jedoch haben ein atmungsaktives Klima und frisch gestrichen verbessern sie die ganze Luft im Stall, sie desinfizieren und so kann man vieles verhindern, das ist wirklich sauber und hygienisch.

Das täglich frische sichtbare eingestreute Stroh versprüht eine angenehme Atmosphäre und in einer sauberen Umgebung mindert es die Gerüche, das Tier steht trocken und kann sich auch sauber hinlegen. Das verbrauchte Stroh wird täglich entfernt und neu eingestreut, dieses kommt auf vorgesehene Plätze und wird von Zeit zu Zeit oder am besten täglich gleich auf den Acker gefahren und verteilt. Das Stroh ist auf dem Acker gewachsen und vergeht auch schnell wieder, es zersetzt sich im Boden, es ist das Gleiche, als würde ein Stoppelfeld umgepflügt werden.

Werden die Ställe täglich gereinigt, ist es nicht allzu sehr von Dung belastet und ist gut zu verarbeiten.

Tiere müssen immer eine gute Einstreu haben, in der Nutztier-Haltung wird immer Stroh verwendet, bei Privathaltung von Pferden gibt zur Strohalternative eine sehr gute geruchslose Allspan-Einstreuung zu kaufen – das ist kein Sägespan!

Diese stehen am Tag einige Stunden im Freien entweder auf einem Sandplatz oder auf der Weide. Die Kombination des Sandes mit dem Allspan als Dung ergibt einen wunderbaren gelockerten Boden, es ist fast das Beste, was es gibt. Beide Einstreukomponenten müssen eine bestimmte Menge oder Dicke haben, damit die Tiere auch weich und warm liegen. Auch ein Tier will des Nachts gut liegen und ruhen und dieser Platz in dieser Qualität muss gewährleistet sein!

Das alles können wir genau sehen.

– 5 –

Auch wenn man nicht viel Bezug zum Tier hat, besteht ein gewisses Pflichtbewusstsein zum Leben allgemein und egal aus welchen Gründen darf das Leben nicht in eine unausweichliche schlechte Lage versetzt werden. Jedes Lebewesen hat Anspruch auf einen bestimmten Bewegungsraum oder Platz, wo es stehen kann, wo es sich herumwenden kann und wo es sich hinlegen und wieder aufstehen kann. Ist also ein Tier 2 Meter lang – so bei Pferden, Rinder und Schweinen – sollte der Platz gut 4 Meter haben, 4 auf 4 Meter, denn das Aufstehen erfolgt mit ausgestreckten Beinen, das ist noch das vertretbare Minimum, was weniger hat, ist ein nicht-artgerechtes Halten und das bezieht sich auf die Nachtplätze beziehungsweise Winterplätze, weil man ja davon ausgeht, dass sie sich tagsüber im Freien draußen bewegen können. Wenn es keinen Auslauf gibt, so sind Pferde nicht zu halten dagegen müssen Rinder und Schweine einen größeren Raum bekommen als nur einen Stehplatz. Diese Maße würden etwa der Relation entsprechen, als müsste der Mensch zeitlebens auf einer einzigen Fliese stehen – so wäre der Bewegungsraum. Es ist unverantwortlich, wenn das Tier sich nicht richtig ausruhen kann, der Liegeplatz muss immer trocken und gereinigt sein.

Das ist eine Mindestanforderung an das Leben und so viel Verantwortungsbewusstsein sollte jeder haben.

Das sollten wir beachten.

Ist ein Tier wirklich gesund?

Wenn man nur von den sichtbaren Dingen ausgeht, wie groß ein Platz ist und in welchem Zustand er sich befindet, ist natürlich ausschlaggebend, ob es also ein durchgehender genutzter Platz ist, oder ob es ein Winter- bzw. Sommerplatz ist. In den Kleinbetrieben auf dem Land ist es bei vielen möglich, entweder größere Unterkunftsplätze zu bauen oder den Tieren die Annehmlichkeit zu bieten, sich zu bewegen. Ein weiterer Aspekt ist das Futterangebot und Menge und dass ein jedes Tier an seinem Futterplatz in Ruhe essen kann, ohne dass Futterneid aufkommt und auch das Trinkwasser muss ohne Anstrengung erreichbar sein – und trinken kann es, wenn es Durst hat!

Was sichtbar ist, dass es Ställe gibt, bei denen all das nicht so eingerichtet ist, und das ist dann an den Tieren sichtbar, diese sehen sehr mitgenommen aus, zeigen Verletzungen auf und haben schwere psychische Schäden, die in ein Maß von Unverantwortlichkeit gehen, ja geradezu als Tierqual bezeichnet werden können.

Diese stehen wirklich unter nicht lebensmöglichen Bedingungen, bis sie geschlachtet werden, das alles ist lebensverachtend, skrupellos und verbrecherisch und ist Ausbeutung von Leben.

Wenn ein Tier als Ware behandelt wird, so sollten wir davon Abstand nehmen, denn es ist keine gute Ware, denn diese Ware enthält genau das, was das Tier in seinem Leben erlitten hat.

Es ist nicht zu verachten, dass in jedem Tier der Bewegungsdrang und der Instinkt der Futtersuche fest verankert sind. Durch die Einschränkung des Platzes bzw. des Raumes kann es sich nicht bewegen, wie soll die Ausschüttung von Hormonen richtig funktionieren, wenn es wider die Natur den der Kopf steuert, das

Wesen, Mensch wie Tier. Es kommt entweder zu einer Verlangsamung oder eine Veränderung der Psyche und der hormonellen Umsetzung, denn hat ein Tier ein Leid, so geschieht, wie beim Menschen das Gleiche, das Gehirn wird den Gehalt an Serotonin und Dopamin verändern und wird das Stresshormon Adrenalin und Noradrenalin produzieren, was manchmal an den Bewegungen sichtbar ist. Das geht im wahrsten Sinne in Fleisch und Blut über und das können wir dann essen. Und so ist auch zu verstehen, warum prädisponierte Menschen adaptiv sind und durch das „gestresste" Fleisch Erkrankungen ausgelöst werden können, denn Fleisch hat ohnedies eher eine negative Eigenschaft auf das Entzündungsverhalten, das sich schnell auflöst.

Tiere mit großem Weideangebot und gutem Winterplatz – also artgerecht gehaltene Tiere – haben also eher eine positive Wirkung auf den Menschen, sie wirken insgesamt ruhiger, ausgeglichener und sind in ihrer Gesamtheit wesentlich gesünder. Auch der Faktor Angst, ein Verhaltensdefizit, ist verändert.

Wir müssen Ware vom Tier unterscheiden.

– 8 –

Prädisponiert sind im Allgemeinen ältere Menschen und Kinder, ebenso Personen, die schon bestimmte Grunderkrankungen haben, die vor allem auf entzündliche Prozesse hinführen, oder die unter Übergewicht und Bluthochdruck leiden.

Es gibt auch prädisponierte Tiere, dieses kann im Jungtier erfolgen, die nicht mit dem Muttertier aufwachsen können oder dürfen und so im Leben defizitär sein können, Tiere, die in zu engen Ställen dicht gedrängt leben, sind sehr anfällig und Tiere in Ställen, deren Boden nicht richtig gereinigt und auch nicht richtig eingestreut werden kann, Tiere, die im Stall ohne Einstreu stehen, wo es nass und unangenehm ist sowie kalt und nicht atmungsaktiv, ein Tier darf nicht auf Beton oder Steinen liegen und der Stall darf auch nicht einen unebenen gerillten

Bretterboden oder einen stangenartigen Boden haben – das ist schon massive Tierquälerei.

Diese Tiere haben hohe Tendenzen für Gelenkerkrankungen und Unterkühlungen, sie sind sehr anfällig für Infektionen und müssen deshalb mit Antibiotika und anderen Medikamenten behandelt werden und die Anzahl der Tiere, die leiden, ist noch höher oder … ob diese sagen, was ihnen wehtut …?

Und werden diese nicht behandelt, so bleiben die Schmerzrezeptoren in Aktivität. Prädispositionen hat man meistens von Geburt an und bei gegebenen Umständen werden diese ausgelöst. Es kann auch durch immer wiederkehrende Fehlhaltungen erworben werden.

Das sind die Tendenzen der Zeit.

– 9 –

Wir sind und wollen doch Menschen sein mit einer guten Einstellung zum Leben und manchmal machen wir uns wirklich ernste Gedanken, und das am allermeisten um die eigene Gesundheit und das Wohlergehen für uns selbst und für die Menschen, mit denen wir es zu tun haben.

Wir sind so festgefahren in unserem Verhalten, weil wir angeblich der Meinung sind, es gäbe nichts anderes zum Essen. Natürlich wird sich das nicht von heute auf morgen verändern, aber wir machen uns mit den Tendenzen und Folgen unserer Zeit vertraut und können nachvollziehen, dass Fleisch und Wurst eher negative Tendenzen haben und somit eher die Möglichkeit für Erkrankungen gegeben ist, und so ist es.

Wenn wir jetzt aufmerksam den geschichtlichen Entwicklungsprozess verfolgt haben, ergibt dies keine Hinweise auf Gesunderhaltung als nur, dass der Mensch sich ernährt, er isst, bis er satt ist.

Es gibt jedoch Hinweise dahin gehend, dass die noch nicht fleischessenden Menschen ein gesünderes Leben hatten. Es gibt Hinweise darauf, dass die Wesen entweder als fleischessend oder als pflanzenessend geboren wurden. Und das alles hat einen Sinn in der Natur. Wir haben gesehen, dass es sich so verändert hat und wir nun mit den Folgen leben müssen.

Wir wollen nun verschiedene Gerichte kochen, die aus den Grundnahrungsmitteln bestehen und wir nicht sagen müssen ... das Essen ist nicht vollständig ... was dann?

– 10 –

Wir versuchen es einmal mit dem Frühstück.

Frühstück 1:
100 g Brot, das sind 3 Scheiben
50 g Frischkäse wie Hüttenkäse, 10 % Fett
100 g Gurke
150–200 g Banane = 1 Stück
Das entspricht einem Nährwert von 231,43 kcal (KH = 52,3 g, E = 14,6 g, F = 4,6 g)

Frühstück 2:
100 g Brötchen = 2 Stück
60 g Scheibenkäse, 35 %, das sind 3 Scheiben, 1 Scheibe = 20 g, 20 g haben einen Fettwert von 5,5 g
100 g Tomate = 1 Stück
150 g Apfel = 1 Stück
Das entspricht einem Nährwert von 713,11 kcal (KH = 75,2 g, E = 26,6 g, F = 18,8 g)

Abendessen:
100 g Brot = 3 Scheiben
50 g magerer Käse
100 g Tomate = 1 Stück
Das entspricht einem Nährwert von 319,03 kcal (KH = 49,1 g, E = 13,8 g, F = 4,2 g)

Frühstück 1 und Abendessen: 231,43 und 319,03 = 550,46 kcal
Frühstück 2 und Abendessen: 713,11 und 319,03 = 1.032,14 kcal

Mittagessen:
Es gibt eine feine Gemüsesuppe mit 4 Sorten gemischtem Gemüse aus Brokkoli, Prinzess-Bohnen, Erbsen und Paprika, jedes mit etwa 50 g = 200 g. Ist dieses aus dem Tiefkühlfach, so lässt es sich gut portionieren und kann zusammen im Topf ca. 5–6 Minuten in 250 ml Wasser, mit ½ TL grünem Pfeffer und 1 TL Rindsbouillon gekocht werden, Paprika frisch verwenden. Das hat folgenden Nährwert: KH = 16 g, E = 6 g, F = 2 g

Dazu ein bunt gemischter Salat mit 50 g grünem Blattsalat, der grob geschnitten auf dem Teller verteilt wird und darüber:

100 g Tomate = 1 Stück
100 g Gurke = 1 Stück
1–2 frische Champignons
100 g Obststücke, entweder Apfel oder Mango, Melone oder Ananas, Aprikose oder Feigen
50 g Joghurt, 1,5 %, darüber verteilt, etwas Essig, Balsamico-Creme, Pfeffer und Salz
Das ergibt folgenden Nährwert: KH = 7,6 g, E = 6,1 g, F = 2,4 g

100 g Brötchen = 2 Stück
Nährwert: 438,78 kcal (KH = 64,7 g, E = 20,8 g, F = 5,9 g)

Frühstück 1, Mittagessen und Abendessen = 989,24 kcal, mit Frühstück 2 sind es 1.470,92 kcal. Ein Wert zwischen 1.000–1.200 ist die Empfehlung bei einer Tätigkeit leichter oder sitzender Art.

Wenn man das so liest ...

schon mit diesem Beispiel kann man ersehen, wie man variieren kann, wenn wir von 2.000 kcal/8.400 kJ ausgehen bei 70 kg Körpergewicht (was ein Rechenwert ist) und mittelschwere Arbeit verrichten oder noch etwas Freizeitbeschäftigung haben. Ist diese Anforderung nicht gegeben, ist es ratsam, einmal selbst die Zusammensetzung zu prüfen, inwieweit verbessert werden kann.

Ist der Zustand gegeben, dass sie noch übergewichtig sind und oder zu hohe Fett- und Cholesterinwerte haben, ist es empfehlenswert, alles, was Cholesterin hat, zu meiden und das Fett zu reduzieren, dazu eignen sich alle Gemüsesorten, Salate, Obst und die Grundnahrungsmittel und schon in relativ kurzer Zeit können sie die Werte verändern. Essen kann man davon, bis man satt ist, allein schon eine gute Suppe und Salate, weil dies mit viel Flüssigkeit gegessen wird, das entschlackt den Körper, es ist reich an Vitaminen, Mineralien und Spurenelementen. Dazu eignen sich Brote und verschiedene Sorten Brötchen.

Wer keine gesundheitlichen Leiden oder Gewichtsprobleme hat, der kann am Nachmittag zur Kaffeezeit noch Kuchen, Torte und Schokolade essen. Eine Sahnetorte mit 30 g KH, 5 g E und 25 g F ergibt 365 kcal und einen Cholesterinwert, wiegt das Stück 100 g, von 32,5, und wer abends noch Chio-Chips isst, der hat bei 100 g 34 g Fett, das sind 545 kcal – deshalb ist die Empfehlung, oft nur 30 g zu essen!

Allein schon das zwischendurch ...!

Wir unterliegen weiterhin den evolutionären und zeitlichen Einflüssen in dem Maße, dass wir so beschäftigt sind und es nicht merken, welche Tendenzen entstehen, wir folgen wellenförmig den zeitlichen Einflüssen, die irgendwo entstehen und sich verbreiten, sei es eine weitere hilfreiche Entdeckung, Neufindung oder Erfindung, seien es annehmbare Gewohnheiten, sei es ein Verhalten oder auch bestimmte Erkrankungen, alles bewegt sich schwingend und prädisponiert den Menschen und gerät er nun in ein geschaffenes Feld, so erfolgen Veränderungen, man kann dies auch als ein elektromagnetisches Feld bezeichnen, wo viele Einflüsse aus unbekannter Herkunft aufeinandertreffen und übersehen oder denken ein Gedankenpotenzial sich auslösen kann in jede Richtung.

Der Mensch hat sich nun mal erhoben und seinen Kopf eingebracht in dieses universale Geschehen und von nun an denkt und lenkt er seine und andere Geschicke, die schicksalhaften Ereignisse sind geschaffen und es ereignen sich Geschehnisse, die Fragen aufwerfen, die Frage nach dem „Warum" und wer es war und wie es nun weitergehen soll?

Und ein gebildeter Mensch beschäftigt sich mit diesen entwicklungsverändernden Zuständen und beginnt von da anzufangen, wo alles begann und wenn wir das wissen, was sich verändert hat und warum, so finden wir manchmal eine Antwort oder eine Möglichkeit, Bestimmtes wieder anzupassen. Und wer dieses erkennt, der wird fast traurig gestimmt, denn mit zunehmender Entwicklung und trotz allem Fortschritt, den aufkommenden Problemen der Menschen eine adäquate umweltfreundliche, umweltschonende und lebenserhaltende Lösung zu bieten, wird immer schwieriger.

Wir erfinden ständig Neues in allen Bereichen, doch die Qualität und Quantität der Natur verschlechtert sich in vielerlei Hinsicht in vielen Bereichen, den Lebensraum, in dem wir leben, so wie wir leben, und nicht woanders hin können, den gilt es zu schonen und zu erhalten, doch angesichts der steigenden Bevölkerung und deren Ansprüche und deren umweltzerstörender Begleiterscheinungen ist es abzusehen, wann und wie der Mensch seinen folgenschweren Veränderungen unterliegt.

Es kommt in Wellen und breitet sich aus in gewissen Zeitabständen und wir bleiben nicht verschont.

Natürlich gilt es die Natur zu erhalten und wenn diese abnimmt, wird sich nicht nur die Luftqualität verändern, die landschaftliche Kargheit und Ödheit wird den denkenden Menschen immer weiter verändern, es verändert die positive Lebensenergie.

Alleine, dass es gelingt den Tieren größere Räume, also artgerechtere Ställe zu bauen, das Leben zu verbessern, kann die positive Lebensenergie zu unseren Gunsten verändern.

Und mit der überdachten Ernährungsweise können wir viel dazu beitragen, das eigene Leben und das der Tiere zu gesunden.

Vielleicht gibt es Dinge, die nicht richtig waren?

– 14 –

Heute gibt es …
Nudeln mit Spinat und Gorgonzola – für 1 Person:

100 g Nudeln werden nach Herstellerangabe im Wasser gekocht. Wir nehmen und berechnen die Sorte mit Hartweizen.
200 g Blattspinat, den gibt es fast nur tiefgefroren, das sind 3–4 Würfel, diese werden im heißen Wasser langsam aufgetaut und dann 5–10 Minuten gekocht – und dann gut abtropfen lassen.
50–70 g Gorgonzola-Käse, dieser wird unter die heißen Nudeln verteilt, darüber kommt der Spinat, mit etwas Pfeffer, Salz und Muskat abschmecken und den restlichen Käse darüber.

Ein Dessert:

100 g frische Mandarinen oder eingemachte aus der Dose
100 g Joghurt
Und darüber Schokoladenstreusel
Frische Mandarinen: KH = 10,2 g, E = 0,6 g, F = 0,3 g
Dosenmandarinen: KH = 14,4 g, E = 0,5 g, F = 0,1 g
Nährwert: 46–60 kcal

… einmal etwas Neues …

Noch sind wir nicht am Ende aller Tage und oder denken es geht nicht mehr weiter. Alles geht weiter, so wie bisher, ununterbrochen unaufhörlich scheint der ewige Rhythmus der Zeit und der universalen Kräfte zu sein. Doch auch jene Ewigkeit ist irgendwann begrenzt, dann, wenn die Zeit der Erde abgelaufen ist, deren Zenit wir längst schon überschritten haben. Nun, die im Jetzt leben, werden wohl noch in ihrer eigenen erschaffenen Welt leben und die Zukunft ist offen, die wir trotzdem, so gut es geht, gestalten, dass alles, was danach ist und kommt, trotz Schwere der Zeiten oder schicksalhafter Wendungen das Erträglichste noch von allem kommen kann. Wir können nicht sagen, was morgen kommen wird, wir gehen davon aus, dass ein weiterer sonniger Frühlingstag sein wird, wo alle Möglichkeiten offen sind und wir tun und lassen können, was wir wollen. Der Mensch hat alles erreicht, was möglich war, er stand auf von allen vieren zum aufrechten Gang, lernte sich durchzusetzen mit den Gegenständen, die er geschaffen hat, über anderen Lebenden, anderen Wesen zu stehen und zeitig schon brachte er den Tod in die Welt, um sich zu bemächtigen und vielleicht war es gerade das mit der Entzweiung, er lernte sesshaft zu werden, sich zu organisieren und sich auszubreiten, lernte erobern und sich in den Himmel zu erheben. Die Zeiten der Straßen des Blutes, die Zeiten der technischen Revolution, die genialen Erfindungen der großen Beweglichkeiten auf den Straßen, im Wasser und in der Luft, die Luft- und Raumfahrt, das Ziel oder der Drang andere Planeten zu erobern oder zu besetzen oder auch nur zu nutzen, allein der irrige Gedanke schon einen bewohnten Planeten zu finden mit der Möglichkeit Kontakte aufzunehmen, was letztendlich heißen würde, den könnten wir auch erobern, oder mit der Urangst zu leben, andere Planetenbewohner könnten das Gleiche denken und uns aufsuchen. Kein Mensch wäre froh, wenn plötzlich seltsam aussehende Wesen zur Erde kämen und uns erobern wollten, die technisch vielleicht noch weiter vorangeschritten sind als wir und das wäre wohl der Fall, sonst könnten sie uns nicht aufsuchen.

Weit über alle Grenzen hinaus können wir sehen und zum Teil schon Technik hinschicken und Informationen einholen.

Die Zeiten wenden sich der Präsenz der todbringenden Waffen zu und die Möglichkeit innerhalb kurzer Zeit die Erde zu vernichten. Die Entwicklung der geistigen Kapazitäten endet in einem sinnlosen Geschehen, wo nur noch Schrott, Schutt und Asche bleibt.

Die Zeichen der Zeit rufen den neuen Menschen des 21. Jahrhunderts. Und das hat bereits begonnen.

Was wollen wir noch erfinden?

- 16 -

Wir wissen natürlich vieles nicht …

Wir wissen nicht, wie oder was gekommen wäre, hätte der Mensch nie getötet. Es lebt das Wesen oder die Art „Mensch" in kleinen oder größeren Gruppen am Tag der Nahrung suchend zugewandt und in der Nacht der Ruhe.

Wir wissen nicht, wie schnell sich diese Art vermehrt hat, denn Millionen von Jahren waren diese Entwicklungen unwesentlich verändert. Wenn wir von dem Alter dieser Zeit ausgehen, die Art, die etwa zwischen 30 und 40 Jahre alt wurde, und eine bestimmte Menge, die erhalten blieb, wenn Geburtenrate und Sterbeart gleich waren.

Die Natur ist bestrebt, die Art zu erhalten und hat keine hohe Sterberate und somit bleibt es konstant.

Wenn nicht durch äußere ungünstige Einflüsse das Leben sich verändert, die Natur ist nur vom Wetter, also vom Klima abhängig und von deren Nahrungsangebot, das Einzige, was eine Art verändern könnte, und diese Wesen hatten keine natürlichen Feinde.

Auch bei der Konstellation der Beute machenden Tiere bleiben die Arten und die Mengen konstant.

Die Nahrung ist gewachsen und jede Art lebt dort, wo für diese das Richtige gewachsen ist.

Es gab keine ansteckenden Erkrankungen und oder keine stoffwechselbedingten Erkrankungen.

Die Natur ist gesund, widerstandsfähig und robust und die Arten erreichten das vorgesehene Alter rund in einem alternden Zustand, starb das Wesen innerhalb einer Woche, war es normalerweise ein ruhiges und friedliches Einschlafen oder ein nicht mehr Aufwachen. Das Leben und die Bewegungsabläufe waren in Ordnung und wir erleiden ein Defizit, wenn wir nicht denken und uns nur instinktiv in dem Gebiet bewegen, wo alles in Ordnung ist. Der Instinkt ordnet das Verhalten, jedes ist ein einziges Individuum, ohne an oder über ein anderes zu denken, nur um zu sehen und zu wissen, es ist dieselbe Art, das ist eine angeborene Prägung, die eigene Art zu erkennen, ohne zu denken, und so ist das eine wirklich faszinierende Ordnung in allem, was lebt und sich bewegt.

Es ist so, als würde durch irgendetwas jede Art von der umliegenden Nahrung angezogen, es muss also eine geistig-instinktive Verbindung geben, die in der Feinstofflichkeit und in der nervalen biochemischen Adaption zu finden ist.

Es sind die Sequenzen der instinktiven, elektromagnetischen Auslösung, die uns alles finden lässt, was wir brauchen.

Wir haben nicht mehr viel ursprüngliche intakte Natur, der Mensch hat vieles genommen, vieles verändert innerhalb kurzer Zeit, wenn wir den Zeitrahmen der letzten 200 Jahre betrachten, dann haben all jene Erfindungen uns nicht die Lebensqualität eines ursprünglichen Wesens wiederbeschafft.

Eine gute Lebensqualität ist das freie Leben, in dem man ans Klima angepasst ist und alles wächst, ohne zu säen.

Und wir wissen immer, es ist gut.

Potatoes:

Was wir nicht selbst machen können, kaufen wir, das sind gewürzte Kartoffelstücke aus dem Tiefkühlregal, die nach Anleitung gebacken werden. Dazu gibt es feine Prinzess-Bohnen, die entweder frisch in Wasser mit Bohnenkraut gekocht werden, oder ebenfalls aus dem Tiefkühlregal kommen oder vom Kühlservice geliefert werden, diese werden ca. 5 Minuten in zerlaufener Butter unter Wenden auf niedriger Stufe gekocht, darüber Bohnenkraut und etwas Rindsbouillon-Gewürz.
Es kann so als Gemüse gegessen werden oder es eignet sich auch gut als Salat – das alles wird noch im warmen Zustand in Essig und Öl gegeben, dazu kommt etwas Pfeffer und Salz.

Sauerkraut:

Am besten aus der Dose, das kalt oder warm gegessen werden kann, und darüber viel Sahne-Meerrettich.

Avocado:

Halbiert und das Innere mit Essig, Estragon und Hirtenkäse befüllt, darüber ein Gurkensalat, Tomatensalat, Paprika und eine Honigmelone.

Wenn jede Art von Leben weiß, was, wann und wo zu essen ist, muss es etwas geben, was diese führt, was diese wissen lässt, ob es nun bei Tag oder Nacht aktiv wird und auf Nahrungssuche geht. Es sind also Lichtsensoren, die das Kopfzentrum in ihrer Urform eingestellt hat, die Sinnesorgane aktivieren, wenn es Zeit ist.

Es muss etwas geben, was die Nahrung erkennen lässt, allein sie zu finden, ist schon fast unerklärlich, wie man sieht, erkennt das Nervenzentrum jede genießbare Pflanze, denn diese haben eine bestimmte Menge an chemischer Substanz, was sich in Kohlenstoff, Wasserstoff, Sauerstoff und Stickstoff ausdrücken lässt und in ihren reaktiven Abläufen, in der energetischen Umsetzung, was zu stoffwechselbedingten Abläufen führt und in der Pflanze Kohlenhydrat und Eiweiß bildet. Es kommt also auf die Menge der einzelnen chemischen Substanzen an, die in einem komplizierten Aneinanderreihen geordnet sind und wodurch jedes Mal neue Kombinationen entstehen, chemische Reaktionen, die nervale Reize auslösen. So hat jede Art im Kopf ein kompliziertes Programm, wo steht, welche Pflanze mit welcher Anordnung die richtige ist, und das funktioniert, ohne zu denken, denn das Gehirn meldet es, sieht genau die richtige Nahrung mit dem gleichen Muster. Und das ist genau das, was wir heute durch hochkomplizierte Rechnungen herausfinden, um eine geeignete Ernährung zu gewährleisten, und wenn es gelingt dieses Muster zu erkennen, so können wir auch bei Erkrankungen helfen.

Nicht anders ist es.

- 19 -

Jetzt schon können wir erkennen, wie schwierig es ist, sich tatsächlich richtig zu ernähren, denn in uns ist das Ernährungsprogramm für die Art Mensch, der zu der Nahrung geboren wurde.

Wir müssen die Dinge heutzutage so nehmen, wie sie sind, denn wir können nicht mehr dorthin zurück, wo alles in Ordnung war.

Die Anpassung an die natürlichen und temperaturbedingten Mahlzeiten ist nicht mehr möglich, denn es ist schon evolutionsbedingt, ob wir kalt oder warm essen.

Und das verspüren wir heute noch. Wenn es sehr heiß ist, möchten wir nicht allzu viel essen und auch eher etwas Kühles oder Kaltes, wie einen Salat oder Rohkost oder auch einmal einen Tag nur Flüssigkeit in verschiedenen Formen und Zusammensetzungen und das ist gut, denn es löst vieles im Körper, was sich durch Übergenuss, durch Unbeweglichkeit und durch verschiedene Adaptionen ins Ungleichgewicht geraten ist und so entzündlich wirken kann.

Es tut dem Körper überhaupt gut, einmal die Woche einen Tag mit nicht allzu fester Nahrung einzuplanen, um die stoffwechselbedingte Unbeweglichkeit zu aktivieren und dies erreicht man ganz generell am besten mit viel trinken und zu Mittag mit einer nahrhaften Suppe, die durchaus sättigend sein kann, denn es sind verschiedene Gemüse sichtbar oder fein püriert in genügend Flüssigkeit und davon isst man so viel, bis man satt ist und dazu gibt es frische Salate und Brot oder verschiedene Brötchen.

Der Körper wird in seiner Tätigkeit etwas erleichtert.

Diese Inhaltsstoffe sind optimal in all ihrer Zusammensetzung, Brot und Brötchen sind oder gehören zu den Grundnahrungsmitteln, man isst Gemüse, Salate und etwas Obst.

Und man wird nicht nur satt, hinterher fühlt man sich auch viel besser, dieses Völlegefühl und die Überforderung des Körpers in der Verstoffwechselung ist anstrengend und wenn der Körper mehr metabolisieren muss, als dies der Norm entspricht, können sich Überforderungssymptome einstellen, das heißt er funktioniert nicht mehr richtig und die Werte erhöhen sich.

Wenn wir von den Werten ausgehen, die empfohlen werden bei 70 kg Körpergewicht und etwa 2.000 kcal, so verteilt sich die Zusammensetzung der Nährwerte pro Tag und Menge wie folgt:

Kohlenhydrate: 270 g mal dem Faktor 4,1 ergibt 1.025
Eiweiß: 50 g mal dem Faktor 5,7 ergibt 285
Fett: 70 g mal dem Faktor 9,1 ergibt 651
Das ergibt die tägliche Energiezufuhr von: 1.961 kcal

Kcal werden in kJ umgerechnet, 1 kcal entspricht 4,1868 kJ, bei 2.000 kcal entspricht das 8.373 kJ.

Weitere Werte:
gesättigte Fettsäure 20 g
Zucker 90 g
Ballaststoffe 25 g
Natrium 2,5 g

So werden wir uns ernähren und ... wir bleiben gesund.

– 20 –

Kartoffelsuppe für 4–5 Personen:

4–5 Kartoffeln
1 Zwiebel
2–3 Karotten
1 Stange Lauch
¼ – ½ Sellerie
2–3 Tomaten
1 Bund Petersilie
Thymian und Salz

Alles zerkleinern und in Salzwasser gut 15–20 Minuten kochen,
bis es sehr weich ist und sich leicht pürieren lässt.

Dazu kann es geben: entweder Laugenbrötchen und Brezeln,
Rettichsalat in Scheiben und gesalzen und/oder Pflaumenku-
chen und Apfelkuchen oder auch Waffeln.

Waffeln:

250 g Mehl
120 g Zucker
½ P. Backpulver
½ P. Vanillinzucker

2 Eier
100 g Margarine

Das alles zu einem zähflüssigen Teig schlagen, bei Bedarf etwas
Milch dazu geben und in einem Waffeleisen backen.

- 21 -

Ein Gourmetessen, ein wahrer Gaumenschmaus kann man aus
allem zubereiten, egal wo die Lebensmittel herkommen. Natürlich besteht kein Zweifel daran, dass wer in der glücklichen
Lage sich befindet einen Garten zu haben und verschiedenes
Essbares anpflanzen zu können, dieses einen höheren energetischen Wert hat, weil die eigene Arbeitskraft darin verborgen
ist und weil es meistens ohne chemische Zusätze angepflanzt
wird. Doch Millionen von Menschen wohnen in der Stadt in einer 70–100 m² Wohnung, wo allenfalls noch ein Kräutertöpfchen Platz hat, diese gehen meistens auf den Markt einkaufen,
wo frisches direkt vom Erzeuger kommt oder in ein nahe gele-
genes Geschäft mit guter Auswahl und wo es auch alles Frische
gibt. In den Geschäften stehen jede Menge Tiefkühlregale, aus
denen man alles kaufen und zu Hause lagern kann. Die Ware ist
gut, auch von den Nährwerten her, denn diese sind unwesentlich verändert, also fast wie bei frischem Gemüse und dank der
technischen Errungenschaft hat man es bequem, weil Tiefgefrorenes die Kochzeit reduziert, weil es schon vorgekocht ist, noch
nicht ganz fertig, es wurde blanchiert und so bereiten wir das
Gemüse zu, dass es noch etwas fest und knackig ist.

Wenn wir im Garten mehr erzeugen als gegessen wird, tun
wir genau das Gleiche, im Gefrierschrank ist es lange haltbar.

Eingekocht wird eher seltener, allenfalls Marmelade. Das Gemüse oder Obst in Gläsern und Dosen hat etwas an Nährwert
verloren, weil es gut eingekocht ist, auch diese sind lange haltbar.

Natürlich kann man sich noch mit den alten Verfahren beschäftigen und diese auch noch weiter anwenden.

Aber kaum noch jemand hat einen alten großen Steingut-Topf, in dem das Weißkraut vergoren wird, dieses wird fein geschnitten und in Schichten immer gut gesalzen eingelegt und mit einem Holzdeckel abgedeckt und mit einem schweren Stein, und alle paar Tage wird dieser von der gärenden Salzlake gereinigt und es dauert einige Wochen, bis das Sauerkraut fertig ist. Und wenn es richtig gemacht wird, schmeckt es wunderbar und hält auch lange.

Einige kochen noch das Rotkraut. Dazu werden die äußeren Blätter entfernt, gewaschen und alles in feine Streifen geschnitten, dazu kommen 1–2 Zwiebeln, ein großer Apfel, 1 Lorbeerblatt, einige Nelken, etwas Zimt, Salz und Zucker, und alles wird in Wasser und Rotwein gekocht, und ist es gar, wird es mit Muskat abgeschmeckt, etwas Öl kommt hinzu und noch etwas Rotwein.

Beides gibt es in guter Qualität in Dosen zu kaufen.

Manche Rezepturen sind platz- und zeitaufwendig und wenn man den ganzen Tag berufstätig ist, werden die Essgewohnheiten auf Bequemlichkeit eingestellt und einkaufen kann jeder noch nach der Arbeit, denn die Geschäfte haben lange Öffnungszeiten.

Die Qualität der Herstellung.

Knödel:

Vielleicht gelingt es uns, hausgemachte Knödel herzustellen, dazu benötigen wir:

1–1½ Pfund gekochte kalte Kartoffel

etwas Salz und Muskatnuss
2 Eier
Majoran und frische Petersilie
etwas Mehl

Die kalten Kartoffeln werden zerdrückt und die Zutaten vermengt, mit nassen oder bemehlten Händen werden Klöße geformt und in fast kochendes Salzwasser gelegt und sie sind gar, wenn sie oben schwimmen. Die Menge ergibt etwa 10–12 Klöße. Am besten gelingen die fertigen, die es in verschiedenen Geschmacksrichtungen gibt.

Dazu eine braune Soße: Wir nehmen ein Sauerbratengewürz, die abgepackte Menge reicht für 1,2 Liter Soße, diese kochen wir 10 Minuten in Wasser, durchseihen und mit einer braunen Soße oder einer gelierten portionsweise braunen Bratensoße so lange aufkochen, bis die richtige Konsistenz erreicht ist. Dann gibt man pro Person 2–3 Esslöffel Balsamico-Essig dazu. Alle Gemüsesorten und Salate sind geeignet. Es wird auch so sehr gut schmecken …

– 24 –

Gehen wir einmal davon aus, alles, was wir essen macht uns froh und glücklich, Essen ist das halbe Leben, es nährt uns und „heilt" uns, zumindest macht es satt, denn das Hungergefühl strebt noch instinktiv ständig nach Essbarem und ungebrochen sind wir bemüht, dem nachzugehen und das ist es, was uns am Leben hält unabhängig davon, was wir essen, erst dann entscheidet die Qualität über die Quantität und dann und ebenso die Bekömmlichkeit und die Verträglichkeit. Wir können jeden Tag dasselbe essen und wir wollen nur deshalb Abwechslung, weil wir wissen, dass es anderes gibt, die Nahrung der Urformen, die gewachsen sind, also verschiedene Gräser, Kräuter, Wurzeln, Nüsse und Obst wurde von der Hand in den Mund kalt gegessen, der Urorganismus konnte nur dieses verstoffwechseln also Lebensmittel in Rohform, also kalte Rohkost, deshalb waren die Zähne auch etwas kräftiger ausgebildet, weil Rohes härter ist als Weiches und auch die energetische Umsetzung in Wärme muss höher gewesen sein, was den Körper beweglich macht und wärmt, da der Mensch draußen gelebt hat. Wir können heute energiereiches Blattgrün nicht mehr genügend umsetzen, was in unserer Urform vom Appendix verstoffwechselt wurde, stattdessen muss der Körper lernen, jene Zusätze von Fetten, Zucker und Salzen und die Konservierung zu verarbeiten. Die Nahrung, die dann gekocht wurde, also Getreide, Wurzeln und Grünes, hat im Wasser gequellt und hat viel Flüssigkeit aufgenommen, etwa dieselbe Menge wie das Gewicht selbst.

Die Evolution des Stoffwechsels.

– 25 –

Heute kochen wir einmal das Getreide Hirse:

1/3 Hirse in 2/3 Wasser
dazu ½ Esslöffel Rindsbouillon
je ½ Teelöffel grüner Pfeffer, Koriander und Senfkörner
1 Lorbeerblatt

Das wird genauso gekocht wie Reis, bis das Wasser aufgebraucht und die Hirse locker ist.

Gemüse: Kohlrabi wird klein geschnitten im Wasser gekocht.

½–1 Becher Joghurt mit dem Saft einer Zitrone mischen und über dem Gemüse und der Hirse verteilen.

Ein guter Karottensalat, frisch geraspelt in Essig und Öl, Pfeffer, Salz und etwas Zucker.
Dazu in Öl eingelegte Weinblätter mit Hirse gefüllt
Verschiedene Olivensorten und milde Peperoni
Dazu verschiedene Käsesorten wie frischer Schafkäse und Camembert.

Zum Dessert gibt es verschiedene Melonensorten, auch die etwas süßere Variante, die Honigmelone.

– 26 –

Ist der Mensch erkrankt und muss deshalb diätisch leben oder hat er ein zu hohes Gewicht und soll deshalb abnehmen, ist es oft sehr schwer. Manchmal hilft es, die Hälfte zu essen, doch ein Dauerzustand ist das nicht, es sei denn, man gewöhnt sich an die kleinen Mahlzeiten, und das ist ein langsamer Prozess.

Ein Abkommen vom normalen Essverhalten hat verschiedene Ursachen, diese können als Kind schon anerzogen oder erworben sein durch bestimmte Appetit auslösende Stoffe wie zum Beispiel Süßstoffe und Vanillin, das permanent das Hungergefühl und -zentrum aktiviert, womit das Kind dann immer Appetit hat und zu Süßigkeiten und zur Tendenz der Essverhaltensänderung neigt, der Stoffwechsel und die enzymatische Aktivierung wird eingestellt und es wird regelrecht im Gehirn programmiert, ständig vom Hunger geplagt zu werden, und ein Zuviel wird unkontrolliert dieses System verändern und es ist schwierig, sein Gehirn zu verändern, denn das Wissen und Bewusstwerden muss vorerst einmal umgesetzt und erlernt werden, dann erst ist eine Änderung möglich, also sind zwei schwierige Schritte nötig, das Bewusstwerden und Verstehen und dann die Änderung im Gehirn, was eine hormonelle, enzymatische, metabolische Änderung des Körpers voraussetzt und das mit einer Konsequenz verfolgt werden muss, langsam und stetig, bis der Körper sich umgestellt hat. Oft hat man den Anfang gemacht und fällt schnell wieder zurück in die alten Gewohnheiten.

Neue Ansätze der Ernährung, die helfen.

Der Weg des Stoffwechsels – Bewusstwerden.

- 27 -

Bulgur:

1/3 Bulgur in 2/3 Wasser
1/2 EL Rindsbouillon
1/2 EL grüne Pfefferkörner

Ebenso wie Reis kochen, etwa eine viertel Stunde, ½ Paprika, klein geschnitten, dazu und 1–2 Minuten mitkochen, dann noch 1 große Tomate, klein geschnitten, nochmals 1 Minute kochen und mit Thymian, Basilikum und Estragon würzen und noch einige Minuten quellen lassen.

Wenn man kleine Würfel von Hirtenkäse in würzigem Öl dazugibt, verfeinert es den Geschmack.

Auch hier verschiedene Käsesorten dazu und Oliven und Artischocken in Öl eingelegt und mit Feta gefüllte kleine Paprika und gefüllte Weinblätter.

Feldsalat mit Croûtons:

Feldsalat mit Essig, Öl, Salz und Pfeffer
Darüber 1–2 frische Champignons in dünnen Scheiben

1 Laugenstange wird in 1 cm dicke Scheiben geschnitten und diese in kleine Würfel und 2–3 Tage getrocknet, dann in Öl, und mit Rindsbouillon gewürzt, 2–3 Min. gewendet, bis sich die Farbe ändert.

Wenn die Neigung zu Übergewicht schon lange zurückliegt, also als Kind schon gegeben war, und man dieses als Erwachsener sich erst bewusst macht, so ist das ein langer Zeitraum.

Eine Zunahme des Gewichts kann sich auch später einstellen durch verschiedene Ursachen, entweder man kocht ständig und isst zu viel – und wer hat schon einmal einen dünnen Koch gesehen? Also wer gerne kocht, der isst auch, meistens – na ja oft – zu viel, denn alles schmeckt gut.

Dann gibt es noch eine Gewichtszunahme aus psychisch-sozialem Verhalten, bei dem dauernd unter Lebensdefiziten gegessen wird und das ist recht schwierig zu behandeln, weil hier erst einmal die psychosoziale Ursache gefunden werden muss und erst dann kann sich das Essverhalten lösen und verändern.

Am besten ist man jemand, der gerne kocht und flexibel ist, der sich den Anforderungen der entstandenen Situationen entsprechend leicht umstellt, und der die Zusammenhänge schnell versteht und überzeugt ist, mit der Nahrung vieles zum Positiven verändern zu können.

Als übergewichtiger Mensch hat man eben nicht nur zu viel an Gewicht, es mag auch ein ästhetischer Aspekt sein oder schon die allgemeine Beweglichkeit, die zeitaufwendige Suche nach passender Kleidung und auch die Spätfolgen, die sich einstellen können.

Wenn wir von einem noch nicht allzu lange andauernden Übergewicht ausgehen, so kann der Körper dieses noch verarbeiten und hier ist es gut möglich, es schnell wieder zu normalisieren.

Geht der Mensch mit seinem Gewicht schon ins Pathologische, ist es schon schwieriger zu regulieren, und gerade hier wird es auch aus ärztlicher Sicht angeraten, das Gewicht zu regulieren, weil die Erkrankung meistens schon medikamentös behandelt wird, denn spätestens hier muss etwas unternommen werden.

Die Natur hat immer das Bestreben, die Wesen richtig zu ernähren, die richtige Menge und die richtige Zusammensetzung so bleibt das Gewicht altersentsprechend angepasst konstant, es gibt selten Tiere in freier Wildbahn, die an Übergewicht leiden.

Es ist das Wissen um die Ernährung und Entwicklung, denn in manchen Ländern oder manchen Gegenden gibt es auffallend viele übergewichtige Menschen, was mit den Essgewohnheiten zu tun hat, genauso wie es bestimmte Erkrankungen bei bestimmten Menschen und Zonen gibt.

Also mit der Nahrung und deren Veränderung hat es zu tun und ob diese pflanzlich ist oder aber tierisch, das sind 2 verschiedene getrennte Kreisläufe in der Evolution und in jedem Organismus.

Und heute fragt man sich, warum der Mensch sich verändert hat und was es ihm gebracht hat.

Wir können jetzt nicht alle Erkrankungen nur auf die Nahrung zurückführen, aber wir können viel dazu beitragen, dass manches erst gar nicht entsteht und ohne Zweifel können leichtere Beschwerden gelöst werden.

Wie hat der frühe Mensch sich gesund ernährt ...

Wenn wir das heute noch wüssten ...

– 29 –

Wenn pathologische Werte sich schon eingestellt haben und meistens kommt beides zusammen, also zu hohe Fettwerte und ein hoher Cholesterinwert, was verschiedene Ursachen haben kann.

Wenn wir davon ausgehen, dass das entzündungsabhängige hormonelle System in Takt ist, also noch richtig funktioniert, das heißt, nicht zu viel Cholesterin produziert, kann es noch relativ gut mit der entsprechenden Nahrung reguliert werden, liegt die Ursache in den Cholesterinvorstufen, ist es manchmal schwierig, die Werte einzustellen.

Gehen wir von dem größten Teil der Bevölkerung aus, so enthält unsere zivilisierte Nahrung wohl zu viele Fette und somit ein Zuviel an Cholesterin. Der Körper ist damit beschäftigt, das Cholesterin, das er produziert, wieder abzubauen, diese Kaskade wird gestört, wenn wir langkettige Fettsäuren – also Fette, die selbst viel Cholesterin enthalten – essen, denn diese sind tierischen Ursprungs und können überhaupt nur sehr schwer verstoffwechselt werden, weil die Werte im Tier eine andere Funktion haben, die der Mensch nicht hat. Fette, die fest werden, haben immer die Neigung sich fest anzusetzen und so zu entzündlichen Reaktionen in den Gefäßen zu führen, das ganze Herz-Kreislauf-System zu verändern, es bilden sich schwer abbaubare Schlacken. Zu diesen Tendenzen kommen oft noch stressbedingte hormonelle Reaktionen hinzu und auch diese sind schwer wieder zu regulieren, überhaupt alles, was hormonelle Zuordnungen hat. Das müssen wir verstehen.

– 30 –

Tierische Fette und Öle enthalten
Fettwerte zwischen
80–100 Gramm
und sehr hohe Cholesterinwerte
von 100–270 Gramm.

Pflanzliche Fette und Öle

enthalten etwa die gleichen Fettwerte, also auch zwischen 80–100 Gramm, sind aber immer kurzkettiger und somit leichter aufzuschlüsseln, leichter abbaubar.

Diese enthalten
kein Cholesterin!!

Pflanzen an sich haben kein Cholesterin.
Das wird als Erstes gemacht!

Die Natur hat sich entwickelt, sie entstand aus dem Nichts und als aus der Dunkelheit Tag wurde, war die Erde in ihrer Urform das Wasser, das sich gebildet hat, und darin ist das Land gewachsen, rau, roh und felsig, und das Wasser brachte Sand und Erde zum Gedeihen und da war schon sicher: Alles, was leben wird, kann sich hier richtig entwickeln und ernähren, sonst hätte Leben keinen Bestand, und so war es.

Irgendwann kamen die ersten menschenähnlichen Arten, die um einiges kleiner waren als wir heute, zwischen 1,40 – 1,50 Meter, und die friedlich und in Ruhe ihr Leben lebten, ohne zu wissen, wer und was sie waren, sie standen auf, wenn der neue Tag anbrach, und ihre Suche nach Nahrung brachte sie in Bewegung und sie aßen das, was in der Umgebung gewachsen ist, ohne zu wissen, was es war und warum sie gerade dieses aßen, und sie fanden instinktiv immer den richtigen Ort und die richtige Menge, das Wesen wurde satt und konnte ruhen, am Abend bis zum nächsten Morgen. Und sie legten sich geschützt zur Ruhe und der Körper verarbeitete das, was am Tage gefunden und gegessen wurde. Es ist ein kompliziertes Zusammenspiel der Natur und mit all dem Leben, dass alles so in jedem Detail funktioniert, allein die Nahrung, die das Leben ausmacht, ist genau auf jeden Organismus abgestimmt, unbewusst genau die Zusammensetzung und Menge. Und sie aßen alles, was am und im Boden gewachsen war und was an den Bäumen sichtbar war. Sie aßen keine toten Tiere und auch keine Milch- und Käseprodukte.

Sie waren gesund.

Diese Wesen und alles, was in der Natur richtig lebt, ist normalerweise gesund und die Urmenschen waren gesund, bis sie gestorben sind, davon kann man ausgehen, sie waren robust, stabil und nicht anfällig, denn die Natur ist bestrebt, die Art zu erhalten und zu vermehren, ein Gleichgewicht der Natur in den verschiedenen Kreisläufen ist immer gegeben.

Diese hatten einen pflanzlichen Organismus, der durchaus die gleichen Anforderungen hatte, wie wir es heute errechnen.

Ein Mensch von 70 kg mit den Werten 70 g Fett, 270 g Kohlenhydrate und 50 g Eiweiß bei mittelschwerer Arbeit. Tatsächlich heißt das für viele, allein die Zuordnung leichte bis mittelschwere Arbeit und 70 kg entspricht etwa einer Größe von 1,70 Meter, dass wir etwa mit der Hälfte der Empfehlung auskommen können, diese Angaben entsprechen 2.000 kcal.

Die Menschen von einst hatten Ruhe und waren wesentlich kleiner, das entspräche noch einmal der Hälfte der Empfehlung und deshalb konnten sie sich so ernähren, die Anforderungen der nötigen Fettmenge nahmen sie durch Samen und Nüsse auf, die Fettwerte von 40–60 % enthalten, was jedoch Öle sind, die restlichen Pflanzen bestehen fast nur aus Kohlenhydraten und etwas Eiweiß.

Wir sind wieder auf dem richtigen Weg.

AUGUST

-1-

Nun ist die Zeit gekommen ...

... die wärmsten Monate – und die Feldarbeit ist in vollem Gange, es ist hoffentlich ein angenehmer Sommer, wo es zur Zeit des Wachstums regnete und es in der Zeit kurz vor der Ernte trocken ist, damit das Korn groß bleibt und trocken, und etwas windig darf es sein, sodass sich die goldenen Ähren in feinen Wellen im Winde biegen, und die Sonne steht und es kann wirklich eine schweißtreibende Arbeit sein, bis das Getreide eingefahren und das Stroh zu Ballen verarbeitet ist.

Das Korn, unser Grundnahrungsmittel, wovon das ganze Land, die ganze Bevölkerung lebt und abhängig ist, wovon wir uns das ganze Jahr ernähren, wir und das Vieh, und so wollen wir hoffen, dass es gelingt, die volle Ernte richtig zu lagern und zur Verarbeitung zu verteilen. Die Herstellung der Grundnahrungsmittel für die gesamte Bevölkerung macht uns unabhängig oder abhängig und wir sind ausgeliefert der Natur –immer in der Hoffnung oder mit einer Selbstverständlichkeit einer guten und reichen Ernte.

Wer trägt denn da die Verantwortung, wenn die Ernte nicht gut ausfällt?

Und wie verhalten sich die Menschen?

Es kann sein, dass die Preise etwas steigen.

Aber mehr wird es deshalb auch nicht.

Gut, wenn man sich die Nahrung immer noch leisten kann.

Gott lässt wachsen und gedeihen ...

So war das Leben im Detail geschaffen in seiner ganzen biologischen Chemie, dass bei Mensch und Tier physiologisch alles lebenslang gesund erhalten bleibt. Viele Arten entstanden und lebten einige Hunderttausende oder Millionen von Jahren und einige starben wieder aus und si?? es entwickelte sich eine Art, die das Töten erfand und somit eine gravierende Richtungsänderung in der menschlichen Entwicklung bis zum heutigen Tag vornahm, die Entwicklung von Krankheit und Tod und Leid.

Der Tod allein schon bringt oder ändert die geistige und physiologische Energie und die Nahrungszusammensetzung in ihrem Bestand, die Werte veränderten den Stoffwechsel und das Denken, es förderte durch das Leid die Stress- und Schmerzauslösung und somit die Entstehung von Entzündungen.

Man hat also durch den Tod, den man setzte, das eigene geistige und feinstoffliche Schmerzzentrum aktiviert und es ausgelöst durch Fremdeiweiß und Fette, denn vorher waren es ölige Substanzen, nun muss der Körper tatsächlich Festeres verarbeiten, also zusammenhängende Fette, was bedeutet, die Struktur ist langkettig und schwerer lösbar, während ölige Substanzen leichter sind und verträglicher abgebaut werden, in Fettsäure zerlegt, das heißt, die kettigen Verbindungen werden immer kürzer, bis sie weiter energetisch verwertet werden können, der Magen-Darm-Takt ist dafür zuständig und es sollte nicht allzu viel als Depotfett oder als Schlacken bleiben, denn mit diesen Tendenzen hat man eine entzündliche Prädisposition geschaffen und die Fließeigenschaft des Blutes verändert sich und hat sich dieses in den Gefäßen festgesetzt, verändert sich der Durchmesser und deshalb fließt das Blut nicht mehr gut. Und kommt noch der Faktor des Fremdeiweißes hinzu, das hat erst einmal die Eigenschaft, das ganze Immunsystem zu aktivieren, denn mit der Verarbeitung des Fremdstoffes Eiweiß tierischen Ursprungs verändert sich der Magen und das Blut und Blut geht in den Kopf! Und sie tranken auch noch tatsächlich das fremde Blut, was bis heute zum Teil in bestimmten Fleisch- und Wurstwaren verarbeitet wird. Welch eine dramatische menschliche physiologische und geistige Veränderung da vonstattenging. Eine pflanzenessende Art begann Fleisch zu essen und unvorstellbare Zeiten überkamen die Menschen. Und von nun an zu allen Zeiten entstanden neue Erkrankungen, die mit bestimmten Zeitabständen korrelierten, von nun an war eine geistige Veränderung geschaffen und vielerlei entzündliche Prozesse und die Anfälligkeit von Infektionen war gegeben – bis zum heutigen Tag kämpfen wir mit Fremdkörpern, Fremdeiweiß und mit dem Tod.

Gehen wir noch einmal von dem angeborenen Erkennungsmuster im Kopf aus, das einem zur Nahrung zieht und nun nehmen wir eine andere Esskombination auf, die es im Kopf nicht gibt und auch nicht die Funktionen der Verarbeitung.

Wie mag es den Menschen wohl wirklich ergangen sein?

Eine geistige Entwicklung.

- 3 -

Und eine gute Empfehlung der ernährungswissenschaftlichen Forschung ist, dass die tierischen Fette durch pflanzliche Öle ersetzt werden sollen. Diese enthalten zwar auch Öle und Fette, aber kurzkettige, und haben Werte zwischen 80–100 Gramm, das heißt, wenn man 100 ml davon verwendet. Und kein Cholesterin.

Also brauchen wir auch kein totes Tier mehr!

Öle aus den Pflanzen, die unter der Sonne stehen und durch die Fotosynthese eine gute Adaption im menschlichen Organismus finden, sind kurzkettig und nicht sehr oxidativ, sie haben eher die Tendenz einer entzündungshemmenden Wirkung durch Tocopherol, was Vitamin E ist, und das schützt vor freien Radikalen und lindert Schmerz- und Gelenksentzündungen, die Werte variieren jeweils von Öl zu Öl.

Alle Milch- und Käseprodukte werden vom lebenden Tier gewonnen. Damit können wir uns beschäftigen und jeder findet das Richtige für sich, die Werte können wir auf den Packungen lesen. Hier gibt es fettarme Produkte und welche mit viel Fett.

Wenn man gesund ist, isst man weiterhin richtig, ansonsten muss man sich auch hier genau an die Empfehlungen halten. Die Fettwerte der Milch- und Käseprodukte sind trotzdem noch besser als die der Fleischprodukte in Bezug auf Langkettigkeit und schwere Abbaubarkeit. Auch hier werden wir das richtig berechnen.

Und schon fallen die Werte.

- 4 -

Doch bevor sich die Veränderung der evolutionären Verstoffwechslung einstellte, was sehr langsam vor sich ging und wohl über Generationen dauerte, änderte sich das Aggressionspotenzial, was ein durch Stresssituationen ausgelöstes Verhalten und die Provokation der hormonellen Anpassung beziehungsweise der Überforderung durch Ausschüttung der Stresshormone Adrenalin und Noradrenalin bedeutete, was Herz-, Kreislauf und Nierentätigkeit veränderte. Diese Stresssituationen erfolgen oft durch das sich abhängig zu machende Jagdverhalten mit den Gedanken entweder nichts zu erjagen oder vielleicht selbst gejagt zu werden, denn es ist ein gefährliches Unterfangen, wilde Tiere zu erlegen oder auch weniger wilde, da sie schnell laufen und sich in Herden bewegen und der Mensch lernte anzugreifen oder auch manchmal zu fliehen.

Jahrtausendelang entwickelte sich dieses Verhalten eigentlich bis der Homo sapiens entstand, diese waren nun ausgestorben, sie waren oft rau, bösartig und aggressiv, sie waren wild und sie griffen zum Teil auch andere Menschen an, sie töteten also das Wesen Mensch aus verschiedenen Gründen. Es ist schwer nachzuvollziehen, welche psychischen, geistigen oder verwirrenden Zustände sich einstellten, bis sie sich umstellten oder bis sich der Körper in seinen Funktionen angepasst hatte.

Dass wir nicht die Gesundheit und diese Robustheit haben, ist ein Defizit und wir müssen damit leben.

Und dass es immer schwieriger wird und wir empfindlicher werden ...

Ab der Zeit an der Domestizierung der Tiere veränderte sich das Leben der Tiere in der Hinsicht der Freiheitsberaubung, hatten sie zu jener Zeit noch viel Platz, also große Weiden, wurden diese mit der Zeit immer mehr dezimiert, weil immer mehr Tiere auf immer kleineren Raum gestellt wurden. Tiere haben von Natur aus einen bestimmten Bewegungsradius, in dem sie leben und sich bewegen, und bei Veränderungen können sich Zustände einstellen, weil das Tier merkt, dass es nicht mehr selbst Nahrung suchen kann. Solange die Weiden groß genug sind, sieht ein Tier die Nahrung beziehungsweise es spürt instinktiv, dass es genug zu essen gibt, denn ansonsten würden diese ihr Lebens- und Jagdrevier wechseln.

Es änderte sich langsam die immer weniger natürliche Unterbringung und die natürliche Ernährung, es entstanden Stresssituationen, die zu Leid wurden und diese sind hormonelle Veränderungen im Stoffwechsel, die in Fleisch und Blut übergehen und diese Belastungen beim toten Tier bleiben und der Verbraucher isst dieses. Es sind dieselben aktiven Hormone wie beim Menschen, die zu Herz-Kreislauf-Beschwerden und zu Nieren- und Gelenkschäden führen. Wir essen also hormonell und stoffwechsel-verändertes Fleisch vom toten Tier, das durch hohe Belastungen und Leid verursacht wurde. Es gibt natürlich keinen Faktor der psychischen Qualität eines Fleisches, aber als so etwas kann man dieses bezeichnen.

– Belastet –

Alsbald stellten sich gravierende Veränderungen im Leben der Tiere ein, etwa um die Zeit 6.000 v. Chr. begann man Tiere zu domestizieren und es dauerte schon einige Tausend Jahre, bis es sich wirklich verbreitet hat, wenn wir das Jahr 4.000 v. Chr.annehmen, als wirklich eine florierende Viehwirtschaft begann, konnten sie noch auf großen Flächen stehen und noch selbst essen oder wurden schon zugefüttert. Je mehr Tiere dann gezüchtet wurden, desto mehr verkleinerte sich dann das Platzangebot, bis wir zu dieser entsetzlichen Massenhaltung kamen, wo nur noch Ware stand – eine Ware kann man in ein Regal auf wenig Platz stellen, dort bleibt es stehen, bis es verkauft ist. Die Tiere essen oder aßen vielleicht dasselbe wie vorher, nur die Zufütterung variierte etwas, sie brauchten sich nicht mehr oder konnten sich nicht mehr viel bewegen.

Ab wann sich tatsächlich der Stoffwechsel der in die „Gefangenschaft" geratenen Tiere veränderte …, es ist ein langsamer sich ändernder Prozess, zumindest kann man davon ausgehen, mit zunehmender Bevölkerung etwa ab dem Jahr 1, wo das ganze Römische Reich etwa 20–25 Millionen Menschen hatte, wurden die Ställe zu festen Bauwerken gebaut, wo die Anzahl der Tiere pro Stall zählbar war, diese wurden richtig gefüttert, sodass sie Fett ansetzten, und diese Tendenzen durch die Zeiten hindurch waren überall verbreitet, denn die Menschen hatten nicht allzu viel zum Essen, und ein fettes Tier war wie ein Segen und das hielt sich bis in die 60er- und 70er-Jahre – bis dahin wurden fette Tiere gezüchtet.

Irgendwann um diese Zeit kamen die neuen Ernährungslehren und Zeitbewegungen, von nun an wollte man rank und schlank sein, Wohlbefinden und Wohlstand stellten sich im ganzen Land ein und die Erkenntnis, dass die Tiere zu „fett" sind und der Mensch davon krank wird, und die Ernährung der Menschen und der Tiere wurde geändert, nun wollte man mageres Fleisch essen, damit man nicht zu fett wird und nicht krank davon wird.

Und somit hat man gewollt oder ungewollt den Tieren Krankheiten zugezogen, denn in Freiheit lebende sind nicht fett, sie haben zwar ein gewisses Fettpolster, um im Freien der Temperatur angepasst leben zu können, nicht aber übergewichtig fett, wie dieses in unbeweglichen Boxen geschieht.

Tiere auf großen Flächen bewegen sich richtig und können besser artgerecht essen, Gras und Heu bis in die kalte Jahreszeit, und sie kommen dann in die Ställe, dort bekommen sie fertig hergestelltes Futter aus verschiedenen Getreiden.

Was in den Fütterungen der Massentierhaltungen ist, weiß man genau. Somit soll gesagt werden, dass diese Tiere auch keinen sehr gesunden Stoffwechsel haben und diese Belastungen kauft man im Fleisch mit.

Wir wollen jetzt mageres Fleisch, das nicht stoffwechselbedingt und auch nicht psychisch beeinträchtigt ist.

Und wie soll das gehen, wenn die Bedingungen dafür nicht gegeben sind? Wenn wir gesunde Tiere haben wollen, müssen wir einiges verändern und wir werden dazu etwas beitragen.

- 6 -

Heute essen wir eine
Klare Brühe mit Getreide.

Dazu eignen sich alle Getreide, besonders gut Hirse, Couscous oder Bulgur, diese haben eine kurze Kochzeit, Hirse und Bulgur brauchen etwa 15 Minuten im Wasser, 1/3 Getreide und 2/3 Wasser. Dann etwa 200–250 ml Wasser pro Person, je nachdem wie viel man essen will, kochen und ½ EL Rindsbouillon und dazu das vorgekochte Getreide. Couscous kann direkt in die gekochte Brühe gegeben werden, 2–3 EL pro Person und 5 Minuten quellen lassen. Gut ist es, wenn man zudem noch frische Petersilie oder Estragon oder Basilikum hat.

Fenchel:

1 Fenchel, etwa 180 g, ab etwa 300 g reicht es für 2 Personen

Dieser wird halbiert und mit
½ Teelöffel Korianderkörner,
½ TL Senfkörner,
½ TL eingelegten grünen Pfefferkörnern,
1–2 Nelken
in 250 ml Wasser etwa 10–15 Minuten gekocht.
Fenchel herausnehmen und für eine Kräutersoße oder Zitronen-Buttersoße einrühren und mit dem Saft einer ½ bis 1 Zitrone verfeinern. Passt gut zu Reis.

Danach gibt es Melonenstücke oder frische Feigen oder einen Joghurt mit Kaffeegeschmack.

-7-

Ein Mais-Gericht:

Wir kaufen entweder Maiskolben, die mit Butter bestrichen und im Backofen ringsum einige Minuten gebacken und abgeknabbert werden, oder wir verwenden Mais aus der Dose.
Den gekochten Mais aus der Dose, den es gibt, 150 g pro Person, braucht man nur zu erhitzen.

150 g tiefgefrorene Prinzess-Bohnen in Butter, RB und Bohnenkraut auf leichter Stufe kochen
200 g tiefgefrorenen Blattspinat in Wasser 10 Minuten kochen, herausnehmen und mit Pfeffer, Salz und Muskat abschmecken
1/2 frischen Paprika in Streifen geschnitten
1–2 frische Karotten geraspelt, Essig, Öl, Salzwasser
200 g Gurke – Salat

Dazu entweder 1 gebackenen Camembert nach Anleitung oder ein Frischkäse

Dessert:

Ein Obstsalat aus Äpfel, Bananen, Pflaumen und Mandarinen, Rosinen und etwas Sahne darüber, mit Schokoladenstreusel oder Mandelstücken oder Kokosraspeln.

Das kann auch jeder.

- 8 -

Unsere Aussichten ...

... für uns wird es jeden Tag hell und jeden Morgen geht die Sonne im Osten auf und am Abend geht sie im Westen unter und wir gehen jeden Tag zur Arbeit und leben für morgen und denken, es war immer so, und doch unterliegen wir weiterhin den evolutionären Weiterentwicklungen, auf die wir keinen Einfluss haben, das ist das Alter – die Krankheit und der Tod.

Vor Millionen von Jahren wurden die Menschen zwischen 30–40 Jahre alt, das Klima änderte sich mehrmals hingehend zu wärmeren Tendenzen, auch die entstandenen Eiszeiten sind abgeklungen und bis heute hält die Erwärmung an.

Die Menschen, die vor 10.000–8.000 Jahren anfingen sesshaft zu werden, erreichten bereits ein Alter zwischen 40–50 Jahren und um die Zeit 5.000–4.000 v. Chr. erwärmte sich das Klima noch einmal um ein Vielfaches und wo vorher Grün war, entstanden Wüsten und um das Jahr 0 konnten diese schon 50–60 Jahre alt werden und bis etwa 1970 war das Durchschnittsalter 70 Jahre, das inzwischen auf 82 Jahre erhöht wurde. Heute gibt es bei uns jährlich über 600 Hundertjährige, was vor 2.000 nur vereinzelt vorkam und wir können davon ausgehen, dass diese Tendenz anhält. Natürlich sehen wir noch gleich aus, wie jene um das Jahr 0, und das ist es, was uns gegeben zu sein scheint. Wir können nur das Leben so gestalten, dass die Qualität verbessert wird, Krankheiten vermieden und die Zeit des Möglichen erreicht wird.

– So Gott will –

– 9 –

Nun ist der Mensch deshalb so gefordert, weil er sich selbst verändert hat, denn mit der Sesshaftigkeit verkleinerte sich der Bewegungsradius insofern, dass er nicht mehr umherzog und die natürliche Nahrung überall finden konnte, er musste also auf einem bestimmten Platz oder erreichbaren Feld die Lebensmittel, was hauptsächlich Getreide war, anpflanzen und so begann auch die Arbeitsteilung der Menschen, weil viele notwendige Erfindungen und also das Handwerk, und mit dieser Arbeitsteilung und Wirtschaftlichkeit begann das Verteilen der Nahrung, die Ernte musste an jeden Bürger verteilt werden, zum einen musste sicher gestellt werden, dass das Handwerk ausgeführt wurde und zum anderen, dass eine sichere und reiche Ernte eingefahren wurde, und so war man abhängig von psychischen Belastungen und der aufkommenden Tendenz der Verarmung, des vielleicht zu wenig Essens.

Durch diesen Aspekt entstand eine große Belastung und es war schwer, wieder ins Nomadenleben zurückzugehen oder sich überhaupt unabhängig zu bewegen und der Natur zu folgen.

Nun der Mensch war vorher schon stoffwechselmäßig verändert und belastet und übernahm durch Fremdblut und -eiweiß genetische Folgen und die Ausprägungen der Infektionen und Seuchen setzte ein. Nun waren die Menschen wirklich herausgefordert und es wurde zunehmend schwerer, obwohl es zugleich einfacher wurde.

Die neue Entwicklung.

Aus dem Garten gibt es eine Zucchinicremesuppe,
danach Nudeln oder Knödel,
die entweder frisch gekocht werden, oder manchmal hat man
noch welche übrig, diese werden geviertelt und in der Pfanne
mit zerlaufener Butter in die leicht bodenbedeckenden Semmelbrösel gegeben und mit etwas Rindsbouillon gewürzt, dieses ist
leicht gebräunt, Nudeln oder Knödel hinein und 2–3 Min. unter Wenden erhitzen.

Ein bunter Salatteller:

Auf den Teller eine Schicht grüner Blattsalat, Eissalat oder En-
divien, darüber
Gurkenscheiben, fein geschnitten,
1 Tomate,
Streifen von Paprika,
1–2 Champignons und einige
Obststückchen von Ananas, Mango oder Birnen oder Kiwi,
etwas Essig, Öl, Pfeffer darüber, entweder
etwas Crème fraîche oder Joghurt in Tupfen verteilt
und mit Balsamico-Creme abgeschmeckt.

Das restliche geschnittene Obst mit Joghurt oder Sahne dazu.

Alles Gerichte, die schnell zubereitet sind.

Ob die Menschen das so gesehen haben …
      … den Menschen müsste es doch immer besser ergehen, denn
von dieser Zeit an hatten sie ein Dach über dem Kopf und waren
geschützt vor Wind und Wetter und konnten ausruhen. Gehen

wir davon aus, dass die Ansiedelungen nicht allzu viele Menschen beherbergten, vielleicht eine größere Familie oder Sippe und die gesetzten Tendenzen vereinzelt waren.

Erst um die Zeit 3.500 v. Chr., als die ersten Städte entstanden sind und eine wirkliche größere Menschenansammlung zusammenleben musste, entstanden die nennbaren Infektionen und Seuchen bedingt durch mangelhafte hygienische Zustände, einfach bedingt durch zu hohe Dichte und Bewegungsmangel, allgemeinen Versorgungsmangel und der daraus folgenden extremen Armut und Ausbeutung von Mensch und Tier und die daraus resultierenden hohe psychischen Belastungen, ganze Landbereiche wurden dahingerafft.

Auch das Mittelalter war geprägt von diesen Komponenten und durch noch mehr Seuchen mit Millionen von Toten der dunklen finsteren Zeiten des 16. und 17. Jahrhunderts, was die Bevölkerung um die Hälfte dezimierte. Lange hielt es an und erst 1875 gelang es aus einer Pilzstruktur ein Antibiotikum zu erfinden, das es ermöglichte, bestimmte Infektionen zu behandeln, doch bis sich dieses wirklich durchsetzte, dauerte es noch etwa 100 Jahre, bis viele der alten Seuchen nahezu ausgerottet waren. Und von nun an geht es den Menschen wieder gut. ... die Zeiten ...

– 12 –

So ist es bis heute ...

... dieses erste Antibiotikum, das Penicillin, hat wirklich geholfen und wird bis heute mit Erfolg eingesetzt, ein Breitbandantibiotikum, das gegen viele Bakterien wirksam ist.

Die letzte große Epidemie, die von 1908, die Millionen von Menschenleben forderte, ist überstanden!

Es kamen dann die Kriegszeiten des 1. und 2. Weltkrieges von 1914–1918 und 1939–1945 und danach in gewissen Zeitabständen eine immer wieder neu aufflammende ansteckende

Grippewelle, die jeweils verschiedene Namen trägt. Die Influenza ist eine oft – fast jährlich – wiederkehrende Grippewelle in einer mehr oder weniger ausgeprägten Form und in verschiedenen Varianten, daran kann man sterben, besonders dann, wenn man prädisponiert ist. Im Jahr sterben etwa 10.000 Menschen an einer Grippe.

Und doch ist es so, dass alle paar Jahre die Viren sich schnell verändern, diese sich unkontrolliert ausbreiten und den Impfstoff unwirksam machen und mit jeder Veränderung muss der Impfstoff neu erfunden werden. Diese Erreger sind ubiquitär, das heißt, sie sind immer da und durch Provokation verändern sie sich und vermehren sich schnell, schwer zu definieren und schwer den Impfstoff anzupassen und das geschieht in immer kürzeren Zeitabständen. In den letzten 20 Jahren hatten wir mehrmals stärkere Grippewellen mit 20.000–25.000 Toten, diese Provokationen können auch epidemisch oder pandemisch auftreten. – Und der Mensch ist machtlos. –

– 13 –

Und immer wieder kann es geschehen ...

... und wenn eine ansteckende Erkrankung einmal ausgebrochen ist, verbreitet sie sich schnell und es dauert eine lange Zeit, bis sie eingedämmt wird und es kann einem vorkommen wie in einem nie endenden Szenario, denn ein Bakterium hat eine bakteriostatische Adaptation in einem 4-Tage-Rhythmus, es entwickelt sich schnell nimmt an Aktivität zu und nimmt wieder ab, doch inzwischen hat es sich verbreitet und bei jedem nimmt es zu und nach 4 Tagen wieder ab und so wird es zu einer permanenten Manifestation.

Und brachten nicht die Portugiesen und Spanier 1495 auf ihren Entdeckungsreisen nach Südamerika den Ureinwohnern eine todbringende Infektion mit?

Es war einfach eine Unverträglichkeit mit denen!

Dafür nahmen sie dann die Kartoffel und den Kaffee mit!

Also mit den Handelsschiffen und Touristikschiffen kann etwas mitgebracht werden, entweder hin oder zurück, und nun findet das Bakterium neuen Nährboden. Durch die Gegensätzlichkeit und Aversion schafft man nun Adaptionen für Viren, die sich an Land und Leute anpassen, diese sind wie mitdenkende selbstständige DNA-Strukturen, die den Menschen im Griff haben – und Viren sind kaum zu bekämpfen. Sieht man Viren unter dem Mikroskop, sehen diese aus, wie monströse technische Gebilde mit greifenden packenden Ausläufern, die überall fest werden!

Und wehe dem!

– 14 –

Ein Linsengericht:

Linsen sind sehr nahrhaft und enthalten viel Eiweiß, 23,5 g, Kohlenhydrate, 40,6 g, und Ballaststoffe, 11,7 g, Werte jeweils auf 100 g berechnet.

80–100 g Linsen, wie bei allen Getreidesorten, zu 1/3 und 2/3 Wasser

½ TL grüner Pfeffer,
¼ TL Koriander und ¼ TL Senfkörner,
1 Lorbeerblatt,
1 milde Peperoni,
1 kleine Karotte, klein geschnitten,
½ TL Rindsbouillon,
werden ca. 15 Minuten leicht gekocht, ist das Wasser aufgebraucht, noch ½ Tasse nachschütten, dazu 1 Paprika klein geschnitten und
2–3 Min leicht mitköcheln, dann
2 EL Tomatenmark, und

1 EL Tomatenketchup,
2–3 EL Balsamicoessig,
und alles auf dem heißen Herd stehen lassen, bis es gut durch-
gezogen und nachgequellt ist, etwa 5 Minuten.
Auf dem Teller kleine Würfel von Hirtenkäse, dazu Brötchen, Brot.

Ein Feldsalat, Karottensalat und Rote-Beete-Salat zu gleichen
Teilen.

Als Dessert:

Aprikosen und Pfirsiche

– 15 –

So änderten sich die Zeiten ...

... in den 1970er und 1980er-Jahren entstanden viele neue
Ideen einer umweltfreundlichen und ernährungswissenschaftlichen Erkenntnis, was viel Positives bewirkte.

Es wurden gesundheitsschädliche und gefährliche Stoffe nicht
nur identifiziert und dokumentiert, diese wurden unter Beobachtung gestellt und viele zum Teil sind inzwischen verboten.

Und so auch in der Ernährung, Wellen von Diäten und Abnehmkuren bewegten das Land, dazu die körperlichen Bewe-
gungs- und Tanzübungen sowie Gymnastik und Yoga, das alles
erweckte ganz neue Freizeitbereiche, sich gesund zu ernähren
und artgerecht zu bewegen, dazu gehören Sportstudios und Frei-
zeitgruppen im Freien mit dem Ziel ... der Speck muss weg ... im
wahrsten Sinne des Wortes.

Die Tiere wurden auf andere Nahrung umgestellt, damit
das Fleisch magerer wird, und der Mensch kämpft mit den festen Pfunden, die man in kurzer Zeit abnehmen kann und dann
auch wieder zurückkamen, viele gaben auf oder wechselten das
Abnehmprogramm.

Die Zeiten der Trendwende waren auch die Bestandteile der Ernährung, es gab die Trennkost, man versuchte, die Nahrung zu trennen, entweder nur Eiweiß oder nur Kohlenhydrate essen, das jedoch brachte auch nur kurzfristige Erfolge.

Der Anfang des anders Denkens brachte wirklich viel Positives, denn das Erinnern an die Natur begann wieder ...?

Das Wissen tut gut.

- 16 -

Bevor es zu spät ist ...

... natürlich sagt niemand, dass es einfach ist, wenn man das Gewicht betreffende oder gesundheitliche Schäden hat, da scheint alles nichts zu helfen. Die Aspekte einer gesundheitlichen Ernährung sind noch am besten, so wie das Wesen geschaffen ist. Pflanzenfressende oder -essende Wesen, denen beides möglich ist, müssen auch das Richtige finden. Es wird wohl so sein, dass bei vielen das Fleisch nicht ganz vom Ernährungsplan zu nehmen ist und so sei eine Empfehlung eben dahin gehend, dass man – vielleicht dabei dieses zu reduzieren – sich angewöhnt, pro Woche einen Flüssigkeitstag einzuplanen, was bedeutet, eine gute dicke Suppe zu essen mit Brötchen und Salaten soviel man will und außerdem noch einmal einen fleischlosen Tag einzulegen, so viele Möglichkeiten gibt es uns Sie werden merken, wie gut es tut und wie wohl man sich dabei fühlt und bald werden schon weitere fleischlose Tage eingelegt, denn mit der Zeit wird man richtig kreativ im Kochen und kann vieles selber zusammenstellen mit dem guten Gedanken, dass man sich selbst wirklich etwas Gutes tut und damit auch den Tieren und der gesamten Umwelt hilft.

Und wenn viele sich diesen positiven Gedanken anschließen, wird bald eine spürbare Wende kommen. Es wird zumindest erreicht werden können, dass sich eine bessere Unterbringung der Tiere einstellt und dann haben wir schon viel erreicht.

Wir sind wieder auf besserem Wege.

Kichererbsensuppe:
(1 Person)

80 g Kichererbsen – am besten schon vorgekochte, aus dem Glas
oder der Dose
½ TL grüne Pfefferkörner
1 flacher TL Rindsbouillon
½ TL süßes Paprikagewürz
400 ml Wasser

alles 5–7 Min. leicht kochen und abschalten, dann 2–3 EL Couscous und 1 frisch geschälte Zitrone in Scheiben geschnitten hin-
zugeben und 5 Min. ziehen oder quellen lassen, dann 40–50 g
grüne Oliven dazu.

Kichererbsen-Paprikasuppe:

100 g Kichererbsen,
½ Paprika klein geschnitten,
1 milde Peperoni,
½ TL grüner Pfeffer,
½ TL Rb,
in 250–300 ml Wasser 15 Minuten kochen und dann alles pürieren.

Zu beiden werden verschiedene Salate gegessen
und verschiedene Sorten Brötchen, Baguette oder Fladenbrot,
Schafskäse und milde Peperoni.

Dessert:

Eine Zitronenmousse

Wir versuchen ein wenig Lehrstoff zu verstehen …

… also wenn wir von den physiologischen Aspekten ausgehen, wie und warum ein Lebewesen funktioniert, dazu sind bestimmte Nährstoffe nötig und auch eine bestimmte Menge bei jedem und das ist der Grundumsatz, das bedeutet, das muss man haben um nicht umzukommen, damit die enzymatischen und hormonellen, eben alle Stoffwechselvorgänge funktionieren, denn es ist eine gewisse Kraft oder Energie nötig, um das Leben zu erhalten und das ist nicht nur Wasser und Brot, es ist feste Nahrung in dem Verhältnis 50 g Eiweiß, 70 g Fett und 270 g Kohlenhydrate pro 70 kg Körpergewicht und wenn wir die Hälfte davon essen so wären wir bei 1.000 kcal mit 25 g Eiweiß, 35 g Fett und 135 g Kohlenhydraten, das bei einem Zustand von leichter, sitzender Tätigkeit, vielleicht nicht mehr berufstätig, wir passen die kcal-Menge der Tätigkeit an, die meisten brauchen 1.000–1.400 kcal.

In dieser Zusammensetzung werden die Stoffwechsel-Kreisläufe des Fett-, Eiweiß- und Kohlenhydratstoffwechsels gut ausgenutzt, die ineinander verwoben sind, die dazu dienen, die Energie herauszufiltern und in Wärme umzusetzen. Der Körper verliert am Tag 1 Liter Wasser was einer Wärmeabgabe von 580 kcal entspricht und 1/3 des Grundumsatzes.

Wir wollen nicht nur liegen und das Leben erhalten und deshalb können wir etwas mehr essen.

Nur so kann es gehen.

Grüne Erbsensuppe

Nudeln mit Gemüse:

½ Paprika klein geschnitten,
1 milde Peperoni,
1 kleine Zucchini
mit etwas grünem Pfeffer und Korianderkörnern kurz in Öl an-
dünsten, 3 Minuten, dann 100–150 g klein geschnittene Tomaten hinzu, Kräuter der Provence oder nur Thymian und Oliven,
und nochmals 2 Minuten dünsten, die schon gekochten Nudeln
darin erhitzen.

Brokkoli, der im Wasser gekocht wurde, gut abtropfen lassen
und in zerlaufender Butter mit Semmelbrösel und Rindsbouillon erhitzen und wenden und um das Nudelgericht dekorativ verteilen.
Darüber gewürfelt in Öl eingelegter Hirtenkäse, etwas frische Petersilie, Basilikum und mit etwas Balsamico-Creme abschmecken.

Selleriesalat:

Sellerie wird fein geraspelt und der Saft von 1–2 Zitronen unter
ständigem Wenden hinzugefügt sowie ½–1 Becher süße Sahne.

Grüner Blattsalat und ein Gurkensalat,
Aprikosen, Pfirsich und Trauben.

Nun ist es Hochsommer, die heißeste Zeit des Jahres, und viele müssen draußen im Freien arbeiten, der Körper verliert pro Tag 1 Liter Wasser und wenn man sich im Freien draußen bei der Hitze betätigt, kann es noch viel mehr sein. 2 Liter und das geht dem Körper tatsächlich verloren, deshalb trinken wir 1–2 Liter am Tag und im Sommer 2–3 Liter, je nach Anstrengung. Wasser an sich liefert dem Körper keine Energie, es ist oder hat nur Fließeigenschaften im Blut und in dem extra- und intrazellulären Räumen und bestimmt den hydrostatischen Druck, es ist schon das Wichtigste, denn ohne Wasser funktioniert der Körper nicht mehr lange, mit wenig oder keiner Nahrung kann er eine ganze Zeit lang auskommen, jedoch ohne Wasser wird es in kurzer Zeit zu gesundheitlichen Schäden und zum Tod kommen.

Wasser ist alles Leben. Wenn es so heiß ist, ist der Körper überhitzt, die Systeme funktionieren nicht mehr richtig, deshalb muss man viel trinken und das Kühle aufsuchen, um Kreislaufbeschwerden vorzubeugen.

Es ist gut etwas Leichtes zu essen, was den Körper nicht noch mehr anstrengt, denn Verdauung benötigt chemische Energie und erzeugt Wärme und bei flüssiger Nahrung wird nicht so viel unnötige Wärme erzeugt, wenn es ohnehin schon heiß ist, deshalb eignen sich Suppen mit erfrischenden Salaten in der Jahreszeit gut. Leicht verdaulich sind Kohlenhydrate und kühlendes Essen. Das ist gut.

Wir leben noch gut …

… bei uns in den zivilisierten Ländern haben wir Gott sei Dank noch genug Wasser zum Trinken, das entweder aus der Leitung kommt, das ist mäßig, oder wir kaufen Trinkwasser, Sprudel in verschiedenen Qualitäten vom stillen Wasser bis hin zu jenem mit viel Kohlensäure, mit verschiedener mineralischer Zusammensetzung, jeder nach seinem Geschmack.

Wir trinken Obst- und Gemüsesäfte oder gesüßte limonadenartige Getränke und Tee, nicht dazugezählt werden alkoholische Getränke und Kaffee.

Wir gehen von den am besten durstlöschenden ungesüßten Getränken aus, die ohne Folgeschäden getrunken werden können, und so viel man davon will. Und doch leiden viele Menschen auch bei uns unter chronischem Wassermangel, was bedeutet, der normale Durstreflex ist gestört und man hat das Gefühl, ... keinen Durst zu haben ..., das ist bei älteren Menschen so oder man vergisst es einfach und so kommt es leicht zur Veränderung des Blutes, die Fließeigenschaft ist reduziert und der Blutdruck steigt an, die Nieren sind überlastet, weil die metabolisierten Stoffe nicht mehr richtig ausgeschieden werden können und es kann zu Nierenerkrankungen kommen, das sind langsam schleichende Prozesse und erst, wenn man dieses hat, merkt man es und dann ist es schwer zu behandeln.

Deshalb ist es gut, immer eine Flasche Wasser sichtbar hinzustellen, die dann am Abend getrunken sein soll.

Daran müssen wir denken.

- 22 -

Wir müssen auf uns achten ...

... ein zu Wenig an Flüssigkeit im Körper lässt die Zellen schrumpfen, die Elektrolyten in den permeablen Gefäßen können nicht mehr richtig fließen und die Bewegungen werden eingeschränkt, der gesamte Nahrungsaustausch ist gestört und es kommt zur Ablagerung von Schlacken und Giftstoffen und die Tendenz einer Übersäuerung ist gegeben, was viele Erkrankungen hervorruft.

Ein zu Wenig an Wasser geht mit einer chronischen Müdigkeit einher und führt zu Leistungsabfall, es führt zu Schmerzen im Allgemeinen, es ist eine Überforderung des Körpers, es führt zur geistigen Überlastung und kann Verwirrtheitszustände hervorrufen und es führt zu vorzeitigem Altern, denn die Haut trocknet aus und es entstehen Falten.

Man muss lernen, zu trinken und sich und den Körper auf eine bestimmte Menge einzustellen. Es ist gut, nach dem Essen zu trinken, also nicht während, weil es sonst die Verdauungssäfte verdünnt und deren Wirkung beeinträchtigt und somit ist bei empfindlichen Menschen der Magen und Darm gestört.

Wenn dieses zutrifft, ist es gut am Abend eine dünne Suppe zu essen, denn das ist viel Flüssigkeit und gut verdaulich, dazu ein Brötchen oder ein Toast.

Die Gesundheit körperlich und geistig ist das Wichtigste.

Auch richtig trinken muss gelernt sein.

- 23 -

Grünkernmehlsuppe

Kartoffel:

Diese können ungeschält gekocht oder gequellt werden oder geschält und gewürfelt gekocht werden, dazu gibt es verschiedene Käsesorten je nach Geschmack, gut ist jegliche Sorte von Frischkäse, Quark mit frischen Kräutern und Camembert oder ein gebackener Camembert.

1 Paprika halbiert und gefüllt mit Feta

Tomatenscheiben mit Mozzarella und frischem Basilikum, etwas Balsamicoessig, Pfeffer und Salz

Gurkensalat:

Es ist gut, wenn die Gurken bereits 1 Tag vorher schon in dünne Scheibchen geschnitten und gesalzen werden und am nächsten Tag die Flüssigkeit abgeschüttet wird und ein Dressing mit Pfeffer, Salz, Dill, Essig, etwas saurer Sahne oder Joghurt hinzugefügt wird.

Grüner Blattsalat mit Radieschen

Dessert:

Gemischtes Eis mit Eiswaffeln

- 24 -

Wie gut wir es haben ...

... wir sind in der glücklichen Lage alles Essbare zu kaufen, was wir wollen und haben die Möglichkeit, vieles über einen längeren Zeitraum zu Hause aufzuheben und so kann man zu jeder Zeit gemütlich und bequem etwas Genüssliches kochen und essen und so soll es auch sein.

Da wir keine Reißzähne, sondern Mahlzähne haben, zerkleinert sich das Essen im Munde in aller Ruhe, uns sind Hände geschaffen und keine Krallen, das heißt, wir brauchen keine Gedärme des Kadavers zu packen und abzureißen, wir essen fein und gebildet, zivilisiert eben und wir haben lange Därme, denn die pflanzliche Nahrung wird aufgeschlüsselt und zerlegt, um so viel wie möglich dieser Energie und Kraft zu nutzen.

Fleischfressende haben eher kürzere Därme, damit es zur schnellen Ausscheidung kommt, um so der Eiweißzersetzung vorzubeugen.

Wir essen nicht nur, um satt zu werden, wir genießen das Essen, wir nehmen uns Zeit dafür und das hat auch einen mentalen Aspekt. Es ist gut, in Ruhe zu essen und dabei nicht allzu viel zu reden, sodass der Körper, der Geist sich nur mit dem zu Essenden beschäftigt, das, was wir sehen, und das fördert den Energiefluss im Positiven. Allein das Denken, genug zu haben, essen, bis man satt ist, und das Genießen sind eine Bereicherung des Tages.

Die Kunst des Genießens.

– 25 –

Das können wir verinnerlichen ...

... das Leben, das Essen und Trinken haben etwas mit dem Geiste zu tun, wir haben einen Hunger- und Durstzentrum-Reflex, der richtig funktioniert, und das zum Positiven gefördert wird, dazu zählen die inneren und äußeren Faktoren.

Die inneren beschäftigen sich mit den Emotionen und den geistigen Konzepten und dem Sehen: das Leben, alles im ganzheitlichen Sinne, individuell und doch mit allem verwoben, leben im Einklang mit der Natur und dem Universum, es zu sehen im schöpferischen Sinne und als ein immer wiederkehrendes Ereignis, das es zu verbessern gilt im Sinne von Eins-Werden mit Körper, Geist und Seele, und sich einbinden in die göttliche Ursprünglichkeit, ein Sich-selbst-Finden – und so sich selbst zu helfen und zu heilen.

Die äußeren Faktoren sind die Zeit, es ist die Ruhe, die man braucht, um zu kauen und zu schlucken, es sind die bioklimatischen Einflüsse, es ist die Umwelt, es ist das Ansehen und Anrichten der Speisen und auch die Regelmäßigkeit, die eine Ordnung und eine Gewohnheit ist, und der Organismus stellt sich darauf ein.

Es ist das Wissen der heutigen Anforderungen und die Anpassung an die physiologischen Gegebenheiten jedes Einzelnen.

Wenn wir das richtig gelesen und gelernt haben, können wir uns auch wieder daran erinnern, dass es so gewesen ist und wir mit den Veränderungen leben müssen.

Jetzt muss doch alles auf den richtigen Weg kommen.

– 26 –

Gerichte mit ganz wenig Arbeit,

das sind verschiedene eingemachte, eingelegte Lebensmittel in Salzlake oder Öl oder in Essig und Öl, die man immer vorrätig zu Hause hat und die fast zu allem gegessen werden können.

Artischocken, darüber etwas saure Sahne oder Joghurt mit Zitronensaft
Kleine Paprika mit Schafkäse gefüllt
Gefüllte Weinblätter in Öl mit Hirse gefüllt
Gefüllte Peperoni mit Feta
Eingelegte Champignons in Essig und Öl
Getrocknete Tomaten in Öl
Kleine Stücke Hirtenkäse in würzigem Öl
Verschiedene Oliven

Das alles stellt man dekorativ auf 8 Teller auf den Tisch.

Schnell geht ein Tomaten- und Gurkensalat auf 2 weiteren Tellern.
1 Teller voll mit verschiedenen Broten und Brötchen
1 Teller mit Käse
1 Teller für das Obst

Also 13 Teller zieren den Tisch.

Wenn man eine warme Kleinigkeit haben will, so hat man eine Kraft-Brühe schnell serviert, Wasser gewürzt mit Brühe und Getreide, Reis oder Nudeln.

Das Eis hat heutzutage auch jeder im Gefrierschrank.

Und das alles schmeckt jetzt auf 15 Tellern.

Und deshalb essen wir richtig und gut …

Die Gesamtheit des Organismus eines jeden Individuums funktioniert durch auslösende Momente zu den von selbst immer wieder in gleicher Reihenfolge ablaufenden Regelmäßigkeiten der Lebens- und Energiegewinnung, die aus verschiedenen Stoffen in verschiedener Qualität gewonnen werden, und dazu gehören die zeitliche Essensgewohnheit und das Ansehen der Speisen, und durch den köstlichen Geruch und das besondere Aussehen alleine schon aktivieren sich die Enzyme und es wird Speichel gebildet, und schon mit dem ersten Bissen fängt die Verdauung an und deshalb sollte man langsam und gut kauen, denn schon hier wird Kohlenhydrat-Stärke durch Ptyalin vorverarbeitet und mit der Amylase weiter getrennt. Es ist gut, wenn Lysozym es ermöglicht, schon rechtzeitig das Immunsystem zu aktivieren, um so eine bestimmte Menge der aufgenommenen Verunreinigungen oder Bakterien abwehren zu können, es ist in den Schleimhäuten, mit denen der Mund ausgekleidet ist, und geht durch den ganzen Verdauungstrakt bis zum Ausgang.

Ist jedoch die Nahrung zu sauer oder sind die Zähne nicht in Ordnung oder neigt der Mensch insgesamt zur Übersäuerung, reduziert sich das Lysozym in der Wirksamkeit, und Menschen, die zur Säuerung neigen, sind allgemein anfälliger für jede Infektion.

Das Puffersystem ist auf einen pH-Wert von 7 eingestellt.

Und danach geht es gesund weiter.

Nun wir genießen …

… und der erste Kauvorgang ist geschmackvoll genommen, denn die Zunge mit den Geschmackspapillen stellt fest, ob die Nahrung zu salzig oder zu süß ist oder ob sie sauer und bitter ist und dann –gut zermahlen – geht der Speisebrei durch die Speiseröhre in den Magen, wo alles noch mehr zerkleinert wird, und dazu sind 1–3 Stunden Arbeit nötig. Ein gesunder Magen kann viel aushalten und verteilen, damit es nicht allzu schwer im Magen liegt und dieser nicht unnötig belastet wird, am besten werden Kohlenhydrate verdaut, dann die Eiweiße und Fett bleibt am längsten und somit ist es die meiste Arbeit. Schwere langkettige Fette und auch ein Zuviel können Beschwerden hervorrufen, sodass auch der Dickdarm mit der weiteren Verarbeitung belastet wird.

Ist die Verdauung gestört, kommt es sehr häufig zu einer Übersäuerung und man bekommt Magenschmerzen und das muss behandelt werden, damit die Schleimhaut wieder abheilt, denn diese ist ein Schutzschild und es darf keine Verletzungen geben, sonst dringen die Bakterien ein, die sie normalerweise abwehrt, und tierisches Eiweiß hat fast immer die Tendenz, bakteriell zu werden.

Wir sehen, wie viele Hinweise schon in der Anatomie und in der Physiologie festgelegt sind, dass wir eben als pflanzenessendes Wesen geschaffen sind.

Wir versuchen, uns gesund zu halten.

Die Gesund-Erhaltung.

– 29 –

Tomatensuppe

2 Pasteten: eine gefüllt mit Karotten, Erbsen und Paprika, die andere gefüllt mit frischen Champignons

1 kleine Karotte in dünne halbierte Scheibchen geschnitten und 10 Min. in Wasser kochen

½ Tasse voll tiefgekühlte Erbsen und ½ frischer klein geschnittener Paprika dazu und nochmals 2–3 Minuten leicht kochen, die restliche Flüssigkeit abschütten

Dazu eine Zitronenbutter-Soße

3–4 frische Champignons
In Öl kommen luftgetrocknete Zwiebeln aus dem Glas, diese
leicht gebräunt
Grüner Pfeffer und Thymian
Alles 2–3 Min unter Wenden leicht dünsten, mit etwas Muskat abschmecken
½ Becher Joghurt oder stattdessen auch saure Sahne dazu

Pasteten werden im Ofen 2–3 Minuten erhitzt und dann gefüllt.

Chinakohl oder Feldsalat dazu
Mango, Kiwi und Aprikosen

– 30 –

Gemütlich soll der Tag beginnen ...
    ... nach dem Essen sollst du ruhn oder 1.000 Schritte tun ...
und da ist was dran.

Ruhen soll man deshalb, weil Essen eine erhöhte energetische Aktivität des Körpers mit sich bringt, die ganze Verdauung braucht also Energie, in dem Fall chemische Energie, um mit den Enzymen die Nahrung zu zersetzen und wenn der Körper ruht, so spart es an mechanischer Energie und im Liegen, was die Wesen in der Natur oft tun, verdaut es sich besser, es beruhigt die Nerven und entspannt den Kopf, es ist erholsam.
    Vielleicht ist es eher der ältere Mensch, denn bei dem ist der Stoffwechsel etwas verlangsamt und diese essen oft auch nicht mehr so viel und auch das Trinken ist zuweilen mangelhaft.
    Der junge Mensch kann auch gut verdauen mit 1.000 Schritten oder mehr, doch bezieht es sich eher auf einen gemütlichen

Verdauungsspaziergang, deshalb, weil der Abbau von Fetten gefördert wird.

Nicht allzu sehr empfehlenswert ist es, mit vollem Magen Sport zu treiben oder zu schwimmen, deshalb, weil es zu einer unnötigen Überhitzung kommen bei den nicht physiologischen Bewegungen kann und dann die durch das Wasser bedingte Magenunterkühlung oft zum Ertrinken führen kann. Es gibt jedes Jahr im Durchschnitt 350–380 Menschen, die in Flüssen und Seen ertrinken.

In der Ruhe liegt die Kraft.

- 31 -

Hirse mit Gemüse:

1/3 Hirse in 2/3 Wasser mit grünem Pfeffer, Koriander und Lorbeerblatt und 1 milde Peperoni
1–2 Karotten klein geschnitten und 15 Min gekocht, dann
½ Tasse tiefgekühlte Erbsen und
½ Paprika, nochmals 2–3 Min. köcheln lassen
Mit Estragon, Basilikum und Liebstöckel würzen
½–1 Becher Joghurt mit Zitronensaft oder mit Cornichons

Chinakohlsalat:

3–4 Blätter Chinakohl pro Person
2–3 frische Champignons
½–1 Kiwi oder Apfel und Rosinen
Artischocken, in Öl eingelegte
1 EL zerkleinerte Mandel
1 EL Sonnenblumenkerne
½ Paprika
100 g Gurken

Alles klein geschnitten und mit Essig, Öl, Pfeffer und Salz gut gemischt auf die Teller verteilen und darüber Joghurt.

Dazu passen gut verschiedene Käsesorten

Als Dessert:

Mousse von Schokolade und Vanille

SEPTEMBER

- 1 -

Nun geht es langsam wieder dem Herbst entgegen, doch wir verweilen noch in den hochsommerlichen Temperaturen und sind beschäftigt mit der Feldarbeit und dass wir uns jeden Tag daran erfreuen, die Erträge höchstbringend einzuholen, noch den ganzen Monat wird es reichlich Früchte geben und selbst noch im nächsten Monat wird es so sein.

Nun ist die Zeit der Herbstmärkte, wo sich überall kleine Feste und lokale Treffpunkte gebildet haben, wo man all die selbst erzeugte Ware verkaufen kann. In den meisten Gegenden ist es so, dass es mit intensiver Unterhaltung einhergeht, Spiele und Attraktionen dienen dazu, so gut es geht, die Besucher anzulocken.

Bunt und vielfältig, frisch und einladend liegt die Ware zur Ansicht, man isst und trinkt und knüpft neue Kontakte.

Schon reichlich belohnt für des Jahres Mühe auf Feld und Acker und wir sehen erwartungsvoll dem Ernte-Ende entgegen und wir wissen, dass alles eingeholt werden muss, um genug zum Leben zu haben über den Winter und bis zur nächsten Ernte ist es lang.

Der Mensch sollte so denken, auch wenn es so selbstverständlich ist, immer alles und genug zum Essen zu haben und deshalb sollten wir froh und dankbar sein.

Bunte Herbstmärkte und Weinfeste überall und man kann essen und trinken, was das Herz begehrt.

Wir haben genug zum Essen.

Wir wollen den Tag nicht vor dem Abend loben und die Zeit nicht vor dem Ende, noch sind es über zwei Monate, wo das Wetter so halten muss, dass nichts verdirbt und alles gut gelagert werden kann.

Natürlich haben wir nicht unbedingt Not, denn eine gewisse Zeit wäre in unserem Land eine etwaige Knappheit zu überbrücken, es gibt genug Vorräte, das Einzige, was geschehen kann, ist, dass die Preise steigen. Wir sind also in der glücklichen Lage in einem guten Land zu leben, wo vor allem das Wetter es noch einigermaßen gut meint.

Doch schnell kann es gehen, selbst innerhalb eines Jahres bei extremer Hitze, wie es in den letzten 20 Jahren mehrmals vorkam, bis 2018, Jahre, die mit extremen Ernteverlusten und Existenzbedrohungen einhergingen, Jahre, die mit wirklich noch nie da gewesenen Naturereignissen vieles zunichtemachten, alles ist unsicher, alles unberechenbar und kann katastrophale Folgen haben.

In der Welt ist alles unberechenbar, Land und Leute, Wind und Wetter von heute auf Morgen und nichts ist sicher, Jahre, in denen die ganze Welt regelrecht erschüttert wird, irgendwann und irgendwo fängt es an und zieht sich über Jahre fast um die ganze Erde, Katastrophen und Heimsuchungen, und die Menschen haben Leid.

1 Milliarde Menschen hungern ohnehin schon und haben kein sauberes Trinkwasser und besser wird es in absehbarer Zeit auch nicht.

Wie vage und unsicher die Zeiten geworden sind …

und alles ist offen, alles kann geschehen …

Und wir können froh sein, wenn der Himmel es gut mit uns meint.

– 3 –

Und wer weiß, was morgen alles kommt ...

Wenn schwere Last und schlimme Zeiten über uns kommen und es einem regelrecht auf den Magen schlägt, man selbst vielleicht betroffen ist oder auch nur Teilnahme am Rande des Geschehens mitgenommen wird und wir gerade ohnmächtig die Ereignisse verfolgen und unsere Hilflosigkeit erkennen, von Unfassbarem und von Urgewalten, die über uns kommen können.

Doch wir sind auch zuweilen den negativen Tendenzen, die von dunklen Gestalten innerviert werden und uns bedrohen, ausgeliefert, diese können von Menschen gemachte Provokationen sein, die entweder eine persönliche oder eine allgemeine Aversion gegen alles haben, was lebt, die einfach alles stört, was in Ordnung ist, und die nicht richtig zuordnen wollen.

Dieses Aufkommen von extremen Einzelpersonen oder auch Gruppen können gefährliche und zerstörerische Momente sein, die unerwartet und aus dem Nichts auftauchen, und das kann eine lebensbedrohliche Gefahr darstellen, bei der viele zu Tode kommen können.

Es gibt viele allgemeine existenzielle Bedrohungen, von denen man nicht denkt, dass es sie gibt.

Diese Bewegungen so glaubt man, ... eigentlich glaubt man gar nichts mehr.

Und so ist die Situation von heute.

Auch daran wird sich nicht sehr viel ändern.

Und trotzdem müssen wir immer das Gute anstreben.

Aubergine und Zucchini:

Aubergine waschen und in 1 cm dicke Scheiben schneiden und
salzen, diese in Öl beidseitig braten, bis sie bräunlich werden,
jede Seite vor dem Umdrehen mit Rindsbouillon würzen.
Auf die gewendete Seite kleine Tomatenstückchen und etwas
Feta und Basilikum und Estragon geben, oder:
Zucchini gleich zubereiten wie die Aubergine.

Karottengemüse in Scheiben in Wasser gedünstet und
frische Petersilie darüber

Endiviensalat mit Radieschen und Ananasstücken, Sonnenblu-
menkernen oder Mandeln darunter

Das alles passt gut zu Reis
oder Brötchen und Baguette

Dessert:

Zitronensorbet oder Zitroneneis mit Sahne

Vielleicht ist das noch Gemüse vom Garten!

Wir haben gut lachen, solange man gesund ist und solange der
Magen-Darm alles verträgt und wir essen und trinken können,
was uns beliebt. Wir essen, um satt zu werden und wir genießen für unsere Sinne und unseren Geist, denn Kreation hat etwas mit Denken zu tun. Es tut schon gut und ist bequem, bei
den sonstigen heutigen Anforderungen etwas Verträgliches zu

finden, was den Hunger stillt, und wir uns nicht allzu viel Arbeit und Gedanken machen müssen.

Also ungeachtet dessen arbeitet der Magen, wenn der gut gekaute Speisebrei kommt, und mit Gastrin werden schon die Magensäfte angeregt. Der Magensaft ist recht sauer und entspricht dem DCL und hat einen pH-Wert von 1–1,5, was die Eiweiße denaturiert und Bakterien zerstört. Darauf folgen Kathepsin und Pepsin, was die Eiweißmoleküle weiter zerlegt in noch kleinere molekulare Bestandteile, und so geht es weiter in den Dünndarm und Dickdarm.

Nun erst kann die tatsächliche biochemische Umsetzung erfolgen, wenn alles eigentlich nicht mehr sichtbar ist, um daraus in den verschiedenen Kreisläufen die notwendige Energie aus der jeweiligen Nahrung zu metabolisieren. Und nach etwa 1–3 Stunden ist es tatsächlich so zerlegt, dass Verwertbares im Körper gespeichert werden kann und der Rest ausgeschieden wird.

So kann lachen gesund sein.

Ob man das alles wissen muss?

– 6 –

Es ist wie ein Wunderwerk der Natur, dass wir immer funktionieren. Nun im Dickdarm angelangt ist es so zerlegt, dass es jetzt chemisch gesehen in den enterohepatischen Kreislauf gelangt, dafür wird im Dickdarm noch die Gallenflüssigkeit für Leber und Galle aktiviert und die Amylase und Lipase für den Kohlenhydrat- und Fettstoffwechsel, die Zerlegung in Mono- und Disaccharide und in Fettsäure und Glycerin.

Das alles geht nun durch permeable Gefäßwände auf dem Blutweg vom Darm zur Leber und von der Galle zum Darm bis es letztendlich weiter ausgeschieden wird, weitere unbrauchbare Substanzen wie der Harnstoff, der ein Abbauprodukt des Eiweißes ist und der dafür verantwortlich ist, wenn die Werte nicht stimmen, also wenn er erhöht ist, besteht die Tendenz zu

Gicht, Rheuma und vielen entzündlichen Gelenks- und Muskel-
erkrankungen und da wird man wohl Medikamente brauchen.

Bei den Eiweißen gibt es die essenziellen und nicht-essenziellen Aminosäuren, die einen nehmen wir mit der Nahrung
auf, die anderen werden durch biochemische Umsetzungen im
Körper gebildet oder sind Bestandteile dessen. Es ist eigentlich nicht verwunderlich, wie wenig tatsächlich benötigt wird.

Von den ursprünglichen Aspekten her hat der Mensch auch
keine Milch- und Käseprodukte gehabt und somit auch keine
Unverträglichkeiten, denn alles Tierische muss der menschliche
Organismus verarbeiten! Wir verwenden in dieser Anschauung
diese Produkte des lebenden Tieres – auch wenn nicht jeder diese gut verarbeiten kann.

– 7 –

Es sind die Feinheiten ...

Das ist ziemlich kompliziert, viel oder wenig?

Aus den Stoffen der Eiweiße werden die essenziellen Aminosäuren herausgenommen, diese sind Lysin, Tryptophan, Histi-
din, Phenylalanin, Leucin, Isoleucin, Threonin, Methionin, Valin
und Arginin, jede dieser Aminosäuren hat im Körper verschiedene Auswirkungen, ebenso die nicht-essenziellen wie Glycin,
Alanin, Serin, Cystein, Tyrosin, Asparaginsäure, Glutaminsäu-
re, Prolin und Hydroxyprolin, diese selbst nun wiederum lösen
empfindliche Reaktionen aus.

Eiweiße werden gebraucht als Transporteiweiße, Muskelei-
weiß und Serumalbumine, sie sind in der Blutstillung und im
Knorpel, sind in den Organen, im Gehirn und Nerven und sie
bilden Regulatorproteine. Die Umsetzungsprodukte der einzelnen Aminosäuren werden als Harnstoff, Harnsäure und Krea-
tinin ausgeschieden und diese Werte werden gemessen. Diese
können zu erhöhten Stickstoffwerten führen und diese wiederum als Folge dann zur Versäuerung des Blutes, besonders bei

erhöhtem Harnstoffwert hat man einen hohen Stickstoffanteil und dieses entsteht besonders durch tierisches Eiweiß.

Während bei jenen, die mehr pflanzliche Kost essen, die Werte allgemein eher im alkalischen Bereich liegen – also unter pH-Wert 7 – und das reduziert die Entzündung.

Solche Feinheiten.

– 8 –

Tomatensuppe

Eier-Gerichte:

80–100 g Nudel gekocht
2–Eier verrührt in zerlassener Butter
1–2 milde Peperoni klein geschnitten dazu,
und mit Pfeffer, Salz und Muskatnuss abschmecken

Oder gut zu gekochten Kartoffeln
2–3 Spiegeleier in zerlassener Butter backen
und mit Salz, schwarzem Pfeffer und Nelken abschmecken

Dazu gemischte Salate:

grüner Blattsalat mit Radicchio,
Tomaten und Gurken

Dessert:

gemischtes Obst
klein geschnitten aus Äpfeln, Birnen und Ananas
mit Rosinen und Mandeln und Joghurt.

Wem es schmeckt …

Wie das alles weitergeht?

Der Weg des festen sichtbaren Eiweißes in Form von Nahrung in tierischer und pflanzlicher Kost hat sich nun zerlegt in verschiedene Aminosäuren und es wird etwa wie in jedem Kreislauf jeder Bestandteil nahezu verbraucht. Sind die wichtigsten Einsatzgebiete des Eiweißes aufgefüllt, sind es die letzten Stufen der Umsetzung, von allem wird Wasser (H_2O), Kohlendioxid (CO_2), Sauerstoff (O_2) und Adenosintriphosphat (ATP) brauchbar ab- oder umgebaut.

Diese Makromoleküle des Eiweißes gelangen ins Blut und durch dieses Aus- und Einatmen bleiben die Werte stets konstant. Wir atmen die verbrauchte Luft aus, also das CO_2, und Sauerstoff ein und dieser Wert muss immer konstant bleiben.

Die heutige Außenluft beträgt in der Zusammensetzung drei Komponenten, 21 % Sauerstoff 78 % Kohlenstoff und ca. 1 % Stickstoff.

Das ist die Atmosphäre, in der wir noch leben können.

Erklimmen wir die Bergeshöhe auf 1.000 oder 2.000 Meter und höher, reduziert sich der Sauerstoffgehalt um jeweils 1 % pro 1.000 Meter und die Luft reduziert langsam den Sauerstoffgehalt im Blut und davon kann man Schwindel bekommen.

Ob wir den gleichen tierischen Organismus haben?

So etwas gibt es!

Nun wird es noch komplizierter, denn, wenn das breiartige Essen sich im Darm befindet, spätestens dann sind alle möglichen Kreisläufe aktiv beteiligt, die mit der Nahrungszerkleinerung, Nahrungsverteilung und -ausscheidung zu tun haben.

Es gibt noch mehr Kreisläufe, nicht nur die drei wichtigsten, nämlich den Fett-, Eiweiß- und Kohlenhydrat-Kreislauf, die wir

noch nachvollziehen können, jetzt werden die Organe mitein-
bezogen, Leber und Galle und Nieren und es bilden sich überall
brauchbare Abbauprodukte für jedes Organ, das erst durch bestimmte Enzyme aktiviert wird und durch ein Regulationssystem
chemisch umgesetzt wird, das bedeutet, es wir oxidiert, hydriert,
katalysiert, mit CO-Enzymen wird noch emulgiert und verestert,
es gibt noch Reduktion und Konjunktion und dadurch erst bilden
sich die brauchbaren Substanzen. Die Leber spielt eine zentrale
Rolle in der ganzen Verstoffwechselung, die wichtigsten Funktionen sind die Aktivierung und Inaktivierung, die Entgiftung und
Ausscheidung körpereigener und körperfremder Stoffe, sie ist ein
Speicherorgan für die Stoffwechselprodukte des Kohlenhydrat-
Kreislaufes, Glykogen aus Glukose, und aus dem Eiweißstoffwech-
sel wird das Abbauprodukt Harnstoff ausgeschieden, die Leber
ist zuständig für die Bildung von Gallenflüssigkeit aus Cholesterin. Außerdem ist sie ein Eisenspeicher von Erythrozyten und
ist zuständig für die Bildung von Gerinnungsfaktor Vitamin K.

Wie wichtig das alles ist!

- 11 -

Im Körper ist es so, dass erst durch bestimmte Flüssigkeiten
Stoffe gelöst werden können, die meisten im Wasser, es gibt
die fettlöslichen und wenn es gar nicht geht, gibt es die Gallenflüssigkeit, die so Unlösliches löslich macht, diese bildet Gallensäure und Gallensalze, Steroidhormone, die ganz schwer abbaubare langkettige Fette lösen können, es aktiviert schon die
Pankreaslipase, die im Darm das Fett zu Fettsäure und Glyze-
rin spaltet, und dann kann der weitere Ablauf erfolgen, sodass
durch bestimmte Oxidationen und mithilfe von CoA (Coenzym
A) das Wasser emulgiert und daraus Cholesterin verestert wird,
es bildet sich Lecithin, dieses ist ein wichtiger Bestandteil für
die Zellmembranen und für die Nervensubstanzen und auch
das Gehirn braucht Lecithin.

Weiterhin wird Bilirubin gebildet, was schwer in Wasser löslich ist und im Blut an Albumine gebunden wird und über den Darm ausgeschieden wird.

Alles, was schwer lösbar ist, kann Schäden verursachen, die Gallenbildung kann sich erhöhen mit Anis, Fenchel, Kümmel, Kurkuma, Pfefferminze und Rettich, das alles hilft, die Verdauungsenzyme anzuregen und das ist auch der Grund warum manche nach einem schwer verdaubaren Essen ein Schnäpschen, meistens einen Kräuterlikör, trinken und sich bewegen.

Jetzt können wir auch genüsslich weiteressen.

Deshalb ist es gut, schwere langkettige Fette zu meiden, um den Körper nicht unnötig zu belasten. – Na dann …

– 12 –

Grünkernmehlsuppe

Fenchel mit Weizen:

Der Fenchel wird halbiert und in 250 ml Wasser mit den Gewürzen Koriander und Senfkörner gekocht
2–3 Nelken und 1 Lorbeerblatt
Für die Soße eine Kräutersoße oder Zitronenbuttersoße verwenden und dazu den Saft von ½–1 Zitrone

Der Weizen wird am besten einen Tag vorher in einer Schüssel mit warmem Wasser darüber vorgequellt und dann in Wasser mit Rindsbouillon im Verhältnis 1 zu 3 etwa 15 Minuten gekocht, mitgekocht wird 1 klein geschnittene Karotte, die grünen Stängel vom Fenchel, 1 milde klein geschnittene Peperoni und grüner Pfeffer, danach ½ Paprika klein geschnitten, und nochmals 3 Minuten köcheln, darüber Estragon und Kokosraspeln, frische Mangostücke oder eingemachte Mandarinen.

Chicoréesalat:

Chicorée in feine Streifen schneiden, ½–1 Avocado in Stücken, Hirtenkäse und Essig, Öl, Salz, Pfeffer und Estragon und die restlichen Mango- und Mandarinenstücke darüber.

Dessert:

ein Fruchteis

– 13 –

Es ist wirklich ein leidiges Thema mit dem Cholesterin, weil wir nicht wissen, wie und warum es uns belastet und wir deshalb nicht richtig essen können und die Menschen oft behandelt werden müssen und manchmal fällt der Wert wie von selbst wieder ab.

Das Cholesterin ist ein elementarer Bestandteil, ein Baustein aller Körperzellen, es stabilisiert und schützt die Zellmembranen und das ganze Nervensystem. Es ist eine wichtige Gehirnsubstanz sowie ein Bestandteil der Muskulatur, die als glatte und quer gestreifte Muskulatur bezeichnet wird. Das Gehirn aus Cholesterin bildet Lecithin und Cholin, das sind Gehirnüberträgerstoffe der Synapsen – die Nervenenden also werden aktiviert und so fließt Gehirninformation, deshalb kann man mit Lecithin auch besser denken und man schenkt es oft älteren Menschen, die so vergesslich sind, und man sagt manchmal, … die haben eine lange Leitung …, deshalb, weil bis der Kontakt vom Nervenkern aus über die Dendriten, also die Nervenfortsätze zur Synapse geschaltet ist, es länger dauert, und bis dahin hat man das Gesprochene vergessen, also während des Gesprächs unterbricht die Information und Sie wissen nicht mehr, was gerade erzählt wurde, oder fragen mehrmals hintereinander das Gleiche.

Das kann natürlich viele Ursachen haben, warum der Kopf überlastet ist, eine Überforderung.

Und mit dem Kopf scheinen sich viele zu beschäftigen.
Die Überträgerstoffe – ob diese in Ordnung sind.

– 14 –

Es ist also ein elementarer Bestandteil der Zellmembranen und des Gehirns, wo die Schaltzentrale für die hormonellen Regulationsmechanismen ist, und von wo alles gesteuert wird –der ganze Mensch.

Es ist also Ausgangssubstanz für die Überträgerstoffe Acetylcholin und Ausgangsstoff für die Stresshormone Noradrenalin und Adrenalin und das der Emotionen wichtige Dopamin.

Des Weiteren werden über Cholesterin-Enzyme-Hormone die Gallensäure und Steroidhormone gebildet, die dann durch Rückkoppelung vom Organ zum Gehirn melden, es ist zu viel oder zu wenig, und so wird das Regulationssystem entweder aktiviert oder deaktiviert, sodass immer alle Werte, alle Stoffe in gleicher Menge verfügbar sind, soll man Cholesterin meiden.

Weil es eine hormonelle Tendenz hat, ist es sehr schwer zu regulieren und weil es so viele Regulationssubstanzen bildet und selbst Ausgangsstoff ist.

Es bildet weiterhin als Hautschutzbarriere die Substanz der Aminobuttersäure, es ist die Vorstufe, aus der Vitamin D gebildet wird, es unterstützt das Immunsystem und ist Bestandteil der Elastizität der Zellen.

Man wird auch nicht gescheiter, wenn man die Eingeweide oder das Gehirn von Tieren isst als nur man nimmt einen 4-stelligen Wert von Cholesterin zu sich. Tiergehirne haben etwa 2.200 Cholesterin.

Ob man da noch richtig lernen kann?

Gemüsespieße:

Verschiedene Gemüse werden in dünne Scheiben geschnitten.
Wir nehmen
Zucchini, Paprika, Zwiebeln und Oliven,
diese werden abwechselnd auf einen Spieß gesteckt, bis er voll ist.
Alles wird etwas eingeölt und mit Paprika oder nach Geschmack
gewürzt und im Backofen auf Alu circa 10 Minuten gebacken,
gut 1–2 Mal wenden, bis die Zwiebeln leicht gebräunt aussehen.

Dazu eine Soße aus Joghurt,
Cornichons klein geschnitten und
verschiedene Kräuter,
oder ebenso gut süßer Senf

Das alles entweder zu Reis

oder

Baguette und verschiedene Brötchensorten,
eine gemischte Käseplatte dazu
und grüne und rote Trauben.

Dessert …

Unsere Lebensmittel bestehen nicht nur aus den Nährstoffen Kohlenhydrat, Eiweiß und Fett, sondern enthalten zudem noch Vital-
stoffe, das sind Vitamine, Mineralstoffe und Spurenelemente, die
zum Teil lebensnotwendig sind und die wir mit einer abwechslungsreichen gemischten Ernährung genug aufnehmen. Eigentlich darf

es in unserer zivilisierten Zeit keine Mangelerscheinungen geben, denn diese Inhaltsstoffe sind ein Teil der gewachsenen Natur und diese ist auf uns abgestimmt. Das alles ist in allen Gemüsen, Salaten, Obst und Getreide enthalten und die Bestandteile im Einzelnen besagen, wie viel tatsächlich aufgenommen werden soll.

Bei den Vitaminen unterscheiden wir fettlösliche, das sind Vitamin A, D, E und K und die wasserlöslichen Vitamine B und C, die wir essen können oder auch mit verschiedenen Säften trinken, damit wir uns wohl und vital fühlen.

Die verschiedenen B-Vitamine sind hauptsächlich in Getreide und Grüngemüse enthalten und haben eine Funktion im nervalen Bereich, also bei Organen, die nerval ausgelöst werden, sie sind für Gehirn und Magen und für die Haut wichtig, Vitamin C ist für alles, was mit Entzündungen zu tun hat, von großer Bedeutung, es stärkt das Immunsystem und reguliert das Säure-Verhältnis. Die fettlöslichen Vitamine sind meistens Bestandteil biochemischer Reaktionen, die im Körper gebildet werden, weil sie selbst enzymatische Wirkungen haben, so das A-Retinol für die Augen und K für die Blutgerinnung.

Davon sollte man sich nicht überdosieren. – Vital –

- 17 -

Was gibt es noch?

Bei vielen liegt das Hauptaugenmerk bei den Elektrolyten, deshalb, weil das etwas mit Bewegen und Fließen zu tun hat, der Mensch hat etwa 50–60 % Körperwasser oder -flüssigkeit, in denen sich die meisten Mineralien befinden, so Natrium, Kalium, Calcium, Magnesium, Chlorid, Phosphat und Fluor, diese zirkulieren in den intra- und extrazellulären Räumen durch permeable Zellen und Gefäße und haben eine konstante Fließeigenschaft das bedeutet, eine wechselnde Anspannung und Entspannung, sodass die Amplitude von –70mV messbar ist, was Polarisation und Depolarisation bedeutet.

Sie regulieren den Säure-Base-Haushalt, aktivieren die Enzyme und Hormone und sind in jedem Stoffwechsel notwendig zur Erhaltung. Allgemein kann es bei Ungleichgewicht zu Druckveränderungen kommen, was viele Auswirkungen haben kann.

Wenn wir viel Wasser verlieren, gehen auch viele Elektrolyten und Mineralien verloren, deshalb: Wer zu wenig Flüssigkeit zu sich nimmt, bewegt sich oft an den unteren Parametern und ist so etwas beeinträchtigt in der Bewegung und im Denken, der Stoffwechsel ist verlangsamt, was oft bei älteren Menschen zu finden ist.

Vitalität liegt in der Bewegung und im Denken und wenn man richtig zusammenhängend denken kann, ist und bleibt man vital.

Der Körper braucht manchmal die Ruhe und Erholung.

Und er braucht im gleichen Maße die Bewegung.

Bis ins hohe Alter.

- 18 -

Wenn die Chemie stimmt ...

... ja dann funktionieren wir richtig – im wahrsten Sinne des Wortes.

Elektrolyte, Mineralstoffe und Spurenelemente nehmen wir als solche auf, diese lösen sich schnell und können ohne großen Energieaufwand genutzt werden und so sehen wir die Wichtigkeit des chemischen Geschehens, der Säure-Base-Haushalt, die Resorption und Elimination sind im Grunde alles, um zu funktionieren, sich bewegen und denken, ist essenziell und wenn das gegeben ist, so sind wir gesund, vielleicht so allgemein, wie wir „vital" werden können.

Bei hohen Verlusten kommt es zu einer Unbeweglichkeit, was mit dem Fließen zu tun hat, denn jedes einzelne Element hat viele Funktionen im Körper.

Das Na, was als NaC1 das Salz ist, löst sich im Wasser, es ist als Natrium und als Chlorid in den Mineralwässern, die wir hoffentlich viel trinken, es reguliert den Wasserhaushalt und die Nierentätigkeit und beträgt den größten Anteil.

Das Kalium ist ein überwiegender Teil im Blut und ist ausschlaggebend für die Herz-Muskeltätigkeit.

Magnesium bewegt sich hauptsächlich in den Zellen der Gewebe, es kann Druckveränderungen auslösen, ist wichtig für die Knochen und Zähne, für die Muskeln und deren Bewegung.

Das Calcium ist für die Knochen und die Erregbarkeit der Muskeln und Nerven und für die Blutgerinnung zuständig.

Wir essen bestimmte Nahrungsmittel.

– 19 –

Bunte Herbstzeit und überall zieren in den herbstlichen Farben in verschiedenen Größen und in zum Teil seltsamen Formen Kürbisse die Umgebung – und es gibt viele Rezepturen.

Kürbissuppe:

Der Kürbis wird gut gewaschen, weil er mit der Schale verwendet wird, dann am besten vierteln und entkernen und in ziemlich kleine Stückchen schneiden, das erleichtert die Kochzeit und das Pürieren.

Etwa 200 g ergeben 2 Portionen
1/2 TL grüner Pfeffer
3/4 TL Rindsbouillon
1/2 Tl Ingwer

Etwa 300 ml Wasser oder so viel, dass das Kleingeschnittene bedeckt ist und das Ganze ca. 5 Minuten kochen.

Fein pürieren und servieren.

Mit verschiedenen Gewürzen kann man verfeinern und variieren.

Gut mit Nelken, Koriander und/oder Zitronengras,
1 EL frische süße oder saure Sahne darüber träufeln,
Frische Petersilie und Estragon,
Rosmarin und Thymian,
oder
versuchen Sie doch selbst eine gute Kombination zu finden.

- 20 -

Eigentlich dürften wir überhaupt nicht krank sein, wenn man das alles beachtet, und die meisten Erkrankungen basieren auf diesen Elementen, die eigentlich jeder selbst regulieren kann.

Diese sind doch die biochemischen auslösenden Momente, die bei zu wenigen zu spüren sind, deshalb, weil diese selbst alles in Bewegung halten, die inneren Kreisläufe und den ganzen Bewegungsapparat, die Muskeln und die Nerven.

Verluste von Elektrolyten erleidet man durch erhöhte Ausscheidung, bei Einnahme von Abführmittel und Diuretika, bei extremer Anstrengung und bei übermäßigem Schwitzen, bei Blutverlusten und bei Wassermangel. Ist man in eine dieser Notsituationen geraten, so gibt man Elektrolytlösungen, um die Lebensfunktionen wieder aufzurichten, ansonsten trinkt man gute Mineralwässer mit bestimmten Inhaltsstoffen oder isst und trinkt richtig und abwechslungsreich.

Natrium ist in Obst, Gemüse, Avocados, Bananen und Rosinen enthalten.

Kalium findet man in Aprikosen, Bananen, in Möhren, roter Beete, Vollkorn und in Tomaten, 1 Liter Tomatensaft deckt den Tagesbedarf.

Magnesium ist in Bananen, grünem Gemüse, in Salaten und Avocados enthalten.

Calcium findet man in Bohnen, verschiedenen Getreidesorten und Nüssen.

Auch ein Zuviel davon sollte man nicht haben.

Und weil wir das essen, haben wir keinen Mangel.

Wir essen gut und ausgewogen alles, was in der Natur wächst und wir bleiben gesund.

Und die Natur lässt wachsen ...

- 21 -

Was sind eigentlich Spurenelemente?

Das ergibt sich schon aus der Wortbildung, eben ganz kleine Mengen, während die Elektrolyten in Milligramm gemessen werden, sind dies noch kleinere Einheiten, auch diese haben nicht zu verachtende wichtige physiologische Wirkungen wie das Eisen, das Baustein des Hämoglobins ist und das beim Auflösen der Erythrozyten frei wird und sich als Depoteisen in der Leber lagert, das Myoglobin im Muskel und für den Blutfarbstoff, und bei einem Mangel sind wir müde und erschöpft.

Lebensmittel mit guten Eisenwerten sind Vollkorn, grünes Gemüse, Spinat, Mangold, Datteln und Feigen.

Das Jod findet man in Grünkohl und Spinat. Es gibt das Jodsalz, das man beigemischt hat, weil manche Gegenden Jod-arm sind, das kann mit dem Wasser zusammenhängen oder mit der Ernährung. Das Jod ist für das Schilddrüsenhormon wichtig, das schwer selbst zu regulieren ist.

Dann gibt es noch die weniger bekannten Spurenelemente wie das Kobalt, was Bestandteil von Vit. B12 ist, das Mangan, das für die Stoffwechselvorgänge von KH, E und F wichtig ist, das Kupfer, das für den Eisenwechsel entscheidend ist – enthalten in Hülsenfrüchten und Nüssen –, Zink, das die Wundheilung fördert, zu finden in Linsen, Nüssen und Soja, Selen für die Zellatmung und den Schutz vor freien Radikalen und noch Fluorid für die Zähne.

Das müssen wir auch noch beachten!

- 22 -

An einem warmen Herbsttag machen wir einen Spaziergang durch
die Felder zu Fuß oder mit dem Fahrrad, je nachdem in welchem
Zustand der landwirtschaftliche Weg sich befindet, und bewundern die noch an den Bäumen hängenden, leuchtenden Früchte,
die im Glanz der Sonne so richtig verlockend aussehen. Manche
sind erst jetzt richtig reif und süß, besonders wenn es warm ist
und trocken, wie es die letzten Tage war, und wer des Öfteren
einen aufmerksamen Spaziergang macht, stellt fest, dass diese
manchmal ihre Farbe ändern, es gibt einen unreifen und reifen
Zustand, doch beide Farben sind oder können anziehend sein.

Wir beobachten das Wechselspiel der heranreifenden Früchte und ihre Schutzfunktion und das liegt in der Veränderlichkeit
der Farben, auf die der Kopf reagiert, bestimmte Farben sind, solange sie unreif sind, ungenießbar, so schützt die Pflanze sich vor
vorzeitigen „Fressern", denn in den Pflanzen haben sich Bitterstoffe gebildet und auch manchmal recht unverträgliche Stoffe,
also unreife Färbung und ein hoher Säuregehalt, das hält Diebe
und Fraßfeinde ab. Erst jetzt, wenn die Reifung beendet ist, sind
die Bitterstoffe abgebaut und die Säure hat sich reduziert und viel
Zucker hat sich gebildet, die Früchte sind also süß geworden, dieser Fruchtzucker schmeckt jetzt richtig gut und lacht einen an.

Und frisch vom Baum schmecken sie am besten und wer
kann da schon vorüber gehen …

Eine süße Verlockung.

- 23 -

Und alle Leute essen gerne frisches Obst, denn es ist gut zu essen
und macht keine Arbeit, wir essen es roh und manchmal muss
man die Schale entfernen. Es ist gut, wenn wir es auf dem Speise-
plan in einem Verhältnis von 3 (Gemüse) zu 2 (Salate) zu 1 (Obst)
haben, und das hat mit der Säure und mit dem Zucker zu tun.

So ist es, dass es bei prädisponierten Menschen zu einem Zuckeranstieg kommen kann, oder zu vermehrten Magen-Darm-Problemen und Übelkeit und zu erhöhten Entzündungswerten, weil sie oft hohe Histidinwerte haben, also das alles zusammen kann empfindliche chronische Erkrankungen zur Folge haben.

Gemüse, das am Boden oder in der Erde wächst, hat keinen hohen Säuregehalt und wird gekocht gegessen, dieses kann auch als Salat verwendet werden, Rohkost ist gut von den Ballaststoffen, ist aber als 2 einzuordnen. Also gekochtes Gemüse ist wenig sauer und enthält wenig Zucker.

Bitterstoffe können manchmal von Nutzen sein, denn sie reinigen den Darm und die Schleimhäute und können auch Schmerzen lindern, dieser Zustand ist bei manchen Früchten gegeben, wenn sie kurz vor der Reife geerntet werden, bei Bananen ist es sehr gut, wenn die Schale noch grünlich ist, weil diese noch nachreifen. Wohingegen eine Tendenz ins Grüne bei Kartoffeln und Tomaten allerdings eher giftig wirken kann, weil sie Solanin enthalten, und da ist Vorsicht geboten.

Am besten ist die richtige Zeit und die richtige Menge.

- 24 -

Kartoffelsuppe

Dampfnudeln und Weincreme (für 4–5 Personen):

500 g Mehl ergeben 12–15 Stück
1 Würfel Hefe
1 Ei
etwas Salz
1/2 Tasse lauwarme Milch

Die Hefe mit der Milch in die Mitte des Mehls geben, das Ei und Mehl langsam einrühren, das Salz und etwas Öl dazu und einige Minuten gut durchkneten, sodass der Teig weich ist. Alles in Mehl wenden und in eine Schüssel geben, mit einem Tuch abdecken und gehen lassen, ca. 2 Stunden. Dann herausnehmen und Teilchen formen, den Teig immer von außen nach unten in die Mitte drücken, sodass eine glatte Kugelform entsteht, diese auf ein bemehltes Blech legen, abdecken und nochmals 1 Stunde gehen lassen.

In der Pfanne, am besten mit einem Glasdeckel, werden diese mit etwa 3 EL Öl und einer ¾ Tasse Wasser und etwas Salz 20 Minuten bei schwacher Hitze gebacken.

Ein bisschen Geschick muss man dabei haben, damit keine Tropfen auf diese fallen und das Aussehen verändern.
Und Übung tut gut.
Aber es wird gelingen.

– 25 –

Waffeln und Weincreme (für 3–4 Personen):

250 g Mehl
120 g Zucker
½ Packung Backpulver und ½ Packung Vanillinzucker
2 Eier
100 g Butter

Alles zu einem zähflüssigen Teig verrühren und bei Bedarf etwas Milch dazugeben.
In einem Waffeleisen backen.

Weincreme:

2–4 Eier
3–4 EL Zucker

1 P. Vanillinzucker
1 TL Mondamin (Maisstärke)
½ Tasse Wasser
½ Liter Wein, gut ist hierzu ein Riesling

Eier, Mondamin, Zucker und Wasser gut zerschlagen und langsam den Wein nachfüllen und unter ständigem Rühren zum Kochen bringen.
Verschiedene Weinsorten verändern den Geschmack.

– 26 –

Wie nun können wir jetzt wirklich zum Wohle aller beitragen?

Wir sehen natürlich unsere Gesundheit im Vordergrund und die der Tiere im gleichen Maße. Und ist es nicht so, dass schon die christliche Tradition einen fleischlosen Tag vorschreibt? Und wird er nicht noch bei vielen eingehalten? Das ist gut und richtig und meistens ist es der Freitag. Wenn wir jetzt, nachdem wir das alles wissen, es schaffen, vielleicht noch einen 2. Tag als einen Gesundheits-Tag einzulegen mit einer guten Suppe, Salaten und Brot, was den Körper wirklich entlastet und entschlackt, und wir noch einen 3. Tag wollen, so haben wir fast die Hälfte der Woche und das würde bedeuten, wenn viele dasselbe tun, bräuchte man nur noch die Hälfte der Tiere zu schlachten. Das heißt weiterhin, dass die andere Hälfte wesentlich mehr Platz hätte, was zum Wohle und zum besseren Leben beitragen würde, auch zur besseren Gesundheit, denn dieses kranke und psychisch belastete Fleisch, das wir essen, kann und darf kein Dauerzustand bleiben und die Folgen, die entstehen können, sind nicht abzusehen.

Wir wollen wirklich alles tun und das ist möglich und jeder profitiert davon, ein langsamerer gesünderer Wandel wird eintreten, organisch, geistig und psychisch, und wenn nur ein halbes Leid ist, wird sich die Qualität des Besseren stabilisieren und man kann glücklich sein. Wenn wir an den restlichen Tagen Fleisch essen müssen, so sollte es wenigstens von Tieren kommen, die etwas besser und gesünder leben konnten.

– Unsere Verantwortung und unser Bewusstsein. –

– 27 –

Nun inzwischen ist es Ende September geworden, meistens ist es tagsüber recht sonnig und es ist wirklich herrliches Herbstwetter, doch es wird nicht nur spürbar dunkler, es ist unter Umständen schon recht kühl bis kalt gegen Abend und nachts kann es schon empfindlich kalt werden. Zuweilen regnet es etwas länger, also ist es nasskalt und das ist die Zeit, wo die Tiere von den Sommerweiden wieder in ihre Winterställe kommen. Das heißt eigentlich nur, dass sie nachts nicht draußen bleiben und auch im Winterquartier hat man einen Auslauf, der bei gutem Wetter genutzt werden kann. Die Tiere sind vor Wind und Wetter zu schützen – viele sind empfindlich, fast genauso wie wir – und das trägt auch zur Gesundheit bei. Sie sollen trocken und warm stehen, das heißt einen richtig geschützten Stall müssen sie haben der vierseitig zu ist, ansonsten ist es nur ein Unterstand und das ist im Winter nicht geeignet.

Die Tiere sind kurzhaarig und nicht speckig, es sind Zuchttiere und keine ursprünglichen Tiere, die dem Klima angepasst sind.

Das bedeutet, diese empfinden die Kälte wie Menschen und werden krank. Es ist ein Verbrechen an der Natur, wenn diese auf nacktem, hartem, kaltem Boden liegen müssen, weil es viel zu viel Arbeit ist, die Ställe richtig zu reinigen. Diese Fleischqualität ist sehr schlecht und wir wollen davon Abstand nehmen. Dieses Fleisch werden wir nicht mehr essen!

So viel Verantwortung und Bewusstsein muss der Mensch haben und für die Gesundheit und eine artgerechte Unterbringung sorgen.

Wir Bürger in unserem Land haben ein Recht darauf, gute Qualitäten zu kaufen, die gewährleistet, dass man auch langfristig keinen Schaden nimmt bei nicht einsehbarer Hersteller- und Haltungskennzeichnung.

Denn das ist möglich und muss möglich gemacht werden für Mensch und Tier, der Mensch will gute gesunde Qualität und das Tier eine artgerechte Unterkunft – allerdings getötet will es auch nicht werden. –

So werden die Tiere in einen geschützten gut eingestreuten trockenen Stall gestellt, in dem sie sich noch bewegen können und sich hinlegen und wieder aufstehen können. Dieser wird täglich gereinigt, denn Tiere sind von Natur aus saubere Wesen, die nicht stinken und auch nicht im Dreck liegen wollen, denn diese sind empfindlich, man bedenke Tiere orientieren sich in der Natur stark an Gerüchen und sie merken auch, wenn der Stall nicht in Ordnung ist. Ist der Geruchssinn verändert, hat es Einflüsse nicht nur auf den psychischen Zustand, sondern es kann auch viele Erkrankungen aktivieren, und diese unangenehmen Gerüche gehen ins Fleisch.

Wir dürfen die Feinfühligkeit der Tiere nicht unterschätzen, denn diese spüren mehr als man denkt.

Tiere haben einen ausgeprägten guten Geruchssinn und eine von Natur aus gute Wahrnehmung.

Und der Mensch ist oft verantwortungslos und hat keine gute Gesinnung und hat keine Moral.

Es hat keinen Glauben und keinen Bezug zum Ursprung.

Die Zeit des Sommers wurde hoffentlich genutzt, um eine gründliche Reinigung zu vollziehen, was bedeutet, dass natürlich der ganze Stall geleert und alles richtig dampfgestrahlt wird. Des Weiteren wird bei der Gelegenheit nicht nur für die Optik gesorgt, sondern auch und im Besonderen ein neuer Anstrich gemacht, das bedeutet, die Wände der Ställe werden jährlich einmal gründlich gekalkt, das verbessert das gesamte Stallklima und ist desinfizierend. Egal um welche Tiere es sich handelt, kann man davon ausgehen, diese sind empfindlich und wollen nicht anfällig werden und auch nicht krank. Die Hygiene lässt bei sehr vielen zu wünschen übrig, auch wenn man von guter Fleischqualität erzählt bekommt.

Also ist es schon einiges, das sichtbar ist, und wir fassen zusammen.

Es kommt auf die Anzahl der im Stall stehenden Tiere an, die sich richtig bewegen können, die sich hinlegen können und auch wieder aufstehen können, die also genug Platz haben.

Es ist die Qualität des Bodens, der entscheidend ist, für die Gesundheit der Tiere, denn kalt zu liegen, provoziert innere Erkrankungen und Gelenkschmerzen.

Das alles sind hohe psychische Belastungen mit schlimmen Folgen, es sind belastete Tiere und gestresste.

Das sind Komponenten, die hormonelle Aktivitäten, erzeugen.

Wer sein Tier liebt, bietet auch eine richtige artgerechte Unterkunft.

Ein Tier ist keine Ware!!

Besonders in den letzten 20 Jahren unterliegen wir einem extremen Klimawandel, der die Tendenz zu viel besserem wärmeren Wetter hat und trotzdem wurde es noch recht kalt ab den Herbstmonaten und hinzu kommt der Regen und kalte Winde. Viele denken, den Tieren macht das nichts aus, natürlich können diese schon Temperaturen, die draußen herrschen, aushalten – sonst wäre das Leben unmöglich –, das betrifft die Tiere, die in diesem Land beheimatet sind und das heißt, diese sind gemacht für die Temperaturen und in warmen Ländern sowie in sehr kalten gibt es andere Tiere, die damit zurechtkommen.

Es sind unsere Nutztiere, die nicht hier gemacht wurden, sie wurden hierher gebracht vom Menschen, deren Heimat eine wärmere ist und deshalb sind sie auch empfindlicher. 5 Grad ist die Grenze des Physiologischen und bei Temperaturen unter dieser Grenze und bei diesem Wetter müssen die Tiere in geschützte Ställe! Vierseitig zu! Und sie dürfen nicht zugig stehen!

Auch der Boden darf nicht so kalt sein, das bedeutet immer eine trockene Einstreu, die eine Mindesthöhe hat!

Keines dieser Tiere darf nachts bei ungünstigen Temperaturen draußen stehen!

Es sollte etwas unternommen werden, wenn man das sieht, denn das geht schon in die Vernachlässigung und die Mindestforderung des Nachweises eines richtigen vierseitigen Stalls mit dem Maß 4 mal 4 Meter pro Tier (Pferd), der zudem trocken ist, sollte gegeben sein.

– 30 –

Natürlich macht jeder, was er denkt und jeder für sich entscheidet, was ihm guttut und was ihm gefällt. Positive Entwicklungen gehen langsam voran, aber sie sind möglich, wenn man es sich vornimmt, und warum sollte man es nicht einmal versuchen und feststellen, dass es einem besser geht. Wie auch immer, die Einstellung zum Tier ist, sollten wir uns das bewusst werden lassen, dass es keinen Grund gibt und geben kann zu töten, wir können uns auch anders ernähren und versorgen und diese Last wollen wir uns nicht aufbürden. Es ist schon geholfen oder zumindest in eine positive Richtung gehend, wenn die Lebensqualität dieser sich verbessert, wenn das Tier als Lebewesen gesehen und verstanden wird und nicht als Ware. Ein neues Bewusstsein für das Leben und für unsere Umwelt ist ein Zeitgeist-Wandel, mit dem wir uns beschäftigen und es wird für alles eine erträgliche Lösung geben.

Und so mögen die Menschen, die bereits Erkrankungen erlitten haben, etwa durch zu viel Fleischkonsum, einen neuen ganzheitlichen Ansatzpunkt finden, wie sie sich vielleicht helfen können.

Und wenn wir es schaffen zu dem Freitag noch den 2. Gesundheitstag und einen freiwilligen 3. Tag einzulegen, gehen wir in die richtige Richtung und bald werden wir feststellen, dass die gesamte Fleischqualität sich ändern wird. Sie wird sich verbessern dahin gehend, zu gesünderen Tieren und dann können wir ab und zu Fleisch essen und brauchen auch weniger Medikamente.

So soll es in Zukunft sein.

OKTOBER

- 1 -

Nun mit dem 1. Oktober ist es auf einmal Herbst, das letzte Quartal im Jahr und schon ändern sich die Gedanken so ... das Jahr und die Zeit geht jetzt viel schneller vorbei ... und ob wir alles gemacht haben, was getan werden muss ... ob wir das, was noch nicht geschafft ist, noch erreichen werden ...?

Und mit einem Mal merkt man, richtig es ist und es wird nicht nur schneller dunkel und das Wetter kann sich von heute auf morgen ändern und man denkt, vielleicht braucht man noch einen Ölvorrat für den Winter, die Gartenarbeiten müssen bald fertig sein und auch sonst muss draußen alles erledigt werden. Der Tag wird einfach kürzer und man muss sich irgendwie beeilen, dass alles noch erledigt wird. Nun fängt es überall an, sichtbar an der Natur, es wird bunter und langsam stellt sich der Winterstoffwechsel ein – Tiere, die in den Winterschlaf gehen, haben sich schon ein Fettpolster angefressen oder tun es bis dahin noch und der Mensch wird, wie die Tiere, etwas langsamer und deshalb hat man das Gefühl, sich beeilen zu müssen. Im Winter geht alles langsamer und wir sollten eher zur Ruhe kommen, wer vorgesorgt hat, kann sich jetzt etwas erholen. Nun kommt die gemütliche Zeit, wo es draußen kalt ist und innen angenehm warm und beim knisternden Kamin kann bald der Glühwein bereitgestellt werden.

Haben wir schon eine positive Einstellung gefunden?
Und haben wir uns schon einen Gesundheitstag angewöhnt?
Wenn nicht, dann wird es höchste Zeit!

Heute am Erntedankfest gehen wir gedanklich noch einmal durch die Felder und Wälder und erinnern uns, wie es anfing im Frühjahr, wo man nichts gesehen hat als nur die umgepflügten Äcker und winterliche Schollen und kahle Bäume, Laub und herbstliche Reste von dem, was noch stehen blieb und dann kommt der erste Sonnenstrahl, die Felder werden bestellt, eingeebnet und gesät und ein neues Jahr des Wachstums beginnt und wir warten auf die ersten Sprösslinge, sodass wir wissen, die gute Saat geht auf und in der Zeit wird es eine gute Ernte geben, bis dahin vergeht noch eine lange Zeit.

Die Böden sind noch kalt und mit den ersten Sonnenstrahlen erwärmen sie sich – die Temperatur, die nötig ist, um im Dunkeln zu keimen.

Nun kommt ein leichter Landregen, was der Saat einen Wachstumsschub ermöglicht, und von Tag zu Tag wächst alles in Zeitlupengeschwindigkeit schon heran und wir wundern uns zuweilen, wie schnell das geht und jetzt schon ist abzusehen, wie viele Erträge es dieses Jahr geben wird.

Die Bäume haben inzwischen ausgeschlagen, überall grünt und blüht es und das Wetter, das Klima wird wunderbar mit den Farben, es bilden sich langsam Blüten an den Bäumen und das Gemüse im Acker bildet die Früchte und Wurzeln aus.

Noch bevor das Obst an den Bäumen und Sträuchern gereift ist, wird bereits schon das frühe Gemüse geerntet und mit dem ersten Ernten ist man das ganze Jahr beschäftigt bis in den November.

Es scheint ein gutes Jahr zu werden.

Noch nicht ist Sommer und wir werden reich beschenkt von der Natur, wir können uns ernähren von allem was am Boden gedeiht und an den Bäumen reift, ein reich gedeckter Tisch ist gewachsen, Wind und Wetter waren optimal für dieses Jahr und wir können von Glück sagen, ... eine reiche Ernte war uns beschert ... und um diese Zeit bis in den Winter hinein haben wir alles abgeerntet und einen Wintervorrat geschaffen und können uns dann etwas zur Ruhe setzen und das restliche Jahr gemütlich ausklingen lassen.

Es ist nicht immer so, dass man sorgenfrei und selbstverständlich ein gutes Jahr hat, wenn man bedenkt, von was allem man abhängig ist und was alles geschehen kann.

Nun heute danken wir der Schöpfung für dieses Jahr, Gott, der alles ermöglicht hat, der die Zeit und den Rhythmus bestimmt.

Und so soll es auch sein.

Und in vielen Orten wird ein Gottesdienst gefeiert und diese Worte auch gesprochen und viele denken darüber nach und können sich erinnern, dass es auch schon andere Zeiten gab und man nicht so froh war. Nun wollen wir hoffen, dass es so bleibt, und bringen einen Erntedank an den Altar und es hat tatsächlich die Bedeutung wie das Wort es sagt.

Zeit und Rhythmus sind geschaffen und wir leben damit.

Die Zeit bringt die Ernte.

Und wir danken dafür.

- 3 -

Es ist Anfang Oktober und alles hat schon einen herbstlichen Charakter, der Himmel zeigt ein abwechselndes Bild von heller schöner blauer Sicht und manchmal ist er von zusammenhängenden Regenwolken durchzogen, sodass alles sein kann, es kann die Sonne scheinen und den Tag erhellen und durch die bunten Herbstfarben erhöht sich die Lichtintensität, obwohl sie abnehmend ist, und das ist ein guter Tag für die Sinne und die Gedanken.

Es kann auch ein kalter Schauerregen über uns kommen, wo alles Grau in Grau erscheint und uns trübe werden lässt.

Alles kann sein und alles ist so gewesen.

Am Tage der Deutschen Einheit war ein gutes Wetter, das war ein freudiger Tag für die ganze Stadt, für das ganze Land, denn an diesem Tage haben die Menschen gejubelt, es war einer der sonnigsten Tage der letzten 31 Jahre als die Tore der Freiheit sich öffneten und die Mauern fielen und wo Freiheit ist, ist Bewegung. Ein denkwürdiger Tag war uns gegeben – heute sowie vor 27 Jahren. Einheit ist, wie das Wort schon sagt, etwas, was vorher geteilt war, verschiedene Richtungen und Wege geht, verschiedene Ziele verfolgt, vielleicht eine ganz andere Orientierung hat – und es kam wieder zusammen, um den geteilten Weg zu ebnen, wo alle Meinungsverschiedenheiten geschlichtet werden, wo die Menschen, die getrennt wurden eine gemeinsame Zukunft wieder finden, wo die vielen Familien ohne Barriere sich wieder treffen können, wo jeder wieder gute Arbeit findet und wo sich soziale Gerechtigkeit verteilt, wo eine geistige Wiedergutmachung viele Menschen wieder froh macht, denn eine freie Sicht, eine neue Freiheit öffnet vielen Menschen wieder das Herz und die Seele, nach all den Jahren der Trennung und „Gefangenschaft" ein freies Leben zu führen und in einem freien Land zu sein, und unter Tränen wird viel Freude vermittelt. Und so haben viele es erlebt, was in der Geschichte sich immer wieder aufs Neue ereignet, Reiche und Länder werden gebildet und vereint und sie werden unter bestimmten Bedingungen wieder getrennt, sie werden geteilt oder es werden Grenzen gezogen und so war es, die Ost- und West-Hauptstadt wurden politisch getrennt, mit verschiedenen Ideologien und Verwaltungen, solange bis es möglich war, sich auf einer „Wellenlänge" zu treffen und eine Lösung zu finden, und so war es. Und man hat sich angenähert und wir erleben, wie lange es dauert, bis sich wirklich alles angeglichen hat und inzwischen ist schon eine Generation vergangen und viele wissen es nicht mehr und die neue Generation bekommt, es erzählt die Zeit, wo Leid und Tränen die Menschen trennte und von denen die auf der Flucht umgekommen sind, ein Todesstreifen hat sich gebildet, der sichtbar wurde und verteidigt wurde, wo hohe graue Türme aus der Erde gewachsen sind und Absperrzäune ein Überwinden unmöglich machten und keiner kam durch.

Noch heute gibt es Stücke von Betonzeugen. Von 1962–1989. Und manche sehen sie an.

Auch Freude kann zum Weinen sein.

So wie es ein Erntedankfest gibt, haben wir einen Tag an dem wir uns an Lebendes erinnern und es gibt doch noch einige Menschen, die Verantwortungsbewusstsein haben und eine sehr positive Einstellung zum Leben, zum Tier haben.

Wir erinnern uns, dass die Menschen, als sie sesshaft wurden, anfingen, Tiere zu domestizieren und sozusagen deren Leben veränderten, sie aus ihren natürlichen Lebensräumen genommen und ihnen einen Platz zugewiesen haben. Der Mensch fütterte diese erst an und nutzte oder benutzt sie – bis heute. Es ist die Art und Weise, wie das Leben gestaltet wird und die Unverständlichkeit und Verantwortungslosigkeit, sie zu töten und sie aus unerklärlichen Gründen zu verspeisen.

Mit der Domestizierung entwickelten sich im Laufe der Jahrtausende viele Rassen- und Zuchtergebnisse und größere Ansammlungen, die als Tiere oder Ware verkauft werden.

Viele kaufen sich ein Tier oder bekommen es geschenkt, wollen sich darüber freuen und auch die Verantwortung übernehmen, es zu füttern und zu pflegen. Das Tier kann es auch in dieser Umgebung schön haben und wir wollen hoffen, dass die Freude ein Leben lang anhält. Es gibt aber auch traurige Bilanzen, die sagen darüber, dass es auch Geschöpfe gibt, die vernachlässigt und schlecht behandelt werden und dafür soll auch gesorgt werden, dass sich dies ändert – so ein Tag.

Natürlich soll es ab jetzt immer so sein.

Natürlich ist die Arbeit das Wichtigste, denn davon wollen und müssen wir leben und alle sind froh, eine gute Beschäftigung zu haben. Dieses ist manchmal so gut und so viel, dass wir keine Zeit mehr haben uns einmal auf uns zu konzentrieren, wir merken nicht einmal, wenn es uns wirklich belastet, wir überhören die Signale des Körpers, weil wir durch äußere Einflüsse so abgelenkt sind und spüren es erst, wenn wir wirklich ernsthaft erkrankt sind, eben weil wir nicht mehr können, und manchmal sollte man doch auf die innere Stimme oder auf die Seele hören.

Es tut gut, sich einmal Zeit zu nehmen für sich selbst, Zeit zur Muße, Zeit sich zurückzubesinnen und das ist es, was Geist und Seele wieder in Einklang bringen kann, innere Ruhe und Harmonie finden, doch dazu sind manchmal einige Hinweise von Bedeutung, auslösende Momente, wo einem etwas bewusst wird, vielleicht ist es so etwas, nach dem man lange schon gesucht hat, ohne es zu wissen, und nun mit einem Mal ist man aufgewacht und hat die Lösung gefunden. Und wenn es so etwas ist, dann haben wir viel erreicht, denn mit jedem, der mit dem Geiste der Natur und dem Universum lebt, erreichen wir eine größere Verbesserung im Sinne des veränderten Lebens, was uns wieder zu dem Ursprünglichen verhilft. Nun wollen wir keine Zeit und keine Energie mehr verlieren und uns nur noch dem Guten, Sinnorientierten und Lebensbejahendem zuwenden und wollen nicht mehr abkommen bis nur noch Positives sich einstellt. Gut in diesem Sinne. –

– 6 –

Wenn man das alles weiß, so scheint es, dass es immer komplizierter wird, sich richtig zu ernähren, wir wollen gesund sein und uns bewusst ernähren und das ist es eben, also müssen wir Verschiedenes wissen und uns dieses bewusst werden lassen und wir werden feststellen, dass wir dann wesentlich gesünder und vitaler leben können, wir fühlen uns wohler und brauchen und haben kein schlechtes Gewissen, dass wir dem Leben und der Umwelt schaden.

Bewusst essen heißt, die Natur zu verstehen, alles, was lebt und wie es richtig funktioniert, die Regelkreisläufe der Natur und die des Menschen und den Ursprung zu kennen, woher wir kommen, wie wir uns entwickelt haben, wer wir sind und wie und warum der heutige Zustand nun einmal ist.

Dabei entdecken wir, dass verschiedene Beschwerden und Erkrankungen gelindert und vermieden werden können, zumindest was die Gewichtsreduzierung betrifft und auch die diätischen Einstellungen, die von ärztlicher Seite empfohlen werden, sind wirksam bei bestimmten Erkrankungen, also ist es erwiesen, wenn man vorher schon darauf achtet und sich bewusst ernährt, wäre dieses oder jenes erst gar nicht aufgetreten. Jeder versucht, sich langsam und bequem und ohne viel Aufwand verschiedene Anleitungen anzueignen, was einem schmeckt und was umsetzbar ist, und wenn man sich damit beschäftigt und sich damit identifiziert, wird es umso einfacher, und wir finden immer nur das Gute und das hilft uns.

Das, was wir verstehen.

-7-

Zur Kartoffelsuppe passt gut

Apfelpfannkuchen (für 3–4 Personen):

250 g Mehl
3–4 Eier
Salz und Milch
4–5 ganz fein geschnittene geschälte Äpfel

Alles verrühren, bis der Teig zähflüssig ist, ab und zu Milch dazugeben,, anschließend in heißem Öl langsam beidseitig goldbraun anbacken.

Oder

Pfannenkuchen (für 2 Personen):

125 g Mehl
2 Eier
1/2 Tasse Wasser
1/4 Tasse klein geschnittene Oliven
1/4 Tasse ganz fein geschnittener Paprika
Den Teig verrühren, bis er zähflüssig ist, und in heißem Öl anbräunen,
kann mit Apfelbrei gegessen werden oder eingerollt gefüllt mit Chicoreéblättern, Tomaten- und Gurken und Joghurt-Cornichon-Soße.

– 8 –

Ein gesunder Mensch mit einem gesunden Essverhalten hat natürlich leicht zu sagen, wie es geht. Ein gesundes Essverhalten ist, wenn der Hunger- und Durstreflex richtig für jeden funktioniert, das heißt, der Körper weiß, wann und vor allem was und wie viel er an Nahrung braucht, und wenn er eine Zeit lang Verschiedenes beachtet, so lernt er, sich wieder einzustellen und das ist das Allerwichtigste, denn es sind die Reflexe, das sind auslösende Momente und wir tun etwas ohne nachzudenken, wir haben nur das Gefühl ... jetzt könnte man etwas essen ... oder beim Ansehen der Speisen kann dieses ausgelöst werden oder die Regelmäßigkeit, dass man jeden Tag zur selben Uhrzeit isst, man denkt nicht vorher, ... jetzt habe ich bald Hunger, vielleicht ...?

Ist es ein gesundes Essverhalten, so sind wir es meistens auch und wir brauchen auf nichts zu verzichten, denn die richtigen Nährstoffe werden gemeldet und so braucht man auch keine Kalorien zu zählen, wenn man je nach Anstrengung isst, manchmal etwas mehr und manchmal etwas weniger.

Und so ist, wenn wir lernen wollen, uns mit der Ursache zu beschäftigen, denn dann kann auch geholfen werden, wenn der Körper auf sich selbst programmiert ist, löst es das Ungleichgewicht auf und eine angeborene gesunde Einstellung zur Ernährung ist das Beste.

Essverhalten kann gelernt werden.

Essverhalten hat auch etwas mit dem Denken zu tun.

Dann geht es einem gut!

– 9 –

In der Natur läuft alles nach gewissen Gesetzmäßigkeiten ab, alles nach bestimmten Rhythmen und wir sind verwoben in alles und bewegen uns mit den universellen Strömungen, es ist Tag und Nacht und es sind die Jahreszeiten, das Klima und somit das aufstrebende Wachstum im zeitigen Frühjahr und das Zurückgehen zur Erde im Herbst und so unser Stoffwechsel, der sich beschleunigt und wieder etwas ruht und doch ein ausgewogenes Gleichgewicht herstellt, es ist eine innere Uhr, die in uns ist, ein Biorhythmus, den jeder hat, wo die Zeit der Anspannung und der Entspannung den Tag von der Nacht löst. Wir versuchen, uns diesem Rhythmus anzupassen, etwas Ruhe zu finden, eine innere Ruhe und Erholung, und ausgeglichen zu werden mit sich und der Umwelt.

Wir unterliegen den gesellschaftlichen, sozialen und wirtschaftlichen Zwängen und sind mit der Arbeit des Lebensunterhaltes die meiste Zeit des Lebens beschäftigt und die Nahrung als solches erscheint bei den meisten nur als eine notwendige Randerscheinung und doch sind es die großen wirtschaftlichen und psychischen Belastungen, die mit der Nahrung zu tun haben und wir versuchen, die psychische Komponente etwas zu lindern zu unserem Wohle, denn über das Wohl der Tiere erreichen wir unser eigenes Wohl, alle jene schweren, leidvollen und gewaltsamen Einwirkungen können sich verbessern, wenn wir uns Verschiedenem bewusst werden.

Also müssen wir erst die auslösende Ursache zum Wohle führen.

Und unser Leben wird sich verbessern.

– 10 –

Wenn wir bedenken, wer und was wir sind und woher wir kommen, so ist es fast schon erschreckend, was aus uns geworden ist!

Wir sind entartet, wir sind keine entarteten Tiere, wir sind und waren immer menschliche Wesen, auch wenn wir etwas anders ausgesehen haben und es ist unerklärlich, warum alles so gekommen ist. Einst von der Südspitze Afrikas aus, wo die ersten Menschen gefunden wurden, dort, wo es warm war und wo es genug zu essen und trinken gab, vor 2,5 Millionen Jahren, in dieser Zeit ist viel geschehen, nur was hat dieses letztendlich wirklich bewogen sich zu verändern und wie ist es möglich ein anderes Wesen zu werden?

Seltsame Strömungen und universelle Einflüsse haben ihn bewegt – wir wissen es nicht?

Dieser Kontinent war immer lebensfreundlich und warm.

Was war der auslösende Moment?

Einige hunderttausend Jahre später entstanden wieder neue Zweige menschlicher Wesen und die vorhergehenden sind ausgestorben sowie viele Tierarten vor Millionen von Jahren, deshalb, weil alle Lebewesen den jeweiligen klimatischen Bedingungen angepasst werden müssen. Vielleicht entstanden Divergenzen, als es mehr als einen Zweig der Entstehung gab, auch das ist ungewiss, es gibt ja auch verschiedene Affenarten.

All das komplizierte Wissen war nicht nötig, ob all das Denken uns wirklich weitergeholfen hat? Ach, wären wir doch dageblieben. Wer konnte das ahnen?

Ein goldener Tag scheint der erste Eindruck heute Morgen zu sein, alles ist warm im goldenen Licht, es sind schon einige Tage im Oktober vergangen und an manchen Tagen sieht man intensiv, weil bestimmt Farben uns aktivieren, alles leuchtet und man denkt, das war doch gestern nicht, deshalb nur, weil man nicht konzentriert hingeschaut hat und die Natur nicht wirklich wahrgenommen hat, von heute auf morgen hat sich alles verändert, noch sind grün die Wälder und die Bäume, die zuweilen noch Früchte tragen, werden bunter, das Grün wird dunkler und fällt herab und zum ersten Mal sehe ich, dass es goldgelbe Blätter gibt, die sich über die grünen legen und um die Spitzen herum geht es langsam in eine rot-braune Färbung über, sodass der Baum regelrecht leuchtet, und solange es windstill und nicht zu kalt ist, bleiben diese uns lange erhalten, von daher kommt auch der Name „goldener Oktober", und das Wetter ist meistens noch so, dass man draußen sitzen kann in der warmen Mittagssonne und ebenso noch Gartenarbeiten verrichten kann, alles blüht noch, viele bunte Herbstblumen ziehen noch Insekten in allen Größen an, die bis zum Abend hin in kleinen Schwärmen über den Pflanzen in einer unsichtbaren Formation langsam in den schützenden Gewächsen verschwinden bis zum nächsten warmen Morgen in der goldenen Oktobersonne, sie tanzen und es sieht aus, als käme nie ein Winter.

Und es sind herrliche Lichtspiele …

Und aus dem Bunten und Goldenen wollen wir leben …

Kürbis-Gemüsesuppe:

500 g Kürbis
100 g Karotte
50 g Lauch

50 g Paprika
1–2 milde Peperoni
1 TL grüner Pfeffer
1 flacher TL Koriander
1 flacher TL Senfkörner
1 TL Ingwer
1 TL Rindsbouillon
Etwas Thymian und Rosmarin

Alles klein schneiden und am besten kocht man die Karotten und den Lauch als Erstes etwa 8–10 Minuten und gibt dann die restlichen Zutaten hinein und kocht nochmals gut 5–7 Minuten, bis alles gut weich ist, Wasser je nach Topf und Größe bis alles bedeckt ist.

Die Menge ergibt gut 5 Portionen,
je nach Konsistenz gibt man etwas Wasser und Rindsbouillon-Gewürz dazu.

Gut dazu sind verschiedene Salate und Gemüse als Salat, Brot und Brötchen, Käse und Trauben.

- 13 -

Überbackener Chicorée (pro Person 1 Stück):

1 Chicorée wird geviertelt,
in Öl werden einige
Senfkörner
Koriander und
grüner Pfeffer gegeben,
darauf werden die geviertelten Chicoréestücke gelegt und bei leichter Hitze 3–5 Minuten angebraten und 1–2 Mal gewendet. Die Farbe soll sich nicht verändern und die Stücke sollten auch nicht weich werden.

Am besten wendet man die größte Fläche nach oben und schaltet? mit etwas Emmentaler-Käse bestreuen und warten, bis er verläuft.

Das wird am besten mit Reis gegessen, der schon auf dem Teller ist, der Chicorée wird aus der Pfanne genommen und auf den Teller gelegt.

½ –1 Becher Joghurt wird mit dem Saft einer ½ – 1 Zitrone gemischt und das Ganze in das Öl gegeben, verrührt und über den Reis und Chicorée gegeben.

Dessert:

Apfelstrudel mit Vanilleeis, Apfelstrudel gibt es im Tiefkühlregal.

Ein gutes Gelingen!

- 14 -

Es ist 9 Uhr 10 …

… ein klarer blauer Himmel, morgens, als die Sonne schon aufgegangen war und ihre Bahn in Richtung Westen zieht, morgens, wenn der Tag erwacht und alles noch ruhig in den Frühstunden liegt, und mit dem Licht kommt Bewegung auf die Felder und mit den ersten Morgenstrahlen steigt die Feuchtigkeit auf vom letzten Tag und von der Nacht wie ein feiner Nebel, und das Umfeld bekommt langsam Farbe und leuchtet in der Oktobersonne, es sind so intensive Farben wie ansonsten im ganzen Jahr nicht, dadurch dass sich das Gewachsene in den Farben verändert, und es scheint wie in einem goldenen fließendem Meer, das Grün wird herbstlich in allen Braun-, Gelb und Rot-Tönen und das Licht intensiviert sich, es erhöht unsere Sichtfähigkeit, weil die rötlichen Färbungen eine andere Wellenlänge haben.

Oft ist der Oktober ein strahlender Monat, selbst an Regentagen ist es heller durch die Lichtreflexion und das tut unseren

Augen und Sinnen gut. Mit dem Sehen assoziieren wir in der Umsetzung der Farben gute Eindrücke und diese ergeben ein gutes Denken, ein positiver Impuls bewegt unser Gehirn, trotzdem ist es Herbstzeit und die gesamte Vegetation, der Mensch und die Tiere stellen sich langsam auf den kommenden Winter ein, ein stoffwechselbedingter Rhythmus in einem alljährlichen wiederkehrenden Geschehen, ein gesunder Ablauf von Kommen und Gehen, von Leben und Sterben ist ein Winter wieder zum Frühling.

- 15 -

Mais als Gemüse oder Salat:

Der Mais aus der Dose schmeckt einfach, so wie er ist, sehr gut, dieser muss nur erhitzt werden.

Und wollen wir einen Gemüsemais, werden tiefgefrorene Erbsen entweder in Wasser oder Butter gekocht.
½ klein geschnittener Paprika
Alles wird 3–5 Minuten gekocht und dann der Mais dazu gemischt.

100 g tiefgefrorene Prinzess-Bohnen werden in zerlassener Butter und mit Rindsbouillon gewürzt und 5 Minuten gegart.

Dazu gefüllte Weinblätter in Öl eingelegt,
gefüllte Paprika und
einige große frische Champignons mit Feta und ¼ TL Öl im Backofen circa 10 Minuten garen und dann mit Kräutern der Provence würzen

Endiviensalat und
Scheiben vom Rettich, diese leicht gesalzen

Mais mit Gemüse als Salat: alles abkühlen lassen und mit Essig, Öl, Salz und Pfeffer durchmischen.
Käseplatte und Trauben.

- 16 -

Es ist schon Mitte des Monats und zuweilen schaut man auf den Kalender und denkt bald schon kommt die Weihnachtszeit, die Zeit geht jetzt viel schneller vorbei, weil es morgens und abends länger und früher dunkel wird und die Zeit dazwischen ist man auf der Arbeit.

Vielleicht denkt man noch, ob man in diesem Jahr alles erreicht hat, was man sich vorgenommen hat, wenn nicht, dann wird es höchste Zeit.

Jeder hat irgendetwas, woran er „arbeitet".

Wir versuchen im Allgemeinen in allem ein guter Mensch zu werden und das fängt bei vielen Kleinigkeiten schon an, sei es zu Hause mit den Menschen, mit denen man lebt, sei es am Arbeitsplatz und das Umfeld, sei es das Denken und Sehen über verschiedene Dinge, sei es die Einstellung zur christlichen Tradition, sei es die Einstellung zur Umwelt, zum Leben, zu den Menschen und zu den Tieren und letztendlich ist es auch die Einstellung zum Essverhalten nach den ethischen Grundsätzen, die besagen, ... das Leben ist zu schützen ... und zu erhalten ... leben nur in artgerechter Haltung ... und ... niemand darf durch Gewalteinwirkungen zu Tode kommen ...

Die Glaubenssätze besagen ... Gott hat das Leben geschenkt ... und ... Gott allein bestimmt die Zeit ...

Unser eigener „Glaubenssatz" ... was man selbst nicht will, tut man auch keinem anderen an.

- 17 -

Wir alle versuchen, uns in diesen ethischen, religiösen und christlichen Gedanken und Einstellungen zu bemühen, das stärkt nicht nur uns selbst, es ist auch gut für unser Land und das ist und soll eine Orientierung sein, vieles ist in den Grundgesetzen und in den ethischen Vorschriften fest verankert und soll auch eine zukünftige erzieherische Übung sein.

Wir versuchen alle, uns nach diesen Empfehlungen zu richten, verschiedene ethische Gedanken und Vorschriften werden in der Schule vermittelt, ansonsten können wir uns an der Glaubensrichtung orientieren und diese beschreibt die Menschheitsgeschichte, dass der Mensch gut und friedliebend in einem Land lebt, wo alles wächst und gedeiht. Gott hat die Menschen erschaffen und alles, was es auf Erden gibt, er sorgt für alles Lebende, das er erschaffen hat, er lässt für jeden das wachsen, was einen ernährt und am Leben hält ...

Und wir versuchen uns an die 10 Gebote zu halten, die besagen,

... du sollst nicht töten ...

... du sollst Gott ehren ...

Das bedeutet die Erinnerung an alles, was zu Anfang war, wir überdenken all jene Entwicklungen und wenn es viele Menschen gibt, die nun einmal nachdenken, gibt es eben das Positive und das Negative. Wir alle sind bestrebt nach diesen Orientierungssätzen zu leben für uns selbst und für die Zukunft und für die Welt.

So mögen wir eine gute positive Einstellung gewinnen.

- 18 -

Und es ist jeder Tag ein wunderschöner Morgen, wenn wir gesund aufstehen und zur Arbeit gehen können. Das Wetter ist immer richtig, wenn wir uns richtig kleiden, und sollte es wirklich einmal unerträglich sein, so folgt auch bald wieder ein schöner sonniger Tag.

Bei der Arbeit hat man mit vielen Menschen Kontakt, man kann sich unterhalten und Neues erfahren oder auch mal eine Hilfe bekommen oder auch selbst jemanden aushelfen.

Doch es gibt auch manchmal andere Tage, da scheint alles danebenzugehen und Mitarbeiter sind mürrisch und launig und man sagt Ungelegenes und ist verärgert, so kann der Alltag sein und manchmal ist es etwas oder ziemlich schwierig, die angespannte Situation wieder zu schlichten, auch hier kommen wieder frohe Tage. Überall gibt es einmal eine Meinungsverschiedenheit, wo man denkt, es geht nicht mehr weiter, das andere muss nicht unbedingt verkehrt sein, es ist eine andere Sichtweise und doch muss man wirklich zuweilen an Grenzen gehen, bis einem eine Lösung einfällt und die dann das Leben und die Tage wieder erleichtert.

Und wenn es etwas Unüberwindbares ist, hat man es schwer, man ist belastet und wird zuweilen traurig und die Traurigkeit kann krank machen.

So lass uns wieder ein froher Mensch werden und dass die Belastungen sich lösen, dieses findet man am besten für sich, denn es ist eine persönliche Grundeinstellung eine universelle Orientierung und eine Rückverbindung zur Religion.

- 19 -

Das Leben ist eine innere Einstellung, ist eine Gesinnung, eine Verantwortung und ein Pflichtbewusstsein.

Wir gehen von den gebildeten Menschen aus, die eine gewisse Schulausbildung genossen haben, durch welche man auch eine gewisse Erziehung genossen hat und bestimmte Empfehlungen für das Leben gelernt hat, bestimmte Fächer vermitteln einem, eine ordentliche Einstellung zum Leben, zu dem Land und zu dieser unserer Welt, daraus erwächst dann ein Verantwortungs- und Pflichtbewusstsein.

Wir sind auch kultiviert, das bedeutet, man benimmt sich in der Umgebung entsprechend, wir haben Anstand und sind freundlich und hilfsbereit, haben einen Ordnungssinn und Respekt – einen Ordnungssinn, dass alles übersichtlich ist und eine rechte Zuordnung hat.

Respekt haben wir vor denen, die uns lebens- und weltorientierte Empfehlungen zur Aufrechterhaltung allen irdischen Lebens übermitteln, das können weltweit anerkannte Lehrmeinungen sein und auch Personen, die sich ernsthaft darum bemühen und auch Menschen, die sich einsetzen, die es nicht immer einfach haben in unserer heutigen Welt, die so abfallend von dem Ursprünglichen ist und wo wir vieles an positiver Kraft und Energie verlieren.

Der Mensch muss in seinem Denken diese positive Kraft stärken und erhalten, diese darf sich nicht verändern und alles Leben gefährden, denn dann ist es schwer zu leben.

Die Orientierungssätze.

– 20 –

Das, was wir lesen, beschäftigt sich viel mit der Nahrung, denn Nahrung ist das, wovon wir leben, und besteht aus den Stoffen, aus denen wir bestehen, wie alles Leben. Alles, was lebt isst oder hat immer nur das gegessen, was es gesehen hat, die Nahrung hat, man kann fast sagen, das Wesen angezogen, sie zu finden, um den aufkommenden Hunger zu stillen. Also der Kopf, das Gehirn meldet, es ist Hunger und der Körper braucht bestimmte Stoffe, die ihn ernähren, um weiterhin richtig zu funktionieren, er braucht Energie zum Arbeiten, die, wie wir gesehen haben, in Wärme, in chemische und mechanische Energie umgewandelt wird, damit der biochemische Kreislauf funktioniert und wir uns „mechanisch" bewegen können. So funktioniert alles Leben auf der Erde und für jeden verschieden. Es sind also die Stoffe des Funktionierens von Leben, mit denen wir uns beschäftigen, und das ist das Denken. Ab und zu denken wir über uns nach warum und weshalb dieses oder jenes ist.

Und ob man eben ein guter Mensch ist?

Die Gesamtentwicklung haben wir überarbeitet und denken, wie ist es möglich, dass wir abgekommen sind von dem uns gegebenen Weg?

Wir gehen davon aus, dass alle Menschen richtig denken können und bald wieder auf den guten Weg kommen, zur Gesundheit und zum Wohle aller und zu allem, was lebt.

Und dann fällt einem auch das Denken wieder leichter.

Und so verstehen wir auch wieder den tieferen Sinn.

Und wir können auch die Welt verstehen.

- 21 -

Kann sich eigentlich noch jemand daran erinnern, als die Leute noch keine Gefrierschränke und Kühlschränke hatten?

Auch in diesen Zeiten gab es alte Herstellungsrezepturen, die kochen und lagern ermöglichten, die meisten werden heute aber nicht mehr angewandt und sind vergessen.

So haben die Menschen entweder kühle Speisekammern gehabt oder Kellergewölbe, wo eine relativ konstante Temperatur war. Die verschiedenen Herbst- und Wintergemüse standen entweder lange auf dem Feld bis kurz vor dem Frost, diese wurden dann entweder in große sandige Wannen gelegt, oder in sehr kalten luftigen Räumen aufbewahrt. Gesammelt werden konnten Maiskolben und Kastanien, die man in einer Scheune aufbewahrte.

Das übliche weiche Obst wurde in Gläser eingekocht und Äpfel und Birnen lagerten auf dem kühlen luftigen Dachboden in Holzkisten und täglich wurden die reifsten Früchte herausgesucht und gegessen und die letzten waren entweder so geschrumpft, dass sie unansehnlich waren oder so vertrocknet, dass man sie weggeworfen hat. Manchmal hat man in der Adventszeit Bratäpfel oder auch Trockenobst gemacht.

Fast alle Leute hatten einen Garten oder gar ein Feld mit Gemüse und Obst, denn in den Geschäften war nicht allzu viel

Auswahl und es waren nur die Tante-Emma-Läden mit Mehl, Zucker und Salz – und Brote in großen Körben gab es.

Wie gut wir es heute doch haben.

– 22 –

Natürlich stellt heute kein Mensch mehr selbst Milch, Butter und Käse her, denn das wäre nur möglich, wenn wir Milch erzeugende Tiere hätten, und das lohnt sich nun nicht mehr und das wäre auch nur möglich, wenn man genügend Platz und Weideland hätte und das ist heute kaum noch möglich.

Früher hatte fast jeder Haushalt verschiedene Tiere und die Menschen konnten noch alles selbst herstellen in kleiner Menge gerade so viel, dass es für ein Jahr für die Familie reichte.

Sie hatten also Tiere und Milch, die sehr fett war und so eine dicke Rahmschicht bildete, diese wurde abgehoben und daraus wurde Butter hergestellt, der Rahm wurde mit einem handbetriebenen Rührgerät so lange gerührt oder geschlagen, bis dieser fest war.

Dann gab es noch den Sauerrahm, die Dickmilch und die Buttermilch und manche machten auch noch Joghurt, dieses war natürlich nicht sehr lange haltbar und wurde gleich verzehrt.

Mit abnehmender Tierhaltung kamen die Milchzentralen in jeden Ort, wo die noch Milch erzeugenden Leute diese dahin brachten, und die dann Milchprodukte und Käse für den Ort herstellten, und jeder konnte anfänglich mit einem mitgebrachten Gefäß Joghurt und Schichtkäse kaufen und frische Milch.

Erst mit den produzierenden Firmen und Märkten nahmen die örtlichen Zentralen ab und eine wirtschaftliche Produktion breitete sich aus.

– Das war noch Qualität –

Die Menschen unserer Zeit, es ist noch nicht allzu lange her, als fast alles noch selbst angepflanzt hatten, was sie brauchten für das ganze Jahr. Fast jede Familie hatte so viel Garten, der ausreiche, um zu leben und um unabhängig zu sein, hier konnte man alles finden und über den Winter bis zum nächsten Frühjahr hat es gereicht. Die Auswahl war vielleicht nicht ganz so groß, aber alle konnten leben und konnten sich satt essen.

Mit den alten Herstellungsverfahren, die sich stetig weiterentwickelt haben, wurde alles einheimische Gemüse und Obst verarbeitet. Es war schwierig oder kaum möglich ausländisches Obst und Gemüse zu kaufen und trotzdem hat deswegen niemand Mangelerscheinungen erlitten.

Und heute gehen wir bequem ins Geschäft und können zu jeder Tageszeit das ganze Jahr hindurch alles kaufen mit so viel Auswahl, dass wir oft nicht mehr wissen, was noch?

Alles gibt es einzeln zum selbst kochen und dazu noch eine große Auswahl von fertigen Gerichten, kann man es noch besser und bequemer haben?

Essen kaufen und kochen soll eine Freude sein, es entspricht dem Sammeln und Essen, macht den Menschen froh, er wird satt und der Kopf funktioniert richtig, er kann ruhen und sich erholen oder kann arbeiten und sich beschäftigen. Wenn wir bedenken, wie viele Menschen mit der Herstellung von Nahrung beschäftigt sind, fast die halbe Welt und jeder will gut essen und froh sein.

Und so erkennen wir auch die Wichtigkeit der einzelnen Zusammensetzungen und deren Wirkung und es ist möglich, mit bestimmten Stoffen bestimmte Erkrankungen zu lindern und die medikamentösen Behandlungen zu unterstützen oder erst gar nicht entstehen zu lassen, was letztendlich auch Geist und Seele hilft.

Und so hat es sich auch überliefert, dass ein fleischloser Tag bis heute erhalten blieb und das hat verschiedene Gründe. Es ist immer noch der Freitag, der wohl vom Karfreitag herkommt, wo der letzte Weg der Verurteilung zur letzten Stunde wurde und wir deshalb sühnen und nur bei Wasser und Brot uns vergeben wird für Fleisch und Blut. Es ist für uns nichts Schmerzhaftes und Leidvolles, sondern nur eine christliche Tradition, wie es diese auch in anderen Religionen gibt und man sieht und erkennt, es ist richtig, nur so können wir uns besser erinnern, dass die Ernährung doch eine andere ist und diese gut ist.

Also der Freitag ist fleischlos.

Der 2. Gesundheitstag ist fleischlos und der 3. freiwillige Tag für das Leben ist fleischlos.

Wir müssen nicht nur Suppen essen, wir essen alles, was empfohlen wird, ein gutes schmackhaftes Mahl mit einer Suppe und ein Hauptgericht und ein Dessert. Es ist nur so, wenn jemand hohe Fett- und Cholesterinwerte hat oder übergewichtig ist, empfiehlt es sich und ist hilfreich, einen Tag lang nur Suppe und Salate und Brötchen zu essen.

So kommen wir zurecht.

– 25 –

Schön ist die Welt
in all ihren Farben
bei Tag und Nacht
in einem Lichtermeer.

Die Zeit des Jahres eilt dahin zum Jahresende und noch niemand denkt an den Winter.

Wir sind eingewoben in die Vielfältigkeit der Natur, auf den Jahresrhythmus des immer wiederkehrenden Geschehens und auf die Zeit unseres Lebens und mit jedem Spätsommer nehmen die Kräfte des Lebens ab, alles geht langsam und unmerklich und in der steten Abwechslung erleben wir im Sehen das kommende Ableben, und hoffen so im Inneren auf ein hoffentlich baldiges Frühjahr.

Wenn wir einen wachen Geist und Denken haben, erkennen wir all das Unglück, das Leid und den Tod, das bzw. den die Menschen bringen.

Lasst uns nur das Gute und Schöne sehen
und das Schlechte mag fort von uns gehen.

Das Universum, wenn dies möglich ist,
sollte es dieses sein, das alljährlich alles erneuert,
so muss auch dieses möglich sein.

In allem, was man in dieser Zeit in der Natur sieht, so mag dieses nicht vergehen, ich mag verweilen und den Eindruck festhalten, die Farben, das Licht, das Alles.

So mag es sein und schön ist die Welt.

– 26 –

Grünkernmehlsuppe

Bulgur mit grünem Gemüse:

80–100 g Bulgur (die Menge ist immer für 1 Person)
grüner Pfeffer,
1 Lorbeerblatt,
werden in Wasser 1:3 gekocht, dazu ½ TL Rindsbouillon, circa 15 Minuten, dann 50 g Erbsen vom Tiefkühlfach dazu und nochmal
3–4 Minuten leicht köcheln lassen, auf dem Teller etwas Parmesan-Hartkäse darüber streuen

100 g Prinzess-Bohnen vom Tiefkühlfach in Butter leicht erhitzt, mit Rindsbouillon und Bohnenkraut gewürzt.

100 g Blattspinat (entspricht 3–4 Würfel) wird 10–12 Minuten in Wasser gekocht und auf dem Teller mit Pfeffer, Salz und Muskat gewürzt.

100 g Brokkoli ebenfalls 5 Min in Wasser gekocht und etwas Gorgonzola darüber zerlaufen lassen.

Dazu ein Feldsalat mit frischen Champignons und Croûtons.

Dazu eine grüne Birne und Trauben.

– 27 –

Maronen mit Chicorée-Variation:

200 g Maronen, diese Menge ist meistens abgepackt und wird nur 2–3 Minuten in Butter erhitzt.
1 Chicorée
100 g frische Champions
Grüner Pfeffer
Koriander
Thymian
1–2 milde Peperoni

Chicorée wird in grobe Streifen geschnitten, ebenso die Champions, und alles wird in Öl 3–5 Minuten leicht erhitzt, mehrmals wenden.

Auf dem Teller mit etwas Kokosflocken garnieren.

Dazu eine Avocado mit Hirtenkäse, etwas Essig und Estragon
Rote Bete-Salat
Karottensalat
Kleine gefüllte Paprika in Öl eingelegt mit Feta
Sahne-Meerrettich passt sehr gut dazu

Dessert:

Joghurt mit eingemachten Mandarinenstücken und Sahne, gekühlt.

- 28 -

Rot-Grün-Orange-Gemüse mit Nudeln
und eine kleine Vorspeise:

Artischocken
werden etwas zerkleinert, darüber saure Sahne und Mandelblättchen,
dazu Oliven und Feta

100 g Kürbis-Gemüsesuppe
50 g Zucchini
50 g Paprika

Die drei Gemüse werden in etwas Wasser 5 Minuten leicht gekocht und dann die restliche Flüssigkeit gut abgeschüttet.

In Öl werden Zwiebeln und grüner Pfeffer leicht angedünstet, vom Herd nehmen, etwas abkühlen lassen, dann 2–3 EL Joghurt und 2–3 EL saure Sahne mit 3–4 EL Riesling-Wein, umrühren (Menge je nach Geschmack)

Das Gemüse über die gekochten Nudeln
und darüber eine feine Soße.

Dessert:

Schokoladenpudding mit Sahne

Und deshalb, weil wir alles essen …

natürlich sagt kein Mensch, dass es nicht gut ist, alles zu essen, was wir sehen oder was uns beliebt und solange wir gesund sind und es hoffentlich auch bleiben, so mag jeder das tun, was ihm beliebt, die Folgen kommen ja nicht plötzlich, sie stellen sich langsam ein und das ist erst ein unmerklicher Vorgang und erst, wenn wir Beschwerden haben, stellen wir fest, von was es sein kann, man sucht also nach den Ursachen.

Die Komponenten Salze, Fette und Zucker sind das, was uns beschäftigt. Salz gab es lange schon. Seit Tausenden von Jahren konnten die Menschen Salz gewinnen und es war wertvoll wie gutes Gewürz, mit dem Handel getrieben wurde, und es war fast wie ein Bezahlungsmittel und so wurde es auch eingesetzt – mit Salz wurde zudem auch konserviert, also Essen haltbar gemacht.

Zucker kann man je nach Geschmack reduzieren oder weglassen. Ein Hauptaugenmerk gilt den tierischen Produkten, die wir aber nicht haben müssen, also wir können auch so gesund und richtig leben. Die Produkte vom lebenden Tier können wir verwenden und wir merken, wie viel wir wirklich brauchen, Milch, Käse und Eier.

Diese können zum Teil auch recht hohe Fettwerte haben, doch es gibt eine große Auswahl von ganz mager bis …, also kaum nennenswerte Fettwerte und ebenso wenig Cholesterin und das bedeutet pro 100 g maximal 1–3 g Fett.

Hier können wir genau lesen.

Manche essen zum Frühstück 1 Ei und manchmal auch 2 und wer frühstückt nicht gerne gut und ausgiebig?

Ein gutes ausgiebiges Frühstück hat man meistens nur im Urlaub, wo das Angebot einen einlädt und man viel Zeit hat und sich erholt und sich danach bewegt und wandert.

Auch am Wochenende tut man sich mal etwas Gutes und frühstückt gemütlich lang und viel, vielleicht auf der Terrasse oder auf dem Balkon. – Herrlich!

Und so ein vielfältiges Frühstück mit allem kann durchaus den ganzen Tagesbedarf decken.

Aber wer tut das jeden Tag?

Meistens ist es so, wer zur Arbeit geht – was isst man da wirklich?

Die allermeisten stehen früh auf und eilen zur Arbeit, viele frühstücken überhaupt nicht, einige essen noch 1 Scheibe Brot mit Butter und Marmelade und 1–2 Tassen Kaffee, manche frühstücken in der Arbeit und manche essen nur zu Mittag.

Wer ein Ei isst oder mehr, der hat …

1 Ei nach Gewicht zu 58 Gramm

		Fett	Cholesterin	kcal	kJ
Eidotter	19 g	6,1	314	68	285
Eiweiß	33 g	0,1	–	16	67
1 Stück zu 48 g entspricht					
Eidotter	16 g	5,1	264	57	237
Eiweiß	27 g	0,1	–	13	54

Wer natürlich so frühstückt, dass er die ganze Tagesration auf einmal isst, der darf nur noch eine Suppe essen!

Eine Gemüsesuppe (für 3–4 Personen):

¼ – ½ Sellerie
1 Bund Petersilie
1 Stange Lauch
1 Zwiebel
1 Tasse Erbsen
2–3 Karotten
1 Kohlrabi
1–2 Kartoffel
¼ Blumenkohl oder Brokkoli
1 Handvoll Prinzess-Bohnen
1–2 Tomaten
1 TL grüner Pfeffer
1 EL Rindsbouillon

Das alles wird klein geschnitten, in Wasser 15–20 Minuten gekocht, mit etwas Muskatnuss abgeschmeckt, mit saurer Sahne verfeinert.
Dazu passen gut Laugenbrötchen und gesalzene Rettichscheiben, ebenso Zwetschkenkuchen und Apfelkuchen
und zum Dessert gibt es heute ...
... n i c h t s ...

NOVEMBER

- 1 -

Der Tag der Allerheiligen ist nicht nur ein Feiertag, es ist ein Tag der sehr Denkwürdigen. Wir gedenken all der Heiligen, die gestorben sind, von uns gegangen sind und die oft lange eine bleibende Erinnerung hinterlassen. Diese Heiligen haben es nicht einfach gehabt im Leben, ja ihr Weg hatte viele Stationen, die das Leben erschwerten und oft unerträglich machten, und es gibt so viele Gründe dafür.

Vielleicht wollten sie Gutes tun und es wurde nicht richtig eingeschätzt, doch meistens schufen sie ihre Hürden selbst und es ist gut, wenn man in all dem Leid und Schmerz den Weg zu Gott findet und es ist sehr schwer, das Leben wieder in Ordnung zu bringen, all die Last und den Ballast, alles, was sich angesammelt hat im Laufe der Jahre und das, was einem mitgegeben wurde auf dem Weg des Lebens, und viele haben nun mal ein schweres Los und es gibt so viele Erklärungen, warum dies alles zutrifft, aber das Leben ist so verwoben, dass man sich kaum lösen kann.

So tragen sie den Schmerz der Welt, der ihr eigenes Leid ist, weil sie das Leid lösen wollen, sich erlösen wollen von der Bürde, was sie geschaffen haben, was geschaffen wurde, ein schwerer leidvoller Weg der oft Krankheit und letztendlich den Tod mit sich bringt.

Und haben sie ihr eigenes Leid erkannt, versuchen sie es nun abzugelten und je nach ihren Verfehlungen kann dieses ein Leben in Buße sein, doch sie suchen es selbst, weil sie den Weg zu Gott suchen, um sich von ihrer Schuld zu befreien sich zu reinigen und dieser Weg ist für jeden verschieden.

Sie haben sich dafür entschieden und dieses kann oft ein sehr steiniger Weg sein, leidvoll und schmerzhaft, doch sie versuchen, nicht mehr abzukommen, sie beten und bitten Gott um Hilfe und manchmal erkennen sie eine Erleichterung.

In diesem Leben, das uns gegeben ist, müssen wir leben, den Weg, der bereitet ist, müssen wir gehen, bis wir uns erinnern, wie alles begann, bis wir uns verinnerlichen, es gib nur einen, der das Leben schuf, der den Weg für uns gemacht hat –mit allen Möglichkeiten – und wenn wir uns dessen bewusst geworden sind, finden wir zurück zum Ursprung, zur Schöpfung und bitten um Gnade.

Und all jene Heiligen, die den Weg zu Gott gefunden haben und wieder nach dessen Willen leben wollen. Wird Gnade erteilt, sie beten, um die Last des Lebens zu ertragen, sodass man sie heiligspricht.

Viele dieser Personen setzen sich sehr hilfsbereit ein, was auch eine Möglichkeit der Buße sein kann, diese ist für jeden verschieden definiert.

Diese Personen werden meistens viele Jahre nach ihrem Tod an ihren Taten gemessen, an dem, was sie der Welt hinterlassen haben, und heiliggesprochen, wenn die Kirche dieses geprüft und bestätigt hat.

So gedenken wir jener, deren Namen wir kennen.

– 2 –

An dem Tag von Allerseelen gehen viele auf den Friedhof ...

... aber noch lange ist es nicht so weit, es heißt, wir gedenken aller Seelen – von Tod steht da nichts, nur viele verbinden diese Worte mit dem Tod und somit mit dem Friedhof, denn spätestens an diesem Ort fällt einem manches ein.

Ein Gedenken an alle Seelen ist eher etwas Lebendiges, das, was jeder in uns hat, das, was das Leben bestimmt, was wir mitbringen zum Leben, und wer weiß in welchem Zustand die Seele ist, sie ist es, was die Vergangenheit prägte, wie wir uns bewähren.

Wir gedenken und beten für die Seelen, die kommen und gehen, denn es ist so wie ein Weltenverband, Seelen sind von Gott und somit sind wir eingebunden in das universale Geschehen, eine jede Seele trägt die Welt in sich ein ganzes Leben, solange es bestimmt ist, die Seele ist der Mensch und auch jedes Tier hat eine Seele, es ist dem Menschen gleich und das ist das Höchste, was es gibt, denn es ist die Schöpfung, Gott hat die Welt gemacht und dazu all das Leben, Tiere und Menschen mit Seelen versehen, die ihren Weg gehen, den Weg Gottes im Leben, was bedeutet, dass jeder an seinem richtigen Platz oder Ort ist, wo für ihn das Leben möglich ist.

Was bedeutet, dass jeder sein für ihn vorgesehenes Leben findet, wenn er sich verbessern will, oder aber auch ein Weg der Buße sein kann und so ihm wieder vergolten werden kann.

Durch die Seele erkennt Gott jedes Lebewesen, denn er hat die Seele gegeben.

Und so leben wir ehrfürchtig vor der Schöpfung, die wunderbar ist und geordnet nach den universalen Gesetzen.

Aller Seelen gedenken heißt, das Leben so gut es geht, in allem zu leben, mit allem, was lebt, leben lassen, allem, was lebt, zu helfen, das Leben zu schützen und zu pflegen und zu lieben und alles in allem ein Ganzes zu sehen, und wenn wir dieses verstehen, so erkennen wir auch, dass die Erde lebt mit allem, was geschaffen ist, die Erde ist unser einziger bewohnbarer Ort.

Manchmal braucht man Erinnerungstage, wo gemeinsam im Gebet dies verinnerlicht wird, verständlich wird und wir uns diesem wieder zuwenden, alles in allem ist das Leben, ist jede Seele ein Individuum und es ist schwer zu verstehen, weil Seelen unsichtbar sind, es ist ein Gedanke Gottes und deshalb braucht man nicht zu fragen, ob es einen Gott gibt oder wo er sein kann. Gott ist da, wo Leben ist, und deshalb sagt man ... er ist mitten unter uns ...

Wir versuchen es in Ruhe zu verstehen, uns im Gebet zu konzentrieren und erinnern uns, woher all dieses kommt, das hilft beim Verstehen.

So ist die Bedeutung eine Verinnerlichung aller Seelen, die von Gott geschaffen sind und die einen guten Weg gehen wollen, was leben heißt und niemand darf das Leben verändern, denn dadurch wird viel Leid geschaffen und manchmal und deshalb verteilt sich das Leid über die Menschen.

Ein Tag der Seelen soll für jeden ein guter Tag sein.

- 3 -

Nicht umsonst kommt der Tag nach Allerheiligen, denn diese leben nicht mehr, was bedeutet, diese Menschen haben es nicht so einfach gehabt, doch sie selbst mussten ihr Leben überdenken und erst, wenn sie dazu beigetragen hatten, wurden sie nach ihrem Tod erst selig- und dann heiliggesprochen.

Der Tag danach hat diese Bedeutung, dass jeder „beseelte" Mensch über sein eigenes Leben nachdenkt.

Es ist ein so allgemeiner festtagsmäßiger persönlicher Erinnerungstag an uns selbst, an unsere eigene Seele, an unser eigenes Leben und bietet zugleich auch die Möglichkeit, vieles zu verbessern, denn an diesen beiden Tagen, die kirchliche Feiertage sind, gehen viele zur Kirche und hören genau, was gepredigt wird, denn wenn wir uns erkennen, unsere eigenen Fehler, unsere eigene Schuld, können wir uns ändern, denn es ist kein Zufall, dass weitere erinnerungswürdige Feiertage folgen, um unser Leben wieder zu ordnen und uns wieder einfügen in das universelle Geschehen, von dem wir vielleicht abgekommen sind. Eine Änderung ist nicht nur ein momentaner Gedanke von jetzt zu nachher, es ist eine Seelenarbeit, mit der man sich immerfort beschäftigt, immer weiterhin Gutes denkt und Gutes leistet, an sich erst alles bereinigt, mit sich ins Reine kommt, was bedeutet, dass man eine ernste Gottorientierung sucht und sich danach verhält und lebt und das ist eine Lebensaufgabe, ist ein oder der Lebensweg.

Vielleicht versuchen wir es einmal so zu verstehen.

Und wenn man so denkt, in dem Umfeld nur Gutes sieht, Mensch und Tier und überhaupt alles, was mit der Schöpfung zu tun hat, wird sich wieder ein Gleichgewicht einstellen und wenn wir wieder auf dem geraden Weg sind, wird vieles leichter, erträglicher und vieles der Last löst sich auf, sodass wir nicht verstehen, warum sich dieses alles so aufgebaut hat, wir fühlen uns erleichtert, sind froher und können wieder gesünder aufrecht zum Ziel des Lebens schreiten.

Und der Mensch hat in seinem Leben die Erfahrung gemacht, dass es Gott ist, der die Seele, den Weg und das Leben schuf und uns begleitet bis in den Tod und darüber hinaus.

Wir bewegen uns auf einer beweglichen Erde, die alle 24 Stunden einmal zum Tag und einmal zur Nacht kommt und so in diesem Sinne können auch wir uns bewegen, ein jeder versucht im Leben, den besten und einfachsten Weg zu finden und sind wir einer guten Gesinnung, werden wir auch den besten Weg für uns finden, oder er ist es nicht, dann müssen wir uns auch damit abfinden.

Den Weg Gottes können wir gehen oder auch nicht, aber es ist das Beste, denn eine seelisch-geistige Verbesserung ist eine spürbare qualitative Verbesserung und ist das Leben nun auch wirklich schwer, kann es erleichtert werden, Seele und Geist können somatische Zustände beinhalten und diese sind fast nur im Denken zu lösen, im Gebet und manchmal mit der Buße.

Gott kann helfen.

– 4 –

Wir gedenken manchmal der Toten und aller Seelen in diesem Monat, besonders jener, die von uns gegangen sind, jener von gestern und vorgestern und jener vor Jahren, an die wir uns hin und wieder erinnern, und der Verstorbenen, die schon sehr lange Zeit von uns gegangen sind, in welchem Zusammenhang auch immer wir im Leben auf sie getroffen sind.

Wir gedenken erst jener, die uns von Geburt aus nahestehen und hoffen, dass wir nicht viel beklagen müssen.

Und manchmal eben auch jener, die uns gar nicht nahe stehen – und eigentlich wollten wir nie etwas wissen von diesen

Personen –, die wir aber getroffen haben, weil auf unserem Weg des Lebens, sie uns eine Hürde waren, vielleicht tut es gut zu denken ... froh, dass sie nicht mehr leben ... und das, was man selbst dazu beigetragen hat, dass das Leben zur Hürde wurde, zu bereinigen, es ist nicht immer einfach und es geht auch nur, wenn man selbst etwas nicht richtig gemacht hat, so in Gedanken sich selbst zu korrigieren, sich selbst einzugestehen, was man hätte besser machen können, sei es im Gespräch, die Worte, die man gewählt hat, oder in irgendeiner Handlung, sich selbst zu ordnen in den Gedanken, das hilft einem selbst und die tote Seele löst sich besser vom Leben und oft spürt man eine Erleichterung.

Es kann sein, dass man eine gewisse Zeit keine Ruhe mehr findet, wenn man sich für manch Tote mitverantwortlich gemacht hat – und diese können sich wirklich erst nach Jahren lösen.

Wir gedenken einfach der Verstorbenen im Allgemeinen, dass sie in Frieden ruhen können und dass das, was im Leben sie belastet hat, gelöst werden konnte, dass sie Ruhe finden im Tode, denn auch Tote haben noch Last, und sollte der Tag kommen, an dem wir wieder leben, so möge der Weg ein besserer sein, deshalb ist es gut, in Ruhe und Frieden zu sterben, das Leben bereinigt zu haben mit der festen Überzeugung auf ein besseres Leben, denn beim Tod hört zwar dieses Leben auf Erden auf, jedoch nicht jenes im Himmel, denn die Seele lebt weiter und nimmt das mit, was sie auf Erden geschaffen hat in ihrem Leben.

Deshalb ist es immer gut, zu jeder Zeit, zu jeder Stunde vorbereitet zu sein, denn niemand weiß, wann und wo die letzte Stunde schlägt und man soll nie sterben ohne ein Gebet, Gott mag verzeihen und Gott kann verzeihen.

Die Seelen können sich nur auf Erden entwickeln und entfalten und verbessern und das Leben ist wie ein Lernprozess und es ist so, dass Verfehlungen irgendwann im Leben „abgearbeitet" werden und Gott stellt einen auf den richtigen Platz und das kann überall sein und es gibt Menschen, denen es nicht so gut geht und auch die müssen im Leben zurechtkommen. Doch jeder, egal wo man lebt, kann sich verbessern, wenn er einer guten Gesinnung zustrebt und Gott und die Schöpfung richtig zuordnet und sich selbst auf den Weg macht und zum Ursprung zurückfindet, was bedeutet, Gott in seinem Willen zu folgen.

Gott mag verzeihen – Gott kann verzeihen.

– 5 –

Zu Pommes frites ...

kann alles gegessen werden, entweder nur Pommes mit Ketchup und Mayonnaise oder nur gesalzen.

Am besten eine Gemüseplatte mit frischem Gemüse oder aus der Tiefkühltruhe, wie
Prinzess-Bohnen mit Bohnenkraut,
Erbsen mit Petersilie,
Brokkoli natur oder in Butter-Semmelbrösel geschwenkt,
Blattspinat,
Kohlrabi mit etwas Crème fraîche,

und dazu eine gemischte Salatplatte mit
grünem Blattsalat,
Gurkensalat und Karottensalat,
Tomaten mit Mozzarella und frischem Basilikum und Balsamico
oder Salate in Streifen geschnitten wie
Chicorée, Eisbergsalat, Endiviensalat und Radicchio,
gut zu mischen mit Tomaten, Gurken, Paprika, Radieschen, frischen Champignons, Oliven und Hirtenkäse, Öl, Essig, Pfeffer und Salz, anschließend ein gemischter Obstteller oder Pistazieneis mit Kiwischeiben umlegt.

Wussten Sie, dass diese Frucht erst 19732 bei uns eingeführt wurde?

- 6 -

Wir wollen hoffentlich nicht auf dem Friedhof verweilen, sondern müssen vielmehr noch im Garten arbeiten, wo Verschiedenes aufgeräumt wird oder die Beete abgeräumt werden, denn das, was gewachsen war, dürfte jetzt vorbei sein und das Grünzeug können wir entweder selbst zerkleinern und verwenden oder es auf den „grünen Platz" bringen. Wenn man Sträucher oder Bäume zu schneiden hat, ist das jetzt möglich, ab Ende Oktober bis November, weil die Vögel dann fort sind, oder im zeitigen Frühjahr erst ab Februar bis Anfang März, bevor sie wiederkommen.

Jetzt blüht noch Verschiedenes in kräftigen Farben, die Herbstastern in großen Stauden und alles geht so fließend in herbstlich braun-gelbe-rötliche Farben über, ein herrliches Erleuchten und es hat eine so beruhigende Wirkung, doch dieses Hinsehen erweckt die Gedanken ... wie die Blätter sich so verfärben ... und ... wie schön bunt sie sind ... Verschiedene Bäume und deren Grünzeug enthalten Farbstoffe und mit abnehmender Wärme und mangelhafter Ernährung färben sich die Blätter, man sieht den Farbstoff, der vorher unsichtbar war, die ganz braunen Blätter haben keinen Farbstoff mehr, die sind einfach verdorrt, der Regen und anhaltende Kälte macht das Blatt locker und es fällt ab und am Boden trocknet es und raschelt und irgendwann werden auch die farbigen braun. Im Laufe des Winters, wenn es regnet, zersetzt sich das Laub schichtweise.

... und alles wird einmal vergehen ...

- 7 -

Früher war es in manchen Schulen üblich, dass man einmal die Woche einen naturnahen Spaziergang machte, und Kinder haben in der Herbstzeit viel buntes Laub gesammelt und Bilder daraus gemacht.

Bei der Gelegenheit wurden auch Esskastanien gesammelt und das alljährliche Wechseln der Jahreszeiten miterlebt, der Unterricht war naturbezogen und was gelernt wurde, konnte man sehen, ... was blüht denn da ...?

Das wusste man früher, man war kundig und der Bezug zur Erde war noch ein tieferer, ein sinnbewussterer, die Erde bringt hervor und die Erde lässt es wieder vergehen, es wird wieder zur Erde, so konnte man es beobachten zu verschiedenen Zeiten, die Zersetzungsprozesse und die Neubildungen von Erde und allem, was man im Garten hat oder im Wald und auf dem Feld, und auch dieses ist eine sinnvolle und nahrhafte Verstoffwechselung, die ganze Natur, was gewachsen ist, die aufstrebende Kraft im Frühjahr und das Versiegen oder Absterben, das Verdorren und Zersetzen durch die biochemischen Abläufe, verschiedene Stoffe fließen durch den Regen in die Erde und andere werden durch das Vermodern von Mikroorganismen beschleunigt.

So hat auch die Erde einen Stoffwechsel und unterliegt verschiedenen Kreisläufen.

Es ist gut, auch diese zu verstehen.

Der Herbst in all seinen Farben.

– 8 –

Wir können uns noch einmal den allgemeinen Werten zuwenden, die wir beachten können beim nächsten Einkauf.

Wir gehen von einer Fleischmenge aus pro Person, die sich aus den Werten errechnet, das sind 100 Gramm.

Das sind die üblichen Mengen, die verzehrt werden, etwa 100– 150 g oder auch einmal 200 g Fleisch von verschiedenen Tierarten und diese sind variabel, am besten ist noch ... 100 Gramm

	Fett	Cholesterin
1 Schnitzel mager!	1,9 g	50 mg
1 Kotelett mittel!	7,0 g	50 mg
Verschiedene Stücke		
Vom Rind	3,7–37 g	50–85 mg
Vom Schwein	13,8–55,5 g	64–85 mg
Vom Geflügel	4–31 g	60–96 mg
Vom Wild	3–9 g	63–110 mg
Innereien	4,0–9,6 g	115–492 mg

Außer Hirn, das hat Werte über 2.000–2.200 mg Cholesterin!

Alle Wurst- und Fleischwaren, die verarbeitet werden, haben Werte zwischen 20–45 g Fett und 100–150 mg Cholesterin.

Und Cholesterin sollten wir überhaupt nicht essen.

Und so sollten die Blutwerte auch konstant bleiben.

Cholesterin ?190 mg/kL und Triglyceride ? 150 mg/dL (150–199, ab 200 hoch), dann sind auch die Werte ?–GR und GPT zu beobachten und ebenso das LDL ?160 mg/dL und HDL ?50,0 mg/dL.

Vielleicht noch eine Übersicht über Fluss- bzw. Süßwasserfische und Hochseefische und Krustentiere.

Im Vergleich von 28 Sorten betragen die Werte jeweils in 100 g:

	Fett	Cholesterin
Allgemein	1–28 g	24–82 mg
Außer:		
Aale	24,5 g	142 mg
Lachse	13,6 g	44 mg
Makrele	11,9 g	82 mg
Hering	17,8 g	77 mg
Thunfisch	15,5 g	70 mg

Krustentiere-Vergleich von 9 verschiedenen Sorten je 100 g: Krustentiere enthalten Fettwerte zwischen 0,9–1,9 g, jedoch sehr hohe Cholesterinwerte zwischen 113–275 mg, außer Tintenfisch, der hat Fettwerte von 170 g und 275 mg Cholesterin.

Fische und Meerestiere bestehen wie Fleisch aus Eiweiß und Fett und haben hohe Cholesterinwerte, sie haben keine oder keine nennenswerten Kohlenhydrate (bis 1,5 g).

Die verarbeiteten Meerestiere, also eingelegte, marinierte, ... je nach Zutaten und Herstellung haben immer noch höhere Werte wie die bereits genannten, Fett 38–83 g, Cholesterin 190–300 mg.

- 10 -

Zucchini-Suppe:

200 g Zucchini,
½ TL grüner Pfeffer,
½ TL Rindsbouillon
wird zerkleinert und in etwa 250–300 ml Wasser etwa 5–7 Minuten gekocht, dann alles fein pürieren,
auf dem Teller 1 TL saure Sahne und ganz fein mit Kokosflocken abschmecken, garnieren.

Tomatensuppe:

Tomaten werden im Wasser 3–5 Minuten gekocht, dann lässt sich die Haut gut entfernen, dann zerkleinern und mit grünem Pfeffer und etwas Salz pürieren.
Die Kräuter können je nach Geschmack hinzugegeben werden, Basilikum, Estragon, Petersilie.
Wenn man es etwas kräftiger im Geschmack will, hilft man sich mit Tomatenketchup.

Die meisten Suppen sind schnell zubereitet und manche essen abends nicht mehr viel und gerade in der kalten Jahreszeit eignen sich diese mit etwas Toast oder Brötchen.
Auf ein gutes Gelingen.

- 11 -

Und wenn man am Morgen erwacht, ist es grau-weiß und düster und oft noch dunkel. Meistens bleibt es den ganzen Tag so, das Dunkel der Nacht verzieht sich langsam und es bleibt trübe und düster, es sieht aus, als wollte es nicht mehr Tag werden.

Der Himmel ist bedeckt mit den grauen Wolken und man kann nicht unterscheiden, ob es der Himmel ist oder eine einzige Wolke, die aussieht wie der Himmel. An manchen Tagen regnet oder nieselt es den ganzen Tag und die Temperaturen sinken, es ist insgesamt feuchtkalt und diese Kühle zeigt schon den winterlichen Charakter. Es ist morgens lange dunstig bis nebelig, schwer liegt es in der Luft, es ist nicht der jahreszeitlichen Temperatur entsprechende wechselnde Nebel, wie es noch im Oktober oft der Fall ist, dass nach dem morgendlichen Nebel dann die wärmende goldene Sonne diese Nachtbarriere durchbricht und den Tag hell erleuchten lässt.

Es ist der winterliche Dunst, der schwer ist und wir fühlen uns auch oft müde und schwer und es hat den Anschein, es kommt nichts mehr, und es hält dieses morgendliche grauweiß-düstere Dunstige bis zum Nachmittag an, und dann kommt auch nichts mehr, denn die Tage sind Mitte November schon so kurz, dass man die Sonne gerade noch zwischen dem Morgen und dem Abend sieht.

Und seit die Uhren auf Winterzeit umgestellt sind, ist der Tag noch kürzer und jeden Tag sieht es aus, als werde es bald Schnee geben, diese Farben haben die Wolken, die aussehen wie der Himmel.

Trotz allem, wenn auch das Gemüt etwas traurig wird, etwas melancholisch wird, haben wir noch ab und zu die Kraft hinauszuschauen in die Natur und die letzten Farben, das schwindende Naturelement in uns zu verinnerlichen, die Vegetation steht noch im vollen Laubzustand und man kann darin verweilen zu beobachten, wie ein Blatt nach dem anderen zu Boden schwebt.

Es kommen einem viele Gedanken, wenn es Abend wird, der Winter, der spürbar naht und … hoffentlich werde ich diesen noch überleben … mit dem Winter kommt die „Krankheit" und der Tod, aber es ist nur im Geiste.

Und es scheint so, als erinnere man sich an frühere Zeiten, an das kalte frostige Europa, als die Menschen abgekommen waren, wild und unbändig waren sie geworden und sie lebten oder hausten in Höhlen und ihre Gedanken und Schatten, mit denen sie kommunizierten, hinterließen sie auf den Felswänden. Ob sie nun tanzten und sich mit dem flackernden Feuer bewegten oder ob es die Kälte war, sie trommelten und klopften und bewegten sich im Takte.

Vielleicht ist es jene Zeit, wo das Gemüt und die Gesinnung sich ändern und wir manchmal danach nicht mehr wissen, wie es weitergeht, und alles hat seine Folgen.

Ein froher Mensch wollen wir wieder sein, denn bald doch geht es wieder aufwärts und das neue Frühjahr naht und ab dem 21. Dezember wird es wieder heller.

Wohl doch – zum neuen Jahr.

- 12 -

Bulgur:

80–100 g Bulgur
¾ TL Rindsbouillon
½ TL grüner Pfeffer

Bulgur wird in Wasser im Verhältnis 1:3 etwa 15 Minuten leicht gekocht, dann
1 große Tomate in kleinen Stücken dazu und nochmals 2–3 Minuten dünsten und einige Minuten quellen lassen.

Dazu Brokkoli in zerlassener Butter mit Semmelbrösel

Und gefüllte Champignons mit Feta:

3–4 große Champignons, Stiel wird entfernt, mit Feta gefüllt und etwas Öl darüber, im Backofen auf Alu-Papier leicht backen oder etwa 5 Minuten erhitzen.

Salate aus gekochtem Gemüse und Rohkost:

Karottensalat
Paprika
Rote Beete
Bohnensalat

Zu allem dazu der Hirtenkäse, Oliven und gefüllte Weinblätter.

Dessert:

Trauben und frische Ananas

- 13 -

Die Empfehlung einer gesunden Ernährung hat sich im Laufe der Zeit in den letzten hundert Jahren verändert, hin zu einem höheren Anteil an Fetten aufgrund der Zeiten des Krieges, wo die Menschen eher unterernährt waren oder mangelernährt. Das beruht auf den Tatsachen des wirklich zu wenig also entbehrend. Die Empfehlungen sind nur dann von Nutzen, wenn der Mensch auch die Auswahl oder das Angebot hat, was empfohlen wird.

Und ob diese Empfehlungen über einen längeren Zeitraum gesehen wirklich gesundheitliche Erfolge bringt, zeigt sich erst viele Jahre später, wenn man Vergleichsdaten hat.

Etwa um das Jahr 1900 hatten die Menschen überwiegend mit Infektionen und Seuchen zu kämpfen bis in die und durch die Kriegszeiten, bis in die 60er- und 70er-Jahre, und das hatte vielerlei Ursachen. Zeiten bringen Veränderungen, Menschen schaffen Veränderungen und Menschen müssen mit den Folgen leben, entweder mit jenen, die sie selbst verursacht haben oder mit jenen, für die die Generation davor verantwortlich war. Dafür entstanden „Nährböden" und die Ursachen sind ubiquitär, immer und überall kann es wieder aufbrechen, sich verändern und sich neu ausbreiten.

Das hat jetzt nicht direkt mit der Ernährung zu tun, als nur sich satt zu essen, dass man nicht so anfällig ist und sekundär über das Säure-Basen-Gleichgewicht, was eine Anfälligkeit im sauren Milieu begünstigt. Und diese Begünstigung liegt beim Verzehr von Tieren.

– Das ist nicht zu verachten. –

– 14 –

Und irgendwann ...

wird man feststellen, dass es die Veränderungen der naturgegebenen Kreisläufe sind, in die wir eingewoben sind, Mensch und Tier gleichermaßen, und mit der intensiven Veränderung der Tierhaltung und des hohen Fleischkonsums verändern wir unsere Prädispositionen dahingehend, nämlich in schwer regulierbare Systeme in den Kopfbereich des hormonellen, enzymatischen, also des biochemischen, nervalen Geschehens und hier fehlt uns die Erfahrung, also zum einen Vergleichswerte und zum anderen die Möglichkeiten einer Regulierung, denn das ist das Schwierigste.

Die Schwierigkeit besteht in der Wirtschaftlichkeit, diese könnten auch andere Produkte verkaufen, doch es ist schwerfällig, Wirtschaftszweige umzudisponieren.

Es besteht in der langen Gewohnheit des Essverhaltens und dem Nicht-vorstellen-Können, ohne Fleisch leben zu können.

Das Denken, wir sind Vegetarier und essen nur vegetarisch, verhilft der Einstellung.

Die Akzeptanz, eine artgerechte und wohl befindliche Lebenssituation für die Nutztiere zu schaffen, ist umsetzbar, ohne dass jemand Schaden erleidet, denn es ist und wird eine höhere Qualität, wenn bestimmte Grundvoraussetzungen geschaffen sind.

Die Reduzierung des Gesamtkonsums auf mindestens 2–3 Tage wird eine spürbare Veränderung schaffen.

Und das können wir erreichen.

– 15 –

Die Bilanz des Jahres ...

Im Jahr sterben bei uns etwa 960.000 Menschen und jetzt fragt man sich, warum und an was sie gestorben sind.

Nun, es ist gewiss, dass wir alle einmal sterben, früher oder später, und niemand wird verschont oder vergessen, so wird es sein, es ist die Qualität des Lebens oder des Sterbens und das ist ein denkwürdiger Aspekt. Den einen trifft es jünger und den anderen erst als 100-Jährigen und wir werden immer älter, der Durchschnitt bei uns liegt bei 80 Jahre, also ab diesem Alter kann man sich damit beschäftigen.

Etwas 180.000 sterben an Herz-Kreislauf-Erkrankungen, etwa gleich viele an Krebserkrankungen und ebenso viele an stoffwechselbedingten Erkrankungen.

Etwa 3.500 sterben auf den Straßen und etwa gleich viele im Haushalt an ihren Verletzungen.

Von 420.000 stirbt die Hälfte an vielen verschiedenen Erkrankungen, also etwa 220.000 sterben gesund, dass man am Morgen nicht mehr aufwacht.

Das Jahr bringt, wenn es wenig ist, etwa 10.000 Tote an grippalen Infekten und wenn es ein schlimmes Jahr ist, können es bis zu 25.000 sein. Und fragt man 100-Jährige, was sie gegessen haben, erzählt einem jeder etwas anderes und man schmunzelt, der eine steht früh auf und macht sportliche Übungen, der andere trinkt nach dem Essen ein Schnäpschen, ... doch im Allgemeinen waren sie gesund.

Wenn es viele Menschen gibt, so wird es auch viele Erkrankungen geben und viele, die ihre Ernährung an ihren Beschwerden oder an die Medikation anpassen müssen.

Die gesundheitlichen Empfehlungen orientieren sich an dem Zeitgeist, von Trendwenden geprägt, jedoch mit wissenschaftlichen Hintergründen, die jedoch auch bearbeitet werden, wenn man neue Erkenntnisse und Erfahrungen gemacht hat.

Wenn wir uns die Zahlen ansehen, sind es oft die stoffwechselbedingten Erkrankungen und auch Herz-Kreislauf-Erkrankungen, die damit zu tun haben, und deshalb kann es nur das Fett sein oder auch Zucker und Salz. Zucker braucht man im Haushalt überhaupt nicht, es sind hauptsächlich die gekauften Süßwaren und Gebackenes, also Kuchen und Gebäck und allein damit nimmt man viel Zucker auf.

Salz ist in vielen Fertigwaren und braucht zu Hause auch kaum verwendet werden. Alle Speisen werden mit viel Kräutern und Gewürzen schmackhaft gemacht, sodass man Salz fast weglassen kann. Und man wird feststellen, dass der Eigengeschmack mancher Lebensmittel viel intensiver und aromatischer ohne Salz ist, und es ist bei vielen oft nur Gewohnheit, man achte einmal darauf und stellt fest, wie viel – und oft auch unnötig – davon verwendet wird.

Tatsächlich gesalzen werden Pommes frites, Bratkartoffeln und Gurken, letztere einen Tag vorher, damit sie entwässert werden.

Was man nicht zu Hause hat, kann man nicht essen.

Also letztendlich bleiben nur das Fett und das Cholesterin und nach reiflicher Überlegung findet man eine Lösung.

Der Mensch braucht schon etwas Fett, etwa so viel, wie es den Empfehlungen entspricht und diese sind an die täglichen Anforderungen angepasst, wichtig für die Gesamtstabilität des Körpers und der Organe, was wir nicht brauchen ist Depotfett, denn hier fängt das Übergewicht und die Tendenz der Erkrankungen an.

Wir essen alles, was es gibt, was eben ein Vegetarier so isst und die Auswahl ist riesig, so viel gibt es im Geschäft, dass einem eher die Wahl schwerfällt, ... was koche oder kaufe man heute noch ...

Das notwendige Fett essen wir über die Milch- und Käseprodukte, die nahrhaft sind und alle wichtigen Werte enthalten viel Kalium, Calcium und Magnesium.

Die Fettwerte, wenn wir darauf achten müssen, entnehmen wir auf den Packungen pro 100 g – diese können auch recht hohe Werte haben –, dann suchen wir welche mit wenig oder geringem Fettanteil, also mit kaum nennenswerten Werten von 0,7–4 g Fett und 3–10 mg Cholesterin, es sind dann magere Produkte.

In den Packungen sind meistens 100, 150 oder 180 g abgepackt, also kann man recht gut essen.

Und Rezepte kann jeder finden oder von den angegebenen einige ausprobieren.

Diese sind sozusagen frei von Cholesterin, mit Ausnahme von Sahne und das kann alles durch Joghurt ersetzt werden.

Auch das Fach für die Fette kann, wenn es aufgebracht ist, gereinigt werden, denn das brauchen wir jetzt gar nicht mehr, denn wer kein Fleisch isst, der braucht auch kein Fett mehr, dann wird auch nicht mehr so viel Fettdunst verteilt.

Und so können wir uns jetzt genau auch an die Gesundheits-Empfehlungen halten, die besagen, dass das tierische durch das pflanzliche Fett ersetzt werden soll, wir verwenden also pflanzliche Öle und somit ist man – s o f o r t – völlig frei von Cholesterin! In einer fleisch- und fischlosen Küche werden die Gemüse entweder in Wasser gekocht oder nur leicht in Öl gedünstet und dann Bratkartoffeln und Zwiebeln und das war es auch schon, es sei denn, man will die Arten von Pfannkuchen essen.

Einiges kann in zerlaufener Butter geschmolzen werden, verschiedene Gemüse, und Semmelbrösel dazu 1–3 Minuten oder ganz leicht.

Öle und Butter werden nicht lange erhitzt, die Gerichte müssen nicht lange gekocht werden und so bleiben die Inhaltsstoffe erhalten und es ist ein gesünderes Kochen und man ist viel schneller fertig, Frisches braucht etwas länger als Tiefgefrorenes. Oder wie lange kochen sie denn?

Was braucht am längsten?

Also nur vegetarisch ist die Lösung.

Warum haben wir das nicht längst schon gemacht?

Jetzt kommt die Wende.

Heute, an dem Tag, wo wir der Toten gedenken, ist ein stiller Tag, wo viele in die Kirche gehen oder auf den Friedhof und im Stillen an ihre Toten denken.

Es ist ein Tag des Volkes zur Erinnerung an die, die gegangen sind aus verschiedenen Gründen, es ist nicht ein persönliches

Gedenken an verstorbene Verwandte oder Freunde, es ist Gedenken an all die Toten, die längst vergessen sind und manchmal ist es auch gut, wenig noch ist erhalten aus dieser Zeit.

Doch man gedenkt jener, bis ein Zeitpunkt erreicht ist, wo der Tote keinen Kontakt mehr hat, oder wir das Leben dessen, die Zeit mit jenem verarbeitet haben und es ist gut, irgendwann zu sagen ... jetzt hat man den Frieden gefunden im Inneren und traurig ist es, weil es im Leben nicht möglich war, aber manchmal geht es nicht anders und es ist gut, wenn dieses verarbeitet ist, das sich oft auf die Toten bezieht, mit denen man nicht gerne zu tun hatte im Leben.

Es gibt auch die Möglichkeit zu sagen ... Gott sei Dank ... wir sind erlöst von diesem „Übel" und können jetzt in Ruhe leben und wenn manche Menschen einen im Leben terrorisieren, hat man oft jahrelang Leid zu tragen, mit solch unverträglichen, ja bösen Menschen, von welchen es mehr gibt, als man denkt.

Ja, man gedenkt der Toten, die, Gott sei Dank, von uns gegangen sind und infolgedessen wir nun in Frieden leben können, auch wenn es noch lange dauert, bis alles wieder in Ordnung ist, die Seele Ruhe findet und man sich wieder zurechtfindet im Leben.

Ja, wir gedenken der Toten, so der Tag heißt, die von uns gegangen sind vor langer Zeit schon, die durch die Wirren der Zeit umgekommen sind, in den vielen Kriegen und Katastrophen, die sich eingesetzt haben für das Vaterland und an die kaum noch jemand denkt.

Wir gedenken deshalb, weil diese eine sehr schwere Zeit hatten und hoffen, dass es besser wird und besser bleibt, denn es ist das Traurigste, das Leben zu lassen für einen Krieg.

Wir hoffen, dass sie danach eine bessere Zeit erleben, im Tod irgendwann Ruhe finden, in Frieden ruhen können.

Gott sei ihnen gnädig, das Leben vielleicht noch einmal verarbeiten zu können.

Für eine bessere Zeit in Ruhe und Frieden zu leben.

Lasst uns hoffen.

1952 wurde der Tag wieder eingeführt zum Gedenken an 1922, wo man lange die Kriegsgräber pflegte.

Es gibt viele Friedhöfe mit namenlosen Gedenksteinen oder Kreuzen, wo all die unbekannten Toten begraben liegen, irgendwo in weiter Ferne ... und manchmal hat man die Möglichkeit dahin zu kommen und helfen diese Gräber zu pflegen.

Und dort ist eine andere Atmosphäre, der Tod ist still und doch noch so lebendig.

Möge nie wieder solch ein Leid über uns kommen.

Und niemand trägt die Schuld und Verantwortung.

– 20 –

Wir versuchen klar und überschaubar zu denken und uns einen Gesamtüberblick zu verschaffen.

Die Empfehlungen von wissenschaftlicher Seite sind die allgemeinen Rechenwerte und dann folgen die Ratschläge von ärztlicher Seite, die einen daraufhin hinweisen, spätestens dann, wenn die Blutwerte erhöht sind und Medikamente zur Verordnung kommen ... das Fett muss weg ... und vielleicht noch ... andere Risikofaktoren ... Wir müssen davon ausgehen, dass ein Arzt eine Fachausbildung am menschlichen Körper hat, er ist kein Ernährungsgelehrter, also genaue Kochvorschläge muss man selbst erarbeiten, manchmal bekommt man noch eine Information zum Lesen mit, die genau studiert werden muss und an die man sich auch halten sollte.

Und als Erstes steht ... tierisches Fett ist durch pflanzliches Öl zu ersetzen ... und manchmal steht ... Fisch soll gut sein ... Fisch ist Fleisch, nur dass es quasi im Wasser schwimmt, und besteht aus den gleichen Bestandteilen Eiweiß, Fett und Cholesterin!

Wie soll man denn da die Werte senken? Man kann keinen Fisch essen, um die Fleischwerte zu senken! Und einen cholesterinfreien Fisch gibt es nicht! Man hört, es gibt Fischöl?

Fische sind nicht ölig, sie sind fett und um „Fischöl" zu gewinnen, einige Tropfen, braucht man einige Kilogramm tote Fische!?

Man erreicht mehr, wenn man das Fleisch weglässt und auch keinen Fischtag hält, denn nur so wirkt das „Fischöl".

Ob wir das dann noch brauchen?

<h1 style="text-align:center">- 21 -</h1>

Geht es Ihnen auch so …

und die Leute berichten …

und man hört es von nah und fern …

… also seit wir kein Fleisch mehr essen …

… uns geht es viel besser, wir brauchen viel weniger einzukaufen und das alles brauchte Platz …

… wir kochen viel schneller, in einigen Minuten ist das Mittagessen fertig.

… seit wir kein Fleisch mehr essen, hat sich das Gewicht reduziert und die hohen Werte haben sich wieder richtig eingestellt.

… wir brauchen keine Medikamente mehr … und deshalb fühlt man sich wesentlich wohler und vitaler und sie berichten, wie kreativ sie geworden sind in Neufindungen von Rezepturen.

… wie viele Bücher es gibt zur vegetarischen Ernährung …

Von nah und fern werden die Leute aufmerksam und wollen Informationen … mitmachen wollen sie … das dürfen sie …

… hier in großen Scharen kommen die Menschen, denen es geholfen hat, und unterstützen die Empfehlungen.

… Gesundheitstage und freiwillige Tage für das Leben …

… wir helfen uns selbst und anderen …

… wir helfen den Tieren …

… und vieles wird sich zum Guten wenden.

… und wir machen weiter so …

Haben Sie schon damit angefangen?

- 22 -

Der Tag folgt dem Volkstrauertag und es ist, wie der Name schon sagt, ein allgemeiner Gedenktag, denn erst trauert das Volk um die Toten, ob durch Krieg, Katastrophen oder sonstiges Unglück die Menschen zu Tode kamen und in dem Trauern oder danach stellt sich bei manchen die Frage, ob man vielleicht doch etwas dazu beigetragen hat, dass manches so gekommen ist.

Aber wir können uns keine Schuld mehr andenken für Zeiten, die längst vergangen sind und zu denen wir keinen Bezug mehr haben. Der Tag soll auch eher, wie es heißt, ein Gebetstag sein, in stiller Andacht beten und bitten wir um unsere Vergebung, wenn wir wissen, etwas getan zu haben, so machen wir es wieder gut, wenn es möglich ist, ansonsten bitten wir um Vergebung der unbedachten Worte und Gedanken.

Ich bitte um Vergebung meiner Schuld, Gott möge mir verzeihen und wenn ich etwas gut machen kann, so will ich es tun.

Gott möge uns weiterhelfen in all unseren Nöten, bei all unserer Last und möge uns das Leben erleichtern.

Gott mag uns verzeihen und von nun an will ich Gutes tun.

Gott mag uns verzeihen und nie wieder will ich Gott beleidigen.

Das ist eine schwere Schuld.

- 23 -

Es ist kompliziert, aber wenn wir zurückgehen zu den Anfängen, als fleisch- und fischlose Wesen sind wir geboren und diese haben auch keine Milch- und Käseprodukte gegessen und auch keine Eier, Millionen von Jahren haben die Menschen gelebt, gesund robust und sie haben ihr Alter erreicht und beschwerdelos sind sie gestorben.

Erst den Jägern und Sammlern vor 200.000 bis 150.000 Jahren war es möglich, Tiere zu erlegen, ab dieser Zeit konnten sie Fleisch essen, aber nur totes und Milch und Käse hatten sie im-

mer noch nicht. Erst 10.000 bis 8.000 v. Chr. wurden sie sesshaft und ab etwa 6.000 v. Chr. fingen sie an, Tiere zu domestizieren, die ersten waren Hund, Wild und Ziegen, ab 4.000 v.
Chr. kamen das Pferd und Rinder dazu, als Zuchttiere, also
frühestens 3.000 bis 2.500 v. Chr. war es möglich, Milch zu
trinken!

Und hat einmal jemand Käse ohne Kühlmöglichkeiten gemacht?

Die Natur besagt nicht … zu jagen, damit die hormonellen
und enzymatischen Systeme im Körper funktionieren … also
brauchen wir nicht auf so unvorstellbare Weise irgendeinen biochemischen Stoff in einem Tier zu suchen.

Die Natur besagt … ich gebe euch alles, was im und auf dem
Boden wächst, und die Früchte des Baumes und das beinhaltet Ölpflanzen und Ölfrüchte, so wie sie nun bei uns im Ge-
brauch sind.

Diese Öle bestehen rein rechnerisch aus Kohlenstoff (C) und
Wasserstoff (H) und manchmal haben sie eine Verbindung, sie
sind mittel- und kurzkettig. – Die Natur hat recht. –

– 24 –

Also bei Ölen aus Pflanzen ist es so, dass das, was flüssig ist,
im Körper nicht fest werden kann, das heißt, es „setzt oder lagert" sich nichts an Gefäßen ab und kann schnell ab- oder umgebaut werden – also verstoffwechselt.

Man unterscheidet gesättigte Fettsäuren (FS) und ungesättigte, das besagt, wie reaktionsfreudig die Verbindungen sind,
wenn diese viele C-Atome haben, können sie nicht mehr gut reagieren, sind also gebunden. Bei den ungesättigten Fettsäuren
gibt es einfache und mehrfache ungesättigte Fettsäuren. Wir
können natürlich nur von jenen Substanzen ausgehen, die in
Pflanzenölen vorkommen, nicht von denen, die in Fischölen
vorkommen.

Bei den gesättigten FS gibt es Arachidonsäure (chem. Name: Eicosansäure), diese kommt nur in den Fetten pflanzlicher Samen vor, z. B. in Erdnüssen.

In der Reihe der ungesättigten FS, also einfach ungesättigt, ist es die Erucasäure (Docosansäure) in Samenölen wie Raps- und Erdnussöl. In der Reihe der mehrfach ungesättigten FS gibt es die Arachidonsäure (Eicosatetraensäure), die nicht nur in Fischölen vorkommt, das ist in den Phosphatiden tierischer Fette z. B. in der Leber – die Namen klingen sehr ähnlich! Und was nur in Fischöl vorkommt, ist Clupanodonsäure. Wenn diese Stoffe nur bei den Fischen vorkommen, ist das für diese wichtig, denn die funktionieren nun doch wirklich ganz anders (!) als der Mensch.

Der Mensch braucht in der Nahrung Öle mit den Wirkstoffen der Pflanzen! Und diese können dem Menschen helfen!

– 25 –

Manchmal liest man, es sei gut, wenn wir Omega-3- und Omega-6-Säure essen?!

Das sind Linolsäure (= Omega 6) und Alpha-Linolensäure (= Omega 3), beide sind mehrfach ungesättigte Fettsäuren.

Wo findet man diese?

Hauptsächlich in Pflanzenölen, besonders reichlich in Lein- und Färberdistelöl und in anderen Ölen.

Aus den biochemischen Substanzen bildet sich die Arachidonsäure und diese ist eine Vorstufe der Prostaglandine. Der Mensch hat normalerweise keine Mangelerscheinungen.

In den Tierversuchen können Dermatitis oder Fortpflanzungsstörungen und Wachstumsstörungen auftreten, aber nur deshalb, weil man den Tieren die Nahrung nicht zuführte.

Der Mensch isst oder verwendet Öle und diese sind gut für die Haut und haben positive Wirkungen im Körper auf die Nerven und auf das Schmerzzentrum! Und die Haut ist wichtig, denn sie ist ein Atmungsorgan, ein Ausscheidungsorgan, sie ist ein Spiegel der Seele und das bedeutet, sie hat Einfluss auf die Psyche des Menschen, also Reaktionen im Kopf und somit beeinflusst sie die Nerven, die Überträgerstoffe und das Schmerzzentrum.

Und alle Pflanzenöle haben kein Cholesterin – also was wollen wir wirklich? Der biochemische Wirkkreislauf der Pflanzen hat dann Einfluss im Organismus.

Also nur verschiedene Pflanzenöle! Das muss man verstehen!

– 26 –

Grau und trist ist oft der Tag, so wie er den Namen trägt, und im dunstigen Nebel ziehen die Menschen zum Friedhof und suchen ihre Verstorbenen auf, die Gräber sind gepflegt und das Licht leuchtet ihnen.

Das ist ein „trauriger" Monat und es soll auch so sein, nachdenklich, voller Buße, reinigend und doch vorbereitend für den kommenden adventlichen Monat.

Der Tod ist immer das Ende von allem und die von uns gegangen sind, können nichts mehr tun. Erinnern und überdenken, traurig oder froh tun die Zurückgebliebenen und auch von den Toten sollte man im „guten" Abschied nehmen, das erleichtert das Leben und ist und kann auch verzeihend sein. Es ist gut, wenn man im Tod oder Leben sich davon befreien kann, was in Zwietracht war. Wir mögen auch den Toten verzeihen und vielleicht wussten oder konnten sie nicht anders.

Wir bitten und beten für die „armen Seelen" und mit dem guten Denken und Gebet lösen wir schweres Leid und Schicksal und das Leben ist nicht immer für jeden einfach.

So möge unser Gebet erhört werden im Leben und im Sterben und jeden kann es jeden Tag treffen und es ist gut nicht ohne Gebet zu sterben, man kann gut oder auch weniger gut sterben.

Gott allein im Leben und im Sterben.

Gott allein für den Tag und die Stunde.

Wie senkt sich das Cholesterin?

Der Mensch produziert das Cholesterin selbst, was im Körper gebraucht wird, also pro Tag 1–2 mg Cholesterin, das wird verbraucht oder ausgeschieden.

Wir brauchen keines zu essen, um zu funktionieren.

Und sind die Blutwerte zu hoch, hilft nur streng alles Fleisch, Wurst und Fisch wegzulassen, ebenso fette Milch und Käseprodukte, denn es sind nicht nur die langkettigen schwer lösbaren Fette, die zu den beinhalteten hohen Cholesterinwerten führen, sondern der Mangel der schnellen Abbaubarkeit und der Ausscheidung.

Also gilt es diesen Prozess zu beschleunigen, etwas, was in den biochemischen Kreislauf eingreift, und die Abbauprodukte so schnell es geht ohne Schäden zu eliminieren.

Dafür eignen sich deshalb die Öle, die die Haut, die Nerven und das Schmerzzentrum beeinflussen, es aktivieren und so indirekt in das hormonelle Geschehen eingreifen, das Cholesterin gehört zu dieser Reihe. Mit der hier empfohlenen Ernährung unterstützen wir den aufkommenden Schlackenabbau, das, was aus dem Körper muss, denn dieses ist es, was Entzündungen hervorrufen kann. Also gut sind ein Flüssigkeitstag, ein Gesundheitstag und ein freiwilliger Tag für das Leben, wie hier beschrieben ist.

Wie viel von jedem? Von den gesättigten FS (= 1), von den einfach ungesättigten FS (= 1,3) und von mehrfach ungesättigte FS (= 0,7).

Das Mengenverhältnis von Omega 3 und 6 ist 5:1.

Inzwischen ist es Advent geworden und das erste Lichtlein leuchtet, es ist eine Kerze, die den Weg für ein großes Fest bereitet, und man fragt sich, wie konnten sie zur dortigen vergangenen Zeit wissen, dass es noch vier Wochen dauert?

Wohl nicht und so kann man davon ausgehen, dass die feierliche Vorbereitungszeit erst nachträglich entstanden ist.

Noch vier Wochen zum Feste, zu den verschiedenen Festen, eine innere geistige Vorbereitung zum hoch feierlichen Fest der Kirche und weltweit, eine innere Besinnung für etwas, was der Himmel uns schickte, und es war kein Zufall, dass ein bestimmtes Kind geboren wurde, denn mit diesem hat sich so viel verändert, was die Menschen und die Welt bis heute bewegt.

Wir bereiten uns vor im Geiste und mit der ersten Kerze merken wir, dass die Zeit jetzt schneller vergeht, weil es sehr früh dunkel wird und der Tag ein kürzerer wird, und alle denken … habe ich schon alle Geschenke gekauft … das Fest der Menschen und des Landes, denkt jetzt nichts anderes mehr, als dass Eile aufkommt, dass niemand vergessen wird, den man beschenken will … wo es das alles gibt und was das alles kostet, aber Geld spielt keine große Rolle … einmal im Jahr.

Und so ist schon die ganze Stadt erleuchtet und lädt die Menschen ein und ab und zu hört man wirklich, dass schon die ersten Weihnachtslieder aus den Lautsprechern der Geschäfte kommen, aber es ist halt ein gutes Geschäft.

Und mit dem Vorbereiten der gemütlichen Zeit, mit dem Aufstellen von Kerzen und Tannen scheint einem manchmal der Gedanke zu kommen, ob wir vielleicht weiße oder grüne Weihnachten erleben und wie kalt es wohl wird.

Warum sollten wir weiße Weihnachten haben, wenn dieses ursprünglich ein „grünes" war? Und Tannenbäume? Das hatten die doch auch nicht! Ja, was hatten die denn?

Ein Stern, der leuchtete für die anderen.

Und damit hat es zu tun. Die Menschen wurden aufmerksam, sie kamen herbei, um zu sehen …

Also ein Stern, der erleuchtete in der Nacht, und ein kleines Licht, das schon in der Öllampe möglich war ...

Die Hirten sangen mit den Engelschören auf dem Feld ...

Und die Kinder lernen die Adventsgebete und Lieder wurden eingeübt und alles, was man sich wünscht, wurde aufgeschrieben.

Mit der ersten Kerze ist es schon fast Weihnachten und die Tage bis dahin werden gezählt und mit viel Anstrengung ist man jetzt schon froh, wenn all die Hektik wieder vorbei ist und man in Ruhe und Gemütlichkeit den Tag genießen kann und sagen, das nächste Jahr ist wie das letzte Jahr.

Und Geschenke bekamen sie, aber diese haben auch eine Bedeutung. Aber man muss in Geschenke auch nichts hineininterpretieren.

Weihnachten, was für ein Fest.

– 29 –

Und wir kommen zu folgendem Schluss.

Das Fett, was vorher verwendet wurde zum Braten und das Fett, was vorher verspeist wurde in Form von Tieren ist im Bestand meistens langkettig und schwer abbaubar, weil es das Organ- und Depotfett von Tieren ist, die draußen leben und für die das wichtig ist. Deren Stoffwechsel ist ähnlich – nicht gleich –, in vielen Abläufen verschieden und so reagiert der Mensch anders als das Tier, allein die Ernährungsweise besagt schon einen anderen Stoffwechsel, verschiedene Abbauprodukte und auch verschiedene Verhaltensweisen.

Und warum, soll man etwas essen, was einem biochemisch nicht guttut? Und was Veränderungen schafft!

Die Natur ist schon richtig für jeden, ist das Lebensnotwendige gewachsen und jede Veränderung muss mit den Folgen leben und wenn man das weiß, kann man sich helfen.

Der Mensch ist abgekommen und deshalb gibt es jetzt Medikamente dafür und die kann er dann ein Leben lang einnehmen.

Pflanzen in den Ölen haben noch mehr Wirkungen, sie sind reich an Mineralstoffen und Vitaminen, besonders das Tocopherol, das ist das Vitamin E, das eine gute entzündungshemmende Wirkung hat, es ist ein Schutz vor freien Radikalen und so vermindert es die bei der Schlackenentstehung entzündlichen Prozesse und es heilt dadurch, dass diese vermieden werden, und deshalb kann man auch mal einen Löffel voll Öl kalt genießen.

– 30 –

Dunstig steigt auf der weißgraue Nebel am Morgen in der Früh und man weiß nicht, was der Tag noch bringen wird als nur, dass es jetzt zum Jahresende in den Winter geht, mit den kühlen kalten Nächten, von den warmen Tagestemperaturen noch verwöhnt, wird man langsam eingestimmt in den alljährlichen Rhythmus der Natur, langsam und sicher verlassen einen die sommerlichen und herbstlichen Farben und mit jedem Tag, wenn der Nachtnebel aufgestiegen ist und sich wieder aufgelöst hat, sehen wir, wie schnell sich doch alles verändert hat.

Alles ist so vergänglich.

Und doch ist alles das Gleiche wie gestern.

Vielerorts steht noch das Wintergemüse auf den Feldern, es gibt die abgeernteten und die schon wieder umgepflügten vorbereiteten Äcker, die einen für den Winter und einige, die wieder neu eingesät werden, die Wintersaat.

Was vorher grün, gelb oder dürr war, ist jetzt krümeliges und scholliges Erdiges.

Und wenn der Morgendunst verschwunden ist, erfreuen wir uns wieder an dem klaren kühlen Tag, denn der Dunst nimmt auch den wolkenbedeckten Himmel fort, dieser vergeht nur, wenn der Tag ein warmer schöner guter Tag wird, und in dieser morgendlichen Frische ist es erholsam, einen Spaziergang zu machen, man fühlt die Feuchtigkeit der Luft, es ist kreislauffördernd und hauterfrischend und man sammelt Eindrücke für ein gutes Denken.

DEZEMBER

-1-

Nun ist es Anfang Dezember und das Wetter kann schon recht kalt sein oder auch bedingt durch die letzten 20 Jahre recht mild sein und man sagt, ... es ist eigentlich zu warm für die Jahreszeit ... wie auch immer, alles hat seine Vor- und Nachteile. Und doch ist ein mildes Wetter ein besseres für das Leben, für alles Leben und man fühlt sich doch viel wohler, wenn es draußen hell ist, die Sonne scheint und die Temperaturen angenehm sind und überhaupt einen Winter brauchen wir nicht mehr.

Wärme ist auf jeden Fall lebensfreundlicher und es spart Heizkosten. Draußen im Garten oder auf dem Feld ist alles fertig und drinnen wird es gemütlich warm und man kann sich schon geistig vorbereiten auf das kommende Fest, nicht nur was die vorweihnachtliche Arbeit betrifft, auch einmal besinnlicher und überdachter, das ganze Jahr schon hat man alles richtig gemacht und das wollen wir so weiterhin tun, das ganze Jahr noch.

Überall auf den Straßen zieren „importierte" Tannenbäume die anziehenden Plätze und die abendlichen leuchtenden Sterne und Lichterketten lassen einen schon an Weihnachtslieder denken.

Weihnachten hat schon etwas mit Jesus zu tun und mit Gott und mit den Geschenken und die bekommt jeder.

Wir können froh sein, wenn wir es gut haben und einfach bequem, warm und gemütlich – und an der Kirche kann man auch mal vorbeisehen und eine kleine finanzielle Gabe zum Unterhalt der Gebäude dahinzubringen, ist weihnachtlich.

Aber hat es ein Mensch wirklich einfach und bequem?

Hört man nicht nur klagen, wie schwierig alles ist und wie anstrengend und stressig?

Und Menschen eilen am Tage und durch die Nacht von der Arbeit nach Hause, sie eilen in die Geschäfte manchmal so, als gäbe es morgen nichts mehr. Ja, es wird viel, vielmehr eingekauft als sonst und außer dem Kochen, das zuweilen wirklich etwas einfacher und bequemer geworden ist, kommen jetzt noch die Zutaten für das Weihnachtsgebäck und den Lebkuchen und dabei kann man tagelang verweilen. Auch hier findet man immer wieder etwas Neues zum Erproben oder man backt die alten Rezepturen, die man kennt, das selbst Gebackene schmeckt immer noch am besten, trotz des großen Aufwandes mit den vielen kleinen Plätzchen, die mit Zuckerguss oder Schokoladencreme, mit Streuseln, Marmelade und Sirup bestrichen werden, und der herrliche Duft von weihnachtlichen Gewürzen wie etwa Kardamom, Nelken und Zimt verschönert die Adventszeit, Früchtetee und Früchtekuchen und manchmal duftende Kerzen auf dem Tisch, eine schöne Dekoration und gute Gedanken verschönern die Adventszeit und wer ein Instrument spielen kann, erfreut mit diesen Klängen die Menschen.

Viele Menschen treffen sich zu Adventsfeiern und bringen ihre gebackenen Plätzchen mit und wirklich jeder hat noch bessere.

Und jeden Tag ein Lichtlein ...

... das uns leuchtet und erleuchtet ...

Grüne Erbsensuppe:

50 g tiefgefrorene Erbsen in Butter mit etwas Rindsbouillon gewürzt dämpfen, 3–4 Minuten leicht köcheln lassen, dann mit 250 ml Wasser auffüllen,

1–2 EL Rahm und Petersilie,
mit etwas Pfeffer und einer Prise Zucker abschmecken.

Gemüse mit Reis:

200 g Zucchini
100 g Tomatenketchup
1 Paprika
1–2 milde Peperoni

Alles in kleinen Stücken in etwas Wasser 3–5 Minuten kochen,
Kräuter der Provence oder nur Thymian, Basilikum und etwas
Paprika,
Tomatenmark und Tomatenketchup,
Reis oder Nudeln und
darüber Käse: Emmentaler oder Feta.

Verschiedene Salate

Joghurt-Eis mit Orange und Sahne und Kokosflocken

– 4 –

Maronen und Gemüse:

200 g Maronen
1–2 Karotten
1 kleiner Kohlrabi

Maronen werden in Butter erhitzt und kommen in die Mitte
auf den Teller.
Karotten und Kohlrabi werden einzeln in Wasser gekocht, dazu
gibt es eine Joghurt-Cornichon-Soße kalt mit Kräutern wie Basilikum und Estragon und Petersilie.

Neben den Kohlrabi kommen Artischocken,
ein Stück Feta,
einige Oliven,
gefüllte Weinblätter,
Rote Beete,
1 EL Sahne-Meerrettich.

Feldsalat
mit frischen Champignons,
Paprika,
und Croûtons.

1 Banane wird in Scheiben auf den Teller gelegt und mit einer
Prise Nelken geschmacklich verfeinert.

- 5 -

Und schon ist es der 2. Advent geworden und zwei Kerzen fla-
ckern nun meistens abends und schon schaut man auf die erste und denkt ... ob sie so lange bis zum 4. Advent hält, wenn
man diese jeden Tag anzündet, und vielleicht ist sie schon
bald heruntergeschmolzen, dann hat man vielleicht nur noch
2 oder 3 beim 4. Advent und es ist doch gut, noch eine vorrätig zu haben.

Manchmal hört man die Kinder mit Weihnachtsliedervorbe-
reitungen, die gelernt werden, oder man wird eingeladen und ab
und zu wird man erinnert, warum das Fest ist, und manchmal
geht man auch in die Kirche, dort wo noch alte Advents- und
Weihnachtslieder gesungen werden, die den Inhalt haben, ...
wir bereiten dem Herrn den Weg oder „Großer Gott wir loben
dich" ... oder ein Kind wird uns gebracht ...

Die Kirche schmückt sich für die Vorbereitungen zur Geburt Jesu und mit den Liedern der Hirten auf dem Feld, es wird
eine Krippe aufgestellt und eine leuchtende Einladung, um

dort zu verweilen und ... der Herr kommt mit Herrlichkeit ... also es besagt, eine ganz bestimmte Zeit, eine sehr richtungsweisende Zeit, denn warum sonst würde es ein Hochfeiertag sein, eben deshalb, weil es so gekommen ist, sonst wäre das alles nicht und das, was uns einfallen könnte, ohne Weihnachten wäre der Advent nicht und wir hätten auch kein Christentum und deshalb ist es neben Ostern das höchste kirchliche Fest des Jahres.

Der Inhalt des Festes ist der entstandene Glaube, also die neue Religion, die vom Alten Testament in die christliche Ära geht.

Nun leuchten zwei Kerzen so vor uns hin im warmen Zimmer auf den duftenden Tannengestecken und verleihen eine angenehme Atmosphäre und ermöglichen das Denken, aber es ist nur noch Erinnerung, das Fest der Christenheit weltweit und alle tun das Gleiche, manchmal ein gemütliches Zusammensein oder man ist allein, manchmal denkt man an Weihnachten oder an Gebete, vielleicht an etwas, was gerne in Erfüllung gehen könnte, aber meistens kommt alles ganz anders, es ist eben ein Fest und es ist seltsam, dass alle teilhaben und so bleibt uns die Tradition lange bewahrt.

Und trotzdem – etwas Gutes hat es schon, die Religion und der Glaube sind etwas, was die Menschen zusammenhält und manchmal trennt und vieles bleibt unergründlich.

Und so mögen wir uns auch in diesem Sinne verhalten, denn die Religion ist eine geburtliche Zugehörigkeit und eine geistige Verwurzelung in die Familien, was früher die Sippen waren, und in das Land und somit in alle aufkommenden Entwicklungen.

Und da es verschiedene Religionen gibt, jede mit eigenen Traditionen und Inhalten, ist dieses wie eine Weltordnung, denn letztendlich besagt dieses eine Zuwendung zum Himmel und zu Gott allein, es besagt, eine rechte Zuordnung der Natur und des Lebens auch in Bezug auf verschiedene Lebensinhalte, und das für jeden in der Sprache und in der Ausdrucksform, die man versteht.

Und wir haben den weihnachtlichen Inhalt.

Menschen, die sehr naturverbunden sind, beschäftigen sich häufiger mit allem, was lebt, und mit der Nahrung und so können sie sich auch besser an veränderte Situationen im Leben anpassen und können das alles auch besser verstehen ... wer weiß schon, welche Erkrankungen einem zugeschrieben werden ...?

Wer sich damit beschäftigt, der wird auch keine Tierprodukte einsetzen, nicht nur im Essen nicht, sondern auch nicht, wenn sie in Medikamenten, in Kosmetikprodukten oder Sonstigem enthalten sind.

Wo soll die Wirkung von Tierprodukten, aus tierproduzierten Medikamenten oder Ernährungs- und Hilfsmitteln herkommen???

Ist es eine Substanz, die nur im Tier vorkommt, so kann der Mensch damit nichts anfangen, was soll das denn heilen, wenn es biochemisch nicht umgesetzt werden kann? – Das wären dann Placebos. –

AUS TIEREN DÜRFEN KEINE MEDIKAMENTE HERGESTELLT WERDEN!!!

Das ist ein schwerer Verstoß gegen die Natur!

Ein Verstoß gegen die Ethik!

Man darf kein Tier töten!

Und die Wirkungen sind zweifelhaft!

Also niemals ein Produkt aus Tieren kaufen!

Die Wirkungen, die einem vermittelt werden, können immer durch andere Medikamente erreicht werden und andere Nahrungsmittel, diese und Heilpflanzen sind geschaffen zur Behandlung!!!

Die Natur hat einen Sinn!!!

Wenn in diesen Hilfs- und Ernährungsmitteln, die keine Medikamente sind, Stoffe und Substanzen sind, auf die der

Mensch anspricht, so weiß man das und dann kann man sich auch richtig behandeln lassen, denn dann sind es Substanzen, die anerkannt sind und geprüft und diese kann es von verschiedenen Firmen geben.

Das bedeutet, die Forschungs- und Entwicklungszeit dieser Medikamente dauert etwa 10–15 Jahre, dann sind sie geprüft, sie sind durch alle klinischen Studien gelaufen und diese dauern mindestens zwei Jahre und länger, sie erfüllen bestimmte Kriterien und auch die Ansprechbarkeit, das heißt, ein Medikament muss, um zugelassen zu werden, eine bestimmte Responderquote haben und nicht zufällig bei jemandem wirken. Gute Präparate liegen im Bereich von über 80–95 % und nicht mehr als 10–20 Non-Responder.

Tiersubstanzen also Stoffe, die von Tieren stammen, die getötet werden müssen, liegen gerade noch im Responderbereich und die Prüfungen sind oft nur Erfahrungswerte. Zulassungen gibt es keine als Medikament.

Also davon ist Abstand zu halten!

Das ist nicht mit der Natur vereinbar, denn es sind nur Hilfsmittel und nicht notwendig!

Wenn man das Wissen erst einmal hat, denkt man richtig und verantwortungsvoll und man will nicht die Schuld auf sich nehmen, dass deswegen unnötig Tiere umkommen müssen.

Die Natur hat einen Sinn!

– 7 –

Fazit ...

so haben wir erfahren, wie es um den Menschen steht!?

Wir haben uns ein wenig mit der Physiologie und Biochemie beschäftigt und mit dem gesamten Entwicklungsgeschehen, mit der Evolution von Anbeginn an und haben gesehen, als was wir erschaffen worden sind und wie der Mensch sich verändert hat, er hat angefangen zu denken und ständig fiel ihm etwas ein, er hat ständig etwas erfunden und musste dann wiederum etwas erfinden, um die Folgen, die entstanden sind, in den Griff zu bekommen.

Als dann folgenschwere und immer schlimmere Erkrankungen jeglicher Art entstanden sind, wird der Mensch nahezu machtlos, denn er weiß den Anfang nicht mehr, warum sich das alles so entwickelt hat, und somit kann er sich auch nicht mehr helfen und die Erkrankungen sind schlecht zu bekämpfen. Denn es ist so, dass er Medikamente erfindet und bis diese wirklich wirken, haben sich die Erkrankungen geändert.

Der Mensch muss mit der Ernährung anfangen, er muss um deren Wirksamkeit wissen und wie viel und was der Mensch wirklich braucht. Alles, was man isst, hat eine Wirkung, allein die Dosis macht es aus ... so könnte man sagen und es besteht kein Zweifel daran, dass wir nur als pflanzenessende Wesen geschaffen sind und diese Zuordnung soll und darf nicht verändert werden.

Und wenn wir schon denken ...

... können wir auch richtig denken.

- 8 -

... und weil wir so denken ...

wollen wir jetzt auch wieder richtig denken, also geboren und entstanden ist das Wesen Mensch als pflanzenessendes und über Millionen von Jahren war das auch so, man bedenke, diese Wesen gibt es seit über 2,5 Millionen Jahren und erst seit 150.000 bis 200.000 Jahren hat sich dieses grundlegend verändert, die Pflanzenessenden fressen nun fremdes Fleisch und Blut.

Und von da an begann die Misere.

Der Mensch kann tatsächlich n u r Ö l e richtig verstoffwechseln, das sind die Bestandteile, die in verschiedenen Pflanzen vorkommen. Öle im Nahrungsmittelgebrauch sind Erdnussöl,

Maiskeimöl, Olivenöl, Palmöl, Rapsöl, Distelöl, Sesamöl, Soja-
öl, Sonnenblumen- und Traubenkernöl, Lein- und Hanföl und
Weizenkeimöl. Alle Stoffe, die in diesen enthalten sind, kann
der Körper gut verstoffwechseln, diese haben eine sehr positive Eigenschaft und sind wichtig für Nerven, Haut und verschiedenen Funktionen im Körper.

Die natürlichen Fette in Pflanzen sind in allen Nussarten
enthalten, dazu zählen Cashewnüsse, Kastanien, Pinienkerne,
Pistazien, Sonnenblumenkerne, Kokosnüsse, Walnüsse, Mandeln, Haselnüsse, Erdnüsse, diese haben pflanzliche Fette, am
wenigsten davon Kastanien mit 1,9 g Fett pro 100 g, die anderen haben Werte zwischen 42–66 g Fett.

Nüsse haben kein Cholesterin!

Auch hier sieht man den Sinn der Natur.

Der Mensch kann sich richtig gut ernähren!

– 9 –

Vor den Feiertagen muss rechtzeitig geplant werden, ob man Essen geht oder zu Hause gemütlich etwas kocht, es sind 3 Tage,
die vorbereitet werden müssen. Und so überlegen wir, ob man
am Heiligen Abend vielleicht ein Käsefondue macht mit verschiedenen Salaten und Baguette, das ist schnell gekocht und
vorbereitet, denn in den meisten Gemeinden ist manchmal um
17 Uhr und/oder um 22 Uhr eine Messe und in dieser Zeit dazwischen will man gegessen haben und auch die Bescherung gemacht haben. Ist sie um 17 Uhr, ist es gut, dann ist es möglich,
dass man gemütlich um 18 Uhr oder 18 Uhr 30 essen kann, solange man will, und die Kinder wollen meistens nicht noch länger warten, bis die Geschenke ausgepackt werden dürfen. Und
ist die Messe um 22 Uhr, was vorher erst um 24 Uhr war, die
Mitternachts-Weihnachtsfeier, so hat man bis dahin alles gemütlich geschafft.

Am ersten und zweiten Weihnachtsfeiertag kann dann etwas mehr und länger gekocht und gegessen werden. Die Erwachsenen sind froh, wenn die Weihnachtsanforderungen wieder geschafft sind und vorbei, man hat sich mal wieder mit der gesamten Familie getroffen, gut gegessen und sich unterhalten, aber trotzdem ist es schön und jeder freut sich und so soll es auch sein.

Und in all den Anforderungen darf man auch einmal etwas für die schön geschmückte Kirche spenden oder auch anderen etwas Gutes tun und man freut sich selbst darüber.

Das ist dann Weihnachten.

An einem Feiertag wäre dieses möglich ...

Kürbiscremesüppchen mit
saurer Sahne

***

Feldsalat mit frischen
Champignons und Croûtons

***

Hausgemachte Kartoffelknödel mit
Semmelbrösel in zerlaufener Butter,
dazu
Sauerbraten-Balsamicosoße mit
Trockenfrüchten und Mandeln mit
zartem Gemüse aus
Zucchini und Paprika gedünstet,
Prinzess-Bohnen in Butter geschwenkt,
dazu
Rotkraut mit Zimt und Nelken in Rotwein,
Sauerkraut würzig mit Sahne-Meerrettich,
Birne und Preiselbeeren

***

Zimteis (mit Sahne)

Zucchinicremesüppchen mit
feinen Kokosflocken
auf dem Teller garniert

***

Bunter Salat mit
Chicorée und frischen Champignons,
Paprika und Gurken und
Stücke von Ananas und
Tupfen saurer Sahne

***

Maronen mit
gebackenem Camembert und Preiselbeeren
mit einem gemischten Gemüseteller mit
Blattspinat,
Brokkoli mit Joghurt-Cornichons,
Karotten mit Petersilie,
Erbsen in Butter geschwenkt,
dazu
gemischte Oliven und
Fetakäse und gefüllte Weinblätter

***

Dessertvariation:
Mousse von Schokolade und Vanille mit
Kirscheis und Früchtescheiben umlegt

Nun ist inzwischen der 3. Advent gekommen und die Stimmung ist unterschiedlich, die meisten werden schon beim 1. Advent eingestimmt, dass man nur mit Kaufen von Geschenken beschäftigt ist und dem Herrichten von Dekorationen, das Backen nimmt einem noch die letzte Zeit, aber das ist das Feine, weil nur vor dem Fest schmecken die Plätzchen am besten und danach will man sie auch nicht mehr, also backen und essen und überlegen, ob sie noch bis Weihnachten reichen.

Inzwischen hat man schon Gäste eingeladen und den Essensplan erstellt, alles ausreichend und danach wird wieder gefastet.

Wenn dieses alles geschafft ist, kann in Ruhe die Adventszeit so sein, wie sie sein soll.

Wir bewundern die Beleuchtungen und die Weihnachtsmärkte und merken, dass wir die Texte der Lieder vergessen haben.

Oh du schöne Adventszeit,
lass leuchten deine Lichter
und uns und unseren Geist erhellen,
lass wissen, warum das alles ist
und uns erfreuen, dass es so ist.

Auch wenn wir vieles vergessen haben, so lass uns beschenken mit den Gaben, die uns erfreuen und wir können jubeln.

Es ist gut, wenn wir uns wieder erinnern, dass Gott uns jemanden auf Erden geschickt hat, sodass wir Halt und Haltung haben.

Ehre sei Gott in der Höhe.

Kartoffeln mit verschiedenem Gemüse:

1–2 Karotten
1/4 Sellerie
½ Stange Lauch

Alles in kleinen Stücken etwa 15–20 Minuten kochen, da die Karotten am längsten brauchen, kann man sie schon 5 Minuten vorkochen und dann erst den Lauch und den Sellerie, sodass das Gemüse gerade noch fest ist.

Die Kartoffeln geschält und in Stücken gekocht.

Saure Sahne mit dem Saft einer Zitrone über das Gemüse.

Dazu ein gebackener Camembert

Endiviensalat und Trauben

Oder:

In eine backsichere Form etwas Tomatenmarmelade, dann die gekochten Kartoffeln mit Tomatenstücken, Zucchini und Paprika und Kräutern der Provence, gut mit Feta und Emmentaler-Käse bestreuen und 6–8 Minuten überbacken, bis sich der Käse leicht verändert.

Die Arachidonsäure gibt es natürlich nicht nur bei den Fischen, auch der Mensch und andere Tiere haben diese, denn wie sonst könnte es die Vorstufe der Prostaglandine sein. Was die Angaben zu den Fischen – und Ölen – betrifft, ist, dass bei manchen

Fischarten die Werte nachgewiesen wurden, denn es ist wichtig für deren Haut und es liegt an der Ernährung dieser Arten. Das bedeutet, diese müssen sich also auch erst damit ernähren, um die Werte von Linolsäuren und Linolensäuren zu erreichen zur Aktivierung von Arachidonsäure, man bedenke, die Natur erschafft in jedem Wesen die funktionierenden Systeme und Fische produzieren so viel ölige Substanz, wie sie für ihre Haut brauchen. Wenn ein Fisch sich im Wasser richtig ernähren kann, der meistens von Plankton und Pflanzenalgen lebt, so muss es dem Menschen doch gelingen, sich ebenso richtig mit Ölpflanzen und Getreide zu ernähren – man braucht also nicht den Umweg über die toten Fische zu machen. Deshalb nutzt es auch nichts, einen Fischtag zu halten, denn man müsste einige Kilogramm pro Mahlzeit essen.

Wir haben gesehen, dass alle Fische Cholesterin haben, wir essen etwa 100 g, die Werte kann man aus der Tabelle entnehmen, von 70–142 mg, und das muss wieder abgebaut werden und auch einige Milligramm des positiven Öls sind dabei. – So kann das nicht gehen. –

Wir verwenden ohne Umwege nur pflanzliche Öle, in denen all diese Werte sind, es variiert von Sorte zu Sorte etwas, deshalb wechselt man ab, oder man kann auch gleich gemischtes Öl kaufen.

- 15 -

Viele Menschen, die sich vegetarisch ernähren, haben oft einen Grund, weil es einem so schmeckt oder es einfach zu kochen ist, weil man keine Tiere essen will, also ein ethischer Aspekt und der Grund, was die allgemeine Haltung betrifft, und letztendlich auch der Tötungsvorgang, weil man überzeugt ist von den Divergenzen, also von den nicht adaptiven Stoffwechselvorgängen und weil pflanzenessende Wesen kein Fleisch essen, und von der allgemeinen Verträglichkeit und den Prädispositionen und …

und … und nicht zuletzt ist es auch den Menschen, ganzheitlich gesehen, eingewoben mit allem Leben in die Umwelt und in den ewigen Lauf des Universums, in dem es bedeutet, Leben leben zu lassen und es zu schützen, die Natur zu erhalten und zu pflegen.

Wir haben uns mit der evolutionären Entwicklung befasst und wie die Menschen das Denken lernten und versuchten, die Natur zu bewältigen, sie suchten und fanden ihre Götter, die sie verehrten und fanden schließlich den einen Gott und es ist auch viel einfacher und bequemer als die Huldigung vieler Götter, die zuweilen auch personifiziert werden und derselben sie das Gleiche sagen oder verehren oder ihn gut stimmen.

Und als dann der Glaube an nur den einen Gott gefunden war, entstanden die Religion, das Christentum und die Kirchen, und so ist es bis heute.

Und wir kennen die christlichen Traditionen.

– 16 –

Viele können die menschliche Entwicklung so weit nachvollziehen, dass sie geschaffen wurden nach den Tieren in einem gesunden lebensbejahenden und lebensfördernden Gedanken zur Arterhaltung und Vermehrung, und deshalb ist und muss die Nahrung richtig sein für alles, was lebt.

Der lebte also fleischlos – also vegetarisch.

Und eigentlich tranken und aßen sie auch keine Milch- und Käseprodukte und auch keine Eier und das heißt, sie waren vegan. Sie ernährten sich „nur" von dem Getreide, das wir Urkorn nennen, das gleiche, wie wir es heute haben, es war wild gewachsen und sie haben es domestiziert. Das sind die Grundnahrungsmittel mit allen lebensnotwendigen Stoffen – mit den Kohlenhydraten, Eiweißen und Fetten, vielen Elektrolyten, Mineralien und Spurenelementen. Dazu kommen dann die wilden Gemüsearten meistens auf dem Boden oder in der Erde, was die

Wurzeln sind, an den Bäumen und Sträuchern die Samen, Nüsse und etwas Obst.

Jedes Lebewesen braucht eine bestimmte Menge an KH, E, F und das beim Menschen im pflanzlichen Bereich und das ist bei jeder Art verschieden, das ist schon alles und weil jede Art von Leben eine verschiedene Sinngebung hat, können manche auch dieselbe Sorte essen. Die Tätigkeit der in freier Natur, in der Wildbahn lebenden Wesen ist eine leichte bis ruhende Tätigkeit, wenn sie ungestört ihr Leben in einer intakten Umgebung leben können, das bezieht sich auf die Berechnungen. – Unser Leben kann nur vegetarisch sein.

- 17 -

Es gibt noch viele Menschen, die zuvor schon vegetarische Tendenzen hatten, und vielleicht noch Bedenken, ob die Inhaltsstoffe der Ernährung auch vollwertig und ausgewogen sind. Wir haben die Anforderungen gelesen, wie viel pro Person mit welcher Tätigkeit gebraucht wird und welche Inhaltsstoffe an KH, E und F und auch an Elektrolyten, Mineralstoffen und Spurenelementen, dass alles ausreichend in der pflanzlichen Nahrung ist und dass wir uns eigentlich zu dieser Lebensweise hinwenden sollten, um die somit prädisponierenden Tendenzen, die man vom Fleisch bekommen könnte, zu vermeiden. Und somit tut man sich selbst Gutes, den Tieren und der Umwelt.

Wir haben auch gesehen, dass man jetzt akute schwere Erkrankungen nun nicht gerade heilen kann, aber die werden eh schon meistens medikamentös behandelt, aber es wird sich auf jeden Fall eine sehr positive Tendenz einstellen und manches ist wirklich zu heilen und wenn die Medikamente abgesetzt werden können, geht es einem schon viel besser. Das Gewicht wird sich auf jeden Fall in einem bestimmten Zeitrahmen einstellen und das ist ein Gesundheitsaspekt.

Den Menschen, die sich noch nicht damit beschäftigt haben, sei dies eine Hilfe, um sich damit zu befassen, und jeder wird für sich das Richtige finden, sei es nun der Freitag nach christlicher Tradition, der beschriebene Gesundheitstag oder der freiwillige Tag für das Leben.

- 18 -

Wenn wir ein vegetarisches Leben schaffen, haben wir sehr viel Gutes getan, auch wenn schon die Gesundheitstage und der freiwillige Tag für das Leben und ein fleischloser Tag nach christlicher Tradition geschafft sind, wird sich vieles zum Positiven ändern.

Ich habe einmal eine Berechnung gemacht vom Wesen Mensch, der etwa 1,30–1,40, maximal 1,50 Meter groß war und etwa 35–40 kg gewogen hat, der ruhte bzw. eine leichte Tätigkeit verübte und Folgendes gegessen hatte: 100 g Getreide, 10–35 g Nüsse, 100 g Obst und 100 g Gemüse und Wurzeln.

So ergibt der Vergleich zum Wesen Mensch und zur heutigen gesundheitlichen Empfehlung 50–60 % KH und 25–30 % F und etwa 2.000 kcal.

Ich bin bei der Berechnung der Fettwerte von 25 g Nüssen ausgegangen, die Werte der gesamten Nahrung enthalten dann 12,7–21,5 g Fett, im Durchschnitt also 17,1 g – 20 g pro Tag wäre angemessen.

Diese Menschen aßen völlig cholesterinfrei im Vergleich zu heute und keine schwer abbaubaren tierischen Fette, also nur leicht Verwertbares und somit waren sie gesund!

Demnach dürften wir überhaupt kein Cholesterin essen!

Der heutige Wert dürfte auch um 5 % zu hoch liegen.

Also wir lesen alles genau und bemühen uns, in die vegetarischen Tendenzen zu gehen.

So wie geschaffen …

Das muss einen doch interessieren.

So ersehen wir die Wertberechnung von:

	100 g	25 g	100 g	100 g
	Getreide	Nüsse	Obst	Gemüse/Wurzeln
KH	50–70 g	3–10 g, 25 g	8–20 g	1–12 g
E	10–15 g	3–5,1 g	0,5–2 g	1–4 g
F	2–4 g	10,5–16,5 g	0,5–0,1 g	0,1–05 g

Der mittlere Wert ergibt:

KH	62–112,25 g	= 87,1 g
E	14,5–26,1 g	= 20,3 g
F	12,7–21,5 g	= 17,1 g

Berechnung der Energiefaktoren:

KH	87,1. 4,1	= 357,11 kcal
E	20,3. 5,7	= 115,71 kcal
F	17,1. 9,3	= 159,03 kcal

Gesamte Energie = 631,85 kcal

Die %-Verteilung entspricht:

KH	56,5 %
E	18,2 %
F	25,2 %

Ab jetzt ist nicht mehr viel Zeit, am 4. Advent, die letzte Kerze steht gerade und ist am längsten, die erste schon so gut wie unsichtbar und nächstes Jahr wird noch eine 5. gekauft, die Tannennadeln werden langsam trocken und werden bald abfallen, die Adventszeit ist gerade geschafft und fast alles ist vorbereitet, gebacken und vorgekocht, gekauft und bestellt und jetzt kann die wohlverdiente Ruhe einkehren.

Zum Schluss wird noch der Weihnachtsbaum gekauft, ... ob es die richtige Größe gibt, damit der gewählte Baum auch in den Ständer passt ... oder ... der nicht zu groß und nicht zu klein ist ... nicht zu breit und nicht zu schmal ... er muss genau an diese Stelle passen, weil er immer dasteht. Dazu braucht man einen neuen Weihnachtsschmuck, weil die alten Farben, Form und Aussehen einem nicht mehr gefallen, und das muss alles zur Einrichtung passen, zum gedeckten Tisch und zum Boden und dann kann die Besinnlichkeit kommen, die Geschenke werden noch einmal gezählt und die allerletzten Einkäufe schnell erledigt, nicht immer fallen die Feiertage so günstig, dass man eine Woche lang einkaufen kann. Vielleicht kaufen wir noch einige Aufnahmen von Weihnachtsliedern, sodass wir nicht selbst singen müssen, und dann können wir uns am Heiligen Abend so richtig an allem erfreuen, was man geleistet hat. Wir können uns erfreuen an den weihnachtlichen Abwechslungen und an den Geschenken, am guten Essen, an den Tagen mit Freunden und der Familie und am Wetter.

Lasst das Fest nun kommen und uns besinnen.

Dekorativ und gut, was man vom Chicorée alles machen kann ...

Vom Chicorée nimmt man die äußeren Blätter und legt die Öffnung nach oben, etwa 8–10 Stück und füllt sie beliebig mit allem, gut mit verschiedenem Gemüse und Salaten sowie Käse:

Erbsen
Zucchini
Rote Beete
Karottensalat
Radieschen
halbierte Oliven
Stücke vom Hirtenkäse
Joghurtsoße mit Cornichons

Dazu dicke Scheiben verschiedener Sorten Melonen
Champignons in Öl erhitzt mit Kräutern
Tomatensalat mit Mozzarella
Gurkensalat

Passt gut zu Maronen
Baguette mit Kräuterbutter und Knoblauch
Brot und Brötchen

Und einiges fällt einem noch selbst ein ...

Nun mag man denken, was man will, vieles müssen wir im naturwissenschaftlichen Sinn verstehen, denn das ist Lehrstoff und vieles lässt sich erklären und berechnen und die Worte, die Schrift, die Zeichen und Formeln hat der Mensch selbst erfunden und allem eine Zuordnung gegeben, um es zu definieren und dass es überall weltweit einheitlich ist, also überall 5 + 5 = 10, der Mensch berechnet die Welt und alles, was sich auf dieser bewegt und versucht noch darüber hinaus, das Universum mit all den sichtbaren Planeten zu berechnen, und das ist eine Herausforderung.

Alles, was wir sehen, ist vorhanden, es war immer da, die ganze Natur mit all dem Leben und den ewigen funktionierenden Kreisläufen und Gesetzen.

Wir studieren die Physik und Astronomie, also sehr wissenschaftlich, und können fast alles berechnen und doch stößt man an Grenzen des Unerklärlichen, an sehr viele sogar, und man will nicht sagen, man zweifle an der Wissenschaft. – Es ist eher der Gedanke, wie das alles möglich ist – alles, was man sieht, ist nicht vom Menschen geschaffen und es funktioniert alles richtig, unvorstellbar, wie das möglich ist. Das können nicht alles Zufälle sein – denn das würde heißen, ab und zu funktioniert etwas richtig! Alles hat einen Sinn und eine kosmische universelle Ordnung. Also muss es jemanden geben, der dies alles erschaffen hat!

Das fragen sich die Geister ... manchmal wissenschaftlich ...?
Und wir wissen eine Antwort.

- 22 -

Nun war der 4. Advent und die restlichen Tage sind voll verplant mit Weihnachtsfeierlichkeiten und den letzten Vorbereitungen noch, trotzdem kann man etwas lesen oder sich unterhalten, man kann auch über Verschiedenes nachdenken und den Empfehlungen folgen oder es ähnlich gestalten. Es sollte ein meditatives Verinnerlichen sein, über das Leben und die Umwelt nachzudenken, über sich selbst manchmal und das allgemeine dörfliche oder städtische Zusammenleben stets in den Gedanken ein guter hilfsbereiter Mensch zu werden.

Wir können uns den Nöten und Belastungen annehmen und helfen, müssen uns aber nicht „aufopfern", sondern nur das tun, was nicht unserer Gesundheit schadet, denn nur ein gesunder Mensch, der fest mit den Füßen auf dem Boden steht und arbeiten kann, ein sicheres Einkommen hat und bei dem das Leben im Allgemeinen geordnet ist, kann die Kraft aufbringen anderen wirklich zu helfen.

Der Grundgedanke ist jedoch der gesundheitliche Aspekt von Mensch und Tier und das ist nur so zu erreichen.

Wenn wir uns das vornehmen, wird sich das Leben der Tiere etwas besser gestalten lassen, denn wir wollen ja weiterhin unsere Milch- und Käseprodukte haben und diese Tiere sollen auch gesund sein und nur so haben wir eine gute Qualität.

Gesund sein heißt, sich seelisch, geistig und körperlich in einem wohlfühlenden Zustand zu befinden.

Und das sollte unser aller Ziel sein.

– 23 –

Das könnten wir zu Silvester essen …

Tomatencremesüppchen mit
Estragon und Basilikum
auf dem Teller garniert

***

Bunt gefüllte Chicoréeblätter,
Kräuter und Knoblauchbrot

***

Feines Gemüse auf Nudeln mit
Steinpilzen in einer Riesling-Soße
oder

feines Gemüse auf Nudeln mit
würzigem Feta

***

Eine gemischte Käseplatte mit Käsewürfeln
und Trauben und Oliven

***

Zitroneneis oder Zitronensorbet
oder
Creme mit Sahne und bunter Beerenmischung
oder
Pflaumeneis

***

Und Getränke ...

– 24 –

Und es war um jene Zeit, als die Menschen den jüdischen Glauben lehrten und nach diesen Traditionen lebten, das gesamte Reich sich vergrößerte und überall Statthalter eingesetzt wurden mit den neuen Gesetzgebungen, die Menschen im ganzen Land gezählt wurden, und dazu war es nötig, dass jeder in seine Geburtsstadt zu gehen hatte, um dort erfasst zu werden, und es waren schon über 20 Millionen im Reich.

Und so geschah es, dass sich auch Maria und Josef aufmachten, den Weg von Nazareth nach Bethlehem zu gehen, um sich dort eintragen zu lassen und da noch mehr Menschen in ihre Heimatstadt zogen, fanden sie keine Herberge mehr und sie mussten auf dem Feld in einem Stall übernachten.

Und in diesen Tagen wurde Jesus geboren und als würde der Himmel es verkünden, brachten Engel die Botschaft zu den Hirten, diese kamen herbei und brachten Gaben, sie sangen und dankten dem Herrn, halleluja ... Jesus ist geboren, der Retter der Welt ...

So kann es einem heute noch ergehen, wenn man unangemeldet in eine Herberge kommt und es ist ausgebucht. In dieser Zeit gab es nicht so viele Möglichkeiten und so blieben sie in der einfachen Unterkunft, deshalb mussten sie nicht arm sein, wenn einfach kein Platz mehr war, denn auch die Hirten lebten zuweilen in diesem „Stall", wenn sie auf dem Feld arbeiteten.

Und so beginnt die Weihnachtsgeschichte ...

Und es wurde weiter überliefert ...

Und der Himmel leuchtete am Tag und in der Nacht überstrahlte ein großer Stern die Dunkelheit und es geschah, dass aus weiter Ferne drei Könige aus dem „Morgenland" tagelang diesem Stern folgten, und sie gelangten nach Bethlehem und suchten den König auf und fragten ... ob ein neuer König geboren wäre ...?

Doch König Herodes wusste es nicht und er fragte die drei Könige aus und er sagte zu ihnen ... wenn sie das neugeborene Kind gefunden hätten, sollten sie wieder zu ihm zurückkehren, damit auch er ihm „huldigen" könnte.

Und die drei zogen fort und folgten weiter dem Stern, der sie führte, hinaus auf das Feld in den Stall, wo Maria und Josef und Jesus waren. Sie brachten Geschenke mit, Gold, Weihrauch und Myrrhe und diese schien eine Bedeutung zu haben, das Gold steht für Reichtum, der Weihrauch ist zur Reinigung und das Gebet und Myrrhe heilen und vertreiben die Krankheit und böse Geister.

Und von dort aus gingen die Könige wieder fort, ohne zu Herodes zurückzukehren, denn sie spürten, dieser führte nichts Gutes im Schilde in seinen Gedanken!

Und die Zeit und vieles schien sich zu verändern und alles nahm seinen Lauf.

Großes schien sich anzukündigen und Unvorstellbares.

Doch ob die Hirten dies auch sangen und dachten ...

... der Retter ist uns geboren ...

... so wird es überliefert ...

Wer weiß schon, was im Leben noch alles kommen kann, denn es dauerte nicht allzu lange, nachdem die Könige fort waren, als ein Engel im Stall erschien und zu Josef sagte ... nimm das Kind und Maria und zieh fort ... und Josef tat, wie ihm geheißen wurde, und sie zogen fort den Weg nach Ägypten und blieben dort längere Zeit.

Denn als nach einer bestimmten Zeit die Könige nicht mehr zu Herodes zurückkehrten, versuchte er selbst das Kind zu finden ... ob da ein neuer König geboren ist ... und er befahl alle Kinder im Alter bis zu 2 Jahren im ganzen Land umbringen zu lassen. Und erst als diese Zeit vorbei war und König Herodes um 4 v. Chr. gestorben war, kehrten Josef und Maria zurück nach Nazareth, wo sie vorher schon gewohnt hatten, dort arbeitete Josef als Zimmermann und die Leute waren doch nicht arm, denn es wurde doch alles aus Holz hergestellt, und Arbeit gab es genug und sie lebten wie die meisten Menschen in der Stadt und Jesus war dort aufgewachsen, hat wohl gearbeitet und konnte lesen und schreiben, diese waren gebildete Menschen.

Und er versammelte oft viele Menschen um sich herum und sprach von Gott und vom Alten Testament und lehrte und betete ...

Er lehrte die Menschen ... das Vaterunser ...

und von nun an beteten die Menschen zu Gott dem Allmächtigen und die Apostel verbreiteten das Christentum.

Eine neue Religion war geboren durch

Jesus Christus

– 25 –

So haben wir die Weihnachtsgeschichte gelesen und vielleicht etwas überdacht oder sind auch gleich zum Guten, zum Besseren übergegangen. Es geht nicht darum, dass jeder etwas hineininterpretiert, sondern vielmehr um das Verstehen, um jene erfreuliche und dramatische Entwicklung zugleich. Gutes muss auch manchmal „erkämpft" werden, Böses schleicht sich von selbst ein!!

Wir wollen froh sein, dass wir die naturgöttliche Entwicklung weit hinter uns haben und nur den einen Gott erkennen und richtig zuordnen, das erleichtert vieles im Leben. Jeder Glaube breitet sich langsam aus und ein jeder macht seine eigenen Erfahrungen im Leben und wenn man sich zu einer Richtung, zu einer Orientierung, zu einem Glauben bekennt, so trifft man sich oder geht seinen Gedanken im Stillen nach, man findet für sich das Gute und viele positive Tendenzen, die einen Glauben oder eine Religion ausmachen. Und wer, wie zu allen Zeiten, ein gottorientiertes Denken hat, der versteht auch die Sinngebung und findet den richtigen Weg. Und wäre es nicht so gewesen, dass Gott Josef und Maria und Jesus geholfen hätte ... von dort fortzugehen ... denn Herodes hätte das Kind aufsuchen und töten lassen ... und sie haben das Richtige getan, auch wenn dies ein weiter beschwerlicher Weg war, in ein anderes Land zu gehen, wo sie dann einige Jahre verweilten ... und ist es heute nicht genauso, dass man manchmal errettet wird?

Heute wie einst ...

Gott leitet unsere Wege.

– 26 –

Wer die überlieferte Geschichte kennt, der weiß, dass sie eine gute heilige Familie waren, die gottgefällig war und gebetet hat, und sie gebrauchten gute Worte und Gott hat sie erhört und ihnen geholfen und so war auch das weitere Leben, als sie zurückkamen nach Nazareth, wo sie dann wieder ihre Arbeit als Zimmermann aufnahmen, wo sie recht gut für andere Leute Bestellungen ausführten, und das war nicht jeder Familie möglich. Und als Kind ging Jesus oft in den Tempel, weil viele Leute dahingingen und den Gelehrten zuhörten, die schon über Gott gesprochen haben, und Jesus hat sich dieses vorgenommen, den Menschen Gott nahe zu bringen, er war Gottes Sohn und dem wollte er recht tun.

Vieles weiß man nicht vom Leben, aber es interessiert die Verbreitung der Worte Gottes und die Inhalte, gut zu den Menschen und hilfsbereit zu sein, Gott zu ehren, der alles erschaffen hat und alles, was es gibt auf Erden, und die Menschen, die guten Willens sind, zu stärken, und er merkte vielleicht, dass Verschiedenes nicht in Ordnung war, er hatte sehr viele Kontakte auf seinen Wanderwegen und viele Leute scharten sich um ihn und es waren auch einige unter ihnen, die sich mit eigenen Worten gar nicht identifizieren konnten und wollten – und vielleicht ist er doch auf Abwege gekommen.

Und schwer kann dann das Leben werden ...

Und manchmal kann man sich nicht mehr davon lösen ...

- 27 -

Und so mögen die Menschen einmal überlegen, wie schnell man abkommen kann vom Guten, von heute auf morgen ist das möglich, denn jeder kann im Leben das tun und lassen, was er will.

Man muss schon mit beiden Füßen felsenfest auf der Erde stehen, was bedeutet, man muss und sollte sich sicher sein in seinen Gedanken und in seinem Glauben ... Gott allein hat alles erschaffen, auch wenn man ihn nicht sieht und es manchmal schwerfällt, es zu verstehen und doch hat Gott vielen Menschen die Möglichkeit, die Gabe gegeben, es den Menschen richtig zu vermitteln damit es verstanden werden kann.

Heutzutage kann jeder richtig lesen und das auch verstehen. Und deshalb gibt es die überlieferten Geschichten in der Heiligen Schrift, die aufgeschrieben wurden, so wie die Leute es erlebt haben, man muss den Inhalt verstehen, nicht unbedingt jedes einzelne Wort, denn seit der Entstehung sind zweitausend Jahre vergangen und andere Redewendungen sind oft schwer zu übersetzen.

Gott hat Himmel und Erde erschaffen, auch wenn dies alles wissenschaftlich erklärt und nachvollzogen werden kann, und man weiß auch, was alles besteht und wie manches funktioniert, aber tatsächlich weiß man zugleich auch, dass sich alles auf der Welt in einem unvorstellbaren komplizierten Kreislauf bewegt, und die Wissenschaft weiß auch noch vieles nicht, nur Gott allein kann es geschaffen haben ...

So weit sind einige dieser auch schon gekommen.

Wir wissen es, wer alles erschaffen hat.

– 28 –

Über Jahre hinweg essen die Menschen Tag für Tag Fleisch und wenn jeden Tag etwas mehr dazu kommt, kann es sich nicht abbauen. Von einer einzigen Mahlzeit an sich hat man keinen Schaden, das verkraftet der Körper und die aufgenommene Menge an Cholesterin und Fetten kann langsam wieder ausgeschieden werden.

Wenn die Menschen jeden Tag, vielleicht über Jahre hinweg, alle Getreidesorten essen, ebenso alle Gemüsearten und Salate, alle Obstsorten, Pilze und Nüsse – das ist alles ohne Cholesterin –, bleiben die Werte konstant.

Wenn die Menschen vielleicht noch für die verschiedenen Milch- und Käseprodukte eine Alternative finden könnten, so wären die restlichen Fettwerte noch gut einzustellen.

Die hochprozentigen, 30–40%igen Sahneprodukte könnte man durch Joghurt und durch Magerprodukte ersetzen.

Milch an sich – es gibt inzwischen einige Möglichkeiten der nicht tierischen Milchsorten mit sehr guten Inhaltsstoffen wie z. B. Hafermilch, Kokosmilch und Sojamilch.

Die vielen Ölsorten wurden bereits aufgelistet und alles, was tierisches Fett ist, wird aus dem Haushalt geschafft!

Die Zukunft sind pflanzliche Öle, einzelne Stoffe oder auch gemischte – das alles ist ohne Cholesterin!

Viele haben alte Rezepturen vergessen, Urgetreide und Ölpflanzen.

Und es gibt inzwischen wieder die Möglichkeit, der Neu-
entdeckung der „ursprünglichen" Ernährungsweisen und so
gibt es Lein- und ??? zu kaufen, das man in Müsli, in Joghurt
oder Soßen und Suppen verwenden kann, erhältlich sind diese meistens in Naturkostläden. Mit Urgetreide und Ölen allein
hat man schon fast alles an Lebenswichtigem gegessen und diese Öle wirken schon fast wie ein Medikament und können die
Werte beeinflussen. Und es ist so, wenn wir jeden Tag etwas davon essen, erhöht sich die Wirkung, es ist die Kontinuität der
gesunden Ernährung.

Bei einem gesunden Menschen braucht man keine Maximal-
Gabe, das bedeutet, man muss kein Konzentrat oder keine Tab-
letten einnehmen, um den Körper physiologisch einzustellen.
Sind die Werte erhöht, so braucht man etwa 2 g, um die Aktivität in Gang zu setzen, also 2 g Linolsäure (= Omega 6) und Al-
pha-Linolsäure (Omega 3), die in einer pharmakologischen Ga-
lenik aus pflanzlicher Herkunft stammen, über einen kurzen
Zeitraum, etwa 4–6 Wochen, zu sich genommen, werden die
Werte positiv verändern.

Menschen, die jeden Tag Medikamente nehmen müssen, tun
das oft über Wochen, Monate und Jahre.

Medikamente, die zur Senkung des Cholesterins und der
Fettwerte eingesetzt werden, können nur dann richtig wirken,
wenn wir uns dazu optimal ernähren, diese sind von chemischer Herkunft.

Und müssen sie nicht den Ernährungsanforderungen folgen und oft mit den vorgedruckten Empfehlungen, die man bei
den Verordnungen dieser Medikamente mitbekommt, folgen!?

Ja, man muss und wenn man eine Zeit lang richtig und konsequent alles ohne Cholesterin und Fett reduziert gegessen hat, so können die Medikamente gut wirken und oft können diese dann im Wirkstoff reduziert werden und dann ist man bald wieder richtig eingestellt und dann weiterhin so und bei einigen können sie dann tatsächlich abgesetzt werden und man bleibt hoffentlich gesund, wenn man sich dann auch hinterher an die Empfehlungen hält.

Wirken die Medikamente, wenn Sie weiterhin so essen wie bisher?

... sie wirken und müssen dann stets erhöht werden und bald kommen dann weitere hinzu!

Diese wirken, weil sie direkt in den biochemischen Ablauf eingreifen und die Fett- und Cholesterinwerte regulieren können, sie sind aber nicht ganz nebenwirkungsfrei!

Es ist gut, wenn man es schafft, die Dosis erst einmal zu reduzieren und diese dann nicht als jahrelange Dauerbehandlung einnehmen zu müssen, und deshalb schon müssen Sie die Ernährung umstellen.

Wir leben im Wandel der Zeit und wissen nicht, was die Evolution uns noch bfringen wird. Wir müssen nicht unser Aussehen verändern, der Mensch kann sich verändern, deshalb, weil er sich verändert hat.

Und ob die Gesamtphysiologie sich verändert hat, muss nicht mit „Ja" beantwortet werden, denn wir können uns jederzeit zurückbesinnen und uns wieder im ursprünglichen Sinne ernähren.

So ist die heutige Situation.

– 30 –

Grünkernmehlsuppe:

In etwa 250 ml Wasser:
1/4 TL grüner Pfeffer
1/4 TL Koriander
1/4 TL Senfkörner
1 Lorbeerblatt
3/4–1 TL Rindsbouillon
2 Nelken

Alles 5–6 Minuten kochen und den Topf vom Herd nehmen und mit dem Schneebesen 1 guten EL Grünkernmehl einrühren und nochmals 3–5 Minuten kochen.

Gemüsesuppe (schnell):

100 g Prinzess-Bohnen
100 g Brokkoli
100 g frischer Paprika
1 milde Peperoni
½ TL grüner Pfeffer
½–¾ TL Rindsbouillon

Alles zusammen in 250 ml Wasser etwa 5–6 Minuten kochen. Das ist gut.

– 31 –

Nun heute ist der letzte Tag im Jahr und da wollen wir froh und fröhlich sein und bestimmt kommen heute Abend Gäste oder man ist selbst eingeladen, wie auch immer, es wird gefeiert, 2022 ist eine gerade Zahl, zwei Jahrzehnte und zwei mehr und was immer auch war, wir haben es überlebt und schauen auf das Morgen, in die Zukunft und hoffen, noch einige Jahrzehnte zu überleben.

Vielleicht erzählt man sich in froher Runde, wer was erlebt hat, Frohes und Trauriges, und noch nicht allzu lange ist es her, da waren viele Leute sehr traurig und die letzten Jahre zuvor ebenso, in dieser Zeit kamen Millionen von Menschen um, durch Kriege und Katastrophen durch Unheil und Krankheit, Seuchen weltweit und durch böse Menschen und wir sind froh, wenn wir niemanden beklagen müssen.

Das Jahr hat vieles gebracht ...
Das Jahr hat vieles genommen ...
Und wer weiß, was im neuen Jahr alles kommen wird?
Alle wünschen wir ein gutes neues Jahr mit Gesundheit und guten Gedanken, mit dem Erinnern, wir sind nicht allein auf der Welt.
Gott hat alles geschaffen und er kann helfen ...
... vielleicht gehen wir doch nicht nur an der Kirche vorbei,
vielleicht können wir mal hineinschauen ...
diese Gedanken können wir haben.
Ein gutes neues Jahr.
Mit Gott.

Dies soll eine Meditations- und Orientierungshilfe sein, die immer gelesen werden kann und nicht auf bestimmte Tage (möglich) festgemacht werden soll.

Es gibt bewegliche Feiertage, die sich von Jahresanfang mit dem ersten Neumond durchrechnen und eben deshalb jedes Jahr verschieden sind.

So im November, der Volkstrauertag, der immer am 3. Sonntag im Monat ist und am folgenden Mittwoch ist Buß- und Bettag und am darauffolgenden Sonntag ist Totensonntag und eine Woche später am Sonntag ist der 1. Advent und je nachdem, wie es im Monat anfängt, beginnt der 1. Advent, manchmal schon im November und kann genau eine Woche vor dem Heiligen Abend mit dem 4. Advent aufhören und fällt es ungünstig, ist der 4. Advent genau am Heiligen Abend.

Bedingt durch diese Variation beginnt die adventliche Vorbereitung schon Ende November, der 1. Advent ist also günstig.

In diesem Jahr fangen diese Tage so an: Volkstrauertag am 13. Nov., Buß- und Bettag am 16. Nov. und Totensonntag am 20. Nov. und deshalb ist der 1. Advent am 27. Nov., die weiteren Adventsonntage folgen am 4. Dez., am 11. Dez. und am 18. Dez.

Im folgenden Jahr ist der 1. Advent am 03.12., dann der 2. Advent am 10.12., der 3. Advent am 17.12. und der 4. Advent am 24.12. – und das ist der Heilige Abend.

Ist man bestrebt, geistig im Religiösen und Gesellschaftlichen eine positive Lebenseinstellung zu gewinnen, so möge das ein guter Ansatz dazu sein.

Die Autoren

Aufgrund ihres naturwissenschaftlichen Studiums
beschäftigte sich die 1960 in Mainz geborene
Mahala + Menachem Sanchez schon seit Langem
mit der Frage, ob alles Leben sowie der Verlauf der
Dinge in der Welt von Gott gegeben seien oder
sich nicht doch auch mit von Menschen gemachten mathematischen Formeln und Gleichungen
fassen lassen. Nachdem sie ihre Arbeit als medi-
zinisch-technische Assistentin aufgegeben hatte,
arbeitete sie als Pharmareferentin und tat auch das
bereits mit dem Anliegen, dazu beizutragen, den
Menschen Gesundheit näher zu bringen, bevor
sie sich dann dem Leben am Land zuwandte und
sich hier vor allem mit der Umwelt und den Tieren
beschäftigte. All das, sowohl ihr beruflicher Werdegang als auch ihre letztendliche Hinwendung zur
Natur, fließt in ihr erstes Buch „Wir wollten gute
Menschen sein und alles kam ganz anders" mit ein
und mündet in einer ganzheitlichen Sicht auf das
Gesamtgeschehen der Welt und alles Leben.

Der Verlag

*Wer aufhört
besser zu werden,
hat aufgehört
gut zu sein!*

Basierend auf diesem Motto ist es dem novum Verlag
ein Anliegen, neue Manuskripte aufzuspüren, zu ver-
öffentlichen und deren Autoren langfristig zu fördern.
Mittlerweile gilt der 1997 gegründete und mehrfach
prämierte Verlag als Spezialist für Neuautoren in
Deutschland, Österreich und der Schweiz.

**Für jedes neue Manuskript wird innerhalb we-
niger Wochen eine kostenfreie, unverbindliche
Lektorats-Prüfung erstellt.**

Weitere Informationen zum Verlag und
seinen Büchern finden Sie im Internet unter:

www.novumverlag.com